2024年国家统一法律职业资格考试

商经法全解

精讲阶段

赵海洋 编著

扫码领取配套服务

东南大学出版社
SOUTHEAST UNIVERSITY PRESS
·南京·

图书在版编目(CIP)数据

商经法全解精讲阶段 / 赵海洋编著. — 南京：东南大学出版社，2024.4
ISBN 978-7-5766-1365-0

Ⅰ.①商… Ⅱ.①赵… Ⅲ.①商法-中国-资格考试-自学参考资料 ②经济法-中国-资格考试-自学参考资料 Ⅳ.①D923.990.4 ②D922.290.4

中国国家版本馆CIP数据核字(2024)第062385号

责任编辑：褚 婧　责任校对：子雪莲　封面设计：郭 旸　责任印制：周荣虎

商经法全解精讲阶段　Shangjingfa Quanjie Jingjiang Jieduan

编　　著	赵海洋
出版发行	东南大学出版社
出 版 人	白云飞
社　　址	南京市四牌楼2号(邮编：210096　电话：025-83793330)
经　　销	全国各地新华书店
印　　刷	三河市文阁印刷有限公司
开　　本	787 mm×1092 mm　1/16
印　　张	26.25
字　　数	620千字
版印次	2024年4月第1版第1次印刷
书　　号	ISBN 978-7-5766-1365-0
定　　价	99.00元

本社图书若有印装质量问题，请直接与营销部联系，电话：025-83791830。

梦想，值得我们风雨兼程
——我的从业 12 年记

前两天，我无意间在手机相册中看到 12 年前自己刚从事法考培训时讲课的相片。相片中的自己坚定、自信、稚嫩。现在想想，"坚定"是源自对行业的热爱；"自信"或许是因为那时有着初生牛犊一般的"盲目自信"；而"稚嫩"确实是因为年纪小。转眼间，自己从事这个行业已有 12 载。回忆这一路风风雨雨，我最想说的是庆幸与感恩。庆幸的是自己当初的选择和坚持，感恩的是考生一直对我的包容和鼓励。

我选择成为法考培训教师，核心原因有二。一方面源自自己小时候的教师梦想。我特别享受和别人分享自己所学，且有人愿意倾听的感觉。另一方面是缓解在人民大学读博士期间拮据的经济状况。我清晰地记得博士一年级的时候，在一次课堂展示中，因为 U 盘中毒，显示屏上弹出了自己在外面授课的讲义，且无法关闭，直至重启电脑。那一刻我感觉很"社死"，生怕老师会批评我不专心搞学术，而选择在外面讲课。结果，老师笑了笑说："君子爱财，取之有道，靠自己的知识赚钱不丢人。我们作为研究者，不仅要有学术理想和追求，同时也需要牛奶和面包。"也正是这份授课所得，让我在读博期间的生活还算体面。

人是一种矛盾体，特别是在取舍之间。参加工作后，由于完成学校的本职工作需要一定的时间，加上行业激烈的竞争，全国各地奔走授课的疲惫，我曾想过放弃。但是，每到考试季，总有考生问我："海洋老师，今年您的课什么时候能看到？""海洋老师，您的书在哪里能买到？""海洋老师，感谢您的授课，我法考过啦！"每每此时，我的内心总是感到不舍、不甘。"过儿们"的支持与信任、包容和鼓励，让我实现了儿时的梦想，让我理解了师者传道授业解惑的意义，让我感受到这 12 年来在法考培训行业摸爬滚打、风雨兼程的价值。

今年恰逢《公司法》大修，《商经法全解》再次有机会出版。这或许是我从业 12 年来最好的礼物。在本书写作时，我始终坚持以便于考生学习为中心，以符合考试要求为导向，将法条和法理融合、考点和考题结合、考法与备考统合，在不断分析考试大纲和历年真题的基础上，对内容进行反复打磨，确保本书实现系统性、体系性、可读性、应试性相统一，真正做到"海洋我有，商经无忧"。

最后，我想说，正是因为有了"过儿们"的陪伴，我才能够在实现梦想的路上乘风破浪、不负遇见。我也期待能够成为你们备考路上的知心伴侣，伴你们在成为法治之光的奋斗路上，披荆斩棘，勇往直前。

赵海洋
2024 年 1 月
北京·望星斋

第一编　商　法

- 第1章　公司法 ………………………………………………………………… 2
  - 第一讲　公司概述 …………………………………………………………… 3
  - 第二讲　公司组织过程（上）：公司设立 ……………………………… 12
  - 第三讲　公司组织过程（中）：公司运行 ……………………………… 17
  - 第四讲　公司组织过程（下）：公司终止 ……………………………… 26
  - 第五讲　公司股东与股东权利 ……………………………………………… 30
  - 第六讲　股权转让 …………………………………………………………… 34
  - 第七讲　公司资本制度 ……………………………………………………… 41
  - 第八讲　公司组织机构 ……………………………………………………… 49
  - 第九讲　公司治理的运行机制：利益冲突及其治理 …………………… 60
  - 第十讲　不同类型公司的特有规定 ………………………………………… 70
- 第2章　合伙企业法 …………………………………………………………… 73
  - 第一讲　合伙企业法总论 …………………………………………………… 73
  - 第二讲　普通合伙企业 ……………………………………………………… 77
  - 第三讲　有限合伙企业 ……………………………………………………… 87
  - 第四讲　合伙企业的终止 …………………………………………………… 91
- 第3章　个人独资企业法 ……………………………………………………… 93
  - 第一讲　个人独资企业的设立与管理 ……………………………………… 93
  - 第二讲　个人独资企业的终止 ……………………………………………… 95
- 第4章　外商投资法 …………………………………………………………… 98
  - 第一讲　外商投资法总论 …………………………………………………… 98
  - 第二讲　外商投资法分论 …………………………………………………… 99
- 第5章　企业破产法 …………………………………………………………… 103
  - 第一讲　破产程序的启动 …………………………………………………… 104
  - 第二讲　破产程序推进之"人" …………………………………………… 110
  - 第三讲　破产程序推进之"钱"（上）：债务人的财产 ……………… 116

　　　　第四讲　破产程序推进之"钱"（下）：债务人的支出……………………………123
　　　　第五讲　破产程序推进之"程序"……………………………………………………131
　第6章　票据法……………………………………………………………………………………139
　　　　第一讲　票据法总论……………………………………………………………………139
　　　　第二讲　票据权利义务…………………………………………………………………146
　　　　第三讲　票据抗辩与补救………………………………………………………………151
　　　　第四讲　汇票……………………………………………………………………………155
　　　　第五讲　本票与支票……………………………………………………………………162
　第7章　保险法……………………………………………………………………………………164
　　　　第一讲　保险法总论……………………………………………………………………164
　　　　第二讲　保险合同分论之人身保险……………………………………………………174
　　　　第三讲　保险合同分论之财产保险……………………………………………………180
　第8章　证券法律制度……………………………………………………………………………186
　　　　第一讲　证券法…………………………………………………………………………186
　　　　第二讲　证券投资基金法………………………………………………………………198
　第9章　信托法……………………………………………………………………………………202
　　　　第一讲　信托概述………………………………………………………………………202
　　　　第二讲　信托财产………………………………………………………………………204
　　　　第三讲　信托当事人……………………………………………………………………205
　　　　第四讲　信托的变更与终止……………………………………………………………207

第二编　知识产权法

　第1章　著作权法…………………………………………………………………………………210
　　　　第一讲　著作权…………………………………………………………………………210
　　　　第二讲　著作邻接权……………………………………………………………………221
　　　　第三讲　著作权侵权……………………………………………………………………225
　第2章　专利法……………………………………………………………………………………233
　　　　第一讲　专利法律关系…………………………………………………………………233
　　　　第二讲　专利权的取得与宣告无效……………………………………………………242
　　　　第三讲　专利权侵权……………………………………………………………………247
　第3章　商标法……………………………………………………………………………………251
　　　　第一讲　商标概述………………………………………………………………………251
　　　　第二讲　商标权的取得…………………………………………………………………254
　　　　第三讲　商标权侵权……………………………………………………………………262
　第4章　知识产权保护概述………………………………………………………………………266

第一讲　侵犯知识产权的法律责任……………………………266
第二讲　知识产权民事诉讼特别程序……………………………267

第三编　经济法

第1章　竞争法……………………………270
第一讲　反垄断法……………………………271
第二讲　反不正当竞争法……………………………280

第2章　消费者法……………………………290
第一讲　消费者权益保护法……………………………291
第二讲　产品质量法……………………………301
第三讲　食品安全法……………………………305

第3章　银行业法……………………………314
第一讲　商业银行法……………………………314
第二讲　银行业监督管理法……………………………320

第4章　财税法……………………………322
第一讲　税法总论……………………………323
第二讲　增值税、消费税、车船税……………………………324
第三讲　企业所得税法……………………………326
第四讲　个人所得税法……………………………330
第五讲　税收征收管理法……………………………334
第六讲　审计法……………………………337

第5章　土地法和房地产法……………………………342
第一讲　土地管理法……………………………343
第二讲　城乡规划法……………………………350
第三讲　城市房地产管理法……………………………354
第四讲　不动产登记……………………………356

第四编　劳动与社会保障法

第1章　劳动法……………………………360
第一讲　劳动法概述……………………………360
第二讲　劳动基准法……………………………362
第三讲　劳动合同法……………………………365
第四讲　劳动争议解决……………………………377

第2章　社会保障法……………………………380
第一讲　社会保险法……………………………380

第二讲　军人保险法 ………………………………………………………………… 388

第五编　环境资源法

第1章　**环境法** ……………………………………………………………………………… 392
　　第一讲　环境影响评价法 …………………………………………………………… 392
　　第二讲　环境保护法基本制度 ……………………………………………………… 395
　　第三讲　环境法律责任 ……………………………………………………………… 399
第2章　**自然资源法** ……………………………………………………………………… 402
　　第一讲　森林法 ……………………………………………………………………… 402
　　第二讲　矿产资源法 ………………………………………………………………… 407

01

第一编 商 法

本编导读

在法考商经法学科中,商法是各位考生需要花较长时间学习的科目。从分值上来看,商法分数约占整个商经法总分的60%。从学习难度上来看,由于商法离我们的生活较远,对部分考生来说存在"理解门槛",加之近年来民商诉融合考查的特点,很多考生在审读个别真题时,甚至分不清楚是在考哪个部门法,让人直呼"这也太离谱啦"!从考查方式上来看,商法考题在客观题和主观题中均会涉及,让考生们大喊"太刺激啦"!但是,正所谓"富贵必从勤苦得,男儿须读五车书"。法考这条路是你自己选的,考试是你自己报的名,你含着泪也要学完,你说是不!

商法知识逻辑

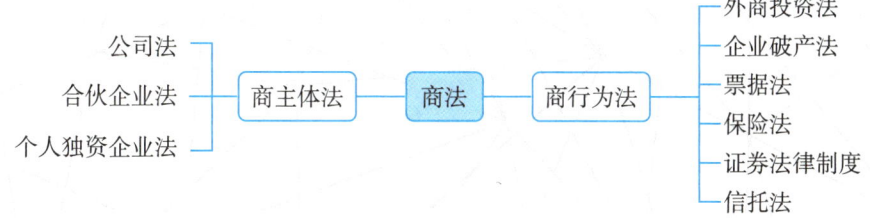

第1章 公司法

应试指导

《公司法》是最重要的商主体法之一，是理解其他商主体法的基础。该法考查分值高、理论性强、备考难度大。《公司法》在客观题中分值为10~15分，主观题中分值为18~28分。2024年法考，《公司法》是修订幅度最大的部门法。这在一定程度上降低了《公司法》的备考难度。从近年的命题特点来看，命题人主要是围绕《公司法》的重点难点进行命题。但题目设计呈现出民商结合化、实体法与程序法融合化、题目语言表述生活化等特点。从应试的角度来看，其实质是对公司法律制度原理掌握情况进行考查，要求考生知其然，知其所以然。因此，"建体系，知法理，抓重点，抠细节"是学好《公司法》的关键。当然啦，最核心的是"过儿们"要跟着海洋老师学！

公司法知识逻辑

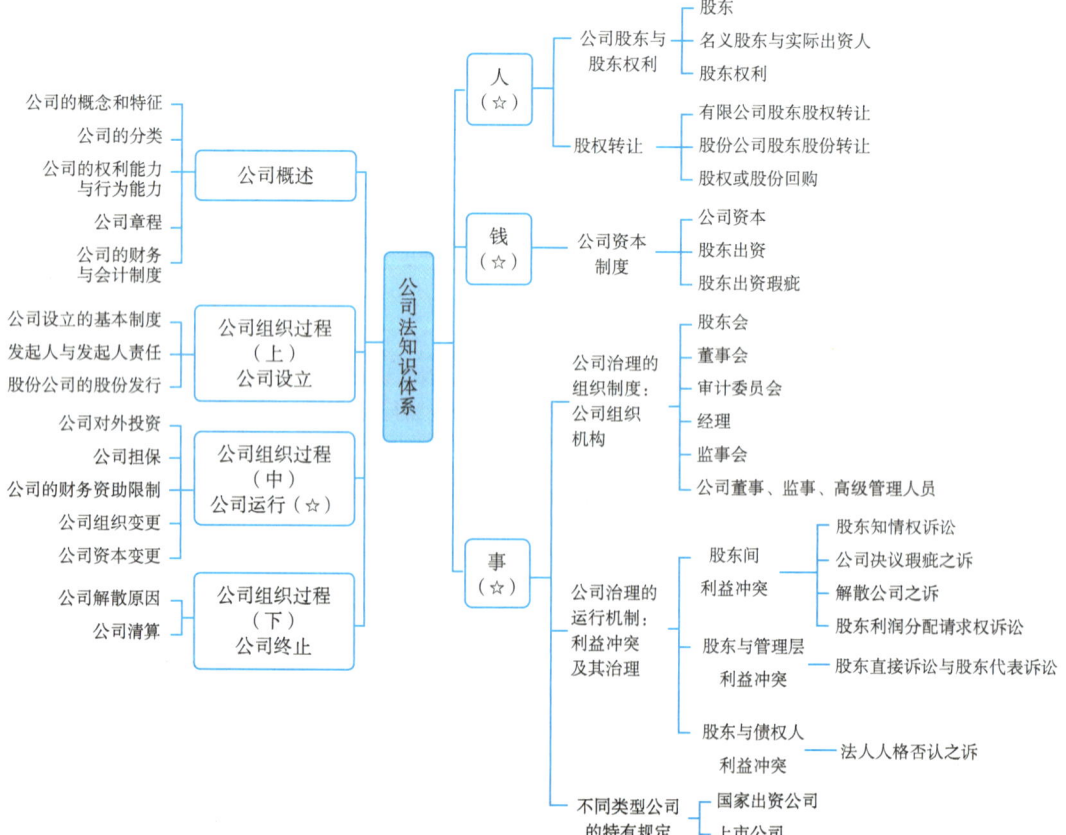

第一讲　公司概述

公司法总论知识逻辑

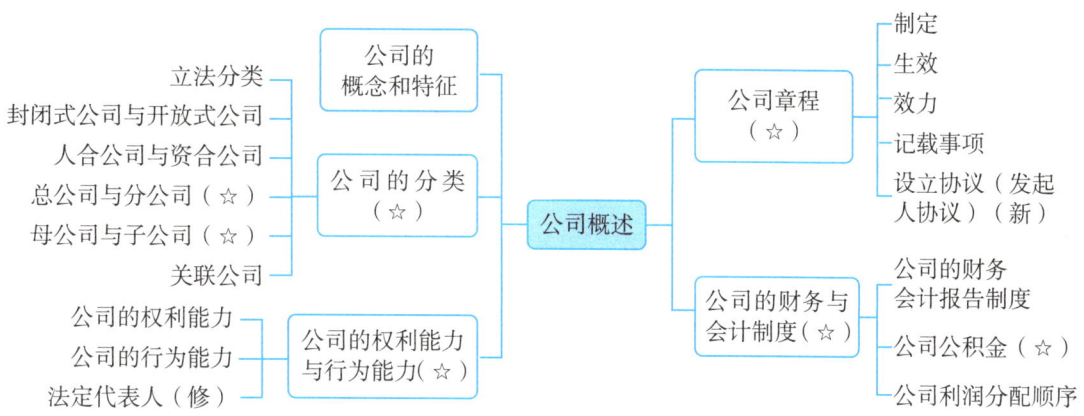

一般考点1　**公司的概念和特征**

一、公司的概念

公司，是指依法由公司设立人设立的以营利为目的并具有独立人格的一种企业组织形式。公司的实质是投资人投资营利和规避风险的工具。

二、公司的特征

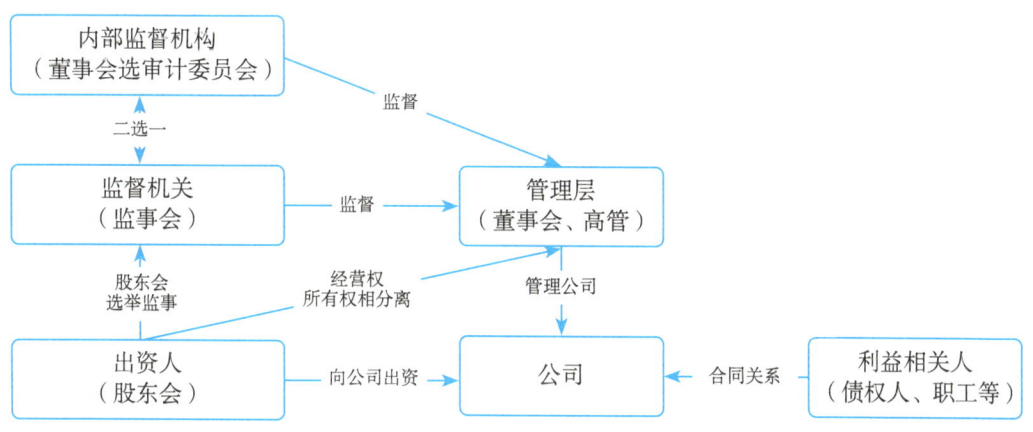

（一）公司独立人格

公司人格独立又称公司的法人性，是指公司人格独立于股东、董事、雇员等。公司的独立人格具体表现为公司具有独立名义、独立财产、独立责任。简言之，公司是公司，股东是股东。

【提示】公司法人人格否认是公司独立人格的例外。

（二）股东有限责任

公司以其全部财产对公司的债务承担责任，股东则以认缴的出资额或认购的股份为限对公司承担有限责任。

【口诀】股东，认多少钱，担多少责。

（三）集中管理

股东对公司的所有权和对公司的经营权相分离。

[例如] 海洋老师购买了1手阿里巴巴的股票，成为阿里巴巴的股东，但并不会因此成为阿里巴巴集团的管理层。

（四）股东控制

股东对公司的控制主要体现在对公司章程的控制、对管理层的控制、对公司盈余分配的控制等三个领域。

【比较】公司、合伙企业与个人独资企业

	独立名义	独立财产	独立责任	还债顺序	出资人责任
公司	√	√	√	公司→出资人	有限责任
合伙企业	√	√	×	企业→出资人	普通合伙人：无限连带责任 有限合伙人：有限责任
个人独资企业	√	×	×	出资人偿还	无限责任

【提示1】法人人格独立，是公司区别于其他市场主体的最主要特点。
【提示2】出资人对个人独资企业的财产享有所有权。

三、公司运行阶段

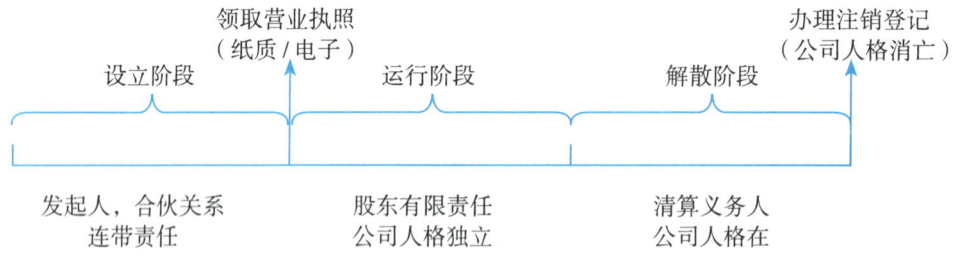

核心考点 2 公司的分类

一、立法分类

	一人公司	多人公司	上市公司	国家出资公司
有限公司	√	2~50名股东√	×	√
股份公司	√	2~200名发起人√	√	√

二、封闭式公司与开放式公司

以公司股份是否可以公开自由转让和流通为标准，公司可分为封闭式公司（有限公司）与开放式公司（上市公司）。

三、人合公司与资合公司

以公司的交易信用来源（股东个人信用或公司资本规模）和责任承担依据为标准，公司可分为人合公司（我国无人合公司，但存在人合企业，即普通合伙企业）、资合公司（有限公司与股份公司均为资合公司）、人合兼资合公司（两合公司、股份两合公司，我国无此类公司，但有限合伙企业兼具人资两合属性）。

【提示】资合性越强，资本流转越便利，经营权与所有权分离性越强。
【总结】有限公司：人合性强，任意性强、封闭性强。
　　　　股份公司：资合性强，强制性强、开放性强。

四、总公司与分公司

	总公司	分公司
法律关系	分公司是总公司的分支机构，属于总公司的组成部分。例如，北京市海洋水产批发有限公司天津分公司	
法人人格	具有法人人格	（1）无独立法人人格，无独立章程，无独立组织机构。 （2）无独立财产，不独立承担民事责任。 （3）经营范围不能超出总公司的经营范围。 【口诀】四无（人格、章程、三会、财产）两不（责任、范围）
商事活动	自己的名义	（1）领取营业执照后，分公司可在总公司经营范围内以自己名义对外签订合同，独立享有独立诉讼地位。 （2）分公司可以在总公司授权范围内（经营范围内），以总公司名义从事商事活动。 【口诀】自己签约和应诉，授权范围签谁都行
责任承担	分公司与总公司在经营活动中负债的承担方式： （1）原则上，分公司负债总公司承担； （2）分公司负债，可先由该分公司管理的财产承担，不足后由总公司承担； （3）如果总公司有多个分公司，其中一个分公司负债，该分公司管理的财产加总公司的财产不足以清偿时，可执行其他分支机构管理的财产； （4）总公司的财产不足以清偿债务，可以执行分公司管理的财产。 【口诀】钱和责任都是总公司的	

【总结】分公司有一定的独立性，但分公司责任不独立。
【提示】成为商主体的前提是领取营业执照。因此，总公司、分公司、母公司、子公司、合伙企业及其分支机构、个人独资企业及其分支机构均需领取营业执照。

真题

植根农业是北方省份一家从事农产品加工的公司。为拓宽市场，该公司在南方某省份

别设立甲分公司与乙分公司。关于分公司的法律地位与责任，下列哪一选项是错误的？（2017年·卷3·25题）①

A. 甲分公司的负责人在分公司经营范围内，当然享有以植根公司名义对外签订合同的权利

B. 植根公司的债权人在植根公司直接管理的财产不能清偿债务时，可主张强制执行各分公司的财产

C. 甲分公司的债权人在甲分公司直接管理的财产不能清偿债务时，可主张强制执行植根公司的财产

D. 乙分公司的债权人在乙分公司直接管理的财产不能清偿债务时，不得主张强制执行甲分公司直接管理的财产

【主客联动·商诉结合】

海水公司与海洋公司均为天河公司的分公司，因在与大地公司的一笔交易中两家分公司负责人的意见不一致，海水公司欲起诉海洋公司。法院是否应当受理？②

五、母公司与子公司

（一）法律关系

一般而言，母公司是子公司的股东，涉及子公司利益的重大决策或重大人事安排，要由母公司决定。

（二）法人人格

母公司与子公司均为独立的法人，以自己的财产独立对外承担责任。

（三）类型

根据母公司持有子公司股份的多少，可分为全资子公司（一人公司）、控股子公司、参股公司。

【口诀】子公司是独立法人，母是子的股东。

【比较】分公司与子公司

	分公司	子公司
法人人格	分公司是总公司的组成部分，分公司无独立法人人格	母公司是子公司的股东，子公司有独立法人人格
企业名称	不具有独立的名称	有自己独立的名称
经营范围	不得超出总公司的经营范围	自行选择经营范围，一般无限制
企业财产	财产属于总公司	有自己独立的财产
企业责任	不能独立地对外承担民事责任，其民事责任由总公司承担	子公司独立对外承担民事责任，母公司对子公司债务承担有限责任
营业执照	领取营业执照	领取营业执照

---

① D。当总公司有多个分公司时，一个分公司对外欠债，自身管理的财产不足以清偿，且总公司直接管理的财产不足以清偿其债务时，可以执行其他分公司财产。

② 否。分公司与法人之间的纠纷或同一法人下设的不同分公司之间的纠纷，才属于法人内部的纠纷。因此，本案不属于法院受理范围。

六、关联公司

关联公司，是指两个以上彼此之间存在关联关系的公司。

关联关系，是指公司控股股东、实际控制人、董事、监事、高级管理人员与其直接或者间接控制的企业之间的关系，以及可能导致公司利益转移的其他关系。但是，国家控股的企业之间不仅因为同受国家控股而具有关联关系。

【提示】理解关联公司的关键是控制人、控制关系。

【总结】公司分类关系图

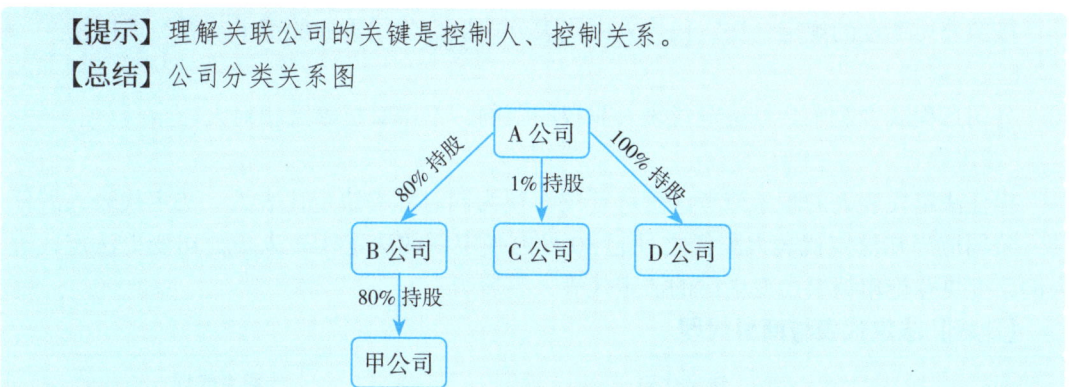

说明：

（1）B公司是A公司的控股子公司，C公司是A公司的参股公司，D公司是A公司的全资子公司。

（2）A公司是甲公司的实际控制人（A公司通过控股B公司来控制甲公司）。

（3）A公司为B公司、D公司、甲公司的关联公司，B公司、D公司、甲公司之间互为关联公司。

一般考点3 公司的权利能力与行为能力

一、公司的权利能力

（一）概念

公司的权利能力，是指公司作为法律主体依法享有权利和承担义务的资格。公司的权利能力产生于法人成立之时（营业执照签发），消灭于法人终止之时（办理注销登记）。

（二）范围

公司应当在章程规定的经营范围内进行营业活动。

二、公司的行为能力

（一）概念

公司的行为能力，是指公司基于自己的意思表示，以自己的行为独立取得权利和承担义务的能力。公司的行为能力与权利能力同时产生、同时终止。

（二）实现

公司行为能力的实现，须通过公司的法人机关来形成和表示。公司的法人机关由公司的股东会、董事会和监事会组成。

三、法定代表人（修）

（一）性质

法定代表人是公司的意志代表机关，公司的对外行为由公司的法定代表人或者由其授权代表（如授权经理）来实施，法律后果（包括权利、义务）由公司承担。

（二）产生

按照公司章程的规定，法定代表人由代表公司执行公司事务的董事或者经理担任。

（三）限制

公司章程或者股东会对法定代表人职权的限制，不得对抗善意相对人。

（四）辞任

担任法定代表人的董事或者经理辞任的，视为同时辞去法定代表人。法定代表人辞任的，公司应当在法定代表人辞任之日起 30 日内确定新的法定代表人。公司变更法定代表人的，变更登记申请书由变更后的法定代表人签署。

【比较】法定代表与商事代理

	法定代表	商事代理
行为主体	法定代表人性质为公司的机关，与公司具有同一人格。法定代表人代表公司所为的法律行为是公司自己的行为，由公司承担其后果。	公司代理人是接受公司的授权对外从事活动的独立主体。代理人的行为并非公司的行为，只是基于代理制度而直接对公司产生法律效力。
权限界定	法定代表人可以在公司的一切对外事务中代表公司，而无须专门的另行授权。公司欲剥夺法定代表人的代表权，只能通过变更法定代表人得以实现。	公司代理人权限的实质是法定代表人将其代表公司的权力部分委托给代理人来行使。因此，公司代理人的权限受公司授权范围的限制。
内部限制	不得对抗善意相对人	不得对抗善意相对人
越权效力差异	法定代表人超越权限订立的合同，除相对人知道或者应当知道其超越权限外，该代表行为有效，订立的合同对法人发生效力。	越权代理行为原则上对被代理人不发生效力，除非被代理人追认或构成表见代理。

【主客联动·商诉结合】

公司登记机关未做变更登记时，公司新选出的法定代表人能否代表公司参加诉讼？①

核心考点 4　公司章程

一、制定

有限公司的章程由股东共同制定，并由全体股东同意并签字或盖章。

发起设立的股份公司，章程由发起人共同制定。

---

① 可以。在处理公司对外关系中，公司的"法定代表人"应以公司登记为准。但选举法定代表人属于公司内部治理事项，就公司内部关系而言，应当以有效的公司股东会决议为准。另依据《民诉解释》第 50 条第 2 款规定：法定代表人已经变更，但未完成登记，变更后的法定代表人要求代表法人参加诉讼的，人民法院可以准许。

募集设立的股份公司，章程由发起人制定，经成立大会通过。

二、生效

初始章程，自营业执照签发之日起生效。

修改章程，自股东达成修改合意后（股东会决议作出时）生效。

三、效力

（一）对内效力

公司章程是公司内部具有很高法律效力的法律文件，对公司、股东、董事、监事、高级管理人员具有约束力。

【释义】高级管理人员，是指公司的经理、副经理、财务负责人，上市公司董事会秘书和公司章程规定的其他人员。

（二）对抗效力

公司章程的相关规定，不得对抗善意相对人。

四、记载事项

	有限公司	股份公司
法人信息	（1）公司名称和住所、经营范围；	
	无	（2）公司设立方式；
	（2）公司注册资本；	（3）公司注册资本、已发行的股份数和设立时发行的股份数，面额股的每股金额；
		（4）发行类别股的，每一类别股的股份数及其权利和义务；
股东信息	（3）股东的姓名或者名称、出资额、出资方式和出资日期；	（5）发起人的姓名或者名称、认购的股份数、出资方式；
组织机构	（4）公司的机构及其产生办法、职权、议事规则； （5）法定代表人产生、变更办法；	（6）董事会的组成、职权和议事规则； （7）公司法定代表人的产生、变更办法； （8）监事会的组成、职权和议事规则；
其他信息	（6）股东会认为需要规定的其他事项。 股东应当在公司章程上签名或者盖章。	（9）公司利润分配办法； （10）公司的解散事由与清算办法； （11）公司的通知和公告办法； （12）股东会认为需要规定的其他事项。

五、设立协议（发起人协议）（新）

（一）签订与修改

公司设立时，有限公司的股东可以签订设立协议，股份公司发起人应当签订发起人协议，明确各自在公司设立过程中的权利和义务。设立协议的订立与修订均需要发起人协商一致。

【主客联动·民商结合】

能否在发起人协议中约定，发起人就其从事设立行为要求公司成立后给予报酬？①

（二）设立协议与公司章程的关系

设立协议与公司章程二者没有必然联系，其主要差异在于效力范围不同。公司成立后，设立协议并不必然终止。如果对于相同的事项，设立协议与公司章程有不同的规定，无疑设立协议应该让位于公司章程。如果设立协议中有公司章程未涉及但又属于公司存续或解散之后可能会遇到的事项，相应的条款可继续有效，但效力范围仅限于签约的股东或发起人。

【主客联动·商事案例】

2021年12月，赵海、赵洋等5名出资人共同签订了《股东投资协议》，约定共同出资设立海洋科技有限公司（以下简称海洋公司）。《股东投资协议》第9条约定："股东有下列情形之一时，经股东会2/3以上出资额的股东书面同意，可以决议取消其出资股东资格：……3.受到刑事、民事、行政处罚；……"。2023年4月，赵海因酒驾被当地法院判处拘役6个月，罚金5000元。海洋公司依据《股东投资协议》第9条之约定，召开股东会议，公司2/3以上出资的股东均同意解除赵海的股东资格，并作出决议处分赵海名下对应的股权，将价款返还于赵海。赵海认为，该情形仅在《股东投资协议》中作了约定，公司成立时的公司章程中对此并无规定，且公司成立之后《股东投资协议》已为公司章程所取代。因此，赵海认为股东会解除其股东资格的决议因无公司章程依据而无效。

问：对于公司股东会针对赵海因被当地法院判处拘役的情形而依据《股东投资协议》第9条作出的解除赵海股东资格的决议，赵海的抗辩理由是否成立？为什么？②

核心考点5　公司的财务与会计制度

一、公司的财务会计报告制度

公司应当在每一会计年度终了时编制财务会计报告，并依法经会计师事务所审计。会计师事务所的聘用和解聘应按照公司章程的规定，由公司的股东会、董事会或监事会决定。

【提示】不允许用企业内部控制审计替代外部审计。

---

① 可以。发起人是否享有报酬请求权，取决于发起人协议是否有约定。
② 答：赵海的抗辩理由不能成立。公司成立之后，《股东投资协议》在没有被修改、变更、解除以及与公司章程的内容相悖的情形下，其效力并不自然终止或必然被公司章程所取代。本案中，《股东投资协议》第9条关于取消股东资格的内容，虽未被载入海洋公司的章程中，但该条款内容并未违反法律的强制性规定或与公司章程的内容相冲突。故对各缔约的投资股东仍然具有规范和约束的效力。因此，在海洋公司对赵海除名的决议内容和程序均不违反法律行政法规规定的情况下，该决议合法有效。赵海的抗辩理由不能成立。

二、公司公积金

（一）公积金分类

1. 法定公积金（强制提取）

（1）**提取比例**：提取税后利润的10%列入公司法定公积金。

（2）**不再提取限额比例**：公司法定公积金累计额为公司注册资本的50%以上的，可以不再提取。公司经股东会决议也可以继续提取。

（3）**转资留存比例**：法定公积金转为增加注册资本时，所留存的该项公积金不得少于转增前公司注册资本的25%。

【口诀】提：税后利润10%；不提：注册资本50%；留：注册资本25%。

2. 任意公积金（公司自提）

任意公积金不是必须提取的，是否设立、提取比例、使用比例均由股东会决议。

【口诀】提和用，股东会定。

3. 资本公积金（资本溢价）

公司以超过股票票面金额的发行价格发行股份所得的溢价款、发行无面额股所得股款未计入注册资本的金额以及国务院财政部门规定列入资本公积金的其他项目，应当列为公司资本公积金。

（二）公积金的用途（修）

公司的公积金用于弥补公司的亏损、扩大公司生产经营或者转为增加公司注册资本。公积金弥补公司亏损，应当先使用任意公积金和法定公积金；仍不能弥补的，可以按照规定使用资本公积金。

【口诀】用途法定，禁止他用。均可补扩转，补亏先任法，资补有前提。

【判断】2024年海洋公司因对员工进行股权激励，需要从二级市场购买部分股票，公司能否用任意公积金来购买这部分股票？①

三、公司利润分配顺序

（一）分配顺序

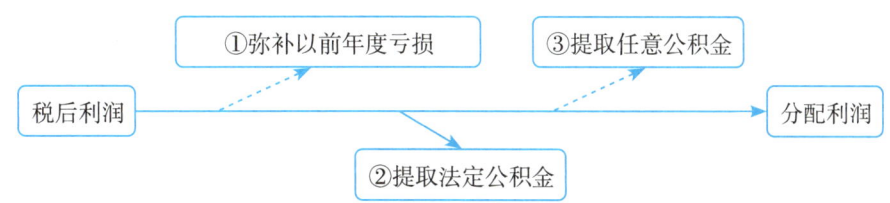

公司的法定公积金不足以弥补以前年度亏损的，在依法提取法定公积金之前，应当先用当年利润弥补亏损。

【口诀】有了利润，交够国家的（纳税），留够集体的（公积金），剩下都是自己的（分红）。

---

① 不能。因为公积金用途是法定的。

（二）禁止违法分配利润

公司在弥补亏损和提取法定公积金之前即向股东分配红利的，属于违法的行为，股东应当将其分配的利润退还给公司；给公司造成损失的，股东及负有责任的董事、监事、高级管理人员应当承担赔偿责任。

（三）公司自持股份不得分红

公司持有的本公司股份不得分配利润。

第二讲　公司组织过程（上）：公司设立

📘 公司组织过程（上）：公司设立知识逻辑

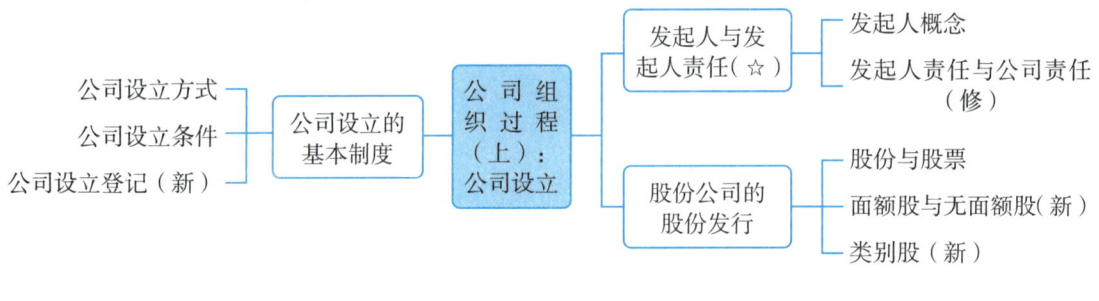

一般考点6　**公司设立的基本制度**

一、公司设立方式

（一）发起设立

发起设立，是指由发起人认购设立公司时应发行的全部股份而设立公司。有限公司和股份公司均可以发起设立方式成立。

（二）募集设立

1. 概念

募集设立，是指由发起人认购设立公司时应发行股份的一部分，其余股份向特定对象募集（非公开发行）或者向社会公开募集（公开发行）而设立公司。

2. 限制

类型限制	只有股份公司能够以募集方式设立。
时间限制	在发起人认购的股份缴足前，不得向他人募集股份。
数量限制	除法律另有规定外，发起人认购的股份不得少于公司章程规定的公司设立时应发行股份总数的35%。
信息公开	发起人向社会公开募集股份，应当公告招股说明书，并制作认股书。
承销要求	发起人向社会公开募集股份，发起人应与证券公司签订承销协议，由其承销。
收款要求	发起人向社会公开募集股份，发起人同银行签订代收股款协议。

【提示】公司成立后，依旧可以向社会公开募集股份，此时仍然需要由证券公司承销、银行代收股款，但不同的是签约主体由设立时的发起人变成成立后的公司。

> **真题**
>
> 顺昌有限公司等五家公司作为发起人，拟以募集方式设立一家股份公司。关于公开募集程序，下列哪些表述是正确的？（2014年·卷3·72题）[1]
> A. 发起人应与依法设立的证券公司签订承销协议，由其承销公开募集的股份
> B. 证券公司应与银行签订协议，由该银行代收所发行股份的股款
> C. 发行股份的股款缴足后，须经依法设立的验资机构验资并出具证明
> D. 由发起人主持召开公司成立大会，选举董事会成员、监事会成员与公司总经理

二、公司设立条件

	有限公司	股份公司
股东人数	1~50人。	发起人1~200人，其中应当有半数以上发起人在中国境内有住所。股东人数无上限。
注册资本	有符合公司章程规定的全体股东认缴的出资额。	有符合公司章程规定的全体发起人认购的股本总额或者募集的实收股本总额。
公司章程	申请设立时，应当提交公司章程。	
公司名称	标明有限公司或者有限公司字样。【提示】公司名称一般由4个部分组成：行政区划+字号+行业特点+组织形式。例如，北京海洋信息科技股份公司。	标明股份公司或者股份公司字样。
组织机构	建立符合要求的组织机构（三会：股东会、董事会、监事会）。	
公司住所	公司以其主要办事机构所在地为住所。	

【口诀】人数、出资、章程、名称、三会、住所。

三、公司登记（新）

（一）设立登记

设立公司应当登记如下事项，并通过国家企业信用信息公示系统向社会公示：

（1）公司信息：名称、住所、注册资本、经营范围；

（2）人员信息：法定代表人的姓名，有限公司股东、股份公司发起人的姓名或者名称。

（二）变更登记

公司登记事项发生变更的，应当依法办理变更登记。公司登记事项未经登记或者未经变更登记，不得对抗善意相对人。

---

[1] AC。A选项正确，B选项错误，发起人同银行签订代收股款协议。C选项正确，募集设立的股份公司要验资。D选项错误，经理由董事会聘任或解聘。

（三）信息公示

公司应当按照规定通过国家企业信用信息公示系统公示下列事项：

（1）出资：有限公司股东认缴和实缴的出资额、出资方式和出资日期，股份公司发起人认购的股份数；

（2）人员：有限公司股东、股份公司发起人的股权、股份变更信息；

（3）许可：行政许可取得、变更、注销等信息；

（4）其他：法律、行政法规规定的其他信息。

核心考点7 发起人与发起人责任

一、发起人概念

发起人，是指为设立公司而签署公司章程、向公司认购出资或者股份并履行公司设立职责、对公司设立行为承担责任的人。

【提示】公司设立阶段是发起人，公司成立后为股东。发起人之间属于合伙关系。

【主客联动·民商结合】

赵海洋与赵海、赵洋共同出资设立海洋有限公司。公司设立过程中，赵海洋出于公司成立后办公需要，以个人名义购买了一处房产。后因不可描述的原因公司设立失败，赵海洋私下将该处房产卖给第三人赚取差价。赵海、赵洋能否要求分得差价？①

二、发起人责任与公司责任（修）

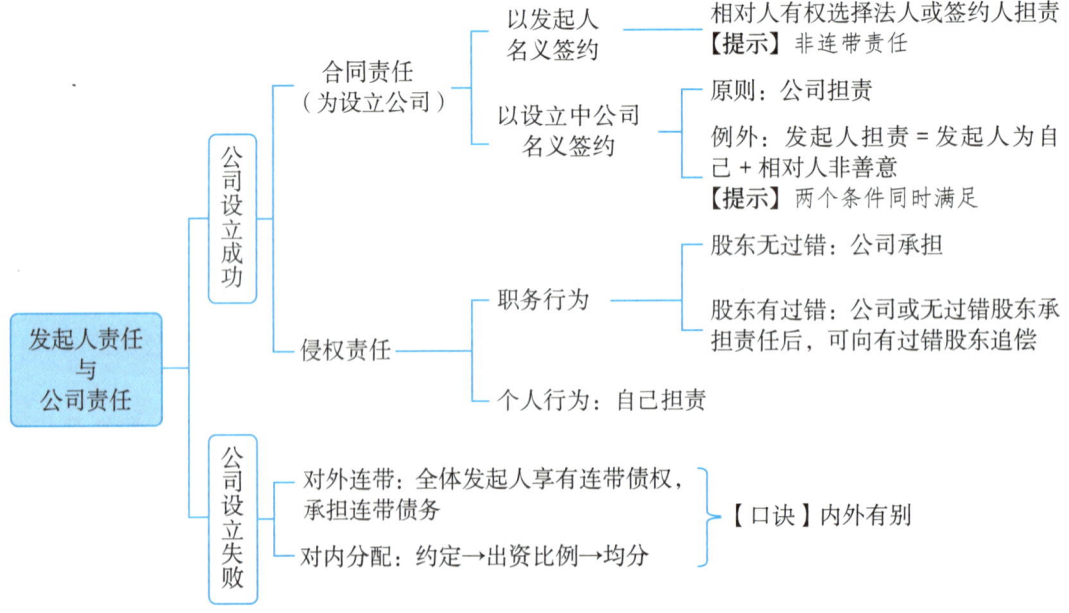

---

① 观点一：可以。发起人之间属于合伙关系，因此发起人负有诚信义务。赵海洋为公司设立购买房产后，因公司设立失败私自处分房产的行为违反了发起人的诚信义务。因此，其他发起人可以主张分享卖房差价。

观点二：不可以。公司设立失败，赵海洋出资购买的房屋所有权并未发生转移，赵海洋有权处分房屋。

【主客联动·民商结合】

问题1：发起人赵海洋为设立北京海洋水产批发有限公司以自己名义与海水有限公司签订合同，后来海水公司违约，海洋公司是否有权向海水公司主张违约责任？①

问题2：海洋公司设立失败，债权人海水公司要求发起人赵海洋对公司设立中的债务承担责任，赵海洋能否以公司设立失败系发起人赵铁锤过错所致进行抗辩？②

真题

李某和王某正在磋商物流公司的设立之事。通大公司出卖一批大货车，李某认为物流公司需要，便以自己的名义与通大公司签订了购买合同，通大公司交付了货车，但尚有150万元车款未收到。后物流公司未能设立。关于本案，下列哪一说法是正确的？（2016年·卷3·25题）③

A. 通大公司可以向王某提出付款请求
B. 通大公司只能请求李某支付车款
C. 李某、王某对通大公司的请求各承担50%的责任
D. 李某、王某按拟定的出资比例向通大公司承担责任

一般考点8 股份公司的股份发行

一、股份与股票

（一）二者关系

公司的资本划分为股份。公司的股份采取股票的形式。股票是公司签发的证明股东所持股份的凭证。

（二）交付股票时间

股份公司成立后，即向股东正式交付股票。公司成立前不得向股东交付股票。

（三）同类别股同权

同类别的每一股份应当具有同等权利。同次发行的同类别股份，每股的发行条件和价格应当相同；认购人所认购的股份，每股应当支付相同价额。

二、面额股与无面额股（新）

（一）概念

1. 面额股

面额股亦称"面值股"，按照公司的章程规定在票面上注明金额的股票。

[例如] 票面上载明的每股金额10元、100元等。采用面额股的，每一股的金额相等，发行价格可以按照或者超过票面金额，但不得低于票面金额。

---

① 可以。根据《民法典》第926条关于隐名代理制度的规定，公司享有介入权。
② 不能。根据《公司法》第44条第2款、《公司法解释三》第4条第1款规定，公司未成立的，其法律后果由公司设立时的股东承受；设立时的股东为二人以上的，享有连带债权，承担连带债务。
③ A。A选项正确，B选项错误。公司设立失败，在对外承担责任问题上，发起人共同承担连带责任。B选项"只能"过于绝对。CD选项错误，注意区分内外有别。对内，发起人可内部约定各承担50%或按拟定的出资比例承担责任；对外，承担连带责任。

2. 无面额股

无面额股又称"无面值股"，在票面上不记载金额，只注明股份数量或占总股本比例的股票。

[例如] 票面上标明的是"1股""10股"或"万分之一股"等。采用无面额股的，应当将发行股份所得股款的1/2以上计入注册资本。

（二）发行选择

公司的全部股份，根据公司章程的规定择一采用面额股或者无面额股。

（三）相互转换

公司可以根据公司章程的规定将已发行的面额股全部转换为无面额股或者将无面额股全部转换为面额股。

【口诀】两种类型二选一，转换必须全部转。

三、类别股（新）

（一）类别股类型

公司可以按照公司章程的规定发行与普通股权利不同的类别股。公开发行股份的公司不得发行特别表决权股和转让受限股，公开发行前已发行的除外。类别股具体类型如下：

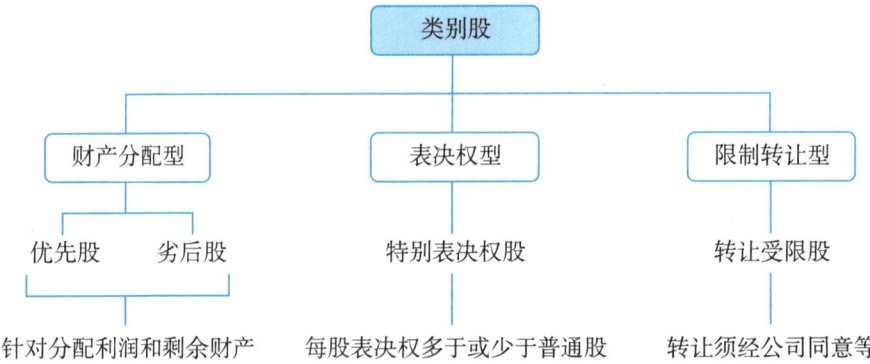

（二）类别股股东权益保障

1. 表决权相同情形

公司发行特别表决权股，对于监事或者审计委员会成员的选举和更换，类别股与普通股每一股的表决权数相同。

【口诀】选换监督主体，类别普通同权。

2. 分别表决情形

发行类别股的公司，有股东会特别表决权事项等可能影响类别股股东权利的，除应当经出席会议的股东所持表决权的2/3以上通过外，还应当经出席类别股股东会议的股东所持表决权的2/3以上通过。公司章程可以对需经类别股股东会议决议的其他事项作出规定。

【口诀】影响权益，分别表决（2/3）。

第三讲　公司组织过程（中）：公司运行

公司组织过程（中）：公司运行知识逻辑

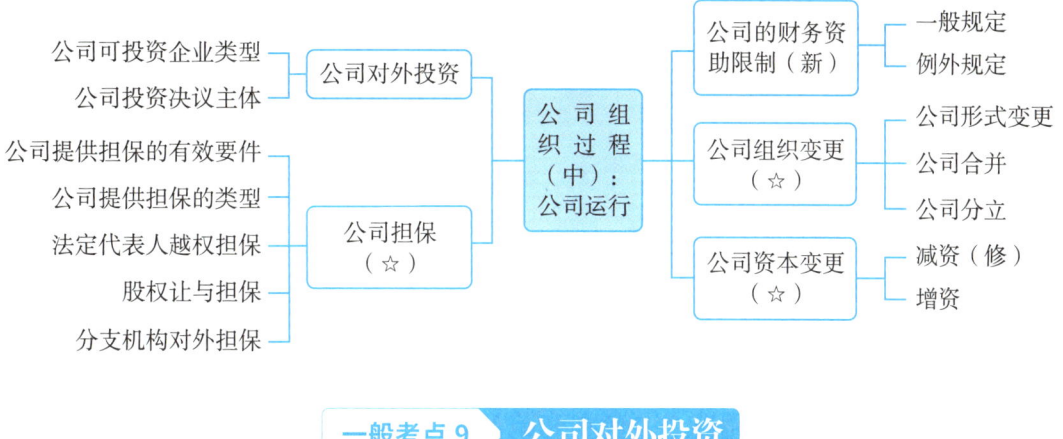

一般考点9　公司对外投资

一、公司可投资企业类型

公司向其他企业投资，可以投资公司，也可以投资合伙企业等。

二、公司投资决议主体

公司对外投资时，按照公司章程的规定，由公司董事会或股东会决议。公司章程可以对投资总额及单项投资的数额等作出限额规定。

【口诀】对外投资：章程，董股会，可对数额进行限制。

【主客联动·商事案例】

海洋公司章程规定，对外投资须经股东会同意。法定代表人、执行公司事务的董事赵海洋自行作出决定向世界泳装小姐冠军安吉丽娜·钢蛋的公司投资1000万元的《决议》。同时，双方签订《投资协议》。

问：《投资协议》是否有效？①

核心考点10　公司担保

一、公司提供担保的有效要件

（一）一般规定

公司为他人提供担保，需要有效的公司股东会或董事会决议。

---

① 答：有效。赵海洋作为公司法定代表人是合法的对外表意主体。同时他又是执行公司事务的董事，在安吉丽娜·钢蛋善意的情况下，双方签订的《投资协议》有效。在公司内部，赵海洋自行作出的《决议》，决议程序违反公司章程规定，属于决议可撤销的情形。

（二）例外情形

下列 3 种情形，公司不得以其未依法作出有效的公司决议为由主张不承担担保责任，但上市公司对外提供担保，不适用第 2 项、第 3 项的规定：

（1）金融机构开立保函或者担保公司提供担保；

（2）公司为其全资子公司开展经营活动提供担保；

（3）担保合同系由单独或者共同持有公司 2/3 以上对担保事项有表决权的股东签字同意。

【口诀】无决议但担保有效：搞业务、亲儿子、大股东。

二、公司提供担保的类型

（一）公司关联担保

1. 一般规定

公司为公司股东或者实际控制人提供担保，应当依照法律的规定，由股东会决议。但接受担保的股东或受实际控制人支配的股东要回避，不得参加前款规定事项的表决。该项表决由出席会议的其他股东所持表决权的过半数通过。

【口诀】关联担保：法律，股东会，关系人回避，其他出席会议股东表决权过半数。

2. 特殊样态

一人公司为其股东提供担保，公司不得以违反公司法关于公司对外担保决议程序的规定为由主张不承担担保责任。公司因承担担保责任导致无法清偿其他债务，提供担保时的股东不能证明公司财产独立于自己的财产，其他债权人请求该股东承担连带责任的，人民法院应予支持。

（二）公司非关联担保

公司为他人提供担保，按照公司章程的规定，由董事会或者股东会决议；公司章程可以对担保的总额及单项担保的数额有限额规定。

【口诀】非关联担保：章程，董股会，可对数额进行限制。

三、法定代表人越权担保

公司的法定代表人违反公司法关于公司对外担保决议程序的规定，超越权限代表公司与相对人订立担保合同，人民法院应当依照民法典第 61 条①和第 504 条②等规定处理：

（1）相对人善意的，担保合同对公司发生效力；相对人有权请求公司承担担保责任的。

（2）相对人非善意的，担保合同对公司不发生效力；相对人请求公司承担赔偿责任的，参照适用《担保制度解释》第 17 条（主合同有效，担保合同无效）的有关规定。

【释义】善意，是指相对人在订立担保合同时不知道且不应当知道法定代表人超越

---

① 《民法典》第 61 条：依照法律或者法人章程的规定，代表法人从事民事活动的负责人，为法人的法定代表人。法定代表人以法人名义从事的民事活动，其法律后果由法人承受。法人章程或者法人权力机构对法定代表人代表权的限制，不得对抗善意相对人。

② 《民法典》第 504 条：法人的法定代表人或者非法人组织的负责人超越权限订立的合同，除相对人知道或者应当知道其超越权限外，该代表行为有效，订立的合同对法人或者非法人组织发生效力。

权限。相对人有证据证明已对公司决议进行了合理审查，人民法院应当认定其构成善意，但是公司有证据证明相对人知道或者应当知道决议系伪造、变造的除外。

【口诀】法代越权担保，相对人善意，担保合同有效；相对人非善意，担保合同不发生效力。

四、股权让与担保

（一）概念

债务人（或者第三方）为了担保债务的履行，将股权转让给债权人，当债务到期债务人不能履行时，债权人可就已转让的股权受偿。

（二）行为认定

在股权让与担保中，判断形式受让人（名义股东）是公司股东还是债权人的关键在于转让人是否向公司及其他股东告知事情。

（1）告知。即便受让人记载于股东名册，受让人也仅为名义股东，不享有股东权。

（2）未告知。转让人告知公司及其他股东，自己的行为为股权转让，受让人记载于股东名册后，享有股东权。

（三）核心证据

在股权让与担保纠纷中，受让人是股东还是债权人的核心证据为是否记载于股东名册。

（1）记载。没有相反证据，认定受让人是股东。

（2）未记载。除公司其他股东认可外，原则上不是股东。

（四）责任方式

股东以将其股权转移至债权人名下的方式为债务履行提供担保，公司或者公司的债权人不得以股东未履行或者未全面履行出资义务、抽逃出资等为由，请求作为名义股东的债权人与股东承担连带责任。

【口诀】形式受让人不承担出资瑕疵责任。

（五）优先购买权问题

在股权让与担保中，其他股东没有优先购买权。因为，优先购买权针对的是股权对外转让，让与担保的目的不在于股权转让，而是为了担保主债权的实现。

【比较】对赌协议、股权让与担保与明股实债

	对赌协议	股权让与担保	明股实债
概念界别	投资人与标的公司股东、实际控制人或标的公司对赌，标的公司完不成对赌业绩的，对赌相对人应回购对赌股权，清偿投资人相应的投资本金及约定的投资收益。	债务人（或者第三方）为了担保债务的履行，将股权转让给债权人，当债务到期债务人不能履行时，债权人可就已转让的股权受偿。（流质条款无效）	投资回报不与被投资企业的经营业绩挂钩，不是根据企业的投资收益或者亏损进行分配，而是向投资者提供保本保收益承诺，根据约定定期向投资者支付固定收益，并在满足特定条件后由被投资企业赎回股权或者偿还本息的投资方式，常见形式包括回购、第三方收购、对赌、定期分红等。

续表

	对赌协议	股权让与担保	明股实债
目的界别	投资者进入目标公司的目的，在于获得目标公司股权，并在目标公司获得发展后，以谋求该等股权的升值。	目的在于担保主债权的实现。	目的在于当投资期限届满，获得投资本金和固定收益。
法律逻辑	投资者与当事人直接签订对赌协议。	借贷性质的主合同存在后，签订股权转让协议用以担保主合同债权的实现。	签署股权转让协议，并签署远期受让/回购协议，并不存在一个主债权合同。

五、分支机构对外担保

公司的分支机构未经公司股东（大）会或者董事会决议以自己的名义对外提供担保、金融机构的分支机构未经金融机构授权提供保函之外的担保、担保公司的分支机构未经担保公司授权对外提供担保，公司或者其分支机构不承担担保责任。但是相对人不知道且不应当知道分支机构对外提供担保未经担保公司授权的除外。

【提示】因为分支机构没有自己独立的财产，所以无法对外提供担保。

真题

海洋公司总部在北京，因为业务需要在海南开办分公司，并领取营业执照。聘请赵英俊为分公司负责人，全权负责分公司的业务运营。2021年3月，赵英俊代表分公司与大地公司签署设备买卖合同，合同金额为300万元，并以分公司的名义为大地公司一笔300万元的银行贷款提供了担保，与银行签署了担保合同。下列有关说法正确的是：（2021年·回忆·多选）

A. 赵英俊无权以分公司的名义与大地公司签署合同
B. 赵英俊以分公司的名义与大地公司签署的合同对海洋公司生效
C. 赵英俊以分公司的名义与大地公司签署的合同无效
D. 如果赵英俊伪造了海洋公司同意担保的股东会决议提供给银行，分公司与银行签署的担保合同有效

【主客联动·商事案例】

案例1：大海公司为海洋公司的分公司，大海公司能否为海洋公司的债务提供担保？②

案例2：全佳酒店有限公司由刘军、郭杰、朱晓等3人于2018年12月1日合资设立，主营业务是承租某物业后对其进行酒店改造并运营。由于刘军一直从事酒店管理工作，3人一致推选刘军为公司执行董事、法定代表人。公司章程特别约定：公司为他人提供担保需经股东会决议。2019年5月14日，刘军受朋友贾某请托，为其向债权人成某的民间借

---

① BD
② 不能。因为分公司的财产为总公司责任财产的一部分，分公司无独立的法人地位。

款出具了一份加盖公司印章的连带责任保证承诺书，保证金额为150万元。由于贾某未按期还本付息，成某于2021年7月12日起诉，同时要求公司履行连带责任保证义务。

问：请问成某要求公司承担连带保证责任能否得到支持？①

核心考点11　公司的财务资助限制（新）

一、一般规定

股份公司不得为他人取得本公司或者其母公司的股份提供赠与、借款、担保以及其他财务资助，公司实施员工持股计划的除外。

【口诀】不能吃里扒外。

二、例外规定

为公司利益，经股份公司股东会决议，或者董事会按照公司章程或者股东会的授权作出决议，公司可以为他人取得本公司或者其母公司的股份提供财务资助，但财务资助的累计总额不得超过已发行股本总额的10%。董事会作出决议应当经全体董事的2/3以上通过。

【口诀】为自己，可资助，总额不超过已发行股本总额10%，董定全体2/3。

核心考点12　公司组织变更

一、公司形式变更

（一）程序

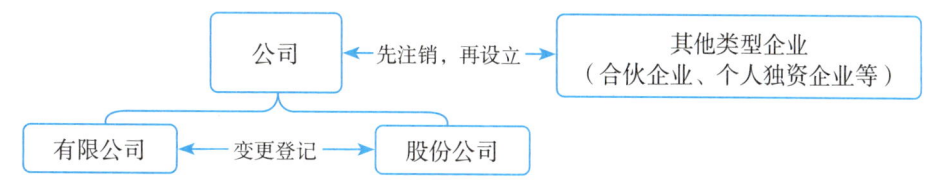

（二）资本要求

有限公司变更为股份公司时，折合的实收股本总额不得高于公司净资产额。有限公司变更为股份公司，为增加注册资本公开发行股份时，应当依法办理。

二、公司合并

（一）公司合并的方式

吸收合并：甲+乙=甲；新设合并：甲+乙=丙

---

① 答：不能。本案中，公司章程对公司非关联担保做出规定。成某在接受刘军以公司名义向其提供的保证担保时，并未尽到合理的注意义务，即没有要求公司提供相应的内部决策文件。因此不能认为其是善意第三人。

（二）公司合并的程序（修）

1.股东会决议的公司合并

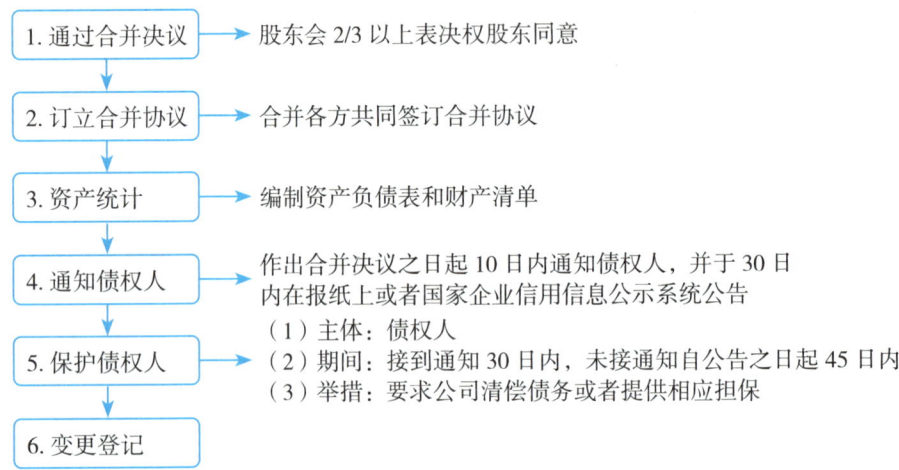

【提示】债权人不得干涉公司合并（减资）决议，其要求公司清偿债务或者提供相应担保，属于债权人事后异议权范畴。

【口诀】10-30,30-45，清偿或担保。

2.公司董事会决议的合并

（1）简易合并。公司与其持股90%以上的公司合并，被合并的公司不需经股东会决议，由其董事会决议，但应当通知其他股东，其他股东有权请求公司按照合理的价格收购其股权或者股份。

【逻辑】实施合并公司是被合并公司的绝对控股股东，被合并公司开不开股东会无意义。

（2）小规模合并。公司合并支付的价款不超过本公司净资产10%的，可以不经股东会决议，由董事会决议；但是，公司章程另有规定的除外。

【口诀】控股≥90%，价款≤净资产10%，不股开董。

（三）公司合并后的债权债务

公司合并，合并各方的债权、债务，应当由合并后存续的公司或者新设的公司承继。

【真题】

甲、乙公司合并为丙公司，合并时未告知债权人丁公司，后来丙公司破产。关于丁公司的权利，以下说法正确的是：（2019年·回忆版）[①]

A.向法院申请破产债权 B.甲乙公司合并无效
C.丙公司的股东对其债权承担清偿责任 D.向丙公司主张债权时，享有优先受偿权

[①] A。A选项正确，B选项错误。企业合并不通知不会影响企业合并的效力。C选项错误。公司合并时，合并各方的债权、债务应由合并后存续或新设的公司而非股东承继。D选项错误，享有优先受偿权的前提是债权上有担保，题干并未交代丁公司的债权上设定担保物权。

三、公司分立

（一）公司分立的方式
派生分立：甲＝甲＋乙；新设分立：甲＝乙＋丙

（二）公司分立的程序

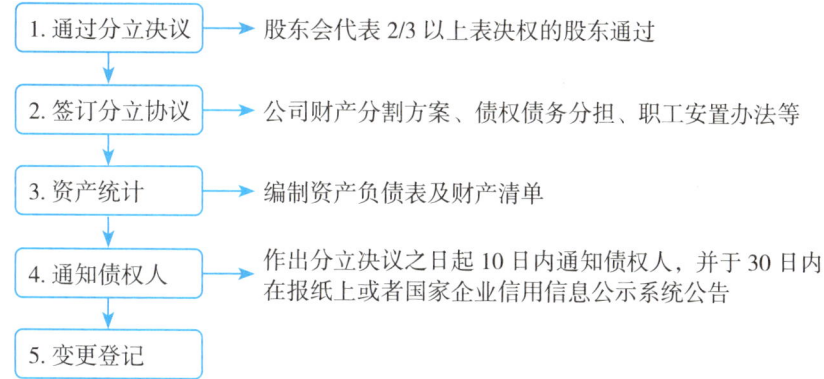

（三）债务的承担
公司分立前的债务由分立后的公司承担连带责任。但是，公司在分立前与债权人就债务清偿达成的书面协议另有约定的除外。

【总结】《公司法》对分立和合并的规定存在两个差异：
（1）程序差异。分立中无保护债权人制度。
（2）债务承担。合并为存续的公司承继，分立是分立后的公司连带。

核心考点 13　公司资本变更

一、减资（修）

（一）减资的原因
公司压缩经营规模、公司亏损、部分股东出资不到位、公司按约定回购股权或依法履行强制回购义务、股东被除名、股东退股等都会引起公司减资。

（二）减资的程序

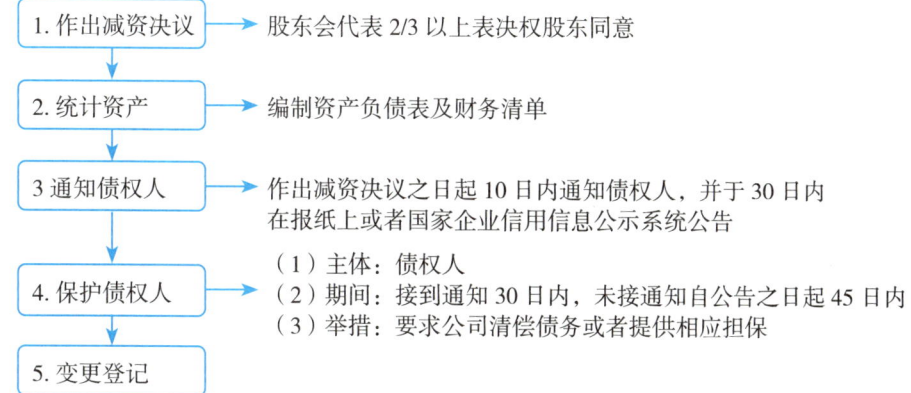

【口诀】公司减资除不需要签订减资协议外，其他程序与公司合并相同。

【主客联动·难度拔高】

1. 公司进行定向减资，需要股东会多少表决权股东通过？

答：定向减资，除全体股东或者公司章程另有约定外，应当由全体股东一致同意。否则，相应的股东会决议不成立。因为定向减资会直接突破公司设立时的股权分配情况，如只需经 2/3 以上表决权的股东通过即可作出定向减资决议，实际上是以多数决形式改变公司设立时经发起人一致决所形成的股权架构。

2. 公司减资，债权人的债务没有到期，能否要求减资公司清偿？

答：债权人有权要求减资公司立即清偿债务，无论该债务是否到期。也就是说，公司的减资决议实际上导致公司未到期债务"加速到期"。

（三）减资后的相关问题

1. 股东减持方式（新）

公司减少注册资本，应当按照股东出资或者持有股份的比例相应减少出资额或者股份，法律另有规定、有限公司全体股东另有约定或者股份公司章程另有规定的除外。

【口诀】公司减资，同比减资，有约除外。

2. 未通知已知债权人

公司减资时未通知已知债权人，减资对起诉债权人不发生法律效力（减资行为依旧有效）。减资公司的股东，在减资金额范围内对起诉的债权人承担补充清偿责任。

3. 减资后的股东责任

在办理法定减资程序或者其他股东或者第三人缴纳相应的出资之前，公司债权人有权请求相关当事人承担相应责任。

4. 违法减资的法律后果

违法减少注册资本的，股东应当退还其收到的资金，减免股东出资的应当恢复原状；给公司造成损失的，股东及负有责任的董事、监事、高级管理人员应当承担赔偿责任。

【口诀】违法减资，退还财务、恢复原状、赔偿损失。

（四）通过减资弥补亏损（新）

1. 适用情形

公司依据《公司法》规定用公积金和税后利润规定弥补亏损后，仍有亏损的，可以减少注册资本弥补亏损。

【逻辑】减资弥补亏损，实际上是通过减少注册资本的方式，来弥补未分配利润，即牺牲股东利益来弥补公司亏损。此情形下，并不会真实发生公司实有资本的减少并返还给股东的情况，而只是名义上减少了注册资本的数额。由于股东权益视同公司对股东的负债，减资视同股东免去公司对自己的负债，将减少的注册资本捐赠给公司，计入当期损益，从而弥补一定的亏损。以这种方式弥补亏损的会计处理方法，是将有限公司"实收资本"或股份公司"股本"账户中的一定金额与因亏损而呈现为负数的"未分配利润"账户的相等金额正负冲抵，在账面上消除亏损。

【总结】公司弥补亏损的方法与顺位

> 1. 公司弥补亏损的方法有三类：当年利润、公积金、减少注册资本弥补亏损
> 2. 顺位：利润（可税前，可税后）→法定公积金和任意公积金→资本公积金→减少注册资本弥补亏损。

2. 禁止行为

减少注册资本弥补亏损的，公司不得向股东分配（利润），也不得免除股东缴纳出资或者股款的义务。换言之，公司不得在进行减资的同时，又实施以"免除股东缴纳出资或者股款义务"为内容的减资。

3. 公示要求

因弥补亏损减少注册资本的，无需通知债权人，但应当自股东会作出减少注册资本决议之日起30日内在报纸上或者国家企业信用信息公示系统公告。

4. 分红限制

公司通过减少注册资本弥补亏损后，在法定公积金和任意公积金累计额达到公司注册资本50%前，不得分配利润。

二、增资

（一）增资的程序

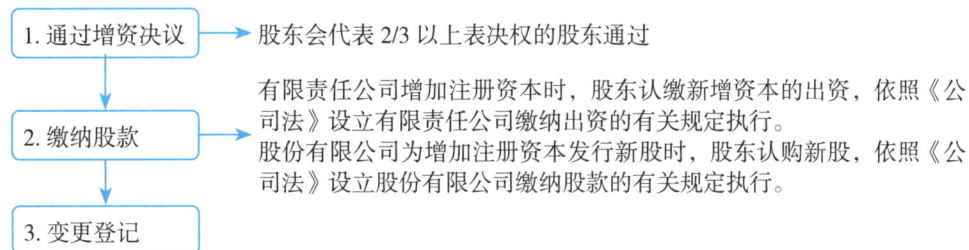

【主客联动·难度拔高】

公司增资时，由公司股东以外的主体认购公司新增资本，办理新增资本企业登记后，双方合同解除，此时认购主体是否还有出资义务？

根据《民法典》第557条的规定，合同各方当事人可以采取约定方式终止合同的权利义务。因此，合同约定在一方违约的情形下守约方有权要求单方面终止合同继续履行的，该约定有效。但在增资扩股协议项下，如果已经办理了新增资本的工商登记，认购新增资本的股东就负有公司法上足额缴付注册资本的义务。负有增资义务的一方在对方违约的情况下虽然可以按照约定终止履行合同，仍然要足额缴付已经登记在其名下的股权所对应的资本，即股东缴付出资的义务不能以股东之间的内部约定予以免除。（最高人民法院[2010]民二终字第101号民事判决书）

（二）增资优先认购权

有限公司增加注册资本时，股东在同等条件下有权优先按照实缴的出资比例认缴出资。但是，全体股东约定不按照出资比例优先认缴出资的除外。

股份公司为增加注册资本发行新股时，股东不享有优先认购权，公司章程另有规定或者股东会议决定股东享有优先认购权的除外。

【口诀】有限优先按实缴，全体可约不按实。股份没有优购权，章程股会可约定。

【主客联动·难度拔高】

1. 有限公司进行定向增资，需要股东会多少表决权股东通过？

定向增资会剥夺部分股东的增资优先认购权，因此，应当经全体股东一致同意。

2. 有限公司增资时，部分股东放弃增资优先认购权，其他股东能否直接主张认购？

股东按照实缴出资比例行使优先认购权后，原则上不得主张认购公司其他股东放弃认购部分。但是，可通过协商或在公司章程中作出规定的方式加以解决。

真题

湘星公司成立于2012年，甲、乙、丙等3人是其股东，出资比例为7：2：1，公司经营状况良好。2017年初，为拓展业务，甲提议公司注册资本增资1000万元。关于该增资程序的有效完成，下列哪些说法是正确的？（2017年·卷3·68题）①

A. 三位股东不必按原出资比例增资　　B. 三位股东不必实际缴足增资
C. 公司不必修改公司章程　　　　　　D. 公司不必办理变更登记

第四讲　公司组织过程（下）：公司终止

公司组织过程（下）：公司终止公司终止知识逻辑

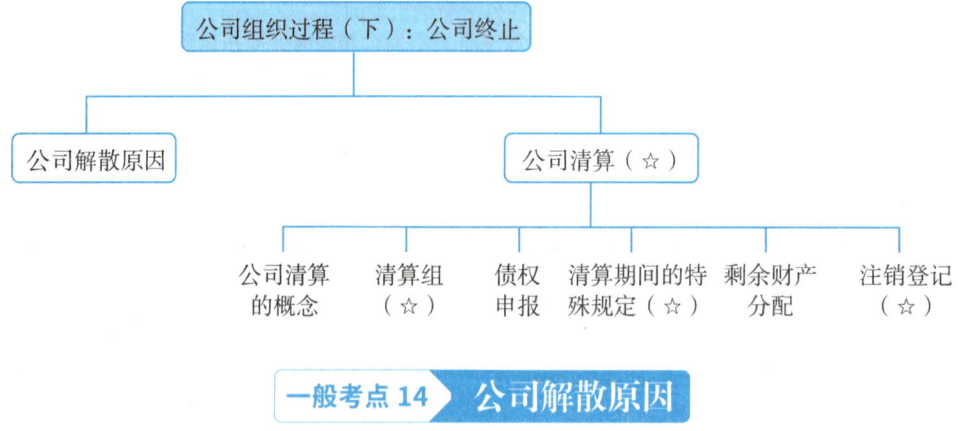

一般考点 14　公司解散原因

一、一般解散事由

（一）经营期限届满解散

公司章程规定的营业期限届满或者公司章程规定的其他解散事由出现，公司应当解散。但是，公司尚未向股东分配财产，可以通过修改公司章程或者经股东会决议而存续。

---

① AB。A选项正确，公司新增资本时，全体股东可以约定不按照出资比例认缴出资。B选项正确，我国《公司法》规定了有限公司股东出资时采取认缴资本制，股东不必实际缴足增资。C选项错误，公司章程应当载明公司的注册资本，增资后公司注册资本发生变更，自然也要修改公司章程。D选项错误，办理变更登记，是公司增资后的必经程序。

（二）决议解散

股东会作出解散公司的决议，公司应当解散。但是，公司尚未向股东分配财产，可以通过修改公司章程或者经股东会决议而存续。

（三）组织变更引起的解散

因公司合并或者分立需要解散。

二、强制解散

依法被吊销营业执照、责令关闭或者被撤销。

三、解散之诉

股东提起解散公司之诉，法院依法予以解散。

核心考点 15 公司清算

一、公司清算的概念

清算是终结已解散公司的一切法律关系，处理公司剩余财产的程序。公司除因合并或分立解散无须清算，以及因破产而解散的公司适用破产清算程序外，其他原因引起的公司解散，都应当依法进行清算。

【逻辑】合并、分立引起的解散无需清算，因为这两种情形下债权人的权益有保障。

二、清算组

组成方式	自行组成	指定组成
组成事由	董事为公司清算义务人，应当在解散事由出现之日起15日内组成清算组进行清算。	**利害关系人申请**：有下列情形之一，债权人、公司股东、董事或其他利害关系人可申请法院指定清算组进行清算： （1）**不成立**：公司解散逾期不成立清算组进行清算的； （2）**不干活**：虽然成立清算组但故意拖延清算的； （3）**害别人**：违法清算可能严重损害债权人或股东利益的。 **行政机关申请**：公司因依法被吊销营业执照、责令关闭或者被撤销而解散的，由作出该决定的部门或者公司登记机关，可以申请人民法院指定有关人员组成清算组进行清算。

【口诀1】清算组，先自行，后指定。
【口诀2】指定清算组的法定情形：不成立、不干活、害别人。

【提示】有限公司的股东、股份公司的董事和控股股东，应当依法在公司被吊销营业执照后履行清算义务，不能以其不是实际控制人或者未实际参加公司经营管理为由，免除清算义务。（参见最高法指导案例9号：上海存亮贸易有限公司诉蒋志东、王卫明等买卖合同纠纷案）

续表

成员组成	清算组由董事组成,但是公司章程另有规定或者股东会决议另选他人的除外。	法院指定有关人员组成清算组,成员可从下列主体中产生: (1)公司股东、董事、监事、高级管理人员; (2)依法设立的律师事务所、会计师事务所、破产清算事务所等社会中介机构及社会中介机构中具备相关专业知识并取得执业资格的人员。
成员责任	清算组成员怠于履行清算职责,给公司造成损失的,应当承担赔偿责任;因故意或者重大过失给债权人造成损失的,应当承担赔偿责任。	
清算组职权	清算组在清算期间行使下列职权: (1)清理公司财产,分别编制资产负债表和财产清单; (2)通知、公告债权人,清理债权、债务; (3)处理与清算有关的公司未了结的业务; (4)清缴所欠税款以及清算过程中产生的税款; (5)分配公司清偿债务后的剩余财产; (6)代表公司参与民事诉讼活动。公司依法清算结束并办理注销登记前,有关公司的民事诉讼,应当以公司的名义进行。公司成立清算组的,由清算组负责人代表公司参加诉讼;尚未成立清算组的,由原法定代表人代表公司参加诉讼。	

三、债权申报

清算组应当自成立之日起10日内通知债权人,并于60日内在报纸上或者国家企业信用信息公示系统公告。债权人应当自接到通知书之日起30日内,未接到通知书的自公告之日起45日内,向清算组申报其债权。在申报债权期间,清算组不得对债权人进行清偿。

【口诀】先申报,再还债。申报期内,不还债。10 → 30;60 → 45。

四、清算期间的特殊规定

(一)禁止经营

清算期间,公司存续,但不得开展与清算无关的经营活动。

【判断】清算期间,股东能否转让股权?①

(二)清算方案的确认

公司自行清算的,清算方案应当报股东会决议确认;法院组织清算的,清算方案应当报法院确认。

【口诀】谁组织,谁确认。

---

① 可以。

五、剩余财产分配

公司财产在分别支付清算费用、职工的工资、社会保险费用和法定补偿金，缴纳所欠税款，清偿公司债务后的剩余财产，有限公司按照股东的出资比例分配，股份公司按照股东持有的股份比例分配。

六、注销登记

（一）清算结束后注销登记

公司清算结束后，清算组应当制作清算报告，报股东会或法院确认，并报送公司登记机关，申请注销公司登记，公告公司终止。

（二）简易程序注销登记

1. 适用情形

公司在存续期间未产生债务，或者已清偿全部债务的，经全体股东承诺，可以按照规定通过简易程序注销公司登记。

2. 注销程序

通过简易程序注销公司登记的，应当通过国家企业信用信息公示系统予以公告，公告期限不少于20日。公告期限届满后，未有异议的，公司可以在20日内向公司登记机关申请注销公司登记。

3. 股东责任

公司通过简易程序注销公司登记，股东对公司已无债务承诺不实的，应当对注销登记前的债务承担连带责任。

（三）强制注销登记

公司被吊销营业执照、责令关闭或者被撤销，满3年未向公司登记机关申请注销公司登记的，公司登记机关可以通过国家企业信用信息公示系统予以公告，公告期限不少于60日。公告期限届满后，未有异议的，公司登记机关可以注销公司登记。公司被强制注销公司登记的，原公司股东、清算义务人的责任不受影响。

> **真题**
>
> 因公司章程所规定的营业期限届满，蒙玛有限公司进入清算程序。关于该公司的清算，下列哪些选项是错误的？（2014年·卷3·70题）①
>
> A. 在公司逾期不成立清算组时，公司股东可直接申请法院指定组成清算组
> B. 公司在清算期间，由清算组代表公司参加诉讼
> C. 债权人未在规定期限内申报债权的，则不得补充申报
> D. 法院组织清算的，清算方案报法院备案后，清算组即可执行

---

① BCD。B选项错误，清算期间如果公司有清算组，是由清算组的负责人而不是清算组代表公司参加诉讼。C选项错误，在公司清算程序终结前可以补充申报债权。D选项错误，清算方案应报法院确认而非"备案"。

第五讲　公司股东与股东权利

公司股东与股东权利知识逻辑

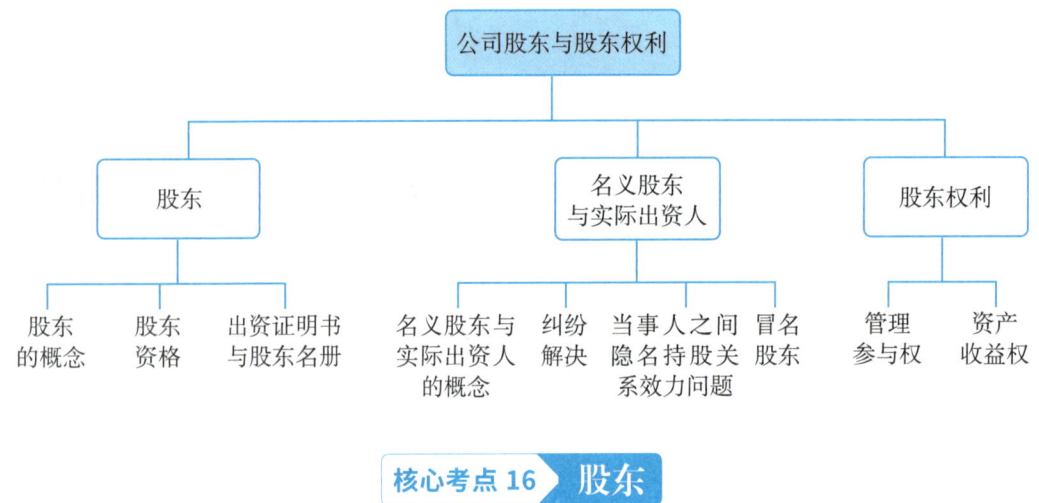

核心考点 16　股东

一、股东的概念

股东,是指向公司出资、持有公司股份、享有股东权利和承担股东义务的人。股东可以是自然人、法人、非法人组织、国家等。

二、股东资格

（一）取得股东资格的构成要件

实质要件	股东的出资
形式要件	对股东出资事实的记载和证明。股东出资证明书、股东名册、公司登记、公司章程、股东会决议等均是确认股东资格的重要依据。

（二）股东资格确认纠纷的证据

不同主体之间的股东资格确认纠纷,所要证明的问题存在差异。

（1）公司与股东之间的纠纷,应着重审查股东名册的记载。原则上,在没有相反证据时,股东名册就是股东资格的证明,股东可以依据股东名册的记载向公司主张权利。

（2）股东之间的纠纷,侧重审查投资事实。

（3）在第三人对公司股东的认定上,侧重外观主义原则,主要审查公司登记。

（4）公司章程、股东名册没有记载,但投资人已实际出资并以股东身份行使股东权利的,应当认定其具有股东资格。

三、出资证明书与股东名册

	出资证明书	股东名册	
产生时间	有限公司成立后,向股东签发出资证明书。	有限公司和股份公司均应当置备股东名册	
记载内容	出资证明书,记载下列事项: (1)公司信息:公司名称,成立日期,注册资本; (2)股东信息:股东的姓名或者名称、认缴和实缴的出资额、出资方式和出资日期; (3)文书信息:出资证明书编号和核发日期。 出资证明书由法定代表人签名,并由公司盖章。	有限公司 (1)股东信息:股东的姓名或者名称及住所,股东认缴和实缴的出资额、出资方式和出资日期; (2)文书信息:出资证明书编号; (3)权利信息:取得和丧失股东资格的日期。	股份公司 (1)股东信息:股东的姓名或者名称及住所,各股东所认购的股份种类及股份数; (2)文书信息:发行纸面形式的股票的,股票的编号; (3)权利信息:各股东取得股份的日期。
法律效力	仅能证明股东已经履行出资义务。但出资证明书不是权利证书,其移转不会产生股权转移的效力。	记载于股东名册的有限公司股东,可以依股东名册主张行使股东权利。	
		公司应当将股东的姓名或者名称向公司登记机关登记。未经登记或者变更登记的,不得对抗善意第三人(登记对抗)。	
公司责任	当事人依法履行出资义务或者依法继受取得股权后,公司未依法签发出资证明书、记载于股东名册并办理公司登记机关登记,当事人可请求公司履行上述义务。		

核心考点17 名义股东与实际出资人

一、名义股东与实际出资人的概念

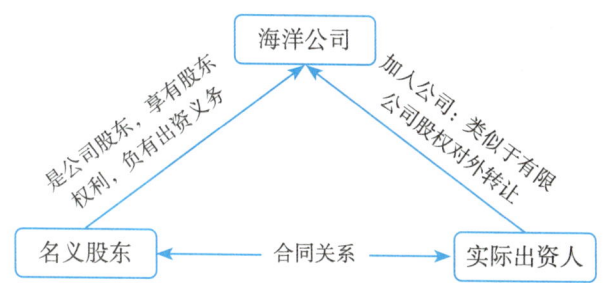

(一)名义股东

名义股东,是指登记于股东名册及公司登记机关的登记文件,但事实上并没有真实向公司出资、并且也不会向公司出资的人。(**不出资+登记**)

(二)实际出资人

实际出资人,指向公司履行了出资义务、并且实际享有股东权利但其姓名或者名称并

未记载于公司股东名册及公司登记机关的登记文件的人。(出资＋不登记)

【提示1】对公司以及交易第三人而言，名义股东是股东，负有出资义务，其不得以自己仅为名义股东而非实际出资人为由进行抗辩。但名义股东承担责任后，可向实际出资人追偿。

【提示2】名义股东与实际出资人之间一般是合同关系，通过签订持股协议或者代持股协议规定彼此的权利义务。判定是否属于名义股东与实际出资人关系时，一定要有特定字样表明关系。例如，《代持股协议》、赵海实际上是替赵洋出资等字样。

真题

2015年4月2日，木道公司与林强、刘珂、郝宏、季翔设立遥想公司，公司的注册资本是5000万元。其中，木道公司认缴2000万元，林强认缴1000万元，刘珂认缴500万元，郝宏认缴1000万元，季翔认缴500万元。其中，林强与刘珂是恋人关系。2016年12月，林强分两次从其银行卡向刘珂银行卡分别汇款100万元、80万元，到款当日，刘珂将这两笔款项均汇入遥想公司账户，汇款单的汇款用途栏内写明"投资款"。(2018主观—5—1)

问：如林强以刘珂用于出资的180万元是他所汇为由，主张确认刘珂名下的股权实际为林强所有，该主张是否成立？为什么？①

二、名义股东与实际出资人纠纷解决

(一) 坚持实际出资原则

实际出资人与名义股东因投资权益的归属发生争议，实际出资人可以其实际履行了出资义务为由向名义股东主张权利。名义股东不得以公司股东名册记载、公司登记机关登记为由否认实际出资人权利。

【口诀】谁出资，谁享权。

【判断】实际出资人赵海与第三人赵洋约定，将其出资及与名义股东之间约定的收取投资回报的权利转让给第三人的协议，属于股权转让协议吗？②

(二) 实际出资人成为公司股东

实际出资人未经公司其他股东半数以上同意，不得请求公司变更股东、签发出资证明书、记载于股东名册、记载于公司章程并办理公司登记机关登记。

【提示1】此处规定是按照2013年版《公司法》制定的，2023年《公司法》修订后，改变了有限公司股东股权对外转让的规则，预计此处未来会修订。

【提示2】如果公司或公司绝大多数股东均明知名义股东与实际出资人之间的关系而未表示异议，则实际出资人可以直接向公司主张权利。

三、当事人之间隐名持股关系效力问题

当事人之间的隐名持股关系损害社会公共利益、违反法律和行政法规的强制性规定

---

① 林强的主张不成立。在公司登记的相关文件中，刘珂被记载为公司股东。在林强与刘珂之间缺乏《代持股协议》的情况下，仅凭银行汇款单很难证明二人存在委托持股的法律关系。因此林强的主张很难成立。

② 不属于。这是债权转让协议。实际出资人名下是没有股权的，他之所以能向名义股东主张权益是因为他们之间有《代持股协议》。

的，应当认定隐名股权关系无效。实践中常见的情形如下：

（1）国家工作人员规避管理性规范的隐名持股协议有效。

（2）违反上市公司监管相关规定隐名持有上市公司股权协议无效。但是，隐名持股协议被认定为无效，并不意味着否定委托投资事实及委托投资关系的效力，也不意味着否定名义股东与上市公司其他股东对公司运行所实施的一系列行为的效力。

（3）代持保险公司股权的协议，因损害社会公共利益，应当认定为无效。

（4）对于限制投资或者禁止投资的领域，隐名投资合同原则上无效，除非在法院生效判决前满足准入特别管理措施要求，或者负面清单调整不再限制或禁止投资的。

四、冒名股东

冒用他人名义出资并将该他人作为股东在公司登记机关登记的，冒名登记行为人应当承担相应责任；公司、其他股东或者公司债权人不得以未履行出资义务为由，请求被冒名登记为股东的承担补足出资责任或者对公司债务不能清偿部分的赔偿责任。

【口诀】谁冒名，谁股东，谁担责，与被冒名人无关（无权，无责）。

真题

胡铭是从事进出口贸易的茂福公司的总经理，姚顺曾短期任职于该公司，2016年初离职。2016年12月，姚顺发现自己被登记为贝达公司的股东。经查，贝达公司实际上是胡铭与其友张莉、王威共同设立的，也从事进出口贸易。胡铭为防止茂福公司发现自己的行为，用姚顺留存的身份信息等材料，将自己的股权登记在姚顺名下。就本案，下列哪些选项是错误的？（2017年·卷3·69题）①

A. 姚顺可向贝达公司主张利润分配请求权
B. 姚顺有权参与贝达公司股东会并进行表决
C. 在姚顺名下股权的出资尚未缴纳时，贝达公司的债权人可向姚顺主张补充赔偿责任
D. 在姚顺名下股权的出资尚未缴纳时，张莉、王威只能要求胡铭履行出资义务

一般考点18 股东权利

一、资产收益权

资产收益权直接表现为股息红利分配请求权和公司剩余财产分配权，间接表现为增资优先认购权、异议股东回购请求权、有限公司股东优先购买权等。

【提示1】对于股息红利分配请求权、增资优先认购权、公司剩余财产分配权，股东原则上按照实缴出资比例享有权利。

【提示2】经有限公司全体股东一致同意，利润分配请求权和增资优先认购权可不按实缴享有。例如，约定股东赵海洋每年领取1000万元年薪，但不参与公司年底分红，

---

① ABC。ABC选项错误，谁冒名，谁股东，谁担责，与被冒名人无关。对于贝达公司而言，姚顺不是公司股东，因此姚顺不能主张利润分配、不能参加股东会进行表决，也没有出资义务。D选项正确，胡铭实施冒名行为，需要承担全部法律责任，因此胡铭有出资义务。

是有效的。

二、管理参与权

管理参与权是对公司重大决策的权利和选择管理者的权利的概括。管理参与权具体包括：股东会临时召集请求权或自行召集权、出席股东会并行使表决权、股东知情权、权利损害救济权和股东代表诉讼权、公司重整申请权、对公司经营的建议与质询权等。

【提示】在章程未作约定的情况下，有限公司股东按照认缴出资比例行使表决权，股份公司股东按照自己所持有的股份数量对股东会决议事项行使表决权。

第六讲　股权转让

📘 股权转让知识逻辑

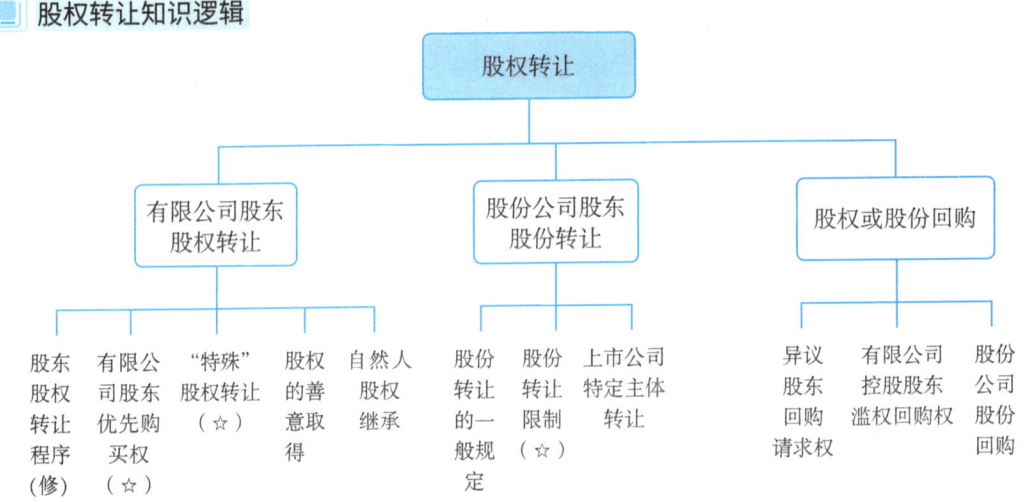

核心考点 19　有限公司股东股权转让

一、股东股权转让类型（修）

（一）内部转让

有限公司的股东之间可以相互转让其全部或者部分股权。

【口诀】对内转，自由（无需通知其他股东，无需其他股东同意）。

（二）主动对外转让

股东向股东以外的人转让股权的，应当将股权转让的数量、价格、支付方式和期限等事项书面通知其他股东。

【提示】股东对外转让，无需经过其他股东同意，股东只需履行通知义务。

【总结】公司章程对股东股权转让规定的合法性问题：

（1）股权转让是股东退出机制之一，保护了股东投资的自由与退出公司的自由。公司章程对股权转让另有规定的，从其规定。

（2）禁止股权转让条款无效。公司章程可以限制股东股权转让，但不得禁止或变相禁止股权转让。例如，公司章程规定股东股权禁止转让。又如，股东股权转让必须经过董事会全体董事一致通过。上述规定均属无效。

（3）强制股权转让条款有效。例如，公司章程规定"人走股留"条款。

（三）章程修订

因股权变动而引起的公司章程修改，无需股东会表决。

（四）公司登记义务

股权转让的，受让人自记载于股东名册时起可以向公司主张行使股东权利。股东转让股权的，应当书面通知公司，请求变更股东名册；需要办理变更登记的，并请求公司向公司登记机关办理变更登记。公司拒绝或者在合理期限内不予答复的，转让人、受让人可以依法向人民法院提起诉讼。

二、有限公司股东优先购买权

（一）优先购买权的情形和条件

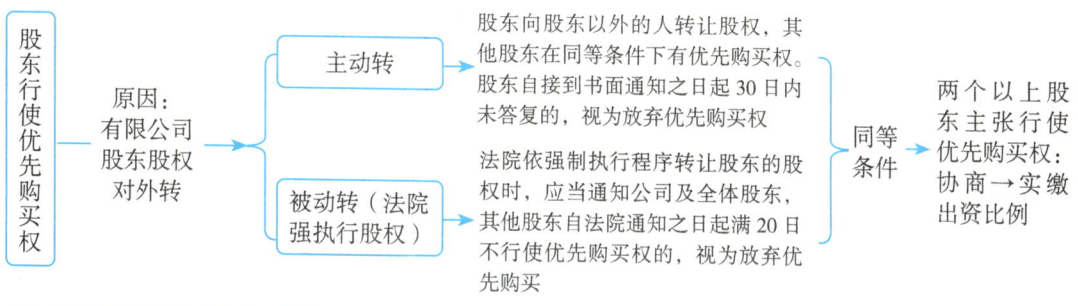

【提示】公司章程可以对优先购买权作出规定。公司章程可以规定股东对外转让股权时其他股东不享有优先购买权；可以规定其他股东享有优先购买权的具体条件；可以规定其他股东行使优先购买权的程序。

【判断】海洋有限公司股东赵海欲对外转让自己全部股权，股东赵洋能否对其中部分股权主张优先购买权？①

真题

汪某为兴荣有限公司的股东，持股34%。2017年5月，汪某因不能偿还永平公司的货款，永平公司向法院申请强制执行汪某在兴荣公司的股权。关于本案，下列哪一选项是正确的？（2017年·卷3·28题）②

A. 永平公司在申请强制执行汪某的股权时，应通知兴荣公司的其他股东
B. 兴荣公司的其他股东自通知之日起1个月内，可主张行使优先购买权
C. 如汪某所持股权的50%在价值上即可清偿债务，则永平公司不得强制执行其全部股权
D. 如在股权强制拍卖中由丁某拍定，则丁某取得汪某股权的时间为变更登记办理完毕时

---

① 不能。对部分股权主张优先购买权不符合同等条件的要求。
② C。A选项错误，由法院来通知其他股东。B选项错误，其他股东自通知之日起20日内，可主张行使优先购买权。C选项正确。D选项错误，取得股权时间为记载于公司股东名册时，变更登记只是产生对抗效力。

（二）转让股东的反悔权

在公司章程没有规定或者全体股东未作约定的情况下，有限公司的转让股东在其他股东主张优先购买后又不同意转让股权的，其他股东无权主张优先购买。其他股东可以主张转让股东赔偿其合理损失。

【口诀】有约依约，无约转让股权股东可反悔，但要赔偿其他股东合理损失。

（三）损害股东优先购买权的方式及其救济

1. 侵权方式

有限公司的股东侵害其他股东优先购买权的方式包括：未就其股权转让事项征求其他股东意见，或者以欺诈①、恶意串通②（例如阴阳合同）等手段。

【口诀】损害优先购买权的方式有：不通知、欺诈、恶意串通等。

2. 除斥期间

其他股东认为自身优先购买权受到侵害，应当自知道或者应当知道行使优先购买权的同等条件之日起30日内，或者自股权变更登记之日起1年内向法院提起诉讼。

3. 救济方式

其他股东优先购买权受到侵害后，仅提出确认股权转让合同及股权变动效力等请求，未同时主张按照同等条件购买转让股权的，法院不予支持。但其他股东非因自身原因导致无法行使优先购买权，请求损害赔偿的除外。例如，股权变更登记1年后其他股东才知晓此事，此时该股东只能请求损害赔偿。

4. 受让人的救济

股东以外的股权受让人，因股东行使优先购买权而不能实现合同目的的，可以依法请求转让股东承担相应民事责任。

【主客联动·商事案例】

张三和李四分别出资2万元设立海洋有限公司。张三的出资系担任公务员期间的受贿所得。张三完成出资后不久，张三被依法追究刑事责任。后因张三犯罪情节轻微、案发后主动退还全部赃款等情节，北京市海淀区检察院决定对张三不起诉。李四决定将其名下股权转让给其好友王五。（最高人民法院[2014]民申字第1705号民事裁定书）

问1：若张三被追究刑事责任，张三是否具有股东资格？③

问2：张三能否主张优先购买权？④

---

① 转让股东的欺诈，主要是指转让股东告诉其他股东转让股权所谓的"同等条件"，不是其与第三人交易的同等条件，使其他股东因受欺诈而放弃了行使优先购买权的机会。

② 恶意串通，是指转让股东与第三人为了达到使其他股东放弃优先购买权的目的，串通抬高转让股权的交易价格，或者其他交易条件的行为。例如，本来转让股权的市场交易价格大约为1000万元，转让股东和第三人为了达到不让公司其他股东购买的目的，将交易价格约定为3000万元，双方实际履行的仍然是1000万元。

③ 答：是。出资资金来源非法并不影响出资行为的有效性，亦不影响出资人据此取得的初始股东资格。

④ 答：能。本案中，因张三犯罪情节轻微、案发后已退还全部赃款等情节，检察机关决定对张三不起诉，故司法机关最终并未对张三利用涉案资金取得的股权予以处置及追缴。因此，张三仍然具有合法的股东资格，有权基于股东身份而享有股东优先购买权。

三、"特殊"股权转让

（一）出资期限届满前股权转让

股东转让已认缴出资但未届出资期限的股权的，由受让人承担缴纳该出资的义务；受让人未按期足额缴纳出资的，转让人对受让人未按期缴纳的出资承担补充责任。

【口诀】认缴期内转，受让人出资，转让人补充。

（二）瑕疵股权转让

有限公司股东未按照公司章程规定的出资日期缴纳出资或者作为出资的非货币财产的实际价额显著低于所认缴的出资额的股东转让股权的，转让人与受让人在出资不足的范围内承担连带责任；受让人不知道且不应当知道存在上述情形的，由转让人承担责任。

【口诀】瑕疵股权转让，受让人知情，连带责，可追偿。

【提示1】瑕疵股权转让一定是未依法履行出资义务的股东手中的股权。如果股东在认缴出资期限内，虽然没有缴足全部出资款，但其手中股权不是瑕疵股权。

【提示2】瑕疵股权虽有瑕疵，但不等于非法权利，不丧失其可转让性。

四、股权的善意取得

（一）名义股东处分名下股权

名义股东将登记于其名下的股权转让、质押或者以其他方式处分（如通过信托持股方式），实际出资人以其对股权享有实际权利为由，请求认定处分股权行为无效的，法院可以参照《民法典》第311条（善意取得制度）的规定处理。

名义股东处分名下股权造成实际出资人损失，实际出资人可请求其承担赔偿责任。

【争鸣】关于名义股东处分名下股权的两个争议

1. 名义股东处分股权是有权处分还是无权处分？

法考观点：有权处分。原因在于名义股东与实际出资人之间是合同关系。实际出资人的投资权益仅受到合同的确定和保护，无法超越合同的相对性。（参见2012年司法考试卷四第94题，2022年法考卷二）

2. 有限公司实际出资人执行异议之诉

案外人作为被执行的有限公司股权的实际出资人，能否排除名义出资人（又称名义股东）的其他债权人对该股权的强制执行，是执行异议之诉案件审理中的一个难点问题，实践中争议较大，存在两种针锋相对的观点。

（1）"肯定说"。实际出资人是股权投资利益最终归属者，应当优先于名义出资人的一般债权人获得保护。股权善意取得制度的适用主体仅限于与名义股东存在股权交易的交易相对方，仅就特定股权主张清偿债务的非交易第三人不能依据外观主义原则寻求《公司法》第34条第2款的适用。故应当支持实际出资人提出的案外人异议。法考观点持"肯定说"。（参见最高人民法院[2015]民申字第2381号案件）

（2）"否定说"。根据《公司法解释（三）》第25条的规定，《公司法》第34条第2款所称的第三人，并不限缩于与名义股东存在股权交易关系的债权人。根据登记对抗主义和商事外观主义原则，只要第三人的信赖合理即应受到法律的优先保护，实际出资人不得以内部股权代持协议有效为由对抗外部债权人的正当权利。故对实际出资人提出

的案外人异议不应支持。（参见最高人民法院 [2016] 最高法民申 3132 号案件）

（二）"一股二卖"

股权转让后尚未向公司登记机关办理变更登记，原股东将仍登记于其名下的股权转让、质押或者以其他方式（如通过信托持股方式）处分，受让股东以其股权享有实际权利为由，请求认定处分股权行为无效的，法院可以参照《民法典》第 311 条（善意取得制度）的规定处理。

【口诀】第二个受让人能否取得股权，需参照适用善意取得制度。

【判断】海洋公司股东赵海，同时与股东赵洋和非股东王五签订股权转让协议，两份股权转让协议是否有效？①

五、自然人股权的继承

自然人股东死亡后，其合法继承人可以继承股东资格。但是，有限公司章程或者股份转让受限的股份公司的章程另有规定的除外。

【提示1】有限公司和股份公司的自然人股东的继承人均可继承股东资格，在章程未规定的情况下，对自然人股东继承人的行为能力无要求。

【提示2】在公司章程未作规定的情况下，有限公司其他股东不得主张行使优先购买权。

【提示3】公司章程可以规定股东死亡时，死亡股东的继承人不能自动取得股东资格而须有其他股东一定比例的同意，或者规定继承人在符合何种条件时方能继承股东资格。

一般考点20 股份公司股东股份转让

一、股权转让一般规定

股份公司的股东持有的股份可以向其他股东转让，也可以向股东以外的人转让；公司章程可以对股份转让作出限制。

【提示】股份公司股东股份转让无论是对内转还是对外转，均无需通知其他股东。

二、股份转让限制

（一）上市前发行股份的限制

公司公开发行股份前已发行的股份，自公司股票在证券交易所上市交易之日起 1 年内不得转让。法律法规对上市公司的股东、实际控制人转让其所持有的本公司股份另有规定的，从其规定。

（二）董监高的限制

1. 主动申报

公司董事、监事、高级管理人员应当向公司申报所持有的本公司的股份及其变动情况。

---

① 均有效。《公司法》第 84 条第 2、3 款规定在于防止股东以外的股权受让人未经法定程序成为股东，无须对转让股东与第三人的转让合同效力作出评价。

2. 转让数量限制

公司董事、监事、高级管理人员在就任时确定的任职期间每年转让的股份不得超过其所持有本公司股份总数的25%。

3. 限制转让期限

公司董事、监事、高级管理人员所持本公司股份自公司股票上市交易之日起1年内不得转让。上述人员离职后半年内，不得转让其所持有的本公司股份。

【口诀】上市后1年，离职后半年。

【提示】人民法院的强制执行、继承、离婚等事由导致的股东或董事、监事、高管的股份移转不受禁转期的限制。

4. 章程限制

公司章程可以对公司董事、监事、高级管理人员转让其所持有的本公司股份作出其他限制性规定。

【提示】公司章程对公司董事、监事、高级管理人员转让股份作出其他限制性规定，应当严于《公司法》的规定。例如，股份公司章程就不得约定，公司的董事离职后，经出席股东会股东表决权2/3以上同意，可以转让其所持有股份。

（三）质押限制

股份在法定的限制转让期限内出质的，质权人不得在限制转让期限内行使质权。

三、上市公司特定主体转让

上市公司董事、监事、高级管理人员、持有上市公司股份5%以上的股东，将其持有的该公司的股票在买入后6个月内卖出，或者在卖出后6个月内又买入，由此所得收益归该公司所有，公司董事会应当收回其所得收益。但是，证券公司因包销购入售后剩余股票而持有5%以上股份的，卖出该股票不受6个月时间限制。

【口诀】特殊主体，短线交易，收益归公司。

核心考点 21　股权或股份回购

一、异议股东回购请求权

	有限公司	股份公司
权利主体	对《公司法》规定的特定股东会决议事项投反对票的有限公司和股份公司股东，有权要求公司按照合理价格回购其股权或股份，但公开发行股份的股份公司除外。	
法定情形	（1）公司连续五年不向股东分配利润，而公司该五年连续盈利，并且符合《公司法》规定的分配利润条件。	
	（2）有限公司合并、分立、转让主要财产；	（2）公司转让主要财产；
	（3）公司章程规定的营业期限届满或者章程规定的其他解散事由出现，股东会通过决议修改章程使公司存续。	
	【口诀】连续55不分红，有合分转股仅转，修改章程继续干。	
起诉期限	自股东会决议作出之日起60日内，股东与公司不能达成股权收购协议的，股东可以自股东会决议作出之日起90日内向法院提起诉讼。	
转让注销	6个月内转让或注销。	

二、有限公司控股股东滥权回购权

有限公司的控股股东滥用股东权利,严重损害公司或者其他股东利益的,其他股东有权请求公司按照合理的价格收购其股权。公司由此收购的本公司股权,应当在6个月内依法转让或者注销。

【口诀】前提:控股股东滥用权力;回购主体:公司。

三、股份公司股份回购

情　形	必经流程	时间限制	最高额限制
(1)减少公司注册资本	股东会决议	10日内注销	无
(2)与持有本公司股份的其他公司合并		6个月内转让或注销	
(3)股东因对股东会作出的公司合并、分立决议持异议,要求公司收购其股份	无		
(4)将股份用于员工持股计划或股权激励	可以依照公司章程的规定或股东会的授权,经2/3以上董事出席的董事会会议决议	3年内转让或注销	公司合计持有的本公司股份数不得超过本公司已发行股份总额的10%。
(5)将股份用于转换上市公司发行的可转换为股票的公司债券			
(6)上市公司为维护公司价值及股东权益所必需			

【总结】对股份公司股份回购还需掌握如下几点:
(1)原则上,公司不得收购本公司股份,上述法定情形是例外。
(2)公司不得接受本公司股票作为质押权的标的。
(3)因对职工进行股权激励而回购本公司股份时,无须用税后利润购买。
(4)上市公司收购本公司股份,应当依照《证券法》的规定履行信息披露义务。上市公司因上述第4—6种情形收购本公司股份,应当通过公开的集中交易方式进行。

> **真题**

甲上市股份公司收购乙公司,乙公司持有甲上市公司1.5%的股份。甲公司其他几个股东不同意收购,请求公司回购股权。对此,下列哪些说法是不正确的?(2019年·回忆版)[①]

A. 甲公司董事会有权决定回购本公司股东股份
B. 甲公司回购本公司股东股份后,应在10日内转让或注销
C. 甲公司对乙公司应通过公开集中竞价的方式收购
D. 甲公司董事会有权决定合并收购乙公司

[①] ABCD。A选项错误,股东对公司合并持异议要求公司回购自己股份时,不需要经过股东会或董事会同意。B选项错误,在6个月内转让或注销。C选项错误,将股份用于员工持股计划或者股权激励,将股份用于转换上市公司发行的可转换为股票的公司债券,上市公司为维护公司价值及股东权益所必需,才应当通过公开的集中交易方式进行。D选项错误,由股东会决定。

第七讲　公司资本制度

公司资本制度知识逻辑

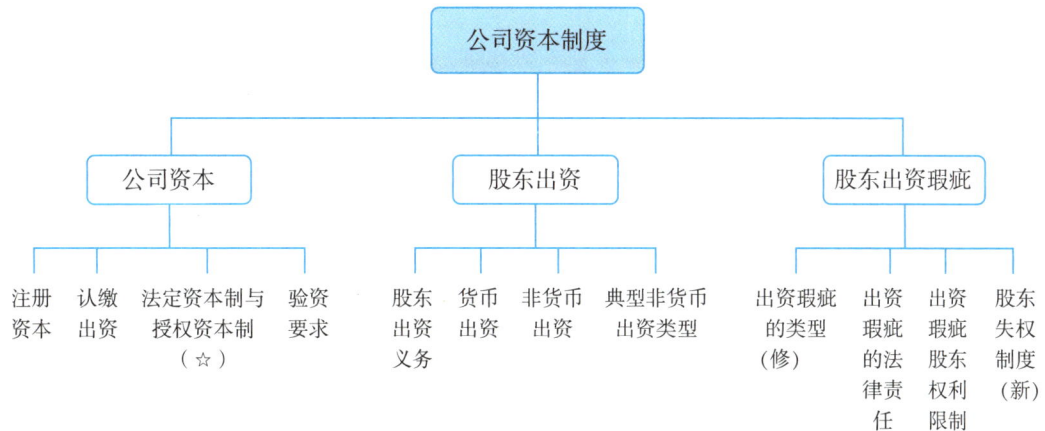

核心考点 22　公司资本

一、注册资本

（一）概念

注册资本（Registered Capital），是公司制企业在公司登记机关依法登记的、章程规定的全体股东或发起人认缴的出资额或认购的股本总额。

有限公司的注册资本为在公司登记机关登记的全体股东认缴的出资额。

股份公司的注册资本为在公司登记机关登记的已发行股份的股本总额。

（二）最低注册资本

现行《公司法》取消公司法定最低注册资本，法律法规另有规定除外。

二、认缴出资

（一）概念

认缴出资，是指在公司注册登记时，股东不需要一次性缴纳全部认缴资本，而是可以分期缴纳。

（二）出资期限（修）

1. 一般规定

有限公司全体股东认缴的出资额由股东按照公司章程的规定自公司成立之日起 5 年内缴足。

【提示】《公司法》的溯及力：《公司法》施行前已登记设立的公司，出资期限超过《公司法》规定的期限的，除法律、行政法规或者国务院另有规定外，应当逐步调整至《公司法》规定的期限以内；对于出资期限、出资额明显异常的，公司登记机关可以依法要求其及时调整。

2. 股东出资加速到期（修）

（1）**解散**：公司解散时，股东依照公司章程规定分期缴纳尚未届满缴纳期限的出资。

（2）**破产**：公司破产时，依照公司章程规定分期缴纳尚未届满缴纳期限的出资。

（3）**准破产**：公司作为被执行人的案件，人民法院穷尽执行措施无财产可供执行，已具备破产原因，但不申请破产。

（4）**延期出资**：在公司债务产生后，公司股东会决议或以其他方式延长股东出资期限。

（5）**无法偿债**：公司不能清偿到期债务的，公司或者已到期债权的债权人有权要求已认缴出资但未届出资期限的股东提前缴纳出资。

【提示】法律法规对有限公司注册资本实缴、注册资本最低限额、股东出资期限另有规定的，从其规定。

三、法定资本制与授权资本制（新）

（一）法定资本制

法定资本制，是指公司在设立时必须明确规定其资本总额，并在公司章程中予以规定。法定资本制下，要求公司的成立大会通过的公司章程中必须明确规定具体的出资期限和分期缴款的股本总额，否则不能申请营业证照甚至导致公司无效。

（二）授权资本制

1. 概念

授权资本制，是指公司设立时，虽然要在公司章程中确定注册资本总额，但发起人只需认购部分股份，公司就可正式成立，其余的股份授权董事会根据公司生产经营情况和证券市场行情再随时发行的公司资本制度。

2. 使用规则

适用范围	仅适用于股份公司
明确授权	公司章程或者股东会授权董事会发行新股
出资方式	货币出资。例外：以非货币财产作价出资的应当经股东会决议
期限要求	授权后3年内
规模要求	发行不超过已发行股份50%的股份
程序规则	董事会决议应当经全体董事2/3以上通过
章程修改	董事会依授权决定发行股份导致公司注册资本、已发行股份数发生变化的，对公司章程该项记载事项的修改不需再由股东会表决

四、验资要求

股东完成出资后，原则上无需进行验资。向社会公开募集股份的股款缴足后，应当经依法设立的验资机构验资并出具证明。另外，对于非货币出资需进行评估。

【判断】海洋公司章程能否规定，股东出资必须经过验资？[①]

---

① 能。

核心考点 23　股东出资

一、股东出资义务

（一）一般规定
有限公司股东应当按期足额缴纳公司章程规定的各自所认缴的出资额。
股份公司发起人应当在公司成立前按照其认购的股份全额缴纳股款。

（二）禁止不履行出资义务
出资是股东的法定义务，不能通过非法定方式加以免除或以超过诉讼时效为由拒绝履行出资义务。

（三）禁止出资类型
股东不得以劳务、信用、自然人姓名、商誉、特许经营权或者设定担保的财产等作价出资。

【观点】以设定担保的财产出资，处理方法类似于以瑕疵土地出资。

二、货币出资

（一）一般规定
股东应以其合法所有的货币出资，并应当按照章程规定，按期足额缴的将货币存入公司在银行开设的账户。

（二）违法所得货币出资
以贪污、受贿、侵占、挪用等违法犯罪所得的货币出资后取得股权的，对违法犯罪行为予以追究、处罚时，应当采取拍卖或者变卖的方式处置其股权。

【口诀】以违法所得货币出资，拍卖或变卖股权。

三、非货币出资

（一）合法形式
股东可以用实物、知识产权、土地使用权、股权、债权等可以用货币估价并可以依法转让的非货币财产作价出资；但是，法律、行政法规规定不得作为出资的财产除外。以非货币财产出资的，应当依法办理其财产权的转移手续。

【口诀】可货币估价＋可依法转让

（二）评估作价
对作为出资的非货币财产应当评估作价。未依法评估作价，公司、其他股东或者公司债权人请求认定出资人未履行出资义务的，法院应当委托评估机构对该财产评估作价。评估确定的价额显著低于公司章程所定价额的，人民法院应当认定出资人未依法全面履行出资义务。

（三）公司对股东出资的善意取得
出资人以不享有处分权的财产出资，当事人之间对于出资行为效力产生争议的，法院可以参照《民法典》第311条（善意取得制度）的规定予以认定。

【提示1】公司董事、高管以无权处分的财产出资，公司就不能主张善意取得。

【提示2】对于遗失物、盗赃物、赃物等公司不适用善意取得。

［例如］以贪污所得房屋进行出资，公司就无法适用善意取得制度取得该房屋的所有权。此时的处理办法是，认定股东没有履行出资义务，依法要求其对公司进行补缴较为妥当。

【判断】公司成立后，公司董事长赵海洋以其弟赵海水的劳斯莱斯幻影轿车出资，公司能否取得该车的所有权？①

四、典型非货币出资类型

（一）知识产权出资

知识产权专有权是合法的出资形式。知识产权使用权能否出资，目前有争议实践中，部分省市在探索知识产权使用权出资，但也有很多市场监督管理机关对知识产权使用权出资是不予登记的。海洋老师个人持否定观点。

（二）土地使用权出资

1. 合法形式

能够用于出资的土地使用权包括出让的建设用地使用权和经营性土地承包经营权，且该土地使用权上不得设定权利负担（如无租赁、抵押、地役权等）。

2. 出资瑕疵

出资人以划拨土地使用权出资，或者以设定权利负担的土地使用权出资，属于以瑕疵土地使用权出资。公司、其他股东或者公司债权人主张认定出资人未履行出资义务的，人民法院应当责令当事人在指定的合理期间内办理土地变更手续或者解除权利负担。逾期未办理或者未解除的，人民法院应当认定出资人未依法全面履行出资义务。

【口诀】先补救，再认定。

【判断】赵海以设定担保的财产出资，能否直接认定其未履行出资义务？②

（三）以需要办理权属登记的财产出资

1. 合法形式

出资人以房屋、土地使用权或者需要办理权属登记的知识产权等财产出资，应当将财产交付给公司，并办理权属变更登记手续。

【提示】交付是实质性的履行出资义务的关键。

2. 出资瑕疵

（1）**交付未办手续**。出资人已经交付公司使用但未办理权属变更手续，在认定其未履行出资义务前，应先给予出资人在指定的合理期间内办理权属变更手续。出资人在前述期间内办理了权属变更手续，出资人可主张自其实际交付财产给公司使用时享有相应股东权利。

---

① 不能。因为赵海洋作为公司董事长，以他人小轿车出资时，公司为知情。
② 不能。处理方法应参照《公司法解释（三）》第8条的规定。

【口诀】交付，未办手续。办手续后交付时享有相应股东权。

（2）**办手续但未交付**。出资人已经办理权属变更手续但未交付给公司使用，公司或者其他股东可主张其向公司交付，并在实际交付之前不享有相应股东权利。

【口诀】已办手续，未交付。交付之前不享有相应股东权。

（四）股权出资

1. 合法形式

出资人以其他公司股权出资，应符合下列条件：

（1）**合法性**。出资的股权由出资人合法持有并依法可以转让。

（2）**无瑕疵，无负担**。出资的股权无权利瑕疵（未足额缴纳出资、抽逃出资）或者权利负担（无质押、没有被冻结）。

（3）**有手续**。出资人已履行关于股权转让的法定手续。（内部股东放弃优先购买权，并且办理了相关的股权变更登记手续）

（4）**已评估**。出资的股权已依法进行了价值评估。

【提示】股权出资的本质是股权对外转让。

2. 出资瑕疵

股东以股权出资，不符合法定条件，其他股东或者公司债权人请求认定出资人未履行出资义务的，法院应当责令该出资人在指定的合理期间内采取补正措施；逾期未补正的，法院应当认定其未依法全面履行出资义务。

【口诀】先补救，再认定。

核心考点 24　股东出资瑕疵

一、出资瑕疵的类型（修）

（一）未足额缴纳出资

1. 行为认定

未实际缴纳出资、股东未按期足额缴纳出资、实际出资的非货币财产的实际价额显著低于所认缴的出资额。

【口诀】没给、少给、晚给、虚高。

2. 例外情形

出资人以符合法定条件的非货币财产出资后，因市场变化或者其他客观因素导致出资财产贬值，当事人之间有约定按约定，无约定该出资人不承担补足出资责任。

【口诀】客观原因非货币贬值，出资人无责。

（二）抽逃出资

公司成立后，公司、股东或者公司债权人以相关股东的行为符合下列情形之一且损害公司权益为由，可认定该股东抽逃出资：

（1）**虚增利润**。制作虚假财务会计报表虚增利润进行分配。
（2）**虚假合同**。通过虚构债权债务关系将其出资转出。
（3）**关联交易**。利用关联交易将出资转出。
（4）**其他**。其他未经法定程序将出资抽回的行为。

> 【提示1】股东抽逃出资行为发生在公司成立后。公司成立前，出资人将交付给公司的出资转走，不构成抽逃出资。其他出资人可主张违约责任。
> 【提示2】股东抽逃的是出资，如果转移公司其他财产不应定性为抽逃出资。
> 【口诀】构成抽逃出资的4种法定情形为：联合利他。

二、出资瑕疵的法律责任

（一）出资瑕疵股东责任

1. 对公司的法律责任

公司或者其他股东有权请求未足额出资的出资人向公司全面履行出资义务，有权要求抽逃出资的股东向公司返还出资本息。

股东未按期足额缴纳出资或股东抽逃出资，应当对给公司造成的损失承担赔偿责任。

2. 对公司债权人的法律责任

出资瑕疵股东在未足额出资或抽逃出资本息范围内对公司债务不能清偿的部分承担补充赔偿责任。

> 【提示】此处是补充赔偿责任，不是连带责任。

（二）相关人承担连带责任

1. 其他发起人连带

公司设立时的其他发起人在未足额出资股东出资不足范围内承担连带责任。发起人承担责任后，可以向出资违约股东追偿。

2. 抽逃出资协助人连带

协助抽逃出资的其他股东、董事、高级管理人员或者实际控制人在抽逃出资本息范围内承担连带责任。

> 【提示】抽逃出资责任中的协助人仅指公司内部其他股东、董事、高级管理人员或者实际控制人。如果是公司外部的主体协助公司股东进行抽逃出资，则不适用《公司法》的规定，可从《民法典》侵权责任编的规定出发，看是否构成共同侵权。例如，海洋公司成立后，股东赵海洋将打入公司账户的100万元出资通过银行的熟人马某转出。此时马某就不是协助人，而是共同侵权人。

3. 抽逃出资时董监高

股东抽逃出资，给公司造成损失，负有责任的董事、监事、高级管理人员应当与该股东承担连带赔偿责任。

4. 中介机构在差额范围内承担赔偿责任

承担资产评估、验资或者验证的机构因其出具的评估结果、验资或者验证证明不实，给公司债权人造成损失的，除能够证明自己没有过错的外，在其评估或者证明不实的金额范围内承担赔偿责任。

【逻辑】第一，差公司的钱，一定要补，瑕疵出资股东是第一责任人。公司和其他股东均有权要求瑕疵出资股东履行出资义务。第二，未足额出资情形中的其他发起人，抽逃出资情形中的协助人，虚假评估中的中介机构，在未缴足、抽逃、差额范围内，承担连带责任。第三，瑕疵出资行为给公司造成损失的，瑕疵出资股东要赔偿，董监高负有责任的，承担连带责任。

【真题】

风逸有限公司注册资本1亿元，股东为刘大、杨二、李三等3人。公司成立后，经营规模不断扩大，截至2017年底，公司净资产总额已达1.7亿元。为进一步为拓展市场，公司决定变更为股份公司，下列表述不正确的是：（2018年·回忆版）①

A. 若变更后公司注册资本为1.7亿元，则无须另行办理增资程序
B. 若变更后公司注册资本为2亿元，新增部分可以由公司股东认购
C. 若变更后注册资本为2亿元，则增加注册资本可向社会公开募集
D. 若变更后发现原公司净资产计算时，漏记1000万元对外负债，则刘大、杨二、李三应当就该1000万元承担连带补足责任

三、出资瑕疵股东权利限制

（一）限制股东权利

公司可根据公司章程或者股东会决议对出资瑕疵股东的利润分配请求权、增资优先认购权、剩余财产分配请求权等股东权利作出相应的合理限制。

【口诀】股东出资瑕疵，合理限制一优二分。
【提示】合理限制，就是按照实缴出资比例行使股东权利。
【判断】股东的表决权是否应当受到限制？②

（二）解除股东资格

1. 除名程序

有限公司的股东未履行出资义务或者抽逃全部出资（零出资股东），经公司催告缴纳或者返还，其在合理期间内仍未缴纳或者返还出资，公司可以股东会决议解除该股东的股东资格。

【口诀】零出资，先催告，再除名。
【提示】如果股东部分履行出资义务，不可以对其除名。
【判断】出资瑕疵股东有股东资格，享有股东权吗？③

---

① A。A选项错误，公司增加注册资本，需要办理变更登记手续。BC选项正确，如果有限公司变更为股份公司，增加注册资本，可以选择由公司股东认购，也可以通过公开发行股票的方式向社会公开募集。D选项正确，股份公司成立后，发起人未按照公司章程的规定缴足出资的，应当补缴，其他发起人承担连带责任。
② 这一问题立法未作规定。但基于敦促股东履行出资义务和实现权利公平的角度，海洋老师认为可以通过公司章程或股东会决议对出资瑕疵股东的表决权加以限制。
③ 有。但可以依法或者公司章程等对出资瑕疵股东的股东权进行限制。

2.除名后的法律责任

在股东被解除股东资格后，办理法定减资程序或其他股东或者第三人缴纳相应的出资之前，被除名股东仍然应承担由于其未履行出资义务或抽逃全部出资所导致的对公司债权人的法律责任。

真题

源圣公司有甲、乙、丙三位股东。2015年10月，源圣公司考察发现某环保项目发展前景可观，为解决资金不足问题，经人推荐，霓美公司出资1亿元现金入股源圣公司，并办理了股权登记。增资后，霓美公司持股60%，甲持股25%，乙持股8%，丙持股7%，霓美公司总经理陈某兼任源圣公司董事长。2015年12月，霓美公司在陈某授意下将当时出资的1亿元现金全部转入霓美旗下的天富公司账户用于投资房地产。后因源圣公司现金不足，最终未能获得该环保项目，前期投入的500万元也无法收回。陈某忙于天富公司的房地产投资事宜，对此事并不关心。若源圣公司的股东会得以召开，该次股东会就霓美公司将资金转入天富公司之事进行决议。关于该次股东会决议的内容，根据有关规定，下列选项正确的是？（2016年·卷3·96题）①

A. 陈某连带承担返还1亿元的出资义务
B. 霓美公司承担1亿元的利息损失
C. 限制霓美公司的利润分配请求权
D. 解除霓美公司的股东资格

四、股东失权制度（新）

（一）公司催缴

有限公司成立后，股东未按照公司章程规定的出资日期缴纳出资，公司向该股东发出书面催缴书催缴出资的，可以载明缴纳出资的宽限期；宽限期自公司发出催缴书之日起，不得少于60日。

（二）失权通知

宽限期届满，股东仍未履行出资义务的，公司经董事会决议可以向该股东发出失权通知，通知应当以书面形式发出。自通知发出之日起，该股东丧失其未缴纳出资的股权。

（三）处分失权股权

依照前款规定丧失的股权应当依法转让，或者相应减少注册资本并注销该股权；6个月内未转让或者注销的，由公司其他股东按照其出资比例足额缴纳相应出资。

（四）失权股东救济

股东对失权有异议的，应当自接到失权通知之日起30日内，向人民法院提起诉讼。

---

① ABC。A选项正确，董事长陈某在股东霓美公司抽逃出资中提供帮助，属于协助人，应依法承担连带责任。B选项正确，公司有权要求抽逃出资的股东在抽逃出资本息范围内承担返还责任。C选项正确，股东抽逃出资，公司可以根据公司章程或股东会决议对其利润分配请求权作出合理限制。D选项错误，零股权股东，公司催告后，经合理期限未缴纳或返还出资，股东会才可决议解除股东资格。

【逻辑】

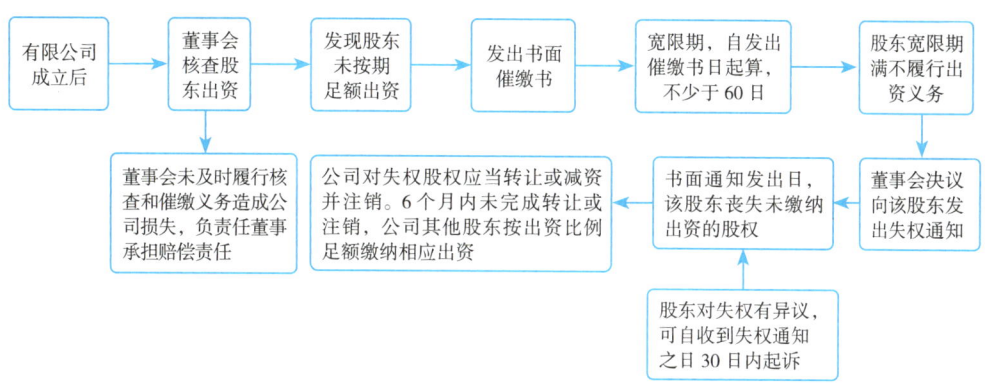

第八讲　公司组织机构

公司组织机构知识逻辑

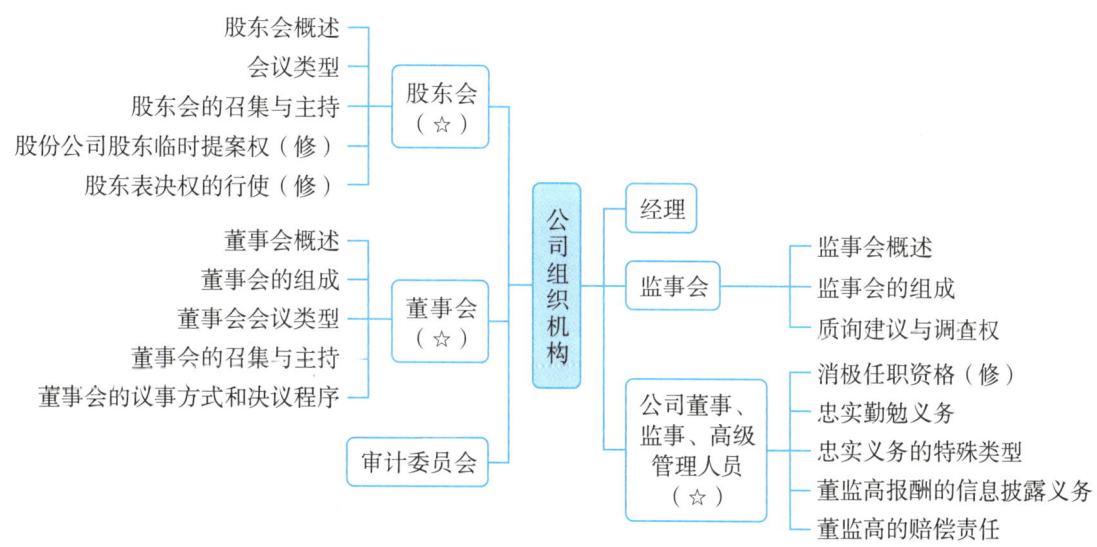

核心考点 25　股东会

一、股东会概述

（一）概念

股东会是公司的权力机关，由全体股东组成。

（二）职权（修）

1. 人事决定

选举和更换非由职工代表担任的董事、监事，决定有关董事、监事的报酬事项。

【口诀】谁选你，谁解聘你，谁决定你的薪资。

2. 重大事项审批
审议批准董事会的报告和监事会的报告，审议批准公司的利润分配方案和弥补亏损方案。

3. 重大事项决定
对公司增加或者减少注册资本作出决议，对发行公司债券作出决议，对公司合并、分立、解散、清算或者变更公司形式作出决议，修改公司章程。

【提示】上述职权为股东会法定职权，公司不得通过公司章程进行剥夺，但可通过公司章程规定其他职权。

真题

钱某为益扬有限公司的董事，赵某为公司的职工代表监事。公司为钱某、赵某支出的下列哪些费用须经公司股东会批准？（2015年·卷3·68题）[①]
A. 钱某的年薪
B. 钱某的董事责任保险费
C. 赵某的差旅费
D. 赵某的社会保险费

二、会议类型

（一）成立大会（修）

1. 召开时间
募集设立股份公司的发起人应当自公司设立时应发行股份的股款缴足之日起30日内召开公司成立大会。

2. 召开条件
成立大会应当有持有表决权过半数的认股人出席，方可举行。

3. 会议通知
发起人应当在成立大会召开15日前将会议日期通知各认股人或者予以公告。

4. 成立大会职权
公司成立大会行使下列职权，应当经出席会议的认股人所持表决权过半数通过：
（1）审议发起人关于公司筹办情况的报告；
（2）通过公司章程；
（3）选举董事、监事；
（4）对公司的设立费用进行审核；
（5）对发起人非货币财产出资的作价进行审核；
（6）发生不可抗力或者经营条件发生重大变化直接影响公司设立的，可以作出不设立公司的决议。

5. 设立登记
董事会应当授权代表，于公司成立大会结束后30日内向公司登记机关申请设立登记。

6. 设立失败
公司设立时应发行的股份未募足，或者发行股份的股款缴足后，发起人在30日内未

[①] AB。AB选项须经批准，公司的非职工董事、监事的报酬由公司股东会决定，年薪、董事责任保险费可以纳入报酬范畴。C选项无须经批准，职工在出差过程中产生的差旅费，属于正常履行职务的费用，公司应当予以报销。D选项无须经批准，为职工缴纳社会保险费，是公司应尽的法定义务。

召开成立大会的，认股人可以按照所缴股款并加算银行同期存款利息，要求发起人返还。其他情形，发起人、认股人不得抽回股本。

（二）常规类型

	有限公司	股份公司
定期会议	按公司章程规定按时召开	每年召开一次年会
临时会议	有下列情形之一，应当召开临时会议： （1）代表 1/10 以上表决权的股东提议； （2）1/3 以上的董事或监事会提议召开。 【口诀】两人一会。	有下列情形之一的，应当在两个月内召开临时股东会： （1）董事人数不足《公司法》规定人数或者公司章程所定人数的 2/3 时； （2）公司未弥补的亏损达实收股本总额的 1/3 时； （3）单独或者合计持有公司 10% 以上股份的股东请求时； （4）董事会认为必要时； （5）监事会提议召开时； （6）公司章程规定的其他情形。 【口诀】一人两会两事。

【提示】请求召开股东会不可诉：是否召开股东会是公司内部治理事宜。因此，股东不可请求法院判令公司召开股东会。

三、股东会的召集与主持

首次会议	由出资最多的股东召集和主持，依照公司法规定行使职权。	
一般情形	股东会会议由董事会召集，董事长主持；董事长不能履行职务或者不履行职务的，由副董事长主持；副董事长不能履行职务或者不履行职务的，由过半数的董事共同推举一名董事主持。 【口诀】先正后副，过半推。	
	有限公司	股份公司
董事会不能或不履职	（1）董事会不能履行或者不履行召集股东会会议职责的，由监事会召集和主持； （2）监事会不召集和主持的，代表 1/10 以上表决权的股东可以自行召集和主持。 【口诀】董不，监、股（持股 10%）。	（1）董事会不能履行或者不履行召集股东会会议职责的，监事会应当及时召集和主持； （2）监事会不召集和主持的，连续 90 日以上单独或者合计持有公司 10% 以上股份的股东可以自行召集和主持。 【口诀】董不，监，股（持 90 日 +10%）
会议通知	法定：提前 15 日 约定：章程或全体股东约定	一般会议：提前 20 日 临时会议：提前 15 日 发行无记名股票：提前 30 日 公司章程不可另行约定
出席会议	无规定	股东可以委托代理人出席股东会会议，代理人应当向公司提交股东授权委托书，并在授权范围内行使表决权。
列席会议	股东会要求董事、监事、高级管理人员列席会议的，上述人员应当列席并接受股东的质询。	

【提示】提议召开临时股东会的主体没有顺位要求，但是召集主持股东会的主体必须按顺位。

四、股份公司股东临时提案权（修）

单独或者合计持有公司1%以上股份的股东，可以在股东会会议召开10日前提出临时提案并书面提交董事会。董事会应当在收到提案后2日内通知其他股东，并将该临时提案提交股东会审议。公司不得提高提出临时提案股东的持股比例。股东会不得对会议通知中未列明的事项作出决议。

【提示】股份公司股东会决议事项超出会议通知，股东可以要求撤销该决议。

五、股东表决权的行使（修）

（一）一般事项的表决（过半数）

有限公司股东会会议由股东按照出资比例行使表决权；但是，公司章程另有规定的除外。股东会作出决议，应当经代表过半数表决权的股东通过。

【提示】股东认缴的出资未届履行期限，对未缴纳部分的出资是否享有以及如何行使表决权等问题，应当根据公司章程来确定。

股份公司股东出席股东会会议，所持每一股份有一表决权，类别股股东除外。股东会作出决议，应当经出席会议的股东所持表决权过半数通过。但是，公司持有的本公司股份没有表决权。

（二）特别事项表决（2/3以上表决权）

股东会就修改公司章程，增加或者减少注册资本的决议，公司合并、分立、解散，变更公司形式进行决议，有限公司应当经代表2/3以上表决权的股东通过，股份公司应当经出席会议的股东所持表决权的2/3以上通过。

【口诀】改章程、增减资、合分解、变形式，667。

（三）特殊情况的表决

1. 有限公司不召开股东会情形

有限公司股东对股东会职权范围内的事项以书面形式一致表示同意的，可以不召开股东会会议，直接作出决定，并由全体股东在决定文件上签名、盖章。

2. 上市公司重大资产处分

上市公司在1年内购买、出售重大资产或者向他人提供担保的金额超过公司资产总额30%的，应当由股东会作出决议，并经出席会议的股东所持表决权的2/3以上通过。

3. 股份公司累积投票制度

累积投票制，是指股东会选举董事或者监事时，每一股份拥有与应选董事或者监事人数相同的表决权，股东拥有的表决权可以集中使用。股份公司股东会选举董事、监事，可以按照公司章程的规定或者股东会的决议，实行累积投票制。

核心考点26 董事会

一、董事会概述

（一）性质

董事会是公司执行机关，享有业务执行权和日常经营决策权，是公司常设机关，对股东会负责。

（二）设置
规模较小或者股东人数较少的有限公司或股份公司，可以不设董事会，设一名董事，行使董事会的职权。该董事可以兼任公司经理。

（三）职权

1. 会议召集与业务执行

召集股东会会议，并向股东会报告工作。执行股东会的决议。

2. 经营决策与方案制定

决定公司的经营计划和投资方案，制订公司的年度财务预算方案、决算方案，制订公司的利润分配方案和弥补亏损方案，制订公司增加或者减少注册资本以及发行公司债券的方案，制订公司合并、分立、解散或者变更公司形式的方案。

3. 机构设置与高管聘任

决定公司内部管理机构的设置，决定聘任或者解聘公司经理及其报酬事项，并根据经理的提名决定聘任或者解聘公司副经理、财务负责人及其报酬事项。

4. 发行债券

股东会可以授权董事会对发行公司债券作出决议。

5. 制度制定与章程规定

制定公司的基本管理制度，及公司章程规定或股东会授予的其他职权。

【提示】高级管理人员与董事会之间是委托关系。高级管理人员的聘任、解聘与薪资均由董事会决定，经理仅有建议权。

二、董事会的组成

（一）人数要求
董事会成员为3人以上。

（二）人员组成

1. 非职工董事

非职工董事由股东会选举产生。

2. 职工董事（新）

职工人数300人以上的公司，除依法设监事会并有公司职工代表的外，其董事会成员中应当有公司职工代表。董事会中的职工代表由公司职工通过职工代表大会、职工大会或者其他形式民主选举产生。其他有限公司、股份公司董事会成员中可以有公司职工代表。

（三）职务设置
有限公司董事长、副董事长的产生办法由公司章程规定；股份公司董事长和副董事长由董事会以全体董事的过半数选举产生。

（四）董事任期
董事任期由公司章程规定，但每届任期不得超过3年。董事任期届满，连选可以连任。

【口诀】董事每届任期≤3年

（五）诚信义务

董事任期届满未及时改选，或者董事在任期内辞职导致董事会成员低于法定人数的，在改选出的董事就任前，原董事仍应继续履行董事职务。

> 【提示】如果董事任期内辞职，董事会成员人数没有低于法定人数，则原董事不需要继续履职。

真题

彭兵是一家（非上市）股份公司的董事长，依公司章程规定，其任期于 2017 年 3 月届满。由于股东间的矛盾，公司未能按期改选出新一届董事会。此后对于公司内部管理，董事间彼此推诿，彭兵也无心公司事务，使得公司随后的一项投资失败，损失 100 万元。对此，下列哪一选项是正确的？（2017 年·卷 3·26 题）①

A. 因已届期，彭兵已不再是公司的董事长
B. 虽已届期，董事会成员仍须履行董事职务
C. 就公司 100 万元损失，彭兵应承担全部赔偿责任
D. 对彭兵的行为，公司股东有权提起股东代表诉讼

（六）辞职

董事辞任的，应当以书面形式通知公司，公司收到通知之日辞任生效。

（七）解任

股东会可以决议解任董事，决议作出之日解任生效。无正当理由，在任期届满前解任董事的，该董事可以要求公司予以赔偿。

> 【提示】股东董事与股东会之间是委托关系，双方均享有任意解除权。

三、董事会会议类型

	有限公司	股份公司
定期会议		董事会每年度至少召开两次会议
临时会议	章程规定	下列主体提议，董事长应当自接到提议后 10 日内，召集和主持董事会会议： （1）代表 1/10 以上表决权的股东； （2）1/3 以上董事或者监事会。 【口诀】提议主体与有限公司临时股东会提议主体相同
会议通知		定期会议：召开 10 日前通知全体董事和监事 临时会议：由公司章程规定，或另行决定

---

① B。A 选项错误，B 选项正确。公司董事任期届满未能按期改选出新一届董事会，原董事会成员应当继续履行董事职务。CD 选项错误，董事长对公司事务的消极不作为，并不能推定其行为违法违规、违反公司章程，这就不能要求其对公司投资失败的损失承担全部赔偿责任，公司股东也不能对其提起股东代表诉讼。

四、董事会的召集与主持

	有限公司	股份公司
召集主持	董事会会议由董事长召集和主持；董事长不能履行职务或者不履行职务的，由副董事长召集和主持；副董事长不能履行职务或者不履行职务的，由过半数的董事共同推举一名董事召集和主持。 【提示】有顺位要求	
出席会议	章程规定	董事会会议，应由董事本人出席；董事因故不能出席，可以书面委托其他董事代为出席，委托书中应载明授权范围。
列席会议	经理（应当）、监事（可以）	

五、董事会的议事方式和决议程序

	有限公司	股份公司
议事规则	董事会会议应有过半数的董事出席方可举行。董事会作出决议，必须经全体董事的过半数通过。	
	董事会的议事方式和表决程序，除《公司法》有规定的外，由公司章程规定。	公司章程或者股东会授权董事会决定发行新股的，董事会决议应当经全体董事2/3以上通过。
表决方式	法定人头决：一人一票。	
会议记录	董事会应当对所议事项的决定作成会议记录，出席会议的董事应当在会议记录上签名。	
责任承担	董事应当对董事会的决议承担责任。董事会的决议违反法律、行政法规或者公司章程、股东会决议，致使公司遭受严重损失的，参与决议的董事对公司负赔偿责任；经证明在表决时曾表明异议并记载于会议记录的，该董事可以免除责任。	

【判断】能否以股东会决议的形式直接否决董事会的决议？①

核心考点27 审计委员会

	有限公司	股份公司
设置	公司可以按照公司章程的规定在董事会中设置由董事组成的审计委员会。	
职权	审计委员会行使监事会的职权。	
后果	公司设立审计委员会，不再设监事会或者监事	
成员	董事和董事会成员中的职工代表可以成为审计委员会成员。	审计委员会成员为3名以上，过半数成员不得在公司担任除董事以外的其他职务，且不得与公司存在任何可能影响其独立客观判断的关系。董事会成员中的职工代表可以成为审计委员会成员。
决议	章程规定	一人一票，应当经审计委员会成员的过半数通过。

---

① 不能。董事会成员虽然是由股东会选举产生，但董事会的权利来源是法律和公司章程的直接规定，而非股东会的设定。

一般考点 28　经理

	有限公司	股份公司	国有独资企业
设置	可以设经理	设经理	设经理
聘任	由董事会决定聘任或解聘。		
兼任	公司董事会可决定由董事会成员兼任经理。不设董事会的董事可兼任公司经理		经国有资产监督管理机构同意，董事会成员可兼任经理
职权	（1）**经营管理与方案实施**：主持公司的生产经营管理工作，组织实施董事会决议，组织实施公司年度经营计划和投资方案。 （2）**拟订方案与规章制定**：拟订公司内部管理机构设置方案，拟订公司的基本管理制度，制定公司的具体规章。 （3）**人事提名权与人事决定权**：提请聘任或解聘公司副经理、财务负责人，决定聘任或解聘除应由董事会决定聘任或解聘以外的负责管理人员。		

真题

茂森股份公司效益一直不错，为提升公司治理现代化，增强市场竞争力并顺利上市，公司决定重金聘请知名职业经理人王某担任总经理。对此，下列哪些选项是正确的？（2017 年·卷 3·71 题）①

A. 对王某的聘任以及具体的薪酬，由茂森公司董事会决定
B. 王某受聘总经理后，就其职权范围的事项，有权以茂森公司名义对外签订合同
C. 王某受聘总经理后，有权决定聘请其好友田某担任茂森公司的财务总监
D. 王某受聘总经理后，公司一旦发现其不称职，可通过股东会决议将其解聘

一般考点 29　监事会

一、监事会概述

（一）性质

监事会是公司的监督机关，对股东会负责，是公司的常设机关。

（二）设置

规模较小或者股东人数较少的有限公司和股份公司可以不设监事会，只设一名监事，行使监事会的职权。有限公司经全体股东一致同意，也可以不设监事。

（三）职权

监事会行使下列职权：

（1）检查公司财务；
（2）对董事、高级管理人员执行职务的行为进行监督，对违反法律、行政法规、公司

---

① AB。A 选项正确，D 选项错误。由董事会决定聘任或者解聘公司的经理。B 选项正确，经理的主要职责就是负责处理公司经营管理中的具体事务，就其职权范围的事项，有权以公司名义对外签订合同。C 选项错误，财务负责人属于公司的高级管理人员，应由董事会聘任，总经理只有提名权。

章程或者股东会决议的董事、高级管理人员提出解任的建议；

（3）当董事、高级管理人员的行为损害公司的利益时，要求董事、高级管理人员予以纠正；

（4）提议召开临时股东会会议，在董事会不履行《公司法》规定的召集和主持股东会会议职责时召集和主持股东会会议；

（5）向股东会会议提出提案；

（6）依照《公司法》第189条（股东代表诉讼）的规定，对董事、高级管理人员提起诉讼；

（7）公司章程规定的其他职权。

二、监事会的组成

（一）人数要求

监事会由监事组成，其成员不得少于3人。

（二）人员组成

董事、高级管理人员不得兼任监事。监事会应当包括股东代表和适当比例的公司职工代表，其中职工代表的比例不得低于1/3，具体比例由公司章程规定。监事会中的职工代表由公司职工通过职工代表大会、职工大会或者其他形式民主选举产生。

【口诀】董高不监事，监事有职工，职工≥1/3。

（三）职务设置

监事会设主席一人，股份公司可设副主席，由全体监事过半数选举产生。

（四）监事任期

监事的任期每届为3年。监事任期届满，连选可以连任。

（五）诚信义务

监事任期届满未及时改选，或者监事在任期内辞职导致监事会成员低于法定人数的，在改选出的监事就任前，原监事仍应当依照法律、行政法规和公司章程的规定，履行监事职务。

【口诀】监事的诚信义务同董事。

三、质询建议与调查权

监事可以列席董事会会议，并对董事会决议事项提出质询或者建议。监事会、不设监事会的公司的监事发现公司经营情况异常，可以进行调查；必要时，可以聘请会计师事务所等协助其工作，费用由公司承担。

真题

紫云有限公司设有股东会、董事会和监事会。近期公司的几次投标均失败，董事会对此的解释是市场竞争激烈，对手强大。但监事会认为是因为董事狄某将紫云公司的标底暗中透露给其好友的公司。对此，监事会有权采取下列哪些处理措施？（2016年·卷3·69题）①

---

① BCD。A选项错误，有限公司监事会在公司章程没有规定的情况下，不能提起临时董事会。BC选项正确，监事会是有权提议召开临时股东会和提出罢免董事的建议，但不能直接罢免。D选项正确，监事会可聘请中介机构、专业人士辅助履职，费用由公司承担。

A. 提议召开董事会 　　　　　B. 提议召开股东会
C. 提议罢免狄某 　　　　　　D. 聘请律师协助调查

一般考点 30　公司董事、监事、高级管理人员

一、消极任职资格（修）

有下列情形之一，不得担任公司的董事、监事、高级管理人员。公司违法选举、委派具有下列情形人员担任董事、监事或者聘任高级管理人员的，该选举、委派或者聘任无效。任职期间出现下列情形之一，公司应当解除其职务：

（1）无民事行为能力或者限制民事行为能力；

（2）因贪污、贿赂、侵占财产、挪用财产或者破坏社会主义市场经济秩序，被判处刑罚，或者因犯罪被剥夺政治权利，执行期满未逾5年，被宣告缓刑的，自缓刑考验期满之日起未逾2年；

（3）担任破产清算的公司、企业的董事或者厂长、经理，对该公司、企业的破产负有个人责任的，自该公司、企业破产清算完结之日起未逾3年；

（4）担任因违法被吊销营业执照、责令关闭的公司、企业的法定代表人，并负有个人责任的，自该公司、企业被吊销营业执照、责令关闭之日起未逾3年；

（5）个人因所负数额较大债务到期未清偿被人民法院列为失信被执行人。

【口诀】 无限人、欠巨款，经济犯、剥政权（满5缓2），搞破产，被吊销（3年）。

二、忠实勤勉义务

（一）忠实义务（修）

董事、监事、高级管理人员对公司负有忠实义务，应当采取措施避免自身利益与公司利益冲突，不得利用职权牟取不正当利益，违反忠实义务，所得的收入应当归公司所有。具体来说，董事、监事、高级管理人员不得有下列行为：

（1）侵占公司财产、挪用公司资金；

（2）将公司资金以其个人名义或者以其他个人名义开立账户存储；

（3）利用职权贿赂或者收受其他非法收入；

（4）接受他人与公司交易的佣金归为己有；

（5）擅自披露公司秘密；

（6）违反对公司忠实义务的其他行为。

（二）勤勉义务

董事、监事、高级管理人员对公司负有勤勉义务，执行职务应当为公司的最大利益尽到管理者通常应有的合理注意。

【提示】 公司的控股股东、实际控制人不担任公司董事但实际执行公司事务的，对公司负有忠实勤勉义务。

三、忠实义务的特殊类型

（一）关联交易规则

1. 关联交易信息披露

董事、监事、高级管理人员，直接或者间接与本公司订立合同或者进行交易，应当就与订立合同或者进行交易有关的事项向董事会或者股东会报告，并按照公司章程的规定经董事会或者股东会决议通过。

2. 关联方的范围

董事、监事、高级管理人员及其近亲属，董事、监事、高级管理人员或者其近亲属直接或者间接控制的企业，以及与董事、监事、高级管理人员有其他关联关系的关联人，与公司订立合同或者进行交易，同样要履行信息披露义务。

真题

烽源有限公司的章程规定，金额超过10万元的合同由董事会批准。蔡某是烽源公司的总经理。因公司业务需要车辆，蔡某便将自己的轿车租给烽源公司，并约定年租金15万元。后蔡某要求公司支付租金，股东们获知此事，一致认为租金太高，不同意支付。关于本案，下列哪一选项是正确的？（2016年·卷3·28题）①

A. 该租赁合同无效　　　　　　　　B. 股东会可以解聘蔡某
C. 该章程规定对蔡某没有约束力　　D. 烽源公司有权拒绝支付租金

（二）公司机会规则

董事、监事、高级管理人员，不得利用职务便利为自己或者他人谋取属于公司的商业机会。但是，有下列情形之一的除外：

（1）向董事会或者股东会报告，并按照公司章程的规定经董事会或者股东会决议通过；

（2）根据法律、行政法规或者公司章程的规定，公司不能利用该商业机会。

（三）竞业禁止规则

董事、监事、高级管理人员未向董事会或者股东会报告，并按照公司章程的规定经董事会或者股东会决议通过，不得自营或者为他人经营与其任职公司同类的业务。

（四）关联董事回避制度

董事会对涉及关联交易、公司机会、竞业禁止相关规定的事项决议时，关联董事不得参与表决，其表决权不计入表决权总数。出席董事会会议的无关联关系董事人数不足3人的，应当将该事项提交股东会审议。

四、管理层报酬的信息披露义务

公司应当定期向股东披露董事、监事、高级管理人员从公司获得报酬的情况。

---

① D。A选项错误，蔡某是烽源公司的总经理，烽源公司章程中关于"金额超过10万元的合同由董事会批准"的限制对蔡某有效，故蔡某与烽源公司签订的租赁合同属效力待定的合同。B选项错误，经理的聘任与解聘是由董事会而非股东会决定。C选项错误。D选项正确，总经理违规自我交易，属于违反忠实义务的行为，收入归公司，公司可以此为抗辩理由拒绝支付租金。

五、董监高的赔偿责任

（一）赔偿事由

董事、高级管理人员执行职务，给他人造成损害的，公司应当承担赔偿责任；董事、高级管理人员存在故意或者重大过失的，也应当承担赔偿责任。

（二）连带责任

公司的控股股东、实际控制人指示董事、高级管理人员从事损害公司或者股东利益的行为的，与该董事、高级管理人员承担连带责任。

（三）责任保险

公司可以在董事任职期间为董事因执行公司职务承担的赔偿责任投保责任保险。

第九讲 公司治理的运行机制：利益冲突及其治理

📘 **公司治理的运行机制：利益冲突及其治理知识逻辑**

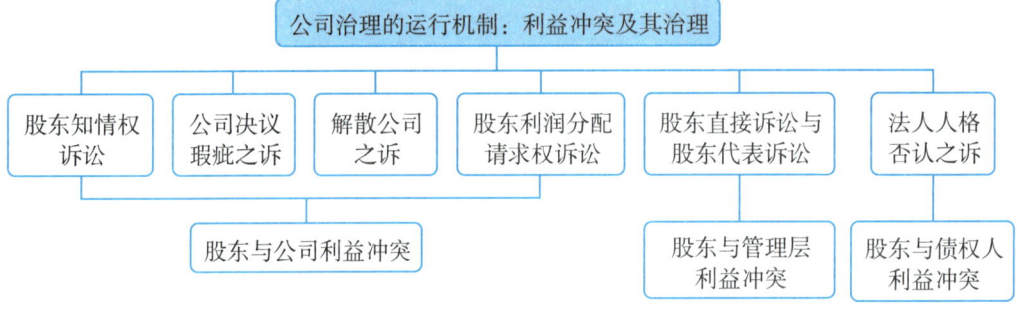

核心考点 31 股东知情权诉讼

一、股东知情权的类型（修）

（一）公司资料的查阅复制权

有限公司股东和股份公司股东，有权查阅、复制公司和公司全资子公司的章程、股东名册、股东会会议记录、董事会会议决议、监事会会议决议、财务会计报告。

（二）公司会计资料的查阅权

1. 权力行使

有限公司股东和股份公司连续 180 日以上单独或者合计持有公司 3% 以上股份的股东（股份公司章程对持股比例有较低规定的，从其规定），有权要求查阅公司或公司全资子公司的会计账簿、会计凭证。股东要求查阅公司会计账簿、会计凭证的，应当向公司提出书面请求，说明目的。公司有合理根据认为股东查阅会计账簿、会计凭证有不正当目的，可能损害公司合法利益的，可以拒绝提供查阅，并应当自股东提出书面请求之日起 15 日内书面答复股东并说明理由。公司拒绝提供查阅的，股东可以向人民法院提起诉讼。

【口诀】账簿凭证均可查，公司全资均被查。股份股东有条件（180 日 +3%），比例章程可调低。查阅需要书面提，公司担心可拒绝，股东被拒可起诉。

【提示】现行《公司法》对享有知情权的主体、客体、内容均做了调整，特别是符合要求的股份公司股东是可以查阅会计资料的，一定要引起特别注意。

2. 股东查账目的不正当的认定

有证据证明股东存在下列情形之一，可认定股东查阅会计账簿目的不正当：

（1）"**抢客户**"。股东自营或者为他人经营与公司主营业务有实质性竞争关系业务的，但公司章程另有规定或者全体股东另有约定的除外；

（2）"**卖情报**"。股东为了向他人通报有关信息查阅公司会计账簿，可能损害公司合法利益的；

（3）"**有前科**"。股东在向公司提出查阅请求之日前的 3 年内，曾通过查阅公司会计账簿，向他人通报有关信息损害公司合法利益的；

（4）股东有不正当目的的其他情形。

二、股东知情权行使的程序

（一）知情权是股东的法定权利

禁止通过公司章程、股东之间的协议等实质性剥夺股东的知情权。是否构成实质性剥夺，主要是看是否会实质增加股东行使权利的难度。例如，规定股东查阅公司特定文件，必须经董事长签字，但董事长常年旅居国外，或就是不签字，那这就叫实质性剥夺。

【判断】章程能否约定扩展法定知情权范围呢？①

（二）诉讼主体

提起知情权诉讼时具有公司股东资格，或原告有初步证据证明在持股期间其合法权益受到损害，请求依法查阅或者复制其持股期间的公司特定文件材料的除外。

【提示】如果原告不能提供证据证明在持股期间其合法权益受到损害，是不可以起诉要求行使知情权。若身份不合法，裁定驳回起诉。

【判断】实际出资人可以以知情权受到侵害为由提起知情权诉讼吗？②

（三）知情权辅助人

1. 股东自力行使知情权

公司同意股东查阅公司相关材料时，股东可以委托会计师事务所、律师事务所等中介机构进行。

2. 股东依据法院生效判决行使知情权

法院支持原告行使知情权的，应当在判决中明确查阅或者复制公司特定文件材料的时间、地点和特定文件材料的名录。股东依据法院生效判决查阅公司文件材料的，在该股东在场的情况下，可以由会计师、律师等依法或者依据执业行为规范负有保密义务的中介机构执业人员辅助进行。

【口诀】判决应具体＋股东在场，可请辅助人。

---

① 可以。
② 不可以。

三、相关主体的法律责任

（一）公司的损害赔偿请求权

股东行使知情权后或依法辅助股东查阅和复制公司文件材料的会计师、律师等负有保密义务，上述主体泄露公司商业秘密导致公司合法利益受到损害，公司可以请求上述主体赔偿相关损失。

（二）董高责任

公司董事、高级管理人员等未依法履行职责，导致公司未依法制作或者保存特定文件材料，给股东造成损失，股东可依法请求负有相应责任的公司董事、高级管理人员承担民事赔偿责任。

核心考点 32　公司决议瑕疵之诉

一、公司决议的种类

公司决议瑕疵之诉中的决议仅指股东会、董事会决议。

二、决议瑕疵的类型

（一）决议无效

公司股东会、董事会的决议内容违反法律、行政法规的无效。

> 【口诀】决议无效是内容重大瑕疵：内容违法违规，无效。
> 【拓展】实践中，引起公司决议无效事由的主要情形：①侵害股东增资优先认购权；②侵害股东利润分配请求权；③违法解除股东资格；④非法变更股东出资额或持股比例；⑤侵害公司利益；⑥侵害公司债权人利益；⑦不具有股东（董事）资格的主体作出的决议；⑧选举不具有任职资格的主体担任董事、监事、高管；⑨禁售期内转让股权；⑩未经财务核算分配公司资产；⑪侵害股东的经营管理权。

（二）决议可撤销

1. 撤销权的行使

公司股东会、董事会的会议召集程序、表决方式违反法律、行政法规或者公司章程，或者决议内容违反公司章程的，股东可以自决议作出之日起 60 日内，请求法院撤销。但会议召集程序或者表决方式仅有轻微瑕疵，且对决议未产生实质影响的除外。

> 【口诀】程序（仅指召集程序和表决方式）违法违规违章，内容违章，可撤销。起诉期间 60 日。程序微瑕无实质影响，不撤销。
> 【总结】召集程序瑕疵包括以下两个方面：
> （1）召集人的瑕疵，即明显不具有召集权的主体召集股东会或董事会。如应该由董事会召集的由某股东召集。
> （2）通知程序瑕疵，包括召集会议的通知时间、地点、方式、内容、对象等多方面。例如，公告或通知中对召集权人记载有瑕疵，未进行召集股东会的通知或公告，开会的通知或公告未遵守法定期间，通知形式违法如对记名股东采取公告，召集通知或公

告记载违法，甚至不适当的开会时间或开会地点等。

2. 未被通知股东救济

未被通知参加股东会会议的股东自知道或者应当知道股东会决议作出之日起 60 日内，可以请求人民法院撤销；自决议作出之日起 1 年内没有行使撤销权的，撤销权消灭。

【口诀】未通知你来参会，可以行使撤销权，知道之日 60 日，除斥期间是 1 年。

（三）决议不成立

有下列情形之一的，公司股东会、董事会的决议不成立：
（1）不开会：公司应当召开而未召开会议；
（2）未表决：会议未对决议事项进行表决；
（3）人不来：出席会议的人数或者所持表决权数不符合公司法或者公司章程规定；
（4）票不够：同意决议事项的人数或者所持表决权数未达到公司法或者公司章程规定；

【提示】决议不成立是程序重大瑕疵。

三、决议瑕疵诉讼

（一）诉讼主体

	决议无效	决议不成立	决议可撤销
原 告	股东、董事、监事、直接利害关系人等		起诉时具有公司股东资格
被 告	公司		
第三人	决议涉及的其他利害关系人		

【判断】实际出资人、名义股东、未履行出资义务股东是否有权提起公司决议效力诉讼？①

（二）法律后果

1. 及时办理变更登记

公司股东会、董事会决议被人民法院宣告无效、撤销或者确认不成立的，公司应当向公司登记机关申请撤销根据该决议已办理的登记。

2. 保护善意相对人

股东会、董事会决议被人民法院宣告无效、撤销或者确认不成立的，公司根据该决议与善意相对人形成的民事法律关系不受影响。

【口诀】决议瑕疵，登记要撤，保护善意第三人。

【真题】

纪东是宏润有限公司的大股东，持有公司 80% 的股权，并担任公司董事长。陈锋持有

---

① 实际出资人可以通过名义股东向公司提起公司决议效力诉讼。未履行出资义务的股东有权提起公司决议效力诉讼。名义股东能否提起，在司法实践存中有争议。部分法院认为名义股东未实际出资，对公司决议内容没有直接利害关系，故不能提起。但海洋老师认为，基于商事外观主义的考量，名义股东记载于股东名册与公司章程之中，应当具有提起公司决议效力之诉的主体资格。

公司 7% 的股权。公司章程规定，公司召开股东会，应当以书面形式提前 7 日通知全体股东。为进行战略调整，纪东认为宏润有限公司应当分立为两个公司，并提议召开股东会。但因筹备工作较为烦琐，遂于会议召开前 7 日以电话形式通知陈锋。最终，公司股东会以代表 90% 表决权的股东同意，代表 3% 表决权的股东反对，陈锋拒绝在决议上签字的情况下，通过了公司分立决议。下列说法不正确的是：（2018 年·回忆版）①

A. 该次股东会会议的召集程序违反法律规定，陈锋可以主张撤销该决议
B. 该次股东会会议所形成的决议有效
C. 陈锋针对股东会决议效力提起的诉讼，应当以公司和其他股东为共同被告
D. 陈锋有权要求公司回购其股权

核心考点 33 解散公司之诉

一、起诉原因

公司经营管理发生严重困难，继续存续会使股东利益受到重大损失，通过其他途径不能解决。

【提示】判断"公司经营管理是否发生严重困难"，应对公司组织机构的运行状态进行综合分析。公司虽处于盈利状态，但其股东会机制长期失灵，内部管理有严重障碍，已陷入僵局状态，可以认定为公司经营管理发生严重困难。（参见最高法指导案例 8 号：林方清诉常熟市凯莱实业有限公司、戴小明公司解散纠纷案）

二、诉讼主体

（一）原告与被告
原告是单独或者合计持有公司全部股东表决权 10% 以上的股东，被告是公司。

（二）其他股东
原告提起解散公司诉讼应当告知其他股东，或者由法院通知其参加诉讼。其他股东或者其他利害关系人有权申请以共同原告或者第三人身份参加诉讼。

【总结】其他股东参加诉讼的身份：共同原告或第三人。

三、法定情形

公司存在下列事由之一的，符合条件的股东可依法提起解散公司诉讼：
（1）公司持续 2 年以上无法召开股东会，公司经营管理发生严重困难的；
（2）股东表决时无法达到法定或者公司章程规定的比例，持续 2 年以上不能作出有效的股东会决议，公司经营管理发生严重困难的；
（3）公司董事长期冲突，且无法通过股东会解决，公司经营管理发生严重困难的；

---

① ACD。A 选项错误，B 选项正确。公司章程对股东会会议的召集程序作出规定，以电话通知方式而非书面通知方式告知股东会召集事宜属于程序瑕疵，但仅属于轻微瑕疵，陈锋也当会参加了表决，其拒绝签字并未对决议产生实质影响，故公司所形成的股东会决议是有效决议。C 选项错误，被告应当是公司。D 选项错误，陈锋拒绝签字的行为是放弃自己的权利，而有权要求公司回购股权的是投反对票的股东。

（4）经营管理发生其他严重困难，公司继续存续会使股东利益受到重大损失的情形。

【口诀】股会瘫痪二年了，董事冲突已长期。

四、特别事项

（一）不得同时提起事项

股东提起解散公司诉讼，同时又申请法院对公司进行清算的，法院对其提出的清算申请不予受理。

【口诀】解散就解散，不能提清算。

（二）诉讼保全

股东提起解散公司诉讼时，向法院申请财产保全或者证据保全的，在股东提供担保且不影响公司正常经营的情形下，法院可予以保全。

【口诀】提供担保影响小，财产证据可保全。

（三）注重调解

股东提起解散公司诉讼，可以采取公司回购部分股东股份、其他股东或他人受让部分股东股份、公司减资、公司分立以及其他能够解决分歧，恢复公司正常经营，避免公司解散的方式。但在股份转让或者注销之前，提起解散公司诉讼的股东仍然要履行股东义务，不得以公司收购其股份为由对抗公司债权人。

【口诀】能活别死。

真题

李桃是某股份公司发起人之一，持有14%的股份。在公司成立后的2年多时间里，各董事之间矛盾不断，不仅使公司原定上市计划难以实现，更导致公司经营管理出现严重困难。关于李桃可采取的法律措施，下列哪一说法是正确的？（2015年·卷3·27题）①

A. 可起诉各董事履行对公司的忠实义务和勤勉义务
B. 可同时提起解散公司的诉讼和对公司进行清算的诉讼
C. 在提起解散公司诉讼时，可直接要求法院采取财产保全措施
D. 在提起解散公司诉讼时，应以公司为被告

核心考点34 股东利润分配请求权诉讼

一、利润分配办法

公司弥补亏损和提取公积金后所余税后利润，有限公司按照股东实缴的出资比例分配利润，全体股东约定不按照出资比例分配利润的除外；股份公司按照股东所持有的股份比例分配利润，公司章程另有规定的除外。

---

① D。A选项错误，本案中股东应提起解散公司诉讼。B选项错误，不可同时提起解散公司的诉讼和对公司进行清算的诉讼。C选项错误，不能直接要求法院采取保全措施。D选项正确，股东提起解散公司诉讼，应当以公司为被告。

【口诀】要么全体约，要么按实缴。

二、利润分配时间（修）

股东会作出分配利润的决议的，董事会应当在股东会决议作出之日起 6 个月内进行分配。

【提示】此处规定与《公司法解释五》第 4 条不一致，以此处为准。

三、股东提起利润分配请求权之诉

（一）诉讼当事人

原告是公司股东，被告是公司。

（二）起诉原因

公司作出了进行利润分配的决议，后却又拒绝按照该决议进行实际的利润分配。

（三）纠纷解决的核心证据

股东应当向法院提交载明具体分配方案的股东会的有效决议。如果股东未提交载明具体分配方案的股东会决议，请求公司分配利润的，法院应当驳回其诉讼请求。股东虽然没有提供载明具体利润分配方案的股东会决议，但能够证明公司违反法律规定滥用股东权利导致公司不分配利润，给其他股东造成损失，则法院应当支持股东的诉讼请求。

【口诀】有方案，按方案，无方案，驳请求。滥用权，不分配，是例外。

【拓展】实践中，股东未提交股东会决议法院仍支持股东诉讼请求的情形：

（1）给在公司任职的股东或其指派的人发放与公司规模、营业业绩、同行业薪酬水平明显不相符的过高薪酬，变相给股东分配利润；

（2）购买与经营不相关的服务或财产供股东消费或使用，变相分配利润；

（3）为了不分配利润隐瞒或转移公司利润；

（4）行为违反了公司章程等股东签订的有关公司事务的协议；

（5）出于公平角度认为，该行为对股东享有的固有权利构成不公平对待；

（6）该行为由董事会越权或以实现非法目的或不可告人目的作出。

四、利润分配请求权的转让

（一）具体的利润分配请求权

公司作出分配利润决议后，股东享有的是具体利润分配请求权，该权利产生于作为成员权的抽象利润分配请求权，但已经脱离利润分配请求权独立存在，性质上与普通债权无异，故股东可以在不转让股权的情况下，将公司利润分配决议已经确定分配的利润转让给他人。受让人即使不是公司的股东，亦可以基于公司利润分配决议向公司主张分配利润。

（二）抽象的利润分配请求权

能否单独转让目前尚存争议。海洋老师认为不可转让，因为从性质上来讲，抽象的利润分配请求权更多是不确定的期待权。

核心考点 35　股东直接诉讼与股东代表诉讼

一、股东直接诉讼

董事、高级管理人员违反法律、行政法规或者公司章程的规定，损害股东利益的，股东可以向法院提起诉讼。

二、股东代表诉讼

（一）概念

股东代表诉讼，又称派生诉讼、股东代位诉讼，是指当公司及其全资子公司的合法权益受到不法侵害而公司却怠于起诉时，公司的股东即以自己的名义起诉，所获赔偿归公司或者全资子公司的一种诉讼制度。

（二）提起股东代表诉讼的程序

1. 程序启动

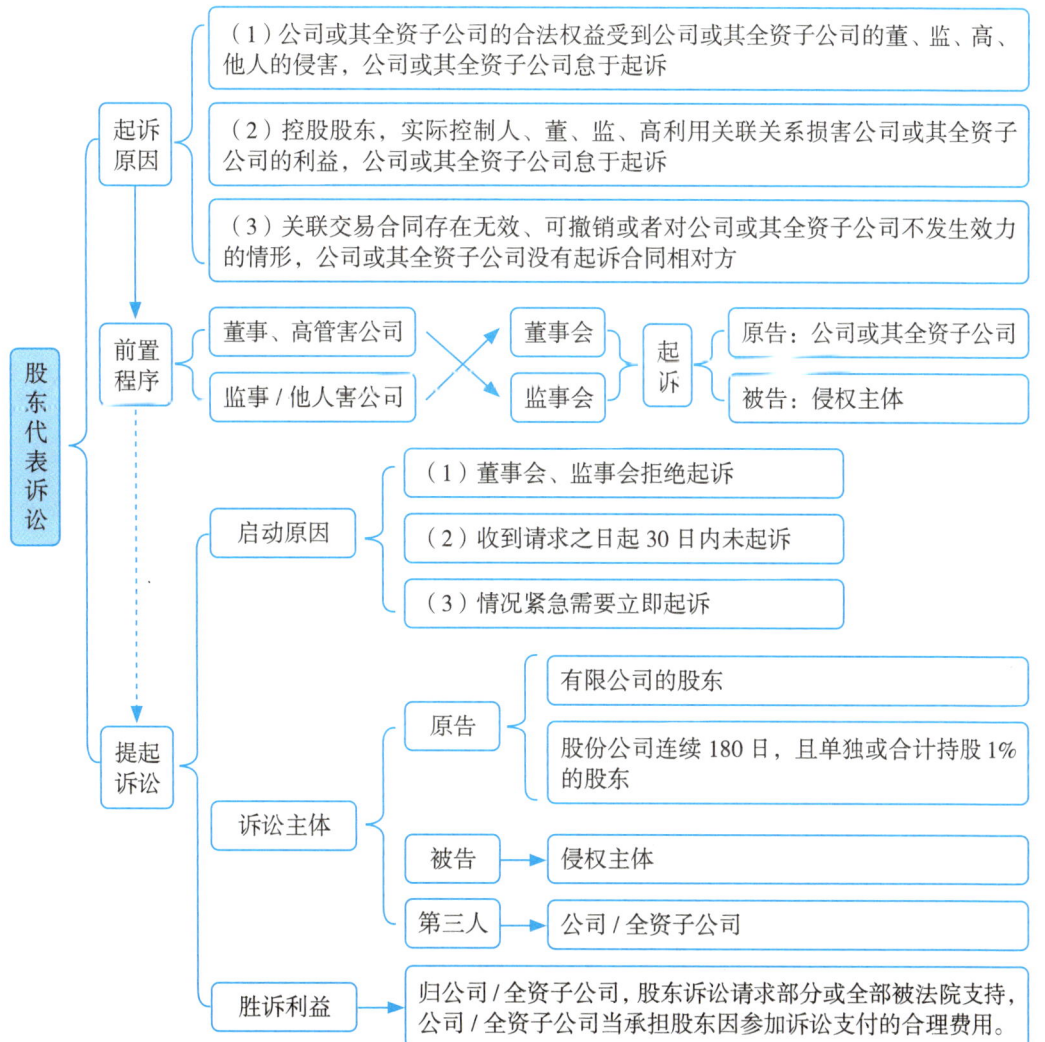

【口诀】公司受损不起诉，股东着急找公司，公司起诉是原告，公司不告股东诉。谁害公司谁被告，胜诉利益归公司。设计损害亲儿子，公司股东来维权。

2. 无效抗辩

公司的控股股东、实际控制人、董事、监事、高级管理人员不得利用其关联关系损害公司利益。由此给公司造成损失的，应当承担赔偿责任。被告不得仅以该交易已经履行了信息披露、经股东会同意等法律、行政法规或者公司章程规定的程序为由抗辩。

> 真题

2017 年 11 月，甲、乙、丙等 3 人共同发起设立枫叶有限公司，甲持股 25%，乙持股 65%，丙持股 10%。乙是董事长，丙为公司唯一监事。乙一直未按约定履行出资义务。公司章程规定，公司对内担保需经股东会代表 2/3 以上表决权的股东表决通过。2018 年 6 月，乙主持股东会，在仅自己同意的情况下就通过了以公司财产为本人的贷款提供担保的决议。此事给 A 公司造成 80 万元的损失。下列说法正确的是：（2018 年·回忆版）①

A. 甲有权提议召开临时股东会会议变更董事长
B. 丙有权以公司名义起诉，要求乙向公司承担赔偿责任
C. 当丙拒绝起诉时，甲有权提起代位诉讼，要求乙向公司承担赔偿责任
D. 甲有权要求乙履行出资义务

核心考点 36　法人人格否认之诉

一、行为样态（修）

（一）纵向法人人格否认

公司股东滥用公司法人独立地位和股东有限责任，逃避债务，严重损害公司债权人利益的，应当对公司债务承担连带责任。

（二）横向法人人格否认

股东利用其控制的两个以上公司，滥用公司法人独立地位，逃避债务，严重损害公司债权人利益的，各公司应当对任一公司的债务承担连带责任。

【口诀】关联公司连带责。

（三）一人公司法人人格否认

只有一个股东的公司，股东不能证明公司财产独立于股东自己的财产的，应当对公司债务承担连带责任。

---

① BCD。A 选项错误，甲作为公司持股 25% 的股东，有权提议召开临时股东会，但有限公司董事长的产生办法由公司章程规定，股东会无权直接变更。B 选项正确，不设监事会的公司的监事有权对损害公司利益的董事长提起诉讼，要求其赔偿给公司造成的损失。C 选项正确，甲作为公司股东，当公司董事长损害公司利益时，有权提起代位诉讼，胜诉利益归公司。D 选项正确，股东未履行或者未全面履行出资义务，公司或其他股东有权请求其向公司依法全面履行出资义务。

二、适用法人人格否认的判定

（一）人格混同

1. 股东与公司混同

认定公司人格与股东人格是否存在混同，最根本的判断标准是公司是否具有独立意思和独立财产，最主要的表现是公司的财产与股东的财产是否混同且无法区分。在认定是否构成人格混同时，应当综合考虑以下因素：

（1）股东无偿使用公司资金或者财产，不作财务记载的；

（2）股东用公司的资金偿还股东的债务，或者将公司的资金供关联公司无偿使用，不作财务记载的；

（3）公司账簿与股东账簿不分，致使公司财产与股东财产无法区分的；

（4）股东自身收益与公司盈利不加区分，致使双方利益不清的；

（5）公司的财产记载于股东名下，由股东占有、使用的；

（6）人格混同的其他情形。

出现人格混同的情况下，往往同时出现以下混同：公司业务和股东业务混同；公司员工与股东员工混同，特别是财务人员混同；公司住所与股东住所混同。

2. 关联公司混同

如果关联公司的人员、业务、财务等方面交叉或混同，导致各自财产无法区分，丧失独立人格的，构成人格混同。关联公司人格混同，严重损害债权人利益的，关联公司相互之间对外部债务承担连带责任。（参见最高法指导案例15号：徐工集团工程机械股份有限公司诉成都川交工贸有限责任公司等买卖合同纠纷案）

（二）过度支配与控制

公司控制股东对公司过度支配与控制，操纵公司的决策过程，使公司完全丧失独立性，沦为控制股东的工具或躯壳，严重损害公司债权人利益。实践中常见的过度支配与控制的情形包括：

（1）母子公司之间或者子公司之间进行利益输送的；

（2）母子公司或者子公司之间进行交易，收益归一方，损失却由另一方承担的；

（3）先从原公司抽走资金，然后再成立经营目的相同或者类似的公司，逃避原公司债务的；

（4）先解散公司，再以原公司场所、设备、人员及相同或者相似的经营目的另设公司，逃避原公司债务的；

（5）过度支配与控制的其他情形。

（三）资本显著不足

资本显著不足指的是，公司设立后在经营过程中，股东实际投入公司的资本数额与公司经营所隐含的风险相比明显不匹配。股东利用较少资本从事力所不及的经营，实质是恶意利用公司独立人格和股东有限责任把投资风险转嫁给债权人。

三、法人人格否认制度适用规则

（一）个案适用

法人人格否认制度的目的在于保护债权人利益。这一制度突破了法人人格独立性的基本原则，因此司法审判中应坚持个案适用原则，不得任意扩大适用范围。

（二）因果关系

适用法人人格否认制度时，要求股东或关联公司实施了不当使用或滥用公司法人独立地位和股东有限责任之行为，且行为与债权人利益受损之间存在因果关系。

四、提起法人人格否认之诉

（一）诉讼主体

人民法院应当根据不同情形确定当事人的诉讼地位：

（1）债权人对债务人公司享有的债权已经由生效裁判确认，其另行提起公司人格否认诉讼，请求股东对公司债务承担连带责任的，列股东为被告，公司为第三人；

（2）债权人对债务人公司享有的债权提起诉讼的同时，一并提起公司人格否认诉讼，请求股东对公司债务承担连带责任的，列公司和股东为共同被告；

（3）债权人对债务人公司享有的债权尚未经生效裁判确认，直接提起公司人格否认诉讼，请求公司股东对公司债务承担连带责任的，人民法院应当向债权人释明，告知其追加公司为共同被告。债权人拒绝追加的，人民法院应当裁定驳回起诉。

【逻辑】在解决债权人与公司债权纠纷前，不能单独提起法人人格否认之诉。

（二）举证责任

原则上应当由债权人承担举证责任，但一人公司采取举证责任倒置。

> **真题**
>
> 零盛公司的两个股东是甲公司和乙公司。甲公司持股70%并派员担任董事长，乙公司持股30%。后甲公司将零盛公司的资产全部用于甲公司的一个大型投资项目，待债权人丙公司要求零盛公司偿还货款时，发现零盛公司的资产不足以清偿。关于本案，下列哪一选项是正确的？（2016年·卷3·27题）①
>
> A. 甲公司对丙公司应承担清偿责任
> B. 甲公司和乙公司按出资比例对丙公司承担清偿责任
> C. 甲公司和乙公司对丙公司承担连带清偿责任
> D. 丙公司只能通过零盛公司的破产程序来受偿

第十讲　不同类型公司的特有规定

不同类型公司的特有规定知识逻辑

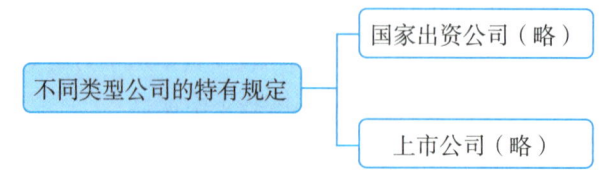

---

① A。A选项正确，甲公司作为绝对控股股东，将公司全部资产用于自己的项目，属于滥用股东权利的行为，损害了债权人的利益，债权人可以通过主张适用法人人格否认，要求甲公司和零盛公司承担连带责任。BC选项错误，乙公司并未滥用权利损害债权人利益，因此仅以其认缴的出资额为限承担有限责任即可。D选项错误，公司资不抵债，破产程序并不是唯一的追偿方式，债权人完全可以通过法人人格否认等方式来受偿。

一般考点 37　国家出资公司

一、概念（新）

国家出资公司，是指国家出资的国有独资公司、国有资本控股公司，包括国家出资的有限公司、股份公司。

二、国有独资公司的组织机构

（一）组织机构设置

国有独资公司不设股东会，由履行出资人职责的机构行使股东会职权；设置董事会、经理、监事会。

（二）董事会

1. 人员产生

董事会成员由履行出资人职责的机构委派；但是，董事会成员中的职工代表由公司职工代表大会选举产生。

2. 人员构成

国有独资公司的董事会成员中，应当过半数为外部董事，并应当有公司职工代表。

3. 职位设置

董事会设董事长一人，可以设副董事长。董事长、副董事长由履行出资人职责的机构从董事会成员中指定。

4. 职权

在履行出资人职责的机构的授权下，董事会行使股东会的部分职权，决定公司的重大事项。

（三）经理

国有独资公司的经理由董事会聘任或者解聘。经履行出资人职责的机构同意，董事会成员可以兼任经理。

（四）监事会

国有独资公司在董事会中设置由董事组成的审计委员会行使《公司法》规定的监事会职权的，不设监事会或者监事。

三、国有独资公司特别事项决定权

公司章程的制定和修改，公司的合并、分立、解散、申请破产、增加或者减少注册资本，分配利润，应当由履行出资人职责的机构决定。

四、国有独资公司管理层兼职限制

国有独资公司的董事、高级管理人员，未经履行出资人职责的机构同意，不得在其他有限公司、股份公司或者其他经济组织兼职。

一般考点 38　上市公司

一、概念
上市公司，是指其股票在证券交易所上市交易的股份公司。

二、上市公司组织机构特别规定
《公司法》对上市公司的组织机构方面进行了若干特别的规定，内容如下：
（1）上市公司设独立董事。
（2）上市公司设董事会秘书，负责公司股东会和董事会会议的筹备、文件保管以及公司股东资料的管理，办理信息披露事务等事宜。

三、章程特别记载事项
上市公司的公司章程除载明股份公司章程法定事项外，还应当载明董事会专门委员会的组成、职权以及董事、监事、高级管理人员薪酬考核机制等事项。

四、审计委员会特别审议事项
上市公司在董事会中设置审计委员会的，董事会对下列事项作出决议前应当经审计委员会全体成员过半数通过：
（1）聘用、解聘承办公司审计业务的会计师事务所；
（2）聘任、解聘财务负责人；
（3）披露财务会计报告；
（4）国务院证券监督管理机构规定的其他事项。

五、关联董事回避制度
上市公司董事与董事会会议决议事项所涉及的企业有关联关系的，不得对该项决议行使表决权，也不得代理其他董事行使表决权。该董事会会议由过半数的无关联关系董事出席即可举行，董事会会议所作决议须经无关联关系董事过半数通过。出席董事会的无关联关系董事人数不足3人的，应将该事项提交上市公司股东会审议。

六、信息披露
上市公司应当依法披露股东、实际控制人的信息，相关信息应当真实、准确、完整。

七、持股限制（新）

（一）禁止代持
禁止违反法律、行政法规的规定代持上市公司股票。

（二）禁止持有
上市公司控股子公司不得取得该上市公司的股份。上市公司控股子公司因公司合并、质权行使等原因持有上市公司股份的，不得行使所持股份对应的表决权，并应当及时处分相关上市公司股份。

第 2 章 合伙企业法

应试指导

《合伙企业法》主要在客观题中考查，偶尔考查主观题（2022年），近年分值为2~5分，是法考中易得分、必得分的科目。其中，普通合伙企业相关制度是考试的重点，例如合伙事务决议与执行、合伙事务表决方式、合伙人财产份额的转让、合伙企业与第三人的关系等。同时，有限合伙人的特别规定与特殊普通合伙人的特殊规定也时常被考查。偶尔会出现《合伙企业法》与《公司法》《个人独资企业法》结合考查的题目。

📘 **合伙企业法知识逻辑**

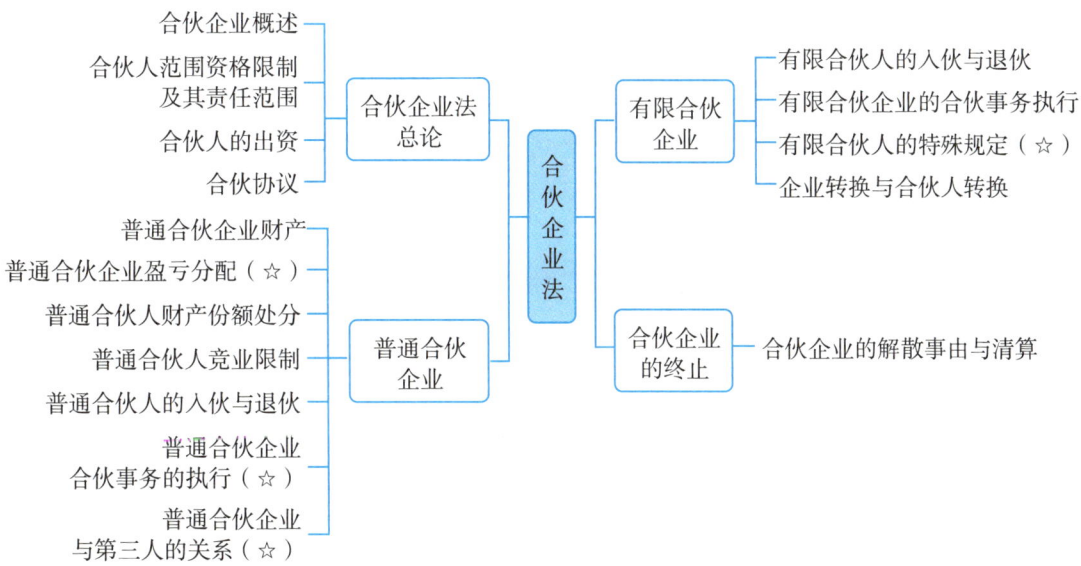

第一讲　合伙企业法总论

📘 **合伙企业法总论知识逻辑**

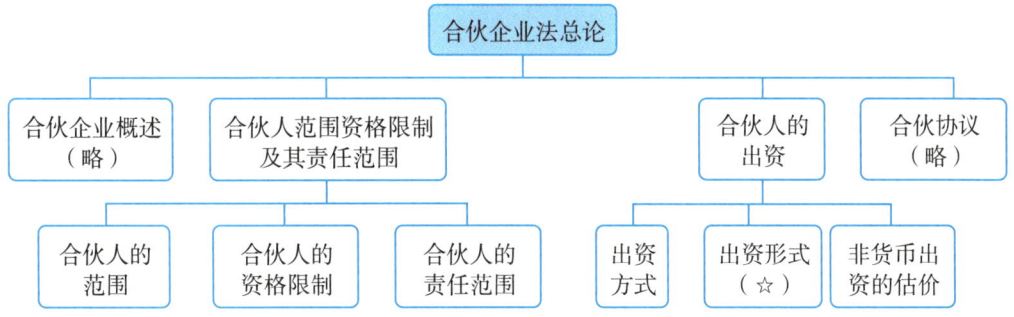

一般考点 1 合伙企业概述

一、合伙企业的性质

合伙企业属于民事主体中的非法人组织，但是能够依法以自己的名义从事民事活动。

【提示】合伙企业及其分支机构均需要领取营业执照。

二、合伙企业的分类

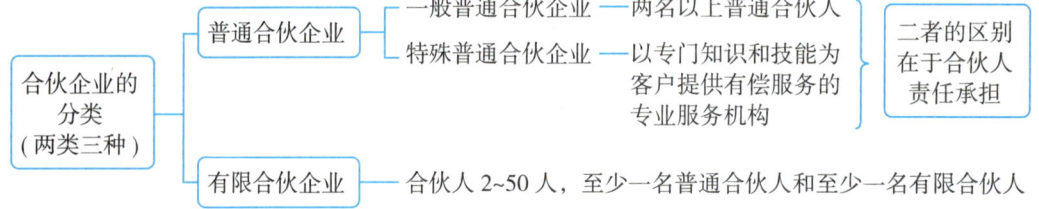

三、合伙企业的名称

合伙企业的名称中必须标明"普通合伙""特殊普通合伙"或者"有限合伙"字样。

【判断】合伙企业可以以合伙人的名称作为字号。①

四、合伙企业的纳税

合伙企业不纳税，由合伙人分别纳税。合伙人是自然人的，缴纳个人所得税；合伙人是法人或其他组织的，缴纳企业所得税。

五、合伙企业的成立

合伙企业的营业执照签发日期，为合伙企业成立日期。未领取营业执照，合伙人不得以合伙企业名义从事合伙业务。

一般考点 2 合伙人范围资格限制及其责任范围

一、合伙人的范围

自然人、法人和其他组织均可以成为合伙企业的合伙人。

【判断】合伙企业或个人独资企业能够成为合伙人。②

二、合伙人的资格限制

（一）职业禁止

法律、行政法规禁止从事营利性活动的人，不得成为合伙企业的合伙人。

[例如]国家公务员、法官、检察官及警察等不能当合伙人。

---

① 正确。
② 正确。

（二）资格限制

国有独资公司、国有企业、上市公司以及公益性的事业单位、社会团体不得成为普通合伙人。但是上述五类企业可以作为有限合伙人。

【口诀】两国两公一上市，不可普人可有人。

三、合伙人的责任范围

（一）一般普通合伙人

普通合伙人对合伙财产不足以清偿的债务，负无限清偿责任。合伙企业注销后，原普通合伙人对合伙企业存续期间的债务仍应承担无限连带责任。

【口诀】企业生与死，普人无连责。

【提示】偿债顺序：先用普通合伙企业或有限合伙企业财产清偿债务，不够才由普通合伙人承担无限连带责任（连带的补充赔偿责任）。

（二）特殊普通合伙人

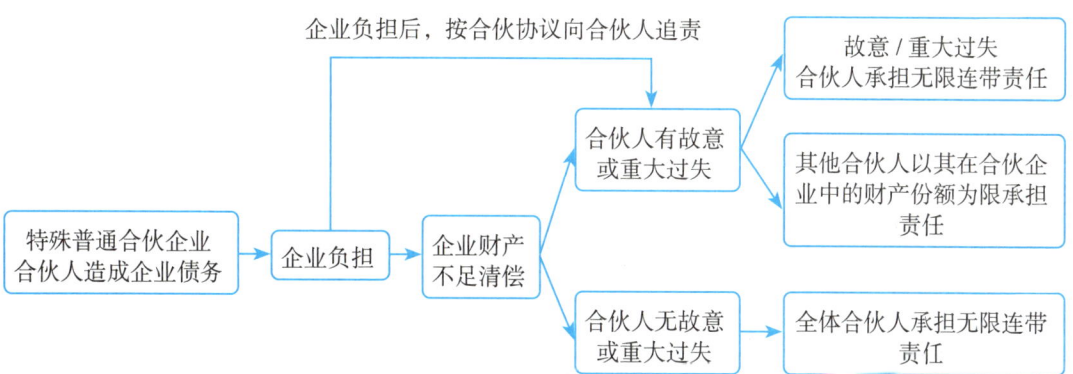

【逻辑】先看合伙人是否存在故意或重大过失，再考虑如何承担责任。

【真题】

君平昌成律师事务所是一家采取特殊普通合伙形式设立的律师事务所，曾君、郭昌是其中的两名合伙人。在一次由曾君主办、郭昌辅办的诉讼代理业务中，因二人的重大过失而泄露客户商业秘密，导致该所对客户应承担巨额赔偿责任。关于该客户的求偿，下列哪些说法是正确的？（2015年·卷3·72题）①

A. 向该所主张全部赔偿责任　　B. 向曾君主张无限连带赔偿责任
C. 向郭昌主张补充赔偿责任　　D. 向该所其他合伙人主张连带赔偿责任

（三）有限合伙人

有限合伙人以其认缴的出资额为限对合伙企业的债务承担有限责任。

【提示】偿债顺序：先用有限合伙企业财产清偿债务，不够，由有限合伙人承担有

---

① AB。AB选项正确，C选项错误。特殊普通合伙企业合伙人在执业活动中因故意或者重大过失给客户造成损失，客户有权要求企业担责，企业财产不能清偿，可以要求存在重大过失的曾君和郭昌承担无限连带责任。D选项错误。没有故意或重大过失的合伙人以其在合伙企业中的财产份额为限承担责任。

限责任，普通合伙人承担无限的补充赔偿责任。

【判断1】海洋商贸是普通合伙企业，现欠债无法清偿，普通合伙人赵海洋与海洋商贸对债务承担连带责任。①

【判断2】海洋商贸是有限合伙企业，现欠债无法清偿，有限合伙人赵海洋与普通合伙人赵海水对债务承担连带责任。②

【判断3】海洋商贸是普通合伙企业，现债务到期，债权人可以直接要求普通合伙人赵海洋清偿。③

核心考点3 合伙人的出资

一、出资方式

合伙企业的出资由合伙人自行在合伙协议中约定。合伙企业没有最低注册资本要求，没有出资期限要求，可以采取认缴资本制。

二、出资形式

（一）货币出资

出资货币可以是本国货币，也可以是外国货币。

（二）非货币出资

非货币出资包括实物、知识产权、土地使用权、其他财产权利、劳务。

【提示1】劳务只允许普通合伙人出资，其他非货币出资，普通合伙人与有限合伙人均可。

【提示2】财产权利具体是指特许经营权、房屋使用权、债权（债券、应收账款等）、担保物权、采矿权、土地承包经营权、商业秘密、公司股权等。

三、非货币出资的估价

合伙人以非货币出资，评估作价由合伙人协商确定，也可以由全体合伙人委托法定评估机构进行评估。

若普通合伙人以劳务出资，其评估办法由合伙人协商确定，并在合伙协议中载明。

【判断1】有限合伙人可以用房屋使用权出资。④

【判断2】普通合伙人赵海洋以房屋使用权向合伙企业出资后，无权将该房屋出卖给赵美丽。⑤

---

① 错误。
② 错误。
③ 错误。
④ 正确。
⑤ 错误。

核心考点4 合伙协议

一、概念
合伙协议，是两个以上合伙人为了共同的事业目的，订立的共享利益、共担风险的协议。

二、作用
合伙协议是调整合伙关系、规范合伙人相互间的权利义务、处理合伙纠纷的基本法律依据，是合伙得以成立的法律基础，即合伙的契约性。

如果合伙人之间未订立书面形式的合伙协议，但事实上存在合伙人之间的权利义务关系，进行了事实上的合伙营业，仍然视为合伙。

三、效力范围
合伙协议仅有对内效力，即合伙协议仅约束合伙人。

四、生效与修订
合伙协议应当有书面形式，由全体合伙人协商一致并签字盖章后生效。
修改或补充合伙协议，有约依约，无约则须全体合伙人一致同意。

【口诀】初始协议必须一致决，修补协议无约一致决。
【判断】合伙协议可以约定，只需经过执行合伙事务合伙人同意即可修改或补充合伙协议。[①]

五、不构成合伙协议的情形
如果约定一方当事人无论盈亏，均有权获得固定金额回报的协议，违背了合伙人共享收益和共担风险的基本原则，不构成合伙协议。

第二讲　普通合伙企业

普通合伙企业知识逻辑

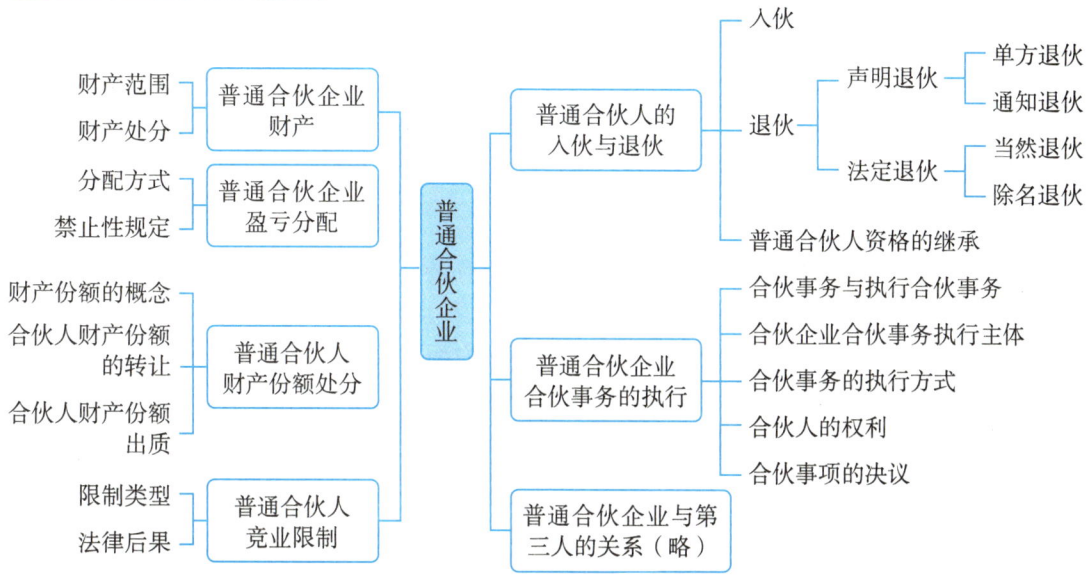

---
① 正确。

一般考点 5　普通合伙企业财产

一、财产范围

合伙财产，是指合伙存续期间，合伙人的出资和所有以合伙企业名义取得的收益和依法取得的其他财产。

二、财产处分

合伙企业的财产属于合伙企业，不属于合伙人。原则上禁止合伙人私自转移或处分合伙企业财产。但是，合伙人私自转移或者处分合伙企业财产的，合伙企业不得以此对抗善意第三人。

核心考点 6　普通合伙企业盈亏分配

一、分配方式

合伙企业的利润分配、亏损分担，按照合伙协议的约定办理；合伙协议未约定或者约定不明确的，由合伙人协商决定；协商不成的，由合伙人按照实缴出资比例分配、分担；无法确定出资比例的，由合伙人平分利润和均担亏损。

【口诀】合伙协议约定→协商→实缴出资比例→均分。

二、禁止性规定

合伙协议不得约定将全部利润分配给部分合伙人或者由部分合伙人承担全部亏损。如果有这样的约定，则属无效。

【口诀】利润和亏损，禁止极端化约定。

核心考点 7　普通合伙人财产份额处分

一、财产份额的概念

合伙人所持的合伙企业财产份额，可以理解为有限公司股东的股权。但这两者之间存在本质差异，就是在合伙企业存续期间，合伙人不得以份额比例要求分割财产，也不得以份额大小来决定合伙人对合伙财产的使用和管理方面的权利以及合伙事务执行方面的权利，只有在分配合伙企业利润和退伙以及合伙企业解散时，份额比例才具有实际意义，才能作为各合伙人分配利润和分割财产的依据。

二、合伙人财产份额的转让

（一）合伙人之间转让财产份额

在合伙企业存续期间，合伙人之间可以转让其在合伙企业中的全部或者部分财产份额，但应通知其他合伙人。

【口诀】对内转，通知，无需其他人同意。

（二）向非合伙人转让财产份额（主动转）

在合伙企业存续期间，合伙人向合伙人以外的人转让其在合伙企业中的全部或部分财产份额时，除合伙协议另有约定外，须经其他合伙人一致同意，并且在同等条件下其他合伙人有优先购买权。

【口诀】主动对外转，无约一致决。同等条件，内部优先。

【判断】合伙人对外转让全部财产份额，仍然需要对企业债务承担无限连带责任。①

（三）合伙人财产份额被强制执行（被动转）

法院强制执行合伙人（包括普通合伙人和有限合伙人）财产份额时，法院通知全体合伙人，同等条件下，其他合伙人有优先购买权。

【口诀】被动对外转，法院通知。同等条件，内部优先。

普通合伙企业中，普通合伙人的份额被强制执行时，其他合伙人不购买，也不同意第三人加入合伙企业，可为被执行财产份额合伙人办理退伙结算（全部财产份额被执行）或削减份额结算（部分财产份额被执行）。

【口诀】被动对外转，不买不同意，结算或削减。

三、合伙人财产份额出质

在合伙企业存续期间，合伙人以其在合伙企业中的财产份额出质的，须经其他合伙人一致同意。否则，出质行为无效，由此给善意第三人造成损失的，由行为人依法承担赔偿责任。

【口诀】普人份额出质，强制一致同意，否则行为无效，不保护善意第三。

真题

高崎、田一、丁福等3人共同出资200万元，于2011年4月设立"高田丁科技投资中心（普通合伙）"，从事软件科技的开发与投资。其中高崎出资160万元，田、丁分别出资20万元，由高崎担任合伙事务执行人。2012年6月，丁福为向钟冉借钱，作为担保方式，而将自己的合伙财产份额出质给钟冉。下列说法正确的是：（2013年·卷3·92题）②

A.就该出质行为，高、田二人均享有一票否决权
B.该合伙财产份额质权，须经合伙协议记载与工商登记才能生效
C.在丁福伪称已获高、田二人同意，而钟冉又是善意时，钟冉善意取得该质权
D.在丁福未履行还款义务，如钟冉享有质权并主张以拍卖方式实现时，高、田二人

---

① 错误。合伙人转让全部财产份额后，就不再是合伙人，自然无须担责。
② AD。A选项正确，C选项错误。出质财产份额须经其他合伙人一致同意；否则无效，由此给善意第三人造成损失的，由行为人依法承担赔偿责任。这就意味着其他合伙人均享有一票否决权，且第三人不能基于主观善意而善意取得质权。B选项错误，财产份额出质需要办理出质登记，但无须记载于合伙协议之中。D选项正确，当对丁福的财产份额进行拍卖时，其他合伙人有优先购买权。

享有优先购买权

> 📖 【民商融合】

1. 合伙协议约定合伙人之间转让其在合伙企业中的全部或部分财产份额，也应取得其他合伙人一致同意的，是否有效？

合伙协议约定合伙人之间转让其在合伙企业中的全部或部分财产份额应取得其他合伙人的一致同意，该约定有效。在合伙协议有明确规定的情况下，在其他合伙人未同意合伙财产份额转让之前，如果合伙人之间转让财产份额，那么当事人就合伙财产份额转让签订的转让协议属于成立但未生效。【邢某荣与北京鼎某泰富投资管理有限公司、丁某国等合伙企业财产份额转让纠纷案（载《最高人民法院公报》2021年第5期）】

2. 合伙人以向其他合伙人转让其在合伙企业中的财产份额为名，行让合伙人以外的人转让财产份额为实，转让协议效力如何？

在合伙协议没有约定的情况下，部分合伙人未经其他合伙人同意，将财产份额形式上转给其他合伙人，但实质上转给合伙人之外的人，属于以虚假的意思表示实施的民事法律行为，其转让行为无效。

3. 合伙人对外转让财产份额，多个合伙人均主张优先购买权时如何处理？

合伙协议规定→协商→实缴出资比例→均分。

4. 在接受普通合伙企业的合伙人，以其合伙企业中的财产份额提供的质押担保中，债权人是否有义务确认该合伙人出质行为已经取得其他合伙人一致同意？

债权人有审查义务。如果债权人未审查普通合伙人以其在合伙企业中的财产份额出质是否取得其他合伙人一致同意的，债权人对担保合同无效具有过错，应当承担相应责任。例如债权人仅凭保证合同中"已按有关规定和程序，取得本合同担保所需要的授权"的单方陈述，就签订保证合同，属于未尽审查义务，存在过失。

核心考点 8　普通合伙人竞业限制

一、限制类型

（一）同业竞争绝对禁止

在合伙企业存续期间，合伙人不得自营或者与他人合作经营与本合伙企业相竞争的业务。

（二）自我交易相对禁止

在合伙企业存续期间，除合伙协议另有约定或者经全体合伙人一致同意外，合伙人不得同本合伙企业进行交易。

二、法律后果

合伙人违反法律规定或者合伙协议的约定，从事与本合伙企业相竞争的业务或者与本合伙企业进行交易的，该收益归合伙企业所有；给合伙企业或者其他合伙人造成损失的，依法承担赔偿责任。

核心考点 9　普通合伙人的入伙与退伙

一、入伙

（一）入伙程序
新合伙人入伙，除合伙协议另有约定外，应当经全体合伙人一致同意，并依法订立书面入伙协议。原合伙人应当向新合伙人如实告知原合伙企业的经营状况和财务状况。

（二）法律后果
入伙人取得合伙人的资格；新合伙人对入伙前合伙企业的债务承担连带责任；除入伙协议另有约定外，新合伙人与原合伙人享有同等权利，承担同等责任。

> 【提示】入伙协议中关于新入伙合伙人债权债务承担的约定仅具有内部效力，不得对抗善意第三人。

二、退伙

（一）退伙的方式

1. 声明退伙

声明退伙又称自愿退伙，是指合伙人基于自愿的意思表示而退伙。声明退伙又可分为单方退伙和通知退伙。

（1）单方退伙

合伙协议约定合伙期限的，在合伙企业存续期间，有下列情形之一的，合伙人可以单方提出退伙：

①合伙协议约定的退伙事由出现；
②经全体合伙人同意退伙；
③发生合伙人难以继续参加合伙企业的事由；
④其他合伙人严重违反合伙协议约定的义务。

> 【口诀】约定一致难继续，严重违约守约退。

（2）通知退伙

合伙协议未约定合伙期限的，在不给合伙事务执行造成不利影响的前提下，合伙人可以不经其他合伙人同意而退伙，但应当提前30日通知其他合伙人。

> 【口诀】无期无损30退。
> 【提示】单方退伙和通知退伙的区别在于合伙协议是否约定了合伙期限。

2. 法定退伙

法定退伙是指直接根据法律的规定而退伙。法定退伙又可分为当然退伙和除名退伙。

（1）当然退伙

合伙人有下列情形之一的，当然退伙：

①作为合伙人的自然人死亡或者被依法宣告死亡；
②个人丧失偿债能力；

③作为合伙人的法人或者其他组织依法被吊销营业执照、责令关闭、撤销，或者被宣告破产；

④法律规定或者合伙协议约定合伙人必须具有相关资格而丧失该资格；

⑤合伙人在合伙企业中的全部财产份额被人民法院强制执行。

【口诀】客观因素：两死两丧失，全部被强制。

如果作为合伙人的自然人被依法认定为无民事行为能力人或者限制民事行为能力人的，并不必然导致退伙。此种情形下，若经其他合伙人一致同意，该合伙人可以依法转为有限合伙人，普通合伙企业依法转为有限合伙企业。但是，如果未能取得其他合伙人的一致同意，则该合伙人退伙。

【口诀】普人变成无限人，不变有人才要退。

【提示】当然退伙情形下，退伙事由实际发生之日为退伙生效日。如何理解这个实际发生之日呢？即以上述法定事由具体发生的时间作为法定退伙的具体生效时间，以该时间为基础确定退伙人及其他当事人的权利义务关系。例如，自然人死亡的，死亡之日为退伙生效日。法院宣告死亡的，判决作出之日为退伙生效日。

（2）除名退伙

合伙人有下列情形之一的，经其他合伙人一致同意，可以决议将其除名：

①未履行出资义务；

②因故意或者重大过失给合伙企业造成损失；

③执行合伙事务时有不正当行为；

④合伙协议约定的其他事项。

【口诀】主观因素：不出资，造损失，不正当，约定退。

对合伙人的除名决议应当书面通知被除名人。被除名人接到除名通知之日，除名决议生效。被除名人对除名决议有异议的，可以自接到除名通知之日起30日内，向人民法院起诉。

【口诀】收到通知才生效，异议30可起诉。

（二）退伙后的财产清理与结算

退伙时的结算应遵循如下规则：

（1）合伙人退伙，其他合伙人应当与该退伙人按照退伙时的合伙企业财产状况进行结算，退还退伙人的财产份额；（退财产份额，不是退出资）

（2）退伙人对给合伙企业造成的损失负有赔偿责任的，可以相应扣减其应当赔偿的数额；

（3）合伙人退伙时，对基于其退伙前的原因发生的合伙企业债务，仍应与其他合伙人一起承担无限连带责任。

【判断】赵海洋与赵大海、赵海带等3人设立三赵普通合伙企业。赵海洋以房屋所有权出资，1年后赵海洋退伙，要求企业退还房屋，企业应退还。①

---

① 错误。退还办法由合伙协议约定或者由全体合伙人决定，可以退还货币，也可以退还实物。

三、普通合伙人资格的继承

（一）继承人成为普通合伙人

合伙协议约定或经全体合伙人一致同意，继承人是完全民事行为能力人且继承人愿意成为合伙人。

（二）继承人成为有限合伙人

继承人是无民事行为能力人或限制民事行为能力人，经全体合伙人一致同意，普通合伙企业转为有限合伙企业。

（三）向继承人退还财产份额

下列情形合伙企业向继承人退还财产份额
（1）无法取得全体合伙人一致同意；
（2）继承人不愿意成为合伙人；
（3）法律规定或者合伙协议约定合伙人必须具有相关资格，而该继承人未取得该资格；
（4）合伙协议约定不能成为合伙人的其他情形。

> **真题**

甲、乙、丙于2010年成立一家普通合伙企业，3人均享有合伙事务执行权。2013年3月1日，甲被法院宣告为无民事行为能力人。3月5日，丁因不知情找到甲商谈一笔生意，甲以合伙人身份与丁签订合同。下列哪些选项是错误的？（2013年·卷3·71题）①
A. 因丁不知情，故该合同有效，对合伙企业具有约束力
B. 乙与丙可以甲丧失民事行为能力为由，一致决议将其除名
C. 乙与丙可以甲丧失民事行为能力为由，一致决议将其转为有限合伙人
D. 如甲因丧失民事行为能力而退伙，其退伙时间为其无民事行为能力判决的生效时间

核心考点 10　普通合伙企业合伙事务的执行

一、合伙事务与执行合伙事务

（一）合伙事务

凡需要以合伙企业名义实施的事项，不论是以合伙企业名义与外部第三方发生交易或往来，还是以合伙企业名义与员工之间建立聘用关系、对员工发出指令，或是以合伙企业名义与合伙人之间的往来，均属于合伙事务。

（二）执行合伙事务

由执行事务合伙人或普通合伙人（如未委托执行事务合伙人）代表合伙企业、以合伙

---

① ABD。A选项错误，无民事行为能力人签订的合同无效，不论对方是否知情。B选项错误，在合伙协议未作规定的情形下，普通合伙人丧失民事行为能力不属于除名退伙的情形。C选项正确，普通合伙人丧失行为能力并不当然退伙，可经其他合伙人一致同意，将该合伙人转为有限合伙人。D选项错误，退伙事由实际发生之日为退伙生效日（判决作出之日），而不是法院判决生效之日。

企业名义、为合伙企业利益实施相关事项，即为"执行合伙事务"。合伙企业对合伙人执行合伙事务以及对外代表合伙企业权利的限制，不得对抗善意第三人。

［例如］海洋茶业是一家生产销售野生茶叶的普通合伙企业，合伙人分别为赵、钱、孙。合伙协议约定赵、钱共同担任合伙事务执行人。此时，赵单独以合伙企业名义，与甲茶农达成协议，以15万元的价格收购其茶园的茶叶。合伙协议对合伙事务的执行做了规定，所以赵和甲的协议效力，要看甲是否是善意相对人。

二、合伙企业合伙事务执行主体

（一）执行合伙事务合伙人

1. 法定的执行合伙事务合伙人

合伙人对执行合伙事务享有同等的权利。

【提示】与出资金额等无关。

2. 受委托的执行合伙事务合伙人

按照合伙协议的约定或者经全体合伙人决定，可以委托一个或者数个合伙人对外代表合伙企业。

【提示】执行合伙事务合伙人可以要求在合伙协议中确定执行事务的报酬及报酬提取方式。

3. 执行合伙事务合伙人行为的权限和效力

执行合伙事务的合伙人，对外代表合伙企业，执行合伙事务所产生的收益归合伙企业，所产生的费用和亏损由合伙企业承担。

【提示】执行合伙事务合伙人类似于公司的法定代表人。

（二）合伙企业经营管理人

被聘任的合伙企业的经营管理人员应当在合伙企业授权范围内履行职务，若其超越合伙企业授权范围履行职务，或者在履行职务过程中因故意或者重大过失给合伙企业造成损失的，依法承担赔偿责任。

【提示】合伙企业经营管理人类似于公司的经理，对外代表企业时须有授权。

三、合伙事务的执行方式

（一）共同执行

全体合伙人共同执行合伙事务。此种情况下，合伙企业的各项行为均需全体合伙人一致同意。

（二）分别执行

各合伙人分别单独执行合伙事务。

（三）委托执行

合伙企业委托一个或数个合伙人执行合伙事务的，其他合伙人不再执行合伙事务。

四、合伙人的权利

（一）监督权

不执行合伙事务的合伙人有权监督执行合伙事务合伙人执行合伙事务的情况；执行合伙事务合伙人应当定期向其他合伙人报告合伙事务执行情况以及合伙企业的经营状况和财务状况。

【口诀】 不执行，监督执行。

（二）查阅权

所有合伙人为了解合伙企业的经营状况和财务状况，都有权查阅合伙企业的财务会计账簿等财务资料。

【口诀】 财务资料，可查不复制。

（三）异议权

合伙人分别执行合伙事务的，执行合伙事务合伙人可以对其他合伙人执行的事务提出异议。提出异议时，应当暂停该项事务的执行。

【口诀】 执行异议执行，提出异议就暂停。

（四）撤销权

受委托执行合伙事务的合伙人不按照合伙协议或者全体合伙人的决定执行事务的，其他合伙人可以决定撤销该委托。

> **真题**

兰艺咖啡店是罗飞、王曼设立的普通合伙企业，合伙协议约定罗飞是合伙事务执行人且承担全部亏损。为扭转经营亏损局面，王曼将兰艺咖啡店加盟某知名品牌，并以合伙企业的名义向陈阳借款20万元支付了加盟费。陈阳现在要求还款。关于本案，下列哪一说法是正确的？（2016年·卷3·30题）①

A. 王曼无权以合伙企业的名义向陈阳借款
B. 兰艺咖啡店应以全部财产对陈阳承担还款责任
C. 王曼不承担对陈阳的还款责任
D. 兰艺咖啡店、王曼和罗飞对陈阳的借款承担无限连带责任

五、合伙企业相关事项的决议

（一）合伙事项的决议方式

合伙人对合伙企业有关事项作出决议，按照合伙协议约定的表决办法办理。合伙协议未约定或者约定不明确的，实行合伙人一人一票，一般事项经全体合伙人过半数通过、特别事项经全体合伙人一致同意的表决办法。

（二）全票决合伙事项

须经全体合伙人一致同意的事项包括下列各项：

---

① B。A选项错误，合伙协议对合伙事务执行人的约定属于内部约定，不得对抗善意第三人。因此，王曼对外借款有效。B选项正确，D选项错误。合伙企业对其债务，应先以企业全部财产进行清偿，不足部分由全体合伙人承担无限连带责任，而非合伙企业与合伙人对企业的债务承担无限连带责任。C选项错误，合伙协议约定罗飞承担全部亏损，属于无效约定，王曼仍应承担无限连带责任。

（1）改变合伙企业名称；

（2）改变合伙企业的经营范围、主要经营场所的地点；

（3）处分合伙企业的不动产；

（4）转让或者处分合伙企业的知识产权和其他财产权利；

（5）以合伙企业的名义为他人提供担保；

（6）聘任合伙人以外的人担任合伙企业的经营管理人员；

（7）修改或者补充合伙协议；

（8）合伙人向第三人转让其在合伙企业中的全部或者部分财产份额；

（9）吸收新的合伙人；

（10）合伙人增加或者减少对合伙企业的出资。

【口诀】改名改地改范围（企业自身），擅自处分不知担（企业财产），外人管理收新人（企业人员），增资减资转份额（企业资本）。

真题

健宜美发沙龙（普通合伙企业）由张、王共同出资设立。因业务发展需要，企业决定聘请托尼担任经营管理人。下列表述不符合法律规定的是：(2018年·回忆版)[①]

A. 合伙协议可以约定任一合伙人有权决定聘请合伙人以外的人担任企业的经营管理人

B. 托尼有权在职权范围内以企业名义对外签订合同

C. 托尼绝不可同时从事与企业经营具有同一竞争关系的业务

D. 企业和托尼适用《合同法》有关委托合同的相关规定

核心考点11 普通合伙企业与第三人的关系

一、合伙企业与合伙人同时负债的处理

当合伙企业和合伙人个人同时负债时，合伙财产优先用于清偿合伙债务，个人财产优先用于清偿个人债务。

【口诀】同时负债，先管自己，再管别人。

二、合伙人个人债务的清偿规则

（一）禁止债权人行使抵销权

某一合伙人发生与合伙企业无关的债务，而该合伙人的债权人同时又负有对合伙企业的债务时，该债权人只能请求合伙人履行债务，而不得以其对合伙企业的债权主张相互抵销，即不得以其对某一合伙人的债务抵消其对合伙企业的债权，反之亦然。

（二）禁止债权人行使代位权

合伙人发生与合伙企业无关的债务时，该合伙人的债权人不得以其债权人的身份而主

[①] C。ABD选项不当选，C选项当选，法律禁止的是合伙人自营或同他人合作经营与本合伙企业相竞争的业务的行为。并未明文禁止企业的经营管理人的同业竞争行为。

张代位行使合伙人在合伙企业中的权利。

（三）合伙份额的强制执行

合伙人（包括普通合伙人和有限合伙人）的自有财产不足清偿其个人债务时，该合伙人可将其从合伙企业中分取的收益用于清偿。该合伙人的债权人也可以请求人民法院强制执行该合伙人在合伙企业中的财产份额以清偿债务。

> 【口诀】合伙人个人债务的偿债顺序：自有财产→合伙企业中分取的收益或债权人申请强制执行合伙人在合伙企业中的财产份额。

真题

王某、张某、田某、朱某共同出资180万元，于2012年8月成立绿园商贸中心（普通合伙）。其中王某、张某各出资40万元，田某、朱某各出资50万元；就合伙事务的执行，合伙协议未特别约定。2014年4月，朱某因抄底买房，向刘某借款50万元，约定借期4个月。4个月后，因房地产市场不景气，朱某亏损不能还债。关于刘某对朱某实现债权，下列选项正确的是：（2014年·卷3·94题）①

A. 可代位行使朱某在合伙企业中的权利
B. 可就朱某在合伙企业中分得的收益主张清偿
C. 可申请对朱某的合伙财产份额进行强制执行
D. 就朱某的合伙份额享有优先受偿权

第三讲　有限合伙企业

有限合伙企业知识逻辑

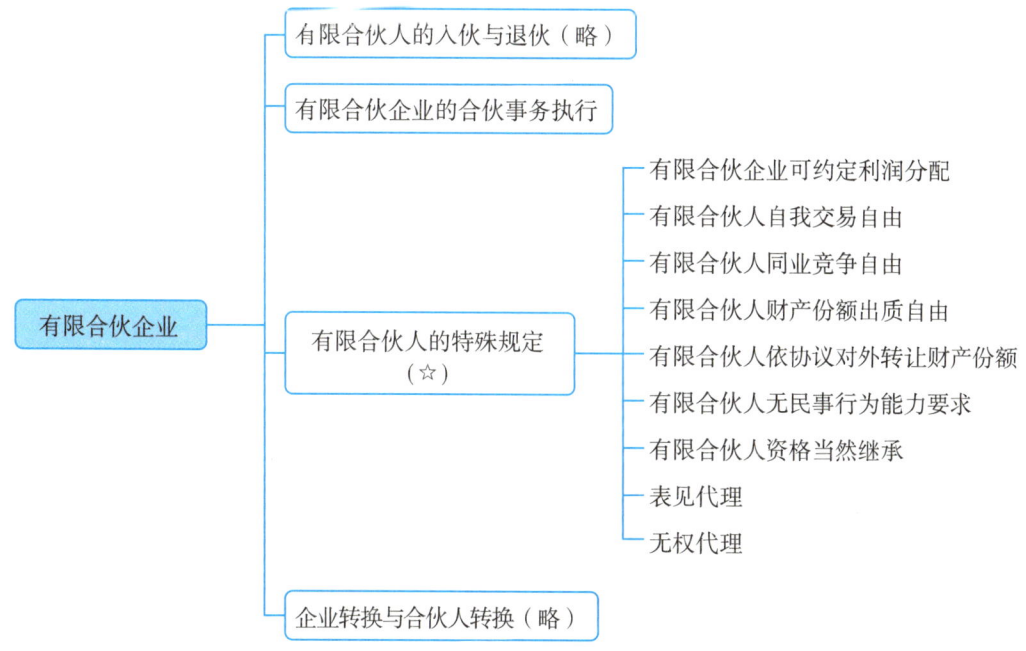

---

① BC。A选项错误，禁止代位。BC选项正确。D错误，债权人对财产份额不存在优先受偿权。

一般考点 12　有限合伙人的入伙与退伙

一、入伙

（一）入伙程序

有限合伙企业合伙人入伙与普通合伙企业合伙人入伙相同。

[例如] 大海有限公司决定入伙海洋投资（有限合伙企业），成为其有限合伙人。如合伙协议无特别约定，则须经企业内部包括有限合伙人与普通合伙人在内的全体合伙人一致同意，大海公司才可成为新的有限合伙人。

（二）入伙后的法律责任

新入伙的有限合伙人对入伙前有限合伙企业的债务，以其认缴的出资额为限承担责任。

二、退伙

（一）退伙情形

除有限合伙人丧失偿债能力不当然退伙，其他情形与普通合伙人退伙相同。

（二）退伙后的法律责任

有限合伙人退伙后，对基于其退伙前的原因发生的有限合伙企业债务，以其退伙时从有限合伙企业中取回的财产承担责任。

【口诀】退多少，多少责

核心考点 13　有限合伙企业的合伙事务执行

一、有限合伙企业的合伙事务执行人

有限合伙企业的事务由普通合伙人执行。有限合伙人不执行合伙事务，不能成为执行合伙事务合伙人，也不得对外代表有限合伙企业。

【口诀】有伙，普人执，有人不执，不代表。

二、不属于有限合伙人执行合伙事务的行为

（一）管理参与权

1. 参与决定普通合伙人入伙、退伙。
2. 对企业的经营管理提出建议。
3. 参与选择承办有限合伙企业审计业务的会计师事务所。
4. 依法为本企业提供担保。

（二）监督权

1. 获取经审计的有限合伙企业财务会计报告。
2. 对涉及自身利益的情况，查阅有限合伙企业财务会计账簿等财务资料。

3. 在有限合伙企业中的利益受损时，向有责任的合伙人主张权利或者提起诉讼。

【总结】享有会计账簿查阅权的主体：公司股东、普通合伙人、有限合伙人在涉及自身利益时可查阅。

（三）救济权

执行合伙事务合伙人怠于行使权利时，其他合伙人可以督促其行使权利或者为了本企业的利益以自己的名义提起诉讼。

核心考点 14　有限合伙人的特殊规定

一、有限合伙企业可约定利润分配

有限合伙企业不得将全部利润分配给部分合伙人；但是，合伙协议另有约定的除外。不得约定亏损归部分合伙人。

【提示】合伙协议没有约定，有限合伙企业的损益分配办法同普通合伙企业。

二、有限合伙人自我交易自由

有限合伙人可以同本有限合伙企业进行交易；但是，合伙协议另有约定的除外。

三、有限合伙人同业竞争自由

有限合伙人可以自营或者同他人合作经营与本有限合伙企业相竞争的业务；但是，合伙协议另有约定的除外。

四、有限合伙人财产份额出质自由

有限合伙人可以将其在有限合伙企业中的财产份额出质；但是，合伙协议另有约定的除外。

五、有限合伙人依协议对外转让财产份额

有限合伙人可以按照合伙协议的约定向合伙人以外的人转让其在有限合伙企业中的财产份额，但应当提前30日通知其他合伙人。

【提示1】有限合伙企业不得禁止有限合伙人向合伙企业以外的人转让财产份额。
【提示2】有限合伙人对外转让财产份额，其他合伙人没有优先购买权。（法考观点）
【提示3】有限合伙人向其他合伙人转让财产份额，应当通知其他合伙人。
【提示4】有限合伙企业的普通合伙人转让财产份额，转让方式同普通合伙企业普通合伙人。

六、有限合伙人无民事行为能力要求

作为有限合伙人的自然人在有限合伙企业存续期间丧失民事行为能力的，其他合伙人不得因此要求其退伙。

七、有限合伙人资格当然继承

作为有限合伙人的自然人死亡、被依法宣告死亡或者作为有限合伙人的法人及其他组织终止时，其继承人或者权利承受人可以依法取得该有限合伙人在有限合伙企业中的资格。

八、表见代理（表见普通合伙）

第三人有理由相信有限合伙人为普通合伙人并与其交易的，该有限合伙人对该笔交易承担与普通合伙人同样的责任。

九、无权代理

有限合伙人未经授权以有限合伙企业名义与他人进行交易，给有限合伙企业或者其他合伙人造成损失的，该有限合伙人应当承担赔偿责任。

【总结】普通合伙人与有限合伙人十大重要区别

项目	普通合伙人	有限合伙人
责任承担	对企业不能清偿的债务承担连带责任	对企业不能清偿的债务以认缴的出资额为限承担有限责任
合伙人	完全民事行为能力人	可以是无民事行为能力人和限制民事行为能力人
出资	可以劳务出资	不得劳务出资
合伙企业事务	执行合伙企业事务	不得执行合伙企业事务
自我交易	相对禁止（合伙协议另有约定或者经过全体合伙人同意后可以）	无协议约定，则可以
竞业禁止	绝对禁止	无协议约定，则可以
财产份额出质	一致同意	无协议约定，则可以
合伙人资格继承	区分是否是完全民事行为能力人	当然继承
利润分配与亏损承担	不得约定全部利润归部分合伙人，不得约定亏损归部分合伙人	可以约定全部利润归部分合伙人，不得约定亏损归部分合伙人
财产份额对外转让	有约依约，无约一致同意	无限制

【口诀】责任有限人无限，劳务执务均不可。自我竞业额出质，没有约定都可以。利润可约亏不行，资格继承转自由。

> **真题**
>
> 新天地投资与咨询中心（有限合伙企业）成立于2018年5月。赵好看为普通合伙人，赵英俊、赵美丽、赵漂亮、赵帅气为有限合伙人。关于合伙人财产份额转让与出质，合伙协议未作规定。对此，下列说法正确的是：（2019年·回忆版）①
>
> A.赵英俊为担保自己对赵美丽所负的个人债务，有权将其合伙人份额出质给孙美丽

---

① A。B选项错误，有限合伙人对外转让自己的合伙人财产份额应提前30日通知其他合伙人。C选项错误。D错误选项，普通合伙人死亡后，只有在其继承人具有完全民事行为能力且经过其他合伙人一致同意的情况下才能够继承其普通合伙人资格。

B.赵漂亮有权随时对外转让自己的合伙人财产份额

C.如赵帅气的债权人强制执行赵帅气的合伙人财产份额,作为普通合伙人的赵好看不享有优先购买权

D.如赵好看死亡,其继承人有权主张继承其合伙人资格

核心考点 15 企业转换与合伙人转换

一、企业转换

有限合伙企业仅剩有限合伙人的,应当解散;有限合伙企业仅剩普通合伙人的,转为普通合伙企业。

【口诀】仅有解散,仅普转普。

二、合伙人转换

除合伙协议另有约定外,普通合伙人转变为有限合伙人,或者有限合伙人转变为普通合伙人,应当经全体合伙人一致同意。

有限合伙人转变为普通合伙人的,对其作为有限合伙人期间有限合伙企业发生的债务承担无限连带责任。

普通合伙人转变为有限合伙人的,对其作为普通合伙人期间合伙企业发生的债务承担无限连带责任。

【口诀】有普互转,有约依约,无约一致同意。有转普,只要转就连带。普转有,转前债连带,转后债有限。

第四讲 合伙企业的终止

一般考点 16 合伙企业的解散事由与清算

一、合伙企业的解散事由

根据《合伙企业法》的规定,合伙解散的事由包括:
(1)合伙期限届满,合伙人决定不再经营;
(2)合伙协议约定的解散事由出现;
(3)全体合伙人决定解散;
(4)合伙人已不具备法定人数满 30 日;
(5)合伙协议约定的合伙目的已经实现或者无法实现;
(6)依法被吊销营业执照、责令关闭或者被撤销;
(7)法律、行政法规规定的其他原因。

【口诀】(1)(3)不愿干,(2)(4)(5)(6)没法干。

二、合伙企业的清算

（一）清算人

1. 自行担任

清算人由全体合伙人担任；经全体合伙人过半数同意，可以自合伙企业解散事由出现后 15 日内指定一个或者数个合伙人，或者委托第三人，担任清算人。

2. 法院指定

自合伙企业解散事由出现之日起 15 日内未确定清算人的，合伙人或者其他利害关系人可以申请人民法院指定清算人。

3. 清算人的职责

清算人履行下列职责：

（1）清理合伙企业财产，分别编制资产负债表和财产清单；

（2）处理与清算有关的合伙企业未了结事务；

（3）清缴所欠税款；

（4）清理债权、债务；

（5）处理合伙企业清偿债务后的剩余财产；

（6）代表合伙企业参加诉讼或者仲裁活动。

（二）禁止无关经营

清算期间，合伙企业存续，但不得开展与清算无关的经营活动。

（三）注销登记

清算结束后，清算人应当编制清算报告，经全体合伙人签名、盖章后，在 15 日内向企业登记机关报送清算报告，申请办理合伙企业注销登记。

> **真题**

小海和洋洋是海洋普通合伙企业的合伙人，张某为小海和洋洋聘请的经营管理人。2019 年 5 月，因企业经营不善，小海和洋洋决定注销企业。在企业进行清算时，二人委托张某担任企业的清算人。清算过程中，张某先是和甲公司虚构了 50 万元的债务，后又将合伙企业对乙公司享有的一笔 70 万元债权偷偷抹掉。关于本案，下列表述不正确的是：（2019 年·回忆版）①

A. 张某不能担任合伙企业的清算人

B. 张某对小海和洋洋承担赔偿责任

C. 张某对企业承担赔偿责任

D. 小海和洋洋要对企业的全部债务承担无限连带责任

---

① AD。A 选项错误，经全体合伙人过半数同意，可以委托第三人担任清算人。BC 选项正确，张某虚构债务侵犯了企业的财产权，抹掉企业对外债权给合伙人造成损失。应依法对企业和两位合伙人承担赔偿责任。D 选项错误，普通合伙人对企业的真实债务承担无限连带责任，但对虚构的债务不担责。

第3章 个人独资企业法

应试指导

《个人独资企业法》主要在客观题中考查。近年来，《个人独资企业法》很少单独命题，通常会与一人公司、合伙企业法的考点结合考查。《个人独资企业法》的学习考生主要需要掌握个人独资企业在组织形式性质、设立登记、事务管理、财产归属、对外责任、解散与清算等方面的特殊规定。

个人独资企业法知识逻辑

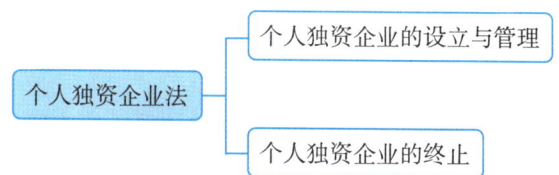

第一讲 个人独资企业的设立与管理

个人独资企业的设立与管理知识逻辑

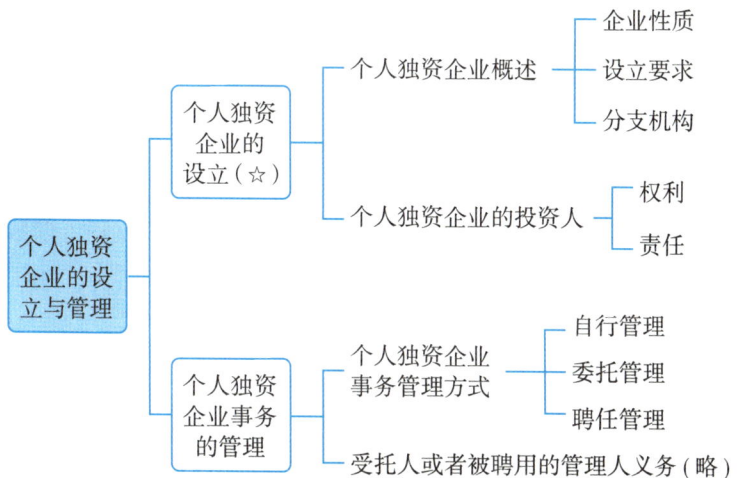

核心考点 1　个人独资企业的设立

一、个人独资企业概述

（一）企业性质

个人独资企业，是指依法在中国境内设立，由一个自然人投资，财产为投资人个人所有，投资人以其个人财产对企业债务承担无限责任的非法人经营实体。

【提示】个人独资企业的典型特征是个人出资、个人经营、个人自负盈亏和自担风险。

（二）设立要求

1. 企业名称

设立个人独资企业，其名称中不得使用"有限""有限责任"字样。

2. 注册资本

个人独资企业无最低注册资本要求，出资人可以货币、实物、知识产权等形式出资，可认缴出资。

3. 企业成立

营业执照的签发日期为个人独资企业的成立日期。

（三）分支机构

个人独资企业欲设立分支机构的，由投资人或者其委托的代理人向分支机构所在地的登记机关申请登记，领取营业执照。个人独资企业分支机构民事责任由投资人承担。

【真题】

关于合伙企业与个人独资企业的表述，下列哪一选项是正确的？（2013年·卷3·30题）[①]

A. 二者的投资人都只能是自然人
B. 二者的投资人都一律承担无限责任
C. 个人独资企业可申请变更登记为普通合伙企业
D. 合伙企业不能申请变更登记为个人独资企业

二、个人独资企业的投资人

（一）投资人的权利

个人独资企业投资人对企业财产享有所有权。投资人的有关权利可以依法进行转让或继承。

【判断】个人独资企业可以作为公司的股东吗？[②]

（二）投资人的责任

个人独资企业投资人对企业债务承担无限责任；个人独资企业在申请企业设立登记时明

---

① C。A选项错误。个人独资企业的投资人只能是一个自然人，而合伙企业的投资人可以是自然人、法人或其他组织。B选项错误。有限合伙人对企业的债务以认缴的出资额为限承担有限责任。C选项正确，D选项错误。若个人独资企业中增加一个投资人，则可以依法申请变更为普通合伙企业。合伙企业中只剩一个普通合伙人时，已不满足合伙企业的条件，应解散。解散后可以设立个人独资企业。

② 不可以，个人独资企业没有自己独立的财产。

确以其家庭共有财产作为个人出资的,应当依法以家庭共有财产对企业债务承担无限责任。

【提示】以家庭共有财产承担个人独资企业债务的前提是设立登记时明确标明。若没有交代这一点,即便整个企业的经营管理都是家庭成员,也是由个人财产担责。

一般考点 2　个人独资企业事务管理

一、个人独资企业事务管理方式

（一）自行管理
由个人独资企业投资人本人对本企业的经营事务直接进行管理。

（二）委托管理
须由投资人与受托人签订书面合同,明确委托的具体内容和授予的权利范围。

（三）聘任管理
聘用他人管理企业事务,须由投资人与被聘用的人签订书面合同,明确委托的具体内容和授予的权利范围。

【提示】投资人对受托人或者被聘用的人员职权的限制,不得对抗善意第三人。

二、受托人或者被聘用的管理人义务

投资人委托或者聘用的管理个人独资企业事务的人员不得有下列行为:
（1）利用职务上的便利,索取或者收受贿赂;
（2）利用职务或者工作上的便利侵占企业财产;
（3）挪用企业的资金归个人使用或者借贷给他人;
（4）擅自将企业资金以个人名义或者以他人名义开立账户储存;
（5）擅自以企业财产提供担保;
（6）未经投资人同意,从事与本企业相竞争的业务;
（7）未经投资人同意,同本企业订立合同或者进行交易;
（8）未经投资人同意,擅自将企业商标或者其他知识产权转让给他人使用;
（9）泄露本企业的商业秘密;
（10）法律、行政法规禁止的其他行为。

第二讲　个人独资企业的终止

📖 个人独资企业的终止知识逻辑

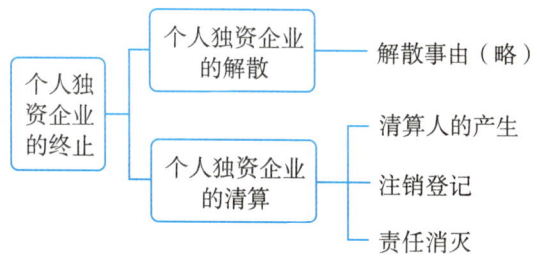

一般考点3　个人独资企业的解散与清算

一、个人独资企业的解散

个人独资企业有下列情形之一时，应当解散：
（1）投资人决定解散；
（2）投资人死亡或者被宣告死亡，无继承人或者继承人放弃继承；
（3）被依法吊销营业执照；
（4）法律、行政法规规定的其他解散情形。

二、个人独资企业的清算

（一）清算人的产生

个人独资企业解散，由投资人自行清算或者由债权人申请人民法院指定清算人进行清算。自行清算时，投资人为清算人。指定清算时，经债权人申请，人民法院得指定投资人以外的人为清算人。

（二）注销登记

清算结束，进行注销登记，个人独资企业主体资格灭失。

（三）责任消灭制度

个人独资企业解散后，原投资人对个人独资企业存续期间的债务仍应承担偿还责任，但债权人自个人独资企业解散后5年内未向债务人提出偿债请求的，该责任消灭。

> **真题**

"李老汉私房菜"是李甲投资开设的个人独资企业。关于该企业遇到的法律问题，下列哪一选项是正确的？（2017年·卷3·30题）[①]

A. 如李甲在申请企业设立登记时，明确表示以其家庭共有财产作为出资，则该企业是以家庭成员为全体合伙人的普通合伙企业

B. 如李甲一直让其子李乙负责企业的事务管理，则应认定为以家庭共有财产作为企业的出资

C. 如李甲决定解散企业，则在解散后5年内，李甲对企业存续期间的债务，仍应承担偿还责任

D. 如李甲死后该企业由其子李乙与其女李丙共同继承，则该企业必须分立为两个个人独资企业

[①] C。A选项错误，设立登记时明确以其家庭共有财产作为个人出资的，应依法以家庭共有财产对企业债务承担无限责任，但并不会因此而使个人独资企业变成以家庭成员为全体合伙人的普通合伙企业。B选项错误，以家庭共有财产出资需要在设立登记时明确表明。C选项正确，个人独资企业解散后，原投资人对个人独资企业存续期间的债务仍应承担偿还责任，但债权人在5年内未向债务人提出偿债请求的，该责任消灭。D选项错误，个人独资企业的投资人由两个继承人继承除分立为两个个人独资企业外，还可以将原来的个人独资企业注销后成立公司或合伙企业。"必须"二字过于绝对。

【比较】个人独资企业和相关经济组织的区别

项目	个人独资企业	个体工商户	普通合伙企业	一人公司
投资主体	一个自然人	一个自然人或家庭	2个以上自然人或法人等	一个自然人或一个法人
财产归属	投资人	投资人或家庭	全体合伙人共有	公司
责任承担	投资人以个人财产对企业债务承担无限责任；企业设立登记时明确以其家庭共有财产作为个人出资的，以家庭共有财产对企业债务承担无限责任	个人经营，以个人财产承担；家庭经营，以家庭财产承担；无法区分，以家庭财产承担	全体合伙人承担无限连带责任	股东仅以认缴的出资为限承担有限责任
企业性质	非法人组织	非企业组织	非法人组织	法人组织
诉讼资格	有名称或商号，可以企业名义从事经营行为和参加诉讼	有字号，以字号名义；无字号，以经营者名义	有名称或商号，可以企业名义从事经营行为和参加诉讼	有企业名称，以企业名义从事经营行为和参加诉讼
营业执照	均要领取			

第4章 外商投资法

> **应试指导**
>
> 《外商投资法》主要是在客观题中考查，分值为1~2分。建议考生采取"体系+关键词"学习法。重点掌握外商投资法分论部分的内容。同时要注意跨部门法的考查方式。本部分曾围绕合同效力问题，结合《民法典》合同编的相关规定进行考查。

📖 **外商投资法知识逻辑**

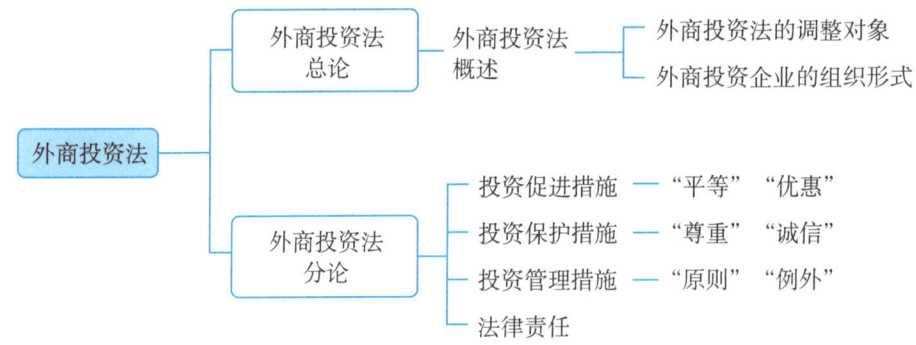

第一讲　外商投资法总论

一般考点1　外商投资法概述

一、外商投资法的调整对象

（一）外商投资企业

外商投资企业，是指全部或者部分由外国投资者投资，依照中国法律在中国境内经登记注册设立的企业。

> 【延伸】外商投资企业是居民纳税人。

（二）外商投资行为

外商投资，是指外国的自然人、企业或者其他组织（以下简称外国投资者）直接或者间接在中国境内进行的投资活动，包括下列情形：

（1）外国投资者单独或者与其他投资者（包括中国的自然人在内）共同在中国境内设

立外商投资企业；

（2）外国投资者取得中国境内企业的股份、股权、财产份额或者其他类似权益；

（3）外国投资者单独或者与其他投资者共同在中国境内投资新建项目；

（4）法律、行政法规或者国务院规定的其他方式的投资。

【口诀】外资直接或间接，中国境内，设企业、拿股权、投项目。

二、外商投资企业的组织形式

（一）已有"三资"企业

《外商投资法》施行前依照《中外合资经营企业法》《外资企业法》《中外合作经营企业法》设立的外商投资企业，在 2020 年 1 月 1 日后 5 年内可以继续保留原企业组织形式等。

【口诀】已有三资继续有，2025 年前必须改。

（二）新设外商投资企业

外商投资企业的组织形式、组织机构及其活动准则，适用《公司法》《合伙企业法》等法律的规定。

第二讲　外商投资法分论

核心考点 2　投资促进措施

一、平等适用政策

外商投资企业依法平等适用国家支持企业发展的各项政策。国家制定的强制性标准平等适用于外商投资企业。

二、立法征求建议

制定与外商投资有关的法律、法规、规章，应当采取适当方式征求外商投资企业的意见和建议。

三、参与标准制定

国家保障外商投资企业依法平等参与标准制定工作，强化标准制定的信息公开和社会监督。

四、扩大对外开放

国家根据需要，设立特殊经济区域[①]，或者在部分地区实行外商投资试验性政策措施，促进外商投资，扩大对外开放。

---

① 如经济特区、自由贸易试验区、特别关税区等。

五、特殊领域优惠

国家根据国民经济和社会发展需要，制定鼓励外商投资产业目录，列明鼓励和引导外国投资者投资的特定行业、领域、地区。外国投资者、外商投资企业可以依法享受财政、税收、金融、用地等方面的优惠待遇。

中国缔结或者参加的国际条约、协定对外国投资者准入待遇有更优惠规定的，可以按照相关规定执行。

六、公平参与政府采购

国家保障外商投资企业依法通过公平竞争参与政府采购活动。政府采购依法对外商投资企业在中国境内生产的产品、提供的服务平等对待。

七、依法进行融资

外商投资企业可以依法通过公开发行股票、公司债券等证券和其他方式进行融资。

【提示】"平等""优惠"是理解外商投资促进措施的关键词。

核心考点3 投资保护措施

一、审慎的外资征收制度

国家对外国投资者的投资不实行征收。在特殊情况下，国家为了公共利益的需要，可以依照法律规定对外国投资者的投资实行征收或者征用。

二、地方政府守约践诺

因国家利益、社会公共利益需要改变政策承诺、合同约定的，应当依照法定权限和程序进行，并依法对外国投资者、外商投资企业因此受到的损失予以补偿。

三、所得自由汇兑

外国投资者在中国境内的出资、利润等所得，可以依法以人民币或者外汇自由汇入、汇出。

四、保护知识产权

行政机关及其工作人员不得利用行政手段强制转让技术。

五、保护外企经营

各级人民政府及其有关部门制定的涉及外商投资的规范性文件，没有法律、行政法规依据的，不得减损外商投资企业的合法权益或者增加其义务，不得设置市场准入和退出条件，不得干预外商投资企业的正常生产经营活动。

六、依法自由结社

外商投资企业可以依法成立和自愿参加商会、协会。

【提示】"尊重""诚信"是理解外商投资保护措施的关键词。

核心考点4　投资管理措施

一、准入前国民待遇加负面清单制度

（一）一般规定

在投资准入阶段给予外国投资者及其投资不低于本国投资者及其投资的待遇。

（二）投资限制

外商投资准入负面清单规定禁止投资的领域，外国投资者不得投资。

外商投资准入负面清单规定限制投资的领域，外国投资者进行投资应当符合负面清单规定的条件。

外商投资准入负面清单以外的领域，给予国民待遇，按照内外资一致的原则实施管理。

【口诀】准入阶段不低于，禁止领域不得投，限制领域合条件，国民一致清单外。

二、投资信息报告制度

外商投资信息报告的内容和范围按照确有必要的原则确定；通过部门信息共享能够获得的投资信息，不得再行要求报送。

外国投资者、外商投资企业未按照外商投资信息报告制度的要求报送投资信息的，由商务主管部门责令限期改正；逾期不改正的，处10万元以上50万元以下的罚款。

三、对等原则

任何国家或者地区在投资方面对中国采取歧视性的禁止、限制或者其他类似措施的，中国可以根据实际情况对该国家或者该地区采取相应的措施。

【提示】"原则""例外"是理解外商投资管理措施的关键词。

核心考点5　法律责任

一、外资违规投资的合同效力

（一）未经审批或登记

外商投资准入负面清单之外的领域形成的投资合同，当事人不得以合同未经有关行政主管部门批准、登记为由主张合同无效或者未生效。

（二）属于禁止投资领域

外国投资者投资外商投资准入负面清单规定禁止投资的领域的，当事人有权主张投资

合同无效。

（三）属于限制投资领域

外国投资者投资外商投资准入负面清单规定限制投资的领域的，当事人有权以违反限制性准入特别管理措施为由，主张投资合同无效。但是，人民法院作出生效裁判前，当事人采取必要措施满足准入特别管理措施的要求，当事人有权主张投资合同有效。

（四）负面清单调整后的合同效力

在生效裁判作出前，因外商投资准入负面清单调整，外国投资者投资不再属于禁止或者限制投资的领域，当事人有权主张投资合同有效。

二、行政责任

（一）违反禁止投资领域的法律责任

外国投资者投资外商投资准入负面清单规定禁止投资的领域的，由有关主管部门责令停止投资活动，限期处分股份、资产或者采取其他必要措施，恢复到实施投资前的状态；有违法所得的，没收违法所得。

> 【口诀】禁止领域，停（责令停止投资），限（限期处分），恢（恢复投资前状态），没（没收违法所得）。

（二）违反限制性准入的法律责任

外国投资者的投资活动违反外商投资准入负面清单规定的限制性准入特别管理措施的，由有关主管部门责令限期改正，以满足准入特别管理措施的要求；逾期不改正的，由有关主管部门责令停止投资活动，限期处分股份、资产或者采取其他必要措施，恢复到实施投资前的状态；有违法所得的，没收违法所得。

> 【口诀】限制领域，改（限期改正）→达标（满足准入要求）。逾期不改，停（责令停止投资），限（限期处分），恢（恢复投资前状态），没（没收违法所得）。

第5章 企业破产法

应试指导

《企业破产法》主要在客观题中考查，每年考查2~3题，分值为2~5分；有一定概率出现在主观题中，分值为6~18分。《企业破产法》学习难度较大，海洋老师认为你学不懂的核心原因是"这个法不行"！次要原因有二：一是破产实务问题远离大多数考生的日常生活，对其中涉及的法律专业术语难以理解；二是《企业破产法》本身的理解难度大。但是别担心，从应试角度来看，《企业破产法》的考查难度并不是很大。从学习角度来看，海洋老师建议大家从以下4个方面来理解《企业破产法》：

第一，目的。《企业破产法》属于再建主义的立法。简单来说，其目的不是为了让企业退出市场，而是为挽救企业危机。但对于缺乏挽救可能性的企业，依法使其退出市场。

第二，性质。破产程序是集体清偿程序，全体债权人的债权应能够得到公平清偿。因此，破产案件受理后的个别清偿无效。

第三，原理。《企业破产法》的制度设计偏向于保护债权人。海洋老师称其为"债权人中心主义"。无论是管理人的撤销权，还是管理人的追回权等，目的都是增加债务人财产或避免债务人财产不合法的减少。这背后的受益者都是债权人。

第四，推动。在破产程序中，法院是程序的推动者。企业能不能进入破产程序，能不能宣告破产，均由法院决定。管理人是破产程序具体事务的执行者。管理人是法院指定的组织，具体管理破产程序。因此，一旦进入破产程序，企业就被管理人接管，即"管理人替代了管理层"。是否履行合同、是否还债、是否经营等，都由管理人决定，债务人（破产人）自己无权管理。

企业破产法知识逻辑

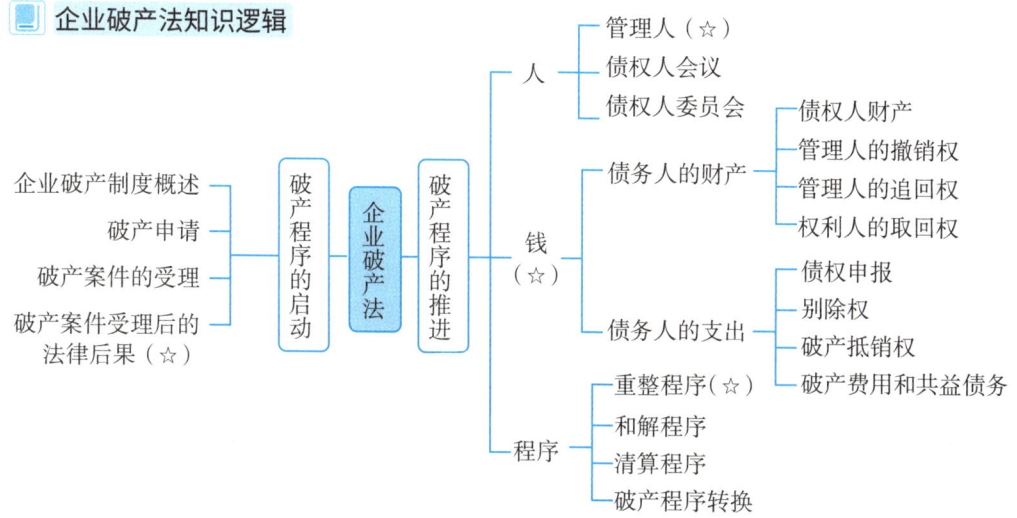

第一讲　破产程序的启动

📘 破产程序的启动知识逻辑

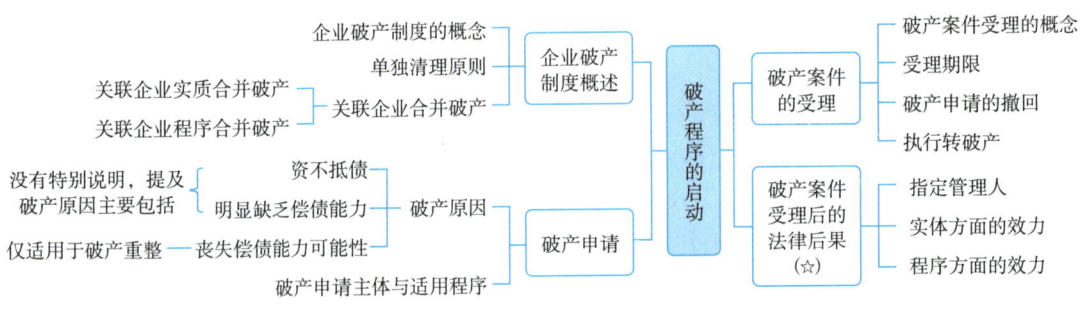

一般考点 1　企业破产制度概述

一、企业破产制度的概念

企业破产制度是解决以企业法人为主的商主体消亡时的债权债务的一种制度。破产程序的目的是对债务人的债权人进行共同清偿。

【提示1】《企业破产法》中的"破产企业"，并非简单地等同于企业"倒闭清算""淘汰出局"的处理结局，而应该被理解为企业在无力清偿债务的困境下公平清理债务的处理过程。换言之，破产程序是一种集体清偿程序。这就要求，企业在进入破产程序后不允许进行个别清偿。

【提示2】个人不适用《企业破产法》，但目前我国已经开始尝试推行个人破产制度。

【提示3】企业法人，不仅包括国有企业法人，同时包括承担有限责任的其他所有制的企业法人，包括具有法人资格的集体企业、民营企业以及设在中国领域内的外资企业等。合伙企业、个人独资企业可适用破产程序，但不适用于破产免责。

二、单独清理原则

企业有破产原因的，以本企业的财产承担债务清偿责任。原则上，集团企业或者其他形式的关联企业的若干成员同时具有破产原因的，应当分别以各自的财产承担债务清偿责任。

三、关联企业合并破产

（一）关联企业实质合并破产

1. 适用情形

当关联企业成员之间存在法人人格高度混同、区分各关联企业成员财产的成本过高、严重损害债权人公平清偿利益时，可例外适用关联企业实质合并破产方式进行审理。

【提示】所谓实质合并，就是在破产程序中对关联企业进行法人人格否认。

2. 案件管辖
（1）原则上应由关联企业中的核心控制企业住所地人民法院管辖。
（2）核心控制企业不明确的，由关联企业主要财产所在地人民法院管辖。
（3）多个法院之间对管辖权发生争议的，应当报请共同的上级人民法院指定管辖。

3. 法律后果
（1）债务消灭。各关联企业成员之间的债权债务归于消灭。
（2）财产合并。各成员的财产作为合并后统一的破产财产。
（3）集体清偿。各成员的债权人在同一程序中按照法定顺序公平受偿；重整计划草案中应当制定统一的债权分类、债权调整和债权受偿方案。

（二）关联企业程序合并破产

1. 适用情形
多个关联企业成员均存在破产原因，但不符合实质合并条件的，人民法院可根据相关主体的申请对多个破产程序进行协调审理，对不同法院管辖的多个破产案件的程序合并至一个法院进行审理。

2. 案件管辖
需要由一家人民法院集中管辖多个关联企业非实质合并破产案件，相关人民法院之间就管辖发生争议的，应当协商解决。协商不成的，由双方逐级报请上级人民法院协调处理，必要时报请共同的上级人民法院。

【口诀】协商→报上级协调。

3. 法律后果
（1）债务不消灭。不消灭关联企业成员之间的债权债务关系。
（2）财产不合并。不对关联企业成员的财产进行合并。
（3）个别清偿。各关联企业成员的债权人仍以该企业成员财产为限依法获得清偿。
（4）次级债的处理。关联企业成员之间不当利用关联关系形成的债权，应当劣后于其他普通债权顺序清偿，且该劣后债权人不得就其他关联企业成员提供的特定财产优先受偿。

核心考点 2　破产申请

一、破产原因

（一）概念
破产原因，是指企业适用破产程序的必要条件。相关当事人不得以对债务人的债务负有连带责任的人未丧失清偿能力为由，主张债务人不具备破产原因。

【口诀】管好自己，别管别人。

（二）分类

1. 资不抵债（现金类标准）
企业法人不能清偿到期债务，且资产不足以清偿全部债务。

2.明显缺乏偿债能力（资产负债表标准）

企业法人不能清偿到期债务，且明显缺乏清偿能力。债务人账面资产虽大于负债，但存在下列情形之一的，人民法院应当认定其明显缺乏清偿能力：

（1）因资金严重不足或者财产不能变现等原因，无法清偿债务；
（2）法定代表人下落不明且无其他人员负责管理财产，无法清偿债务；
（3）经人民法院强制执行，无法清偿债务；
（4）长期亏损且经营扭亏困难，无法清偿债务；
（5）导致债务人丧失清偿能力的其他情形。

【口诀】没钱，没人，强执，困难。

3.丧失偿债能力可能性

企业法人有明显丧失清偿能力可能的，可以依法进行重整。该情形仅适用于破产重整。

【提示】在没有特别说明的情况下，考试中提及破产原因仅指前两项。

二、破产申请主体与适用程序

申请主体	债务人	债权人	负有清算责任的人
主观意愿	自愿破产	非自愿破产	强制破产
申请原因	具备破产原因	债务人不能清偿到期债务	企业法人已解散但未清算或未清算完毕，资产不足以清偿债务
破产程序	重整、和解、破产清算	重整、破产清算	破产清算
	【提示】和解程序无论在什么情况下，均只有债务人可以提起。		
管辖法院	地域管辖	债务人住所地法院	
	级别管辖	基层人民法院一般管辖县、县级市或者区的工商行政管理机关核准登记企业的破产案件。	
		中级人民法院一般管辖地区、地级市（含本级）以上的工商行政管理机关核准登记企业的破产案件，纳入国家计划调整的企业破产案件，上市公司破产案件。	
		部分地方如北京、上海、深圳、重庆等地经最高人民法院批准，在指定的中级人民法院设立专门审判机构，集中管辖本市辖区内的破产案件及衍生诉讼案件。	
案件受理费	破产案件诉讼费不由申请人预交，而是作为破产费用，在清算后从债务人财产优先清偿。相关当事人不得以申请人未预先交纳诉讼费用为由，对破产申请提出异议。		

【判断】
1.公司的股东、董事，能否以股东或董事名义申请公司破产。[①]

---

① 不能。

2. 企业职工、社保机构、税务债权人、设置无权担保债权人是否有权申请企业破产？①

一般考点3　破产案件的受理

一、破产案件受理的概念

破产案件受理，又称立案，是指人民法院在收到破产案件申请后，认为申请符合法定条件而予以接受，并由此开始破产程序的司法行为。

二、受理期限

（一）债权人提出破产申请

人民法院应当自收到申请之日起 5 日内通知债务人。债务人对申请有异议的，应当自收到人民法院的通知之日起 7 日内向人民法院提出。人民法院应当自异议期满之日起 10 日内裁定是否受理。有特殊情况，可经上一级人民法院批准，延长 15 日。

【口诀】一般 22 日，最长 37 日 = 5+7+10+15

（二）债务人或清算责任人提出破产申请

人民法院应当自收到破产申请之日起 15 日内裁定是否受理。特殊情况，可经上一级人民法院批准，延长 15 日。

【口诀】一般 15 日，最长 30 日 = 15+15

【逻辑】关于受理期限，一定要先看申请人，再选择适用的期限。

【提示2】补充材料期间不计入受理期间：人民法院认为申请人应当补充、补正相关材料，应当自收到破产申请之日起 5 日内告知申请人。当事人补充、补正相关材料的期间不计入上述受理期限。

三、破产申请的撤回

法院受理破产申请前，申请人可以请求撤回申请，但不影响申请人在符合法定条件的情况下再次向法院申请破产，亦不影响其他符合条件的主体向法院提出破产申请。

破产申请受理后破产宣告前，申请人请求撤回破产申请的，除非审查发现债务人不再具有破产原因，法院不予准许。

【口诀】破产申请受理前，可撤回；破产申请受理后，原则上不可撤回。

四、执行转破产

在执行中，作为被执行人的企业法人具有破产原因，执行法院经申请执行人（债权人）之一或被执行人（债务人）同意，应当裁定中止对该被执行人的执行，将执行案件相关材料移送被执行人住所地人民法院。

---

① 可以。《企业破产法》对债权人的类型并未作出禁止性规定。

当事人不同意移送破产或被执行人住所地人民法院不受理破产案件的，执行法院就执行变价所得财产，在扣除执行费用及清偿优先受偿的债权后，对于普通债权，按照财产保全和执行中查封、扣押、冻结财产的先后顺序清偿。

【提示】申请执行人或被执行人一方同意即可。

[例如]执行法院决定对被执行人执行转破产，债权人张三同意，但被执行人不同意，是可以申请执行转破产的。

核心考点4 破产案件受理后的法律后果

一、指定管理人

人民法院裁定受理破产申请的，应当同时指定管理人。破产申请被人民法院受理后，债务人的经营管理权交由管理人主持。

二、实体方面的效力

（一）个别清偿无效

人民法院受理破产申请后，债务人对个别债权人的债务清偿无效。

【逻辑】其目的在于防止债务人逃避债务、转移财产，进而保障其他债权人的合法权益。

（二）未到期债权视为到期

未到期的债权，在破产申请受理时视为到期。其目的在于保障债权人的合法权益。

（三）附利息债权停止计息

附利息的债权自破产申请受理时起停止计息。其目的在于确定债权基数，确保所有债权得到平等受偿。

【提示】一旦受理后所有的债权都要停止计息。

[例如]案件受理后，债务人为了维系生产向赵好看借了20万元，那这20万元是不能约定利息的。

（四）债务人受偿无效

1. 给付义务人应向管理人给付

人民法院受理破产申请后，债务人的债务人或者财产持有人应当向管理人清偿债务或者交付财产。

【提示】因为在企业破产的情况下，债务人的财产处于保全状态，所有应当对债务人履行的给付，无论是基于债权关系的给付还是基于物权关系的给付，都是债务人财产的所得，均属于财产保全的范畴。

2. 给付义务人错误给付的法律后果

债务人的债务人或者财产持有人故意违反向管理人履行给付的义务，向债务人清偿债务或者交付财产，使债权人受到损失的，不免除其清偿债务或者交付财产的义务。

（五）先前合同的继续履行与解除

📖 **管理人合同选择权知识逻辑**

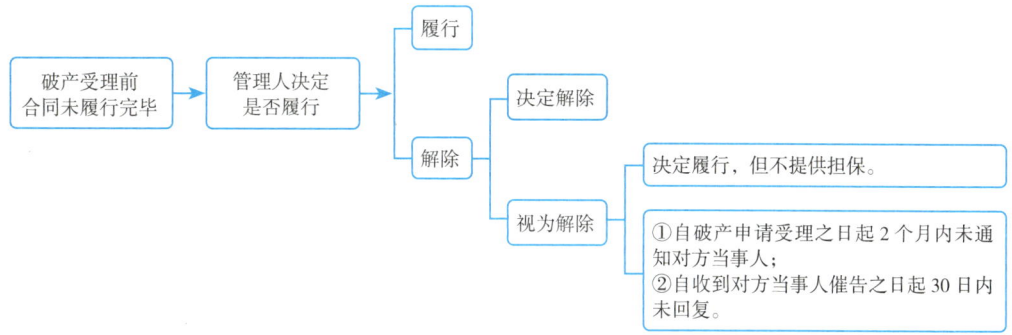

1. 管理人有决定权

人民法院受理破产申请后，管理人对破产申请受理前成立而债务人和对方当事人均未履行完毕的合同有权决定解除或者继续履行，并通知对方当事人。管理人决定继续履行合同的，对方当事人应当履行。

【提示1】管理人的合同选择权是其法定权利。当事人不得事先以约定条款加以排除或限制。

【提示2】管理人能够决定的只能是破产申请受理前成立而双方均未履行完毕的合同。

【提示3】管理人决定履行合同后，依照合同应当履行的对待给付义务，属于共益债务。

2. 视为解除合同情形

（1）**合理期间未答复**。管理人自破产申请受理之日起 2 个月内未通知对方当事人，或者自收到对方当事人催告之日起 30 日内未答复的，视为解除合同。

【口诀】对方未催 2 个月，催告 30 日。

（2）**决定履行未提供担保**。管理人决定继续履行合同的，对方当事人有权要求管理人提供担保。管理人不提供担保的，视为解除合同。

【拓展】下列行为不属于管理人合同选择权的范围：
（1）附条件或附期限的继续履行或者解除；
（2）延长选择权的行使时间或者指定选择权的行使条件；
（3）在决定继续履行时修改或增加合同条款；
（4）在决定继续履行时剥夺相对人依法享有的请求担保的权利以及与此相关的解除权；
（5）在解除合同时免除债务人的违约责任。

三、程序方面的效力

（一）保全解除和执行中止

人民法院受理破产申请后，有关债务人财产的保全措施应当解除，执行程序应当中止。

【提示】财产保全和执行程序的目的在于保证判决的执行，即保证个别清偿的实现，这与破产制度通过集体程序实现全体债权人之间的公平清偿的目标相抵牾。因此，破产程序开始后，针对债务人财产的保全措施应当解除，执行程序应当中止，以便使债务人的财产和债权人的权利行使都纳入统一的集体程序。

（二）诉讼或仲裁的中止与继续执行

人民法院受理破产申请后，已经开始而尚未终结的有关债务人的民事诉讼或者仲裁应当中止；在管理人接管债务人的财产后，该诉讼或者仲裁继续进行。

【提示】其实质是将原来参加诉讼或仲裁的法定代表人替换为管理人。

【判断】因法院受理破产申请而中止的诉讼，继续审理的是受理破产申请的法院还是原法院？①

（三）诉讼集中管辖

人民法院受理破产申请后，新发生的有关债务人的民事诉讼，只能向受理破产申请的人民法院提起。

（四）诉讼时效中断与重新起算

1. 诉讼时效的中断

债务人对外享有债权的诉讼时效，自人民法院受理破产申请之日起中断。

2. 诉讼时效的重新起算

债务人无正当理由未对其到期债权及时行使权利，导致其对外债权在破产申请受理前1年内超过诉讼时效期间的，人民法院受理破产申请之日起重新计算上述债权的诉讼时效期间。

【提示】诉讼时效重新起算的法理与管理人对债务人欺诈破产的行使撤销权相同。

（五）启动债权申报程序（略）

（六）开始计算重整期间（略）

第二讲　破产程序推进之"人"

📘 破产程序推进之"人"知识逻辑

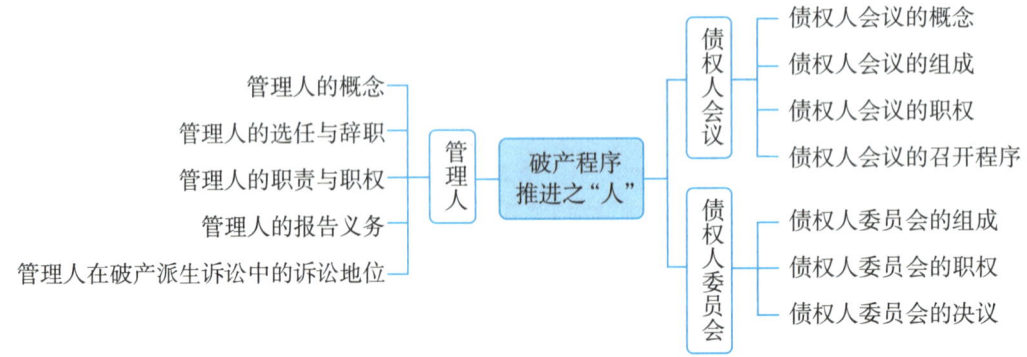

---

① 原法院。

核心考点 5　管理人

一、管理人的概念

管理人，是指破产案件被依法受理后，在法院的指导和监督之下全面接管债务人企业并负责债务人财产的保管、清理、估价、处理和分配等事务的专门机构。

【口诀】管理人替代管理层。

二、管理人的选任与辞职

（一）管理人的任命与更换

管理人由人民法院指定。债权人会议认为管理人不能依法、公正执行职务或者有其他不能胜任职务情形的，可以申请人民法院予以更换。

（二）管理人的费用和报酬

经人民法院许可，管理人可以聘用必要的工作人员。管理人的报酬由人民法院确定。

（三）管理人的辞职

管理人辞去职务应当经人民法院许可，其目的在于保证破产管理的稳定性和连续性。若人民法院对管理人申请辞去职务未予许可，管理人仍坚持辞去职务并不再履行管理人职责的，人民法院应当决定更换管理人。

（四）管理人职务的终止

管理人于办理注销登记完毕的次日终止执行职务。但是，存在诉讼或者仲裁未决情况的除外。

【总结】管理人的任命、更换、薪资、辞职均由法院决定。债权人有异议权。

三、管理人的职责与职权

（一）管理人的一般职责

管理人履行下列职责：
（1）接管债务人的财产、印章和账簿、文书等资料；
（2）调查债务人财产状况，制作财产状况报告；
（3）决定债务人的内部管理事务；
（4）决定债务人的日常开支和其他必要开支；
（5）在第一次债权人会议召开之前，决定继续或者停止债务人的营业；
（6）管理和处分债务人的财产；
（7）代表债务人参加诉讼、仲裁或者其他法律程序；
（8）提议召开债权人会议；
（9）人民法院认为管理人应当履行的其他职责。

【提示】在第一次债权人会议召开之前，管理人决定继续或者停止债务人的营业，应当经人民法院许可。

（二）管理人的职权

管理人依法享有下列职权：

（1）决定待履行合同的解除或继续履行；

（2）对债务人在破产程序前的不正当财产处分行使撤销权和追回权；

（3）接受债权申报、调查职工债权和编制债权表；

（4）重整期间主持债务人营业或者对债务人自行营业进行监督；

（5）制备重整计划草案，申请人民法院批准重整计划草案，监督重整计划的执行；

（6）在破产宣告后，拟订破产变价方案；

（7）拟订和执行破产分配方案；

（8）破产程序终结时，办理破产人的注销登记等。

四、管理人的报告义务

（一）一般事项报告义务

管理人向人民法院报告工作，并接受债权人会议和债权人委员会的监督。

（二）特殊事项报告义务

1. 涉及事项

管理人实施下列行为，应当及时报告债权人委员会；未设立债权人委员会的，管理人实施前款规定的行为应当及时报告人民法院：

（1）**可能导致债务人财产减少的行为**。涉及土地和房屋等不动产权益的转让、探矿权、采矿权、知识产权等财产权的转让，全部库存或者营业的转让，债权和有价证券的转让，放弃权利。

（2）**可能导致债务人债务增加的行为**。借款，设定财产担保，履行债务人和对方当事人均未履行完毕的合同，担保物的取回；

（3）**其他**。对债权人利益有重大影响的其他财产处分行为；

2. 报告程序

管理人作出对债权人利益有重大影响的其他财产处分行为，应当事先制作财产管理或者变价方案并提交债权人会议进行表决，债权人会议表决未通过的，管理人不得处分。

【口诀】管理人决定→报告债权人委员会（法院）→方案经债权人会议表决。

3. 债权人委员会的监督权

债权人委员会认为管理人实施的处分行为不符合债权人会议通过的财产管理或变价方案的，有权要求管理人纠正。管理人拒绝纠正的，债权人委员会可以请求人民法院作出决定。

4. 法院的监督权

人民法院认为管理人实施的处分行为不符合债权人会议通过的财产管理或变价方案的，应当责令管理人停止处分行为。管理人应当予以纠正，或者提交债权人会议重新表决通过后实施。

【真题】

祺航公司向法院申请破产，法院受理并指定甲为管理人。债权人会议决定设立债权人

委员会。现昊泰公司提出要受让祺航公司的全部业务与资产。甲的下列哪一做法是正确的？（2016年·卷3·31题）①

A. 代表祺航公司决定是否向昊泰公司转让业务与资产
B. 将该转让事宜交由法院决定
C. 提议召开债权人会议决议该转让事宜
D. 作出是否转让的决定并将该转让事宜报告债权人委员会

五、管理人在破产派生诉讼中的诉讼地位

原则上，破产案件受理后，有关债务人的民事诉讼，包括破产申请受理时已经开始而尚未终结的有关债务人的民事诉讼，应以债务人名义作为诉讼主体参加诉讼，管理人作为债务人的诉讼代表人参加诉讼。例外情况，涉及破产撤销权诉讼时，破产管理人为原告。（破产法与民诉法的结合）

> 【提示1】管理人行使撤销权是基于法律规定的职权，而不是基于授权。
> 【提示2】如果只涉及对债务人行为的撤销，如撤销财产担保，不存在追回财产的问题，则可仅以债务人为被告，其他利害关系人可以第三人身份参加诉讼。
> 【提示3】如果行使撤销权的同时还涉及对已经转移财产的追回，如撤销无偿转让财产行为，则需要以债务人和相对人为共同被告。

一般考点6 债权人会议

一、债权人会议的概念

债权人会议是由依法申报债权的债权人组成，以保障债权人共同利益为目的，为实现债权人的破产程序参与权，讨论决定有关破产事宜，表达债权人意志，协调债权人行为的破产议事机构。债权人会议是非常设机构。

二、债权人会议的组成

（一）债权人会议成员

依法申报债权的债权人为债权人会议的成员，有权参加债权人会议。

（二）债权人会议的组成

债权人会议应当有债务人的职工和工会的代表参加。设主席一人，负责主持债权人会议。由人民法院从有表决权的债权人中指定。

> 【提示】职工不是债权人会议的成员。

---

① 无。ABCD选项错误，债务人重大财产处分由管理人提出并制订方案，交由债权人会议表决，质言之，有权决定"全部库存或者营业的转让"的是债权人会议，而不是由管理人代表祺航公司决定、交由法院决定亦或是由管理人提议债权人会议决定。

三、债权人会议的职权

债权人会议行使下列职权：

（1）核查债权；

（2）申请人民法院更换管理人，审查管理人的费用和报酬，监督管理人；

（3）选任和更换债权人委员会成员；

（4）决定继续或者停止债务人的营业；

（5）通过重整计划、通过和解协议、通过债务人财产的管理方案、通过破产财产的变价方案、通过破产财产的分配方案；

（6）人民法院认为应当由债权人会议行使的其他职权。

四、债权人会议的召开程序

（一）会议的召集

1. 第一次债权人会议

第一次债权人会议由人民法院召集，自债权申报期限届满之日起15日内召开。

2. 临时债权人会议

在人民法院认为必要时，或者管理人、债权人委员会、占债权总额1/4以上的债权人向债权人会议主席提议时召开临时债权人会议。

（二）会议的决议

1. 决议的方式

债权人会议的决议，由出席会议的有表决权的债权人过半数通过，并且其所代表的债权额占无财产担保债权总额的1/2以上。但是，《企业破产法》另有规定的除外。①

【口诀】双半决：人数过半数，无财产担保债权总额1/2以上。

2. 决议的效力与债权人的异议

债权人会议的决议对于全体债权人均有约束力。债权人认为债权人会议的决议违反法律规定，损害其利益的，可以自债权人会议作出决议之日起15日内，请求人民法院裁定撤销该决议，责令债权人会议依法重新作出决议。

3. 决议未通过的补救

对于债务人财产的管理方案或者破产财产的变价方案，债权人会议表决未通过的，由人民法院裁定。对于破产财产分配方案，经债权人会议二次表决仍未通过的，由人民法院裁定。

【口诀】管理或变价方案，一次未过法院定；分配方案，两次未过法院定。

（三）债权人的表决权

1. 普通债权人

普通债权人对所有的表决事项都有表决权。

2. 别除权人

别除权人对部分表决事项有表决权。

［例如］别除权人对通过和解协议的决议和通过破产分配方案的决议，不享有表决权。

---

① "另有规定"，是指《企业破产法》第84条关于通过重整计划的规定和第97条关于通过和解协议草案的规定。

> 真题

王某是捷瑞公司职工。2017年1月，王某工作时不慎受伤，住院期间的医疗费等一直由公司垫付。2017年8月，捷瑞公司向王某支付10万元赔偿金后拒绝支付后续医疗费用。王某认为公司赔偿金额无法弥补自己的损失，遂于2017年9月向法院起诉，要求捷瑞公司支付医疗费、护理费、伤残补助金等共计20万元。2017年10月，捷瑞公司因经营不善，法院裁定受理其破产申请。下列说法错误的是：(2018年·回忆版)①

A. 王某申报债权后，有权参加债权人会议
B. 法院裁定受理捷瑞公司破产申请后，王某提起的诉讼应当中止审理
C. 管理人可以撤销捷瑞公司垫付的医疗费
D. 若王某请求的赔偿金得到法院的支持，应当作为共益债务随时清偿

一般考点7 债权人委员会

一、债权人委员会的组成

债权人委员会的设立、变更或解散由债权人会议决定。债权人委员会的成员由债权人会议选任的债权人代表和一名债务人的职工代表或者工会代表组成，人数不得超过9人。债权人委员会成员应当经人民法院书面决定认可。

【提示】债权人委员会成员 = 债权人代表 + 1名债务人职工代表或者工会代表 ≤ 9人。

二、债权人委员会的职权

（一）法定职权

债权人委员会行使下列职权：
（1）监督债务人财产的管理和处分；
（2）监督破产财产分配；
（3）提议召开债权人会议；
（4）债权人会议委托的其他职权。

（二）授权职权

债权人会议可以将申请人民法院更换管理人，审查管理人的费用和报酬、监督管理人，决定继续或者停止债务人的营业三项职权授权给债权人委员会，但不得作出概括性授权，即委托其行使债权人会议所有职权。

三、债权人委员会的决议

债权人委员会决定所议事项应获得全体成员过半数通过，并作成议事记录。债权人委员会成员对所议事项的决议有不同意见的，应当在记录中载明。

---

① ACD。A选项错误，职工债权无须申报，由管理人调查后列出清单。B选项正确。C选项错误，债务人向该职工支付的医疗费属于法律禁止撤销的个别清偿。D选项错误，判断是否属于共益债务的关键在于债务发生的时间是否是在法院受理破产申请后，本题王某的工伤发生在法院受理破产前，因此不属于共益债务。

> **真题**

关于债权人会议和债权人委员会，下列说法正确的是：（2019 年·回忆版）[1]
A. 债权人会议对于财产的处分决议，债权人委员会可以撤销
B. 债权人会议可以授权债权人委员会批准债务人处分财产
C. 公司的股东不可以参加债权人委员会
D. 债权人委员会决定所议事项应获得全体成员过半数通过

第三讲　破产程序推进之"钱"（上）：债务人的财产

📘 破产程序推进之"钱"（上）：债务人的财产知识逻辑

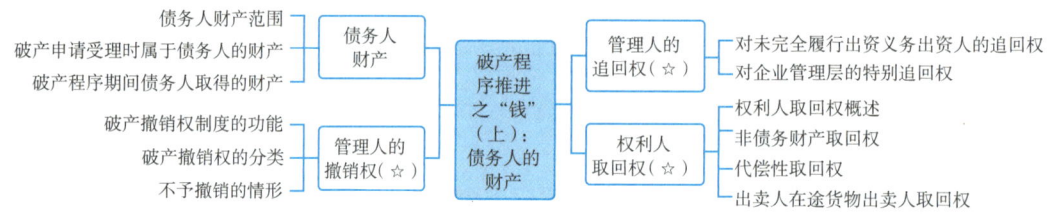

> 一般考点 8　债务人财产

一、债务人财产范围

破产申请受理时属于债务人的全部财产，以及破产申请受理后至破产程序终结前债务人取得的财产，为债务人财产。

二、破产申请受理时属于债务人的财产

（一）法定情形（属于）

下列财产应当认定为债务人财产：

（1）除债务人所有的货币、实物外，债务人依法享有的可以用货币估价并可以依法转让的债权、股权、知识产权、用益物权等财产和财产权益；

（2）债务人已依法设定担保物权的特定财产；

（3）债务人对按份享有所有权的共有财产的相关份额，或者共同享有所有权的共有财产的相应财产权利，以及依法分割共有财产所得部分。

（二）除外情形（不应认定）

下列财产不应认定为债务人财产：

（1）债务人基于仓储、保管、承揽、代销、借用、寄存、租赁等合同或者其他法律关系占有、使用的他人财产；

（2）债务人在所有权保留买卖中尚未取得所有权的财产；

---

[1] CD。A 选项错误，债权人会议的决议只有债权人向人民法院申请才可以撤销。B 选项错误，债权人会议不得授权债权人委员会批准债务人处分财产。C 选项错误，债权人委员会由债权人代表和债务人职工代表或工会代表组成，不包括公司股东。D 选项正确。

（3）所有权专属于国家且不得转让的财产；
（4）其他依照法律、行政法规不属于债务人的财产。

【提示】判断破产受理时是否可纳入债务人财产范围的关键词为：**所有权**。

三、破产程序期间债务人取得的财产

（一）程序开始后债务人财产的增值

程序开始后债务人财产的增值包括孳息、经营收益和其他所得。

[例如] 租金、利息、销售利润、股票红利、不动产升值、新投资、退税等。

（二）程序开始后收回的财产

程序开始后回收的财产包括追收的债款、追回的被侵占财产、接受返还的财产、因错误执行而获得执行回转的财产等。

（三）出资人补缴的出资

出资人补缴的出资是指债务人的出资人在尚未完全履行出资义务的情况下补缴的出资。

【比较】债务人财产与破产财产比较

	债务人财产	破产财产
内　涵	破产程序中被纳入破产管理的为债务人所拥有的财产	企业被宣告破产后，在清算程序中供债权人进行分配的财产
阶　段	破产宣告前	破产宣告后
立法理念	再建主义（求活）	清算主义（处死）
所有权人	债务人	债务人
管理与处分权人	管理人	管理人

核心考点 9　管理人的撤销权

一、破产撤销权制度的功能

破产撤销权制度的功能在于防止债务人的行为造成债权人所获清偿减少，或导致清偿不公。破产撤销权的实质利益主体是债权人。

二、破产撤销权的分类

（一）欺诈破产

1. 可撤销的欺诈破产行为

人民法院受理破产申请前 1 年内，涉及债务人财产的下列行为，管理人有权请求人民法院予以撤销：

（1）不合理的财产转让。无偿转让财产或以明显不合理的价格进行交易；

（2）不合理的财产减少。对没有财产担保的债务提供财产担保，对未到期的债务提前清偿，放弃债权。

【提示1】债务人恶意减少破产财产从而损害债权人利益，管理人可行使撤销权。

[例如] 债务人对可能得到的财产利益拒绝接受，如拒绝赠与、放弃继承、拒绝第三人对其债务的承担等，管理人就不可以撤销该行为。

【提示2】如果债务人的行为没有造成债务人财产减少，管理人就不得行使撤销权。

[例如] 海洋公司欠海水公司100万元。海洋公司在破产临界期向海马公司借款100万元，用于偿还对海水公司的债务。后来法院依法受理了海洋公司的破产申请。那么管理人就不得主张撤销海洋公司对海水公司的偿债行为。因为海洋公司的行为并未造成其债务增多或财产减少。

【判断】债务人为他人无偿提供担保，是否属于可撤销的无偿行为？①

2. 无效的欺诈破产行为

涉及债务人财产的下列行为无效：
（1）为逃避债务而隐匿、转移财产的；
（2）虚构债务或者承认不真实的债务的。

作为无效行为，无论其何时发生均为无效，且任何人在任何时候均可主张其无效。

【口诀】逃债，假债，无效，随时撤。

3. 债权人的救济

破产申请受理后，管理人未依法对债务人欺诈破产行为行使撤销权，债权人可以基于撤销权等的规定提起诉讼，请求撤销债务人上述行为并将因此追回的财产归入债务人财产。

（二）危机期间的个别清偿行为

人民法院受理破产申请前6个月内，债务人已经具有破产原因，仍对个别无财产担保的债权人进行清偿的，管理人有权请求人民法院予以撤销。但是，个别清偿使债务人财产受益的除外。

【提示】危机期间 = 具有破产原因 + 破产受理前6个月内。

三、不予撤销的情形

（一）不予撤销的提前清偿

破产申请受理前1年内债务人提前清偿的未到期债务，在破产申请受理前已经到期，管理人无权请求撤销该清偿行为。但是，该清偿行为发生在破产申请受理前6个月内且债务人明知自己出现破产原因的除外。

【逻辑】原则上只要在受理前到期，无论是提前清偿还是正常清偿，均不撤销。但清偿行为发生在危机期间，无论是提前清偿还是正常清偿，都要撤销。

（二）对以自有财产设定担保的债权清偿

债务人对以自有财产设定担保物权的债权进行的个别清偿，管理人无权请求撤销。但是，债务清偿时担保财产的价值低于债权额的除外。

---

① 属于。基于司法实践的考虑，在债务人替他人承担债务时，他已经丧失清偿能力。为了尽可能减少债务人财产的减损，将其解释为无偿行为，可以予以撤销，更有利于债权人公平受偿。

【逻辑】因为债权人就担保物有优先受偿权。债务人对这样的债权清偿与否与普通债权人无关。

（三）经司法程序清偿的债权

债务人经诉讼、仲裁、执行程序对债权人进行的个别清偿，管理人无权请求撤销。但是，债务人与债权人恶意串通损害其他债权人利益的除外。

【逻辑】因为司法程序具有公信力。

（四）债务人的必要支出

债务人对债权人进行的以下个别清偿，管理人无权请求撤销：
（1）债务人为维系基本生产需要而支付水费、电费等的；
（2）债务人支付劳动报酬、人身损害赔偿金的；
（3）使债务人财产受益的其他个别清偿。

真题

甲公司因不能清偿到期债务且明显缺乏清偿能力，遂于2014年3月申请破产，且法院已受理。经查，在此前半年内，甲公司针对若干债务进行了个别清偿。关于管理人的撤销权，下列哪些表述是正确的？（2014年·卷3·74题）①

A. 甲公司清偿对乙银行所负的且以自有房产设定抵押担保的贷款债务的，管理人可以主张撤销

B. 甲公司清偿对丙公司所负的且经法院判决所确定的货款债务的，管理人可以主张撤销

C. 甲公司清偿对丁公司所负的为维系基本生产所需的水电费债务的，管理人不得主张撤销

D. 甲公司清偿对戊所负的劳动报酬债务的，管理人不得主张撤销

核心考点 10　管理人的追回权

一、对未完全履行出资义务出资人的追回权

人民法院受理破产申请后，债务人的出资人尚未完全履行出资义务的，管理人应当要求该出资人缴纳所认缴的出资，而不受出资期限的限制。

【提示1】出资人不得以认缴出资尚未届至公司章程规定的缴纳期限或者违反出资义务已经超过诉讼时效为由抗辩。

【提示2】管理人可以代表债务人提起诉讼，主张公司的发起人和负有监督股东履行出资义务的董事、高级管理人员，或者协助抽逃出资的其他股东、董事、高级管理人员、实际控制人等，对股东违反出资义务或者抽逃出资承担相应责任，并将财产归入债务人财产。

---

① CD。A选项错误，债务人对设定担保的债务进行清偿，且不存在担保财产价值低于债权额的情况下，管理人不能行使撤销权。B选项错误，债务人因诉讼程序而进行的个别清偿，在不存在债务人与债权人恶意串通损害其他债权人利益的情形下，管理人不能行使撤销权。CD选项正确，对于债务人支付的"维系基本生产而支付的水电费""劳务报酬"等，管理人是不能行使撤销权的。

二、对企业管理层的特别追回权

（一）取回的财产范围

债务人的董事、监事和高级管理人员利用职权从企业获取的非正常收入和侵占的企业财产，管理人应当追回。

（二）非正常收入的界定

"非正常收入"，是指债务人有破产原因的情形时，债务人的董事、监事和高级管理人员利用职权获取的以下收入：

（1）绩效奖金；
（2）普遍拖欠职工工资情况下获取的工资性收入；
（3）其他非正常收入。

【逻辑】这些所谓的"非正常收入"，其实是合法的，但是在企业快要破产时，董、监、高取得这些收入就不太正常。因此，董、监、高因返还绩效奖金、其他非正常收入形成的债权，可以作为普通破产债权清偿。

（三）工资发放

破产企业的董事、监事和高级管理人员的工资按照该企业职工的平均工资计算；返还绩效奖金、其他非正常收入形成的债权，高出该企业职工平均工资计算的部分，作为普通破产债权清偿。

【逻辑】企业具备破产原因后，企业管理层的工资拆分成等于职工平均工资和超出职工平均工资两部分。等于部分，作为职工工资优先清偿；超出部分，作为普通债权清偿。

核心考点 11 权利人的取回权

一、权利人的取回权概述

所谓取回权，是指当破产清算组接管破产企业移交的财产时，对于不属于破产企业的那部分财产，其所有人有权从破产管理人处取回的权利。破产程序中行使的取回权包括非债务人财产取回权、代偿性取回权、出卖人在途标的物取回权、出卖人取回权所有权保留买卖合同中的破产取回权（略）等5种。

二、非债务财产取回权

（一）非债务财产取回权的规定

人民法院受理破产申请后，债务人占有的不属于债务人的财产，该财产的权利人可以通过管理人取回。但是，《企业破产法》另有规定的除外。

【提示1】此处债务人占有的不属于债务人的财产包括合法占有的他人财产和不法占有的他人财产两种情况。

【提示2】非债务财产取回权的基础权利主要是物权，尤其是所有权。特殊情况下，权利人可基于占有权、用益物权或债权请求权而产生取回权。

【提示3】取回权人不参加债权申报和债权人会议，而由权利人个别行使权利。

（二）非债务人财产取回权的行使

1. 提出时间

权利人行使取回权，应当在破产财产变价方案或者和解协议、重整计划草案提交债权人会议表决前向管理人提出。权利人在上述期限后主张取回相关财产的，应当承担延迟行使取回权增加的相关费用。

【口诀】三大方案表决前向管理人提出，说晚了，增加费用自己出。

2. 权利人的诉权

权利人依法向管理人主张取回相关财产，管理人不予认可，权利人可以债务人为被告向人民法院提起诉讼请求行使取回权。

【提示】被告是债务人，不是管理人。

3. 管理人的抗辩权

权利人行使取回权时未依法向管理人支付相关的加工费、保管费、托运费、委托费、代销费等费用，管理人有权拒绝其取回相关财产。

4. 变价款取回权

对债务人占有的权属不清的鲜活易腐等不易保管的财产或者不及时变现价值将严重贬损的财产，管理人及时变价并提存变价款后，有关权利人可就该变价款行使取回权的。

（三）权利人无法取回的法律后果

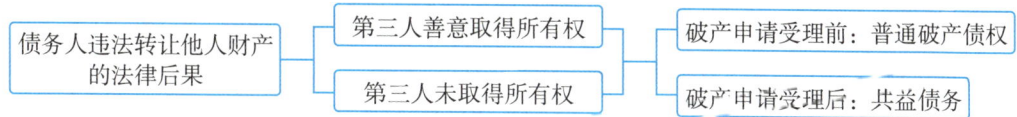

1. 债务人违法处分他人财产的归属

（1）第三人善意取得所有权。债务人占有的他人财产被违法转让给第三人，第三人已善意取得财产所有权，原权利人无法取回该财产。

（2）第三人未取得所有权。债务人占有的他人财产被违法转让给第三人，第三人已向债务人支付了转让价款，但未取得财产所有权，原权利人依法追回转让财产的，第三人有权要求债务人返还已经支付的对价。

2. 权利人的救济

（1）转让行为发生在破产申请受理前的，权利人的损失，作为普通破产债权清偿。

（2）转让行为发生在破产申请受理后的，权利人的损失，作为共益债务清偿。

三、代偿性取回权

（一）代偿性取回权的行使

债务人占有的他人财产毁损、灭失，因此获得的保险金、赔偿金、代偿物尚未交付给债务人，或者代偿物虽已交付给债务人但能与债务人财产予以区分的，权利人可主张取回就此获得的保险金、赔偿金、代偿物。

【口诀】钱未交付，代偿物可区分，可取回。

（二）无法行使取回权的救济

保险金、赔偿金已经交付给债务人，或者代偿物已经交付给债务人且不能与债务人财产予以区分的，人民法院应当按照以下规定处理：

（1）财产毁损、灭失发生在破产申请受理前的，权利人因财产损失形成的债权，作为普通破产债权清偿；

（2）财产毁损、灭失发生在破产申请受理后的，因管理人或者相关人员执行职务导致权利人损害产生的债务，作为共益债务清偿。

【真题】

2014年6月经法院受理，甲公司进入破产程序。现查明，甲公司所占有的一台精密仪器，实为乙公司委托甲公司承运而交付给甲公司的。关于乙公司的取回权，下列哪一表述是错误的？（2014年·卷3·31题）①

A. 取回权的行使，应在破产财产变价方案或和解协议、重整计划草案提交债权人会议表决之前

B. 乙公司未在规定期限内行使取回权，则其取回权即归于消灭

C. 管理人否认乙公司的取回权时，乙公司可以诉讼方式主张其权利

D. 乙公司未支付相关运输、保管等费用时，保管人可拒绝其取回该仪器

四、出卖人在途标的物取回权

人民法院受理破产申请时，出卖人已将买卖标的物向作为买受人的债务人发运，债务人尚未收到且未付清全部价款的，出卖人可以取回在运途中的标的物。但是，管理人可以支付全部价款，请求出卖人交付标的物。

出卖人就在途标的物行使取回权，通过通知承运人或者实际占有人中止运输、返还货物、变更到达地，或者将货物交给其他收货人等方式，对在运途中标的物主张了取回权但未能实现，或者在货物未到达管理人前已向管理人主张取回在运途中标的物，在买卖标的物到达管理人后，出卖人向管理人主张取回的，管理人应予准许。

出卖人对在运途中标的物未及时行使取回权，在买卖标的物到达管理人后向管理人行使在运途中标的物取回权的，管理人不应准许。

【提示1】"债务人尚未收到"，是指债务人尚未实际占用，而非指尚未取得标的物所有权。

【提示2】管理人付清全部价款后，出卖人不可主张取回。

【提示3】出卖人应当在标的物到达管理人前主张取回权。

---

① B。A选项正确，B选项错误。权利人未在规定期限内行使取回权并不会导致取回权的消灭，只是应当支付增加的相关费用。CD选项正确。

第四讲 破产程序推进之"钱"(下):债务人的支出

破产程序推进之"钱"(下):债务人的支出知识逻辑

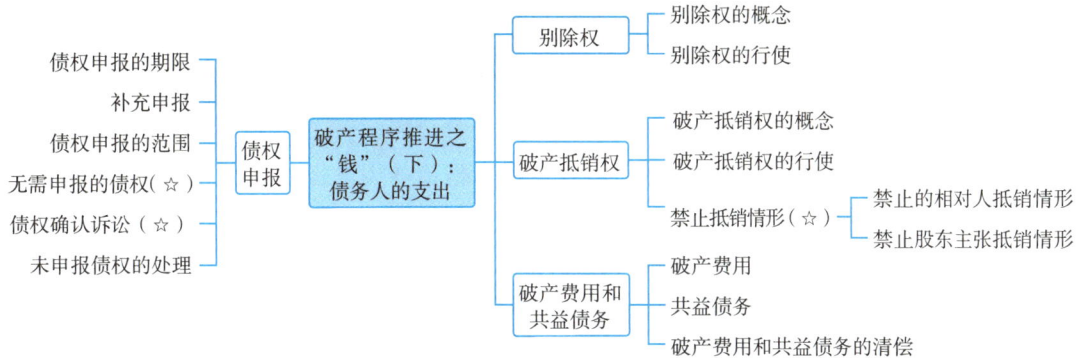

核心考点12 债权申报

一、债权申报的期限

人民法院受理破产申请后,应当确定债权人申报债权的期限。债权申报期限自人民法院发布受理破产申请公告之日起计算,最短不得少于30日,最长不得超过3个月。(30日≤申报期限≤3个月)

【提示】债权人未依照破产法规定申报债权的,不得参加破产程序行使权利。

二、补充申报

债权人未在规定的申报期内申报债权的,可以在破产财产最后分配前补充申报;但是,此前已进行的分配,不再对其补充分配。增加的费用,由补充申报人承担。

三、债权申报的范围

(一)一般规定

可申报的债权要满足以下几点要求:

(1)须为以财产给付为内容的请求权。给付标的为劳务或不作为的请求权,不能申报。

[例如]法院受理海洋公司破产申请后,大地公司请求其加工一批服装的合同履行请求权就不能申报。

(2)须为以债务人财产为受偿基础的请求权。有无财产担保的债权均应申报。

[例如]法院受理海洋公司破产申请后,大地银行主张借款偿还请求权,该借款已经设定财产抵押担保,亦需申报。

(3)须为法院受理破产申请前成立的对债务人享有的债权;无论是否到期均可申报。

[例如]2023年9月,法院受理大地公司的破产申请后,海洋很美公司主张设备余款给

付请求权,但根据约定该余款的支付时间为 2024 年 10 月 30 日,该笔债权依旧可以申报的。

(4)须为平等民事主体之间的请求权。

(二)特别情形

1.待定债权

附条件、附期限的债权和诉讼、仲裁未决的债权,债权人可以申报。

【提示】 待定债权可以申报,但不意味着债权人在破产程序中必然可以得到清偿。

2.连带债务人的代位求偿权

(1)现实求偿权。债务人的保证人或者其他连带债务人已经代替债务人清偿债务的,以其对债务人的求偿权申报债权。

(2)将来求偿权。债务人的保证人或者其他连带债务人尚未代替债务人清偿债务的,以其对债务人的将来求偿权申报债权。但是,债权人已经向管理人申报全部债权的除外。

[例如] 大地公司欠海洋公司 1000 万元,海水有限公司是该笔债务的连带保证人。现在大地公司破产,海洋公司没有申报债权,那么海水有限公司就可以就将来求偿权进行债权申报。

3.连带债务的债权人

连带债务人数人被裁定适用破产程序的,其债权人有权就全部债权分别在各破产案件中申报债权,其所申报的债权数额可以是其享有的债权的总额。

4.保证人破产的债权申报

保证人被裁定进入破产程序的,债权人有权申报其对保证人的保证债权。主债务未到期的,保证债权在保证人破产申请受理时视为到期。

一般保证的保证人无权主张行使先诉抗辩权。但债权人在一般保证人破产程序中的分配额应予提存,待一般保证人应承担的保证责任确定后再按照破产清偿比例予以分配。一旦保证人被确定应当承担保证责任,保证人的管理人可以就保证人实际承担的清偿额向主债务人或其他债务人行使求偿权。

5.债务人与保证人均破产的债权申报

债务人、保证人均被裁定进入破产程序的,债权人有权向债务人、保证人分别申报全部债权。

债权人向债务人、保证人均申报全部债权的,从一方破产程序中获得清偿后,其对另一方的债权额不作调整,但债权人的受偿额不得超出其债权总额。保证人履行保证责任后不再享有求偿权。

四、无需申报的债权

(一)职工债权无需申报

债务人所欠职工的工资和医疗、伤残补助、抚恤费用,所欠的应当划入职工个人账户的基本养老保险、基本医疗保险费用,以及法律、行政法规规定应当支付给职工的补偿金,不必申报,由管理人调查后列出清单并予以公示。职工对清单记载有异议的,可以要求管理人更正;管理人不予更正的,职工可以向人民法院提起诉讼。

（二）非债权性质的费用无需申报

下列非债权性质的费用无需申报：

（1）对债务人的罚款、罚金等财产性行政处罚；
（2）破产费用、共益债务，性质不是债权，无须申报；
（3）取回权，性质是物权而非破产债权，无须申报；
（4）债权人参加债权人会议的费用，性质不是破产债权，不得申报；
（5）破产申请受理后，债务人欠缴款项产生的滞纳金，包括债务人未履行生效法律文书应当加倍支付的迟延利息和劳动保险金的滞纳金。

五、债权确认诉讼

（一）债权确认

债务人、债权人对债权表记载的债权有异议，应当说明理由和法律依据。经管理人解释或调整后，异议人仍然不服的，或管理人不予解释或调整的，异议人应当在债权人会议核查结束后 15 日内向法院提起债权确认的诉讼。

当事人之间在破产申请受理前订立有仲裁条款或仲裁协议的，应当向选定的仲裁机构申请确认债权债务关系。

（二）债权确认诉讼的当事人

债务人对债权表记载的债权有异议向法院提起诉讼的，应将被异议债权人列为被告。债权人对债权表记载的他人债权有异议的，应将被异议债权人列为被告；债权人对债权表记载的本人债权有异议的，应将债务人列为被告。

[例如] 海水公司破产了，海水公司对债权表中记载的其对大地公司的债务有异议，那么债务人海水公司就是原告，大地公司就是被告。

【口诀】谁有异议谁原告，对谁异议谁被告。

（三）确认债权法律文书瑕疵的救济

管理人认为债权人据以申报债权的生效法律文书确定的债权错误，或者有证据证明债权人与债务人恶意通过诉讼、仲裁或者公证机关赋予强制执行力公证文书的形式虚构债权债务的，应当依法通过审判监督程序向作出该判决、裁定、调解书的人民法院或者上一级人民法院申请撤销生效法律文书，或者向受理破产申请的人民法院申请撤销或者不予执行仲裁裁决、不予执行公证债权文书后，重新确定债权。

六、未申报债权的处理

债权人未依照《企业破产法》规定申报债权的，不得依照《企业破产法》规定的程序行使权利。但这并不代表债权人的债权一定就灭失了。具体要看债务人选择了哪种破产程序：

（1）**债务人破产清算**。除非债务人有保证人或者其他连带债务人，该未申报债权将永久履行不能；
（2）**债务人重整**。未申报债权的债权人在重整计划执行期间不得行使权利；在重整计划执行完毕后，可以按照重整计划规定的同类债权的清偿条件行使权利；

（3）**债务人和解**。未申报的债权在和解协议执行期间不得行使权利；在和解协议执行完毕后，可以按照和解协议规定的清偿条件行使权利。

【逻辑】先看对债务人申请的什么破产程序；"死"程序，不还了；"活"程序，同类条件。

真题

2018年1月，飞鸿公司向太金公司借款50万元，借期为半年。2018年4月，飞鸿公司因经营战略错误，资不抵债，向法院申请破产重整。法院受理后，太金公司忘记进行债权申报。后来飞鸿公司重整成功，并改名为利达公司。下列表述正确的是：（2018年·回忆版）[1]

A. 因债权没有到期，太金公司无须申报债权
B. 太金公司有权进行债权申报
C. 太金公司无权要求利达公司偿还借款
D. 太金公司有权要求利达公司偿还借款

核心考点 13 别除权

一、别除权的概念

别除权，是指债权人不依破产程序，就债务人破产财产中的特定财产，向管理人主张单独优先受偿的权利。说直白点，因为债权有担保，所以债权可以优先受偿。别除权有如下核心特征：

（1）**别除权的行使不参加集体清偿程序**。别除权的权利内容就是别除权人有权就担保物单独优先受偿；

（2）**别除权标的物不计入破产财产**。别除权人有权就别除权标的物优先受偿，其他破产债权人不能对别除权标的物提出清偿请求，管理人也不得擅自将别除权标的物纳入破产分配，不能用别除标的物清偿破产费用和共益债务。只有当别除权人放弃优先受偿权而自愿加入集体清偿时，其别除权标的物才转变为破产财产。

【口诀】别除权标的物专属于别除权人。
【提示】建设工程款优先于别除权人受偿。

二、别除权的行使

别除权的行使主要有两种情况：

（1）**裁定和解后**。对债务人的特定财产享有担保权的权利人，自人民法院裁定和解之日起可以行使权利。

---

[1] BD。A选项错误，B选项正确。未到期的债权，在破产申请受理时视为到期。C选项错误，D选项正确。重整成功即重整计划执行完毕后，债权人可以按照重整计划规定的同类债权的清偿条件行使权利。

（2）破产宣告后。破产宣告后，对破产人的特定财产享有担保权的权利人，对该特定财产享有优先受偿的权利。

【判断】管理人能否对别除权人提出抵销权？①

核心考点 14　破产抵销权

一、破产抵销权的概念

破产抵销权，是指破产债权人在破产宣告前对债务人即破产人负有债务的，不论标的是否相同，是否已届清偿期，均可以在清算分配前向管理人主张以破产债权抵销其所负债务的权利。《企业破产法》中的抵销权制度的实质是部分债权人的优先受偿。

【逻辑】破产程序中承认抵销权基于如下考虑：
（1）抵销的担保机能；
（2）确保债权人与债务人互负债权债务情况下的偿债公平。

二、破产抵销权的行使

（一）债权人提出

已经完成债权申报的债权人行使抵销权，应当以通知方式向管理人提出主张。原则上，管理人不得主动抵销债务人与债权人的互负债务，但抵销使债务人财产受益的除外。

【提示】债权人行使抵销权的前提是进行债权申报。

（二）生效之日

1. 管理人无异议

管理人收到债权人提出的主张债务抵销的通知后，经审查无异议的，抵销自管理人收到通知之日起生效。

【口诀】管理人无异议，收到通知之日。

2. 管理人有异议

管理人对抵销主张有异议的，应当在约定的异议期限内或者自收到主张债务抵销的通知之日起3个月内向人民法院提起诉讼。管理人无正当理由逾期提起诉讼，或者人民法院判决驳回管理人提起的抵销无效诉讼请求的，该抵销自管理人收到主张债务抵销的通知之日起生效。

【口诀】管理人有异议，有约依约，无约则收到通知之日3个月内起诉。法院驳回，自收到通知之日生效。

三、禁止抵销情形

（一）禁止的相对人抵销情形

1. 破产申请受理后取得的债权禁止抵销

---

① 能。因为管理人对别除权人提出抵销属于抵销权使债务人财产受益的情形。

禁止债务人的债务人以在破产申请受理后取得他人对债务人的债权行使抵销权。

【逻辑】其目的在于避免债务人的债务人通过廉价收购他人对债务人的债权而达到破产抵销免除债务的情况发生。

【提示】破产申请受理前取得的他人对债务人的债权是可以抵销的。

[例如] 2020 年 11 月 9 日法院受理了债务人海带公司的破产申请。此时，海洋公司欠海带公司 100 万元。但是，2017 年 8 月，债权人海洋公司取得了海马公司对海带公司的 100 万元债权，此时海洋公司就可以主张对海带公司行使抵销权。

【判断】2018 年 6 月 1 日，海洋公司欠天空公司 100 万元。2018 年 6 月 1 日，天空公司欠大地公司 100 万元。2019 年 3 月 1 日，法院受理了天空公司的破产申请。2019 年 4 月 1 日，海洋公司花 30 万元购买了大地公司对天空公司的债权。此种情形下，海洋公司能否主张抵销？①

2. 债务人恶意负债禁止抵销

债权人已知债务人有不能清偿到期债务或者破产申请的事实，对债务人负担的债务禁止抵销。但是，债权人因为法律规定或者有破产申请 1 年前所发生的原因而负担债务的可以主张抵销权。

【逻辑】其目的在于避免债权人以实物形式使自己的破产债权抢先得到满足，使其他债权人可分配的财产减少，从而逃避破产程序。

【判断】2019 年 3 月 1 日，海洋公司向天空公司出售价值 100 万元的货物。2019 年 6 月 1 日，天空公司资不抵债。2019 年 7 月 1 日，海洋公司购买了天空公司 120 万元的货物。2019 年 9 月 1 日，天空公司向法院申请破产。此种情形下，海洋公司能否主张抵销？②

3. 债务人的债务人恶意取得对债务人的债权禁止抵销

债务人的债务人已知债务人有不能清偿到期债务或者破产申请的事实，对债务人取得的债权禁止抵销。但是，债务人的债务人因为法律规定或者有破产申请 1 年前所发生的原因而取得债权的可以主张抵销权。

【判断】2019 年 3 月 1 日，天空公司向海洋公司出售价值 100 万元的货物。2019 年 6 月 1 日，天空公司资不抵债，2019 年 7 月 1 日，海洋公司向天空公司出售 120 万元的货物。2019 年 9 月 1 日，天空公司向法院申请破产。此种情形下，海洋公司能否主张抵销？③

（二）禁止股东主张抵销情形

债务人的股东主张以下列债务与债务人对其负有的债务抵销，债务人管理人提出异议的，人民法院应予支持：

（1）债务人股东因欠缴债务人的出资或者抽逃出资对债务人所负的债务；

（2）债务人股东滥用股东权利或者关联关系损害公司利益对债务人所负的债务。

---

① 禁止抵销。
② 禁止抵销。
③ 禁止抵销。

【比较】民法抵销权与破产抵销权的比较

	民法抵销权	破产抵销权
立法目的	节约当事人双方的结算时间和费用,避免交叉诉讼。	担保债权人的债权从破产财产中全额、优先的受偿。
行使主体	互负债权债务的交叉债权人均可提出。	原则上应由债权人向管理人提出,管理人不得主动提出,但抵销使债务人财产受益的除外。
行使条件	(1)债的标的种类相同; (2)抵销双方的债务均已届清偿期。	(1)债务种类可不同; (2)尚未到期债务可行使破产抵销权。
法律后果	免除双方的债务,双方同等受益。	破产债权与破产财产由抵销所受的利益是不均等。

核心考点 15 破产费用和共益债务

一、破产费用

(一)破产费用的概念

破产费用,是指破产程序开始后,为破产程序的进行以及为全体债权人的共同利益而从债务人财产中优先支付的费用。破产案件必然会产生破产费用。

(二)破产费用的类别

1. 破产申请受理前产生

破产申请受理前,破产费用包括债务人尚未支付的公司强制清算费用,未终结的执行程序中产生的评估费、公告费、保管费等执行费用。但是,裁定受理破产申请前,债务人尚未支付的案件受理费、执行申请费,作为破产债权清偿。

2. 破产申请受理后产生

人民法院受理破产申请后发生的下列费用为破产费用:
(1)破产案件的诉讼费用;
(2)管理、变价和分配债务人财产的费用;
(3)管理人执行职务的费用、报酬和聘用工作人员的费用。

二、共益债务

(一)共益债务的概念

共益债务,是指破产程序中为全体债权人的共同利益而管理、变价和分配破产财产而负担的债务,与之相对应的权利为共益债权。

(二)共益债务的类别

人民法院受理破产申请后发生的下列债务,为共益债务:
(1)因管理人或者债务人请求对方当事人履行双方均未履行完毕的合同所产生的债务;

（2）债务人财产受无因管理所产生的债务；

（3）因债务人不当得利所产生的债务；

（4）为债务人继续营业而应支付的劳动报酬和社会保险费用以及由此产生的其他债务；

（5）管理人或者相关人员执行职务致人损害所产生的债务；

（6）债务人财产致人损害所产生的债务；

（7）经债权人会议决议通过，或者第一次债权人会议召开前经人民法院许可，管理人或者自行管理的债务人可以为债务人继续营业而借款。

【提示】共益债务与普通破产债权的区别在于，共益债务发生在破产案件受理后。

三、破产费用和共益债务的清偿

破产费用和共益债务的清偿，根据不同情形采取下列方式处理：

（1）**随时清偿**。破产费用和共益债务由债务人财产随时清偿。

（2）**优先清偿**。债务人财产不足以清偿所有破产费用和共益债务的，先行清偿破产费用。

（3）**比例清偿**。债务人财产不足以清偿所有破产费用或者共益债务的，按照比例清偿。

（4）**终结程序**。债务人财产不足以清偿破产费用的，管理人应当提请人民法院终结破产程序。人民法院应当自收到请求之日起15日内裁定终结破产程序，并予以公告。

【口诀】随时清偿，外部按先后，内部按比例。

真题

舜泰公司因资产不足以清偿全部到期债务，法院裁定其重整。管理人为维持公司运行，向齐某借款20万元支付水电费和保安费，约定如1年内还清就不计利息。1年后舜泰公司未还款，还因不能执行重整计划被法院宣告破产。关于齐某的债权，下列哪些选项是正确的？（2017年·卷3·73题）①

A. 与舜泰公司的其他债权同等受偿

B. 应从舜泰公司的财产中随时清偿

C. 齐某只能主张返还借款本金20万元

D. 齐某可主张返还本金20万元和逾期还款的利息

---

① BC。A选项错误，B选项正确。水电费和保安费系为维护公司运营而产生的费用，由此产生的债务应属于共益债务，应当随时产生随时清偿。C选项正确，D选项错误。附利息的债权自破产申请受理时起停止计息。齐某只能主张返还借款本金20万元，无权要求返还利息。

第五讲　破产程序推进之"程序"

破产程序推进之"程序"知识逻辑

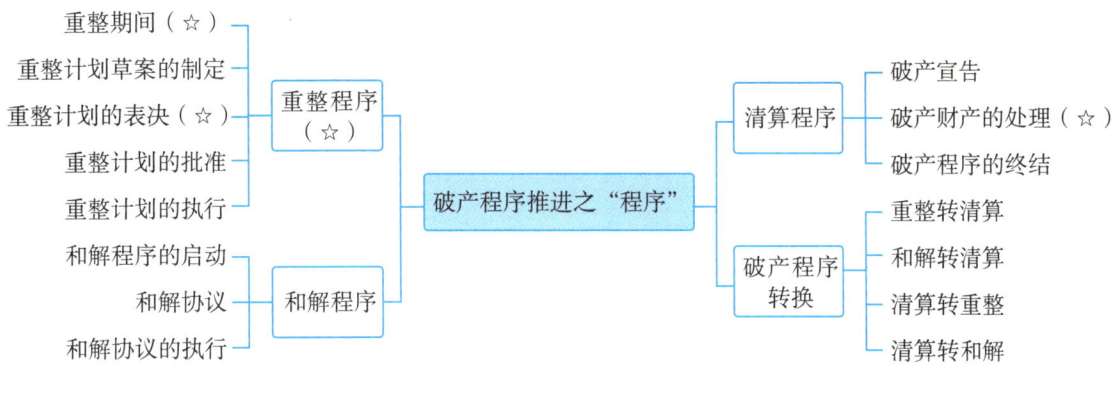

核心考点 16　重整程序

一、重整期间

（一）重整期间的概念

重整期间是重整程序开始后的一个法定期间，其目的在于防止债权人在重整管理期间对债务人及其财产采取诉讼或其他程序行动，以便保护企业的营运价值和制定重整计划。

（二）重整期间的起算

自人民法院裁定债务人重整之日起至重整程序终止，为重整期间。重整计划执行期间，不是重整期间。具体来说，重整期间包括两个阶段：

（1）**重整计划制备阶段**。即从人民法院裁定债务人重整之日起，到债务人或者管理人向人民法院和债权人会议提交重整计划草案时止。这一期间通常为 6 个月。但有正当理由，经债务人或者管理人请求，人民法院可以裁定延期 3 个月。

【口诀】裁定重整至提交重整计划草案，6+3 个月。

（2）**重整计划通过阶段**。即从重整计划草案提交时起，到债权人会议表决后人民法院裁定批准或不批准重整计划并终止重整程序，或者依据表决未过的事实裁定终止重整程序时止。这一期间没有法定期限，由人民法院的酌情决定。

【口诀】重整期间 = 重整计划制备期间 + 重整计划通过阶段。

（三）重整期间债务人财产的管理和营业事务执行

1. 债务人自行管理

经债务人申请，人民法院批准，债务人可以在管理人的监督下自行管理财产和营业事务。期间，债务人行使《企业破产法》规定的管理人职权，并履行管理人对债权人会议和债权人委员会的报告义务。同时，债务人还要接受管理人的监督，其财产管理和营业的重要决定和有关信息，应当报告管理人。

【口诀】债务人自行管理，需债务人主动申请，法院批准，行使管理人职权，接受管理人监督。

2. 管理人管理

管理人负责管理财产和营业事务的，可以聘任债务人的经营管理人员负责营业事务。

（四）重整期间债务人营业保护的特别规定

1. 担保物权的暂停和恢复

在重整期间，对债务人的特定财产享有的担保权暂停行使。但是，担保物有损坏或者价值明显减少的可能，足以危害担保权人权利的，担保权人可以向人民法院请求恢复行使担保权。

2. 可以为新借款设定担保

在重整期间，债务人或者管理人为继续营业而借款的，可以为该借款设定担保。

3. 限制权利人的取回权

债务人合法占有的他人财产，该财产的权利人在重整期间要求取回的，应当符合事先约定的条件。但是，因管理人或者自行管理的债务人违反约定，可能导致取回物被转让、毁损、灭失或者价值明显减少的除外。

【提示】如果是债务人非法占有权利人的财产，权利人可行使取回权。

[例如]在重整期间，就债务人所承租的房屋，如果租期已届至，出租人就可以请求返还。

4. 对出资人和管理层的限制

在重整期间，债务人的出资人不得请求投资收益分配。在重整期间，债务人的董事、监事、高级管理人员不得向第三人转让其持有的债务人的股权。但是，经人民法院同意的除外。

真题

思瑞公司不能清偿到期债务，债权人向法院申请破产清算。法院受理并指定了管理人。在宣告破产前，持股20%的股东甲认为如引进战略投资者乙公司，思瑞公司仍有生机，于是向法院申请重整。关于重整，下列哪一选项是正确的？（2017年·卷3·31题）[①]

A. 如甲申请重整，必须附有乙公司的投资承诺
B. 如债权人反对，则思瑞公司不能开始重整
C. 如思瑞公司开始重整，则管理人应辞去职务
D. 只要思瑞公司的重整计划草案获得法院批准，重整程序就终止

二、重整计划草案的制定

（一）重整计划草案的制定主体

债务人自行管理财产和营业事务的，由债务人制作重整计划草案。管理人负责管理财产和营业事务的，由管理人制作重整计划草案。

---

① D。A选项错误投资承诺是重整计划的组成部分，无需在转为重整时提交。B选项错误，是否裁定债务人重整是法院的职权。C选项错误，法院批准后管理人可以辞职。D选项正确。

【口诀】谁管理谁制定。

（二）重整计划草案的内容

1. 债务人的经营方案

债务人的经营方案包括调整经营范围，改组企业管理层，改组企业组织架构，企业合并或者分立，获取新贷款，引进新投资者，裁减人员等内容。

2. 债权分类

下列各类债权的债权人参加讨论重整计划草案的债权人会议，依照下列债权分类，分组对重整计划草案进行表决：

（1）**优先债权组**。对债务人的特定财产享有担保权的债权。

（2）**职工债权组**。债务人所欠职工的工资和医疗、伤残补助、抚恤费用，所欠的应当划入职工个人账户的基本养老保险、基本医疗保险费用，以及法律、行政法规规定应当支付给职工的补偿金。

（3）**税款债权组**。债务人所欠税款。

（4）**普通债权组**。普通债权。人民法院在必要时可以决定在普通债权组中设小额债权组对重整计划草案进行表决。

（5）**出资人组**。重整计划草案涉及出资人权益调整事项的，应当设出资人组，对该事项进行表决。

【提示】上述分类方法是示范性规定，而非强制性规定。法院可根据具体情况在必要时决定设置其他组别，如公司债债权人组、次级债债权人组等，但对表决组别的设置不得影响表决结果的公正。

3. 债权调整与受偿方案。
4. 重整计划的执行期限与执行的监督期限。
5. 有利于债务人重整的其他方案。

三、重整计划的表决

（一）分组表决

对重整计划草案进行分组表决时，权益因重整计划草案受到调整或者影响的债权人或者股东，有权参加表决。

（二）小组表决

出席会议的同一表决组的债权人过半数同意重整计划草案，并且其所代表的债权额占该组债权总额的 2/3 以上的，即为该组通过重整计划草案。

（三）一票否决

各表决组均通过重整计划草案时，重整计划即为通过。

【提示】您要注意重整计划的表决和债权人会议一般事项表决的差异。
【逻辑】重整计划由债权人会议表决，表决时分组表决。小组表决时人数过半数，债权总额 2/3，该小组通过。各组均通过，重整草案计划才通过。

（四）不参加重整计划草案表决的债权人

重整计划不得规定减免债务人欠缴的除应划入职工个人账户的基本养老保险、基本医疗保险费用以外的社会保险费用，该项费用的债权人，以及权益未受到调整或者影响的债权人或者股东，不参加重整计划草案的表决。

四、重整计划的批准

自重整计划通过之日起 10 日内，债务人或者管理人应当向人民法院提出批准重整计划的申请。人民法院经审查认为符合《企业破产法》规定的，应当自收到申请之日起 30 日内裁定是否批准。法院裁定批准则终止重整程序，并予以公告；法院如果裁定不予批准，则同时终止重整程序，并宣告债务人破产。

【口诀】批不批，法院定。

五、重整计划的执行

(一) 重整计划执行人

重整计划由债务人负责执行。同时允许重整计划在管理人监督的情况下，以委托等方式将执行事务交给第三者承担。

(二) 重整计划的约束力

重整计划对债务人和全体债权人均有约束力。债权人对债务人的保证人和其他连带债务人所享有的权利，不受重整计划的影响。

(三) 重整计划执行期间新案件的管辖

因重整程序终止后新发生的事实或者事件引发的有关债务人的民事诉讼，不适用有关集中管辖的规定。除重整计划有明确约定外，上述纠纷引发的诉讼，不再由管理人代表债务人进行。

一般考点 17　和解程序

一、和解程序的启动

和解实质上是一个合同的成立、生效和履行的过程。债务人可以依法直接向人民法院申请和解；也可以在人民法院受理破产申请后、宣告债务人破产前，向人民法院申请转为和解。债务人申请和解，应当提出和解协议草案。

二、和解协议

(一) 和解协议的表决

债权人会议通过和解协议的决议，由出席会议的有表决权的债权人过半数同意，并且其所代表的债权额占无财产担保债权总额的 2/3 以上。

(二) 和解协议的审查和认可

债权人会议通过和解协议的，由人民法院裁定认可，终止和解程序，并予以公告。

【口诀】和解协议的生效＝债权人会议表决＋法院裁定认可。

（三）和解协议约束力

和解协议对债务人和全体和解债权人均有约束力。但是，和解债权人对债务人的保证人和其他连带债务人所享有的权利，不受和解协议的影响。

三、和解协议的执行

债务人应当按照和解协议规定的条件清偿债务。按照和解协议减免的债务，自和解协议执行完毕时起，债务人不再承担清偿责任。

【比较】破产重整程序与破产和解程序比较

	重整程序	和解程序
申请主体	债务人、债权人、债务人的出资人	债务人
调整范围	除债务关系外，还涉及债务人企业经营重整、出资人之权益调整等事项	债权人和债务人之间的债务关系
担保物权地位	重整期间暂停行使担保物权	自法院裁定和解之日起可以行使担保物权
草案制定主体	管理人、债务人、债权人、债务人股东、新的投资人	债务人制定并提出
表决权人	重整计划草案由包括担保物权债权人在内的各类债权人分组表决。涉及出资人权益时，设出资人表决组，由出资人对重整草案行使表决权	和解协议草案由无财产担保的债权人在债权人会议上表决
法院裁决权	符合法定条件，法院可对表决未通过的重整计划草案强制裁决予以批准	和解协议草案未经债权人会议表决通过，法院无权裁定认可

一般考点18 清算程序

一、破产宣告

（一）破产宣告的概念

破产宣告，是指法院以裁定的方式作出的，认定债务人已丧失清偿能力，应当依照破产清算程序，清理债务关系的法律判断。破产宣告是破产清算程序开始的标志。

（二）破产宣告的效力

债务人被宣告破产后，债务人称为破产人，债务人财产称为破产财产。此时，债务人完全丧失对其财产的管理控制权，由管理人对债务人的全部财产进行破产清算，禁止用于企业经营。

二、破产财产的处理

（一）破产财产变价方案

破产财产变价方案由管理人拟定，提交债权人会议讨论。管理人应当按照债权人会议通过的或者经人民法院依法裁定的破产财产变价方案，适时变价出售破产财产。变价出售破产财产应当通过拍卖进行。但是，债权人会议另有决议的除外。

（二）破产财产分配

破产分配，又称破产财产的分配，是指破产管理人将变价后的破产财产，按照由管理人拟定，由债权人会议表决通过，经人民法院裁定认可的破产财产分配方案，对全体破产债权人进行公平清偿的程序。破产财产的分配应当以货币分配方式进行，但债权人会议另有决议的除外。破产财产分配方案由管理人执行。破产分配标志着破产清算的完成。

【口诀】货币分配。破产财产分配方案，管理人拟定，债权人会议表决，法院裁定认可，管理人执行。

【比较】破产程序的表决

	制定主体	表决方式
重整计划	谁管理，谁制定	分组表决，一票否决。 小组表决时：同一表决组的债权人过半数同意＋债权额占该组债权总额的2/3以上
和解协议	债务人	债权人过半数同意＋债权额占无财产担保债权总额的2/3以上
破产财产变价方案、分配方案	管理人	债权人过半数＋债权额占无财产担保债权总额的1/2以上。

（三）破产清偿顺序

破产财产在优先清偿购房者购房款、工程价款、别除权人的债权、破产费用和共益债务后，依照下列顺序清偿：

第一顺序：破产人所欠职工的工资和医疗、伤残补助、抚恤费用，所欠的应当划入职工个人账户的基本养老保险、基本医疗保险费用，以及法律、行政法规规定应当支付给职工的补偿金；

第二顺序：破产人欠缴的除前项规定以外的社会保险费用和破产人所欠税款；

第三顺序：普通破产债权。

破产财产不足以清偿同一顺序的清偿要求的，按照比例分配。破产企业的董事、监事和高级管理人员的工资按照该企业职工的平均工资计算。

【口诀】外部按先后，内部按比例，先费（破产费用共益债务）后债（普通债权），职工优先。董监高按职工平均工资。

三、破产程序终结

破产程序的终结，是指破产程序不可逆转地归于结束。结合《企业破产法》的有关规定，破产程序的终结事由主要包含如下六种：

破产程序终结事由	破产程序阶段	法人人格
1. 重整计划执行完毕	破产宣告前	存续
2. 人民法院裁定认可和解协议	破产宣告前	存续①
3. 债务人有不予宣告破产的法定事由	破产宣告前	存续
4. 债务人财产不足以清偿破产费用	破产宣告前后均可	消灭
5. 破产人财产可供分配	破产宣告后	消灭
6. 破产财产分配完毕	破产宣告后	消灭

一般考点 19　破产程序转换

一、重整转清算

（一）提出主体

管理人、利害关系人有权提出重整程序转为清算程序，但禁止债务人提出。

（二）发生原因

1. 缺乏挽救可能性

在重整期间，有下列情形之一的，经管理人或者利害关系人请求，人民法院应当裁定终止重整程序，并宣告债务人破产：

（1）债务人的经营状况和财产状况继续恶化，缺乏挽救的可能性；

（2）债务人有欺诈、恶意减少债务人财产或者其他显著不利于债权人的行为；

（3）由于债务人的行为致使管理人无法执行职务。

2. 重整计划执行不能

债务人不能执行或者不执行重整计划的，人民法院经管理人或者利害关系人请求，应当裁定终止重整计划的执行，并宣告债务人破产。

【提示】程序转换提出时间，法院受理破产后，宣告破产前。

二、和解转清算

（一）提出主体

和解债权人有权提出和解程序转为清算程序，但禁止债务人提出。

（二）发生原因

1. 和解协议瑕疵

（1）**和解协议草案未通过**。和解协议草案经债权人会议表决未获得通过，或者已经债权人会议通过的和解协议未获得人民法院认可，人民法院应当裁定终止和解程序，并宣告债务人破产。

（2）**和解协议无效**。因债务人的欺诈或者其他违法行为而成立的和解协议，人民法院

---

① 除和解协议规定企业自愿解散外，债务人的法律人格不消灭。

应当裁定无效,并宣告债务人破产。

【提示】人民法院裁定终止和解协议执行的,和解债权人在和解协议中作出的债权调整的承诺失去效力。和解债权人因执行和解协议所受的清偿仍然有效,和解债权未受清偿的部分作为普通破产债权。

2.和解协议执行不能

债务人不能执行或者不执行和解协议。

【提示】在和解协议因执行不能而中止执行的情况下,第三人为和解协议执行提供的担保继续有效,担保人仍需对债权人承担约定的担保责任。

三、清算转重整

债权人申请对债务人进行破产清算的,在人民法院受理破产申请后、宣告债务人破产前,债务人或者出资额占债务人注册资本1/10以上的出资人,可以向人民法院申请重整。

【提示】如果是债务人自己提的清算,那是不可以转为重整的。

四、清算转和解

债务人可以在人民法院受理破产申请后、宣告债务人破产前,向人民法院申请和解。

【提示】重整程序与和解程序之间不得转换。

第6章 票据法

> **应试指导**
>
> 《票据法》属于分值不高,理解难度大,但考点稳定,易得分,出题套路固定化的科目。《票据法》通常的考查形式为客观题,分值为1~2分,仅在2006年和2019年的主观题中考查过。但考生不必过分紧张,考试中多是对历年真题涉及考点的重复考查。需要指出的是,三类票据中,重点考查汇票和支票。备考时,考生重点掌握票据的无因性与抗辩权,以及四大票据行为即:出票、背书、承兑、保证等制度。

📘 **票据法知识逻辑**

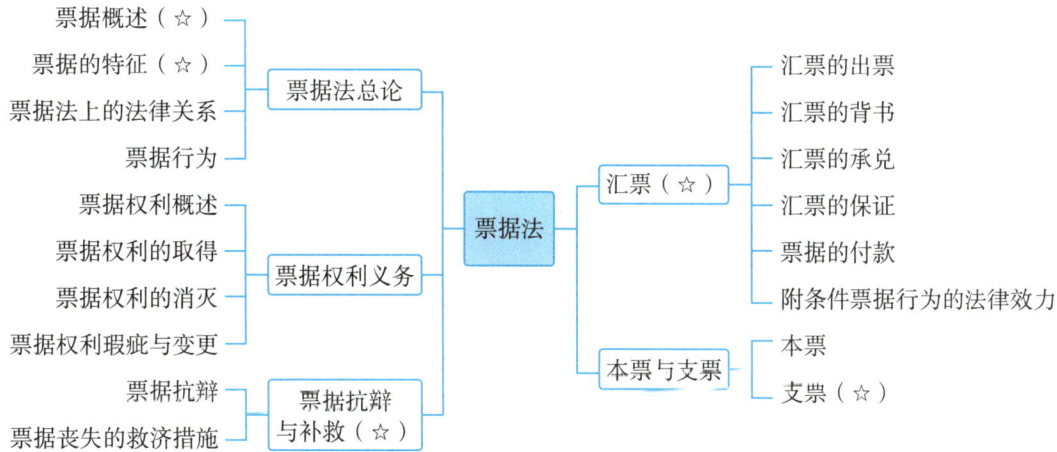

第一讲 票据法总论

📘 **票据法总论知识逻辑**

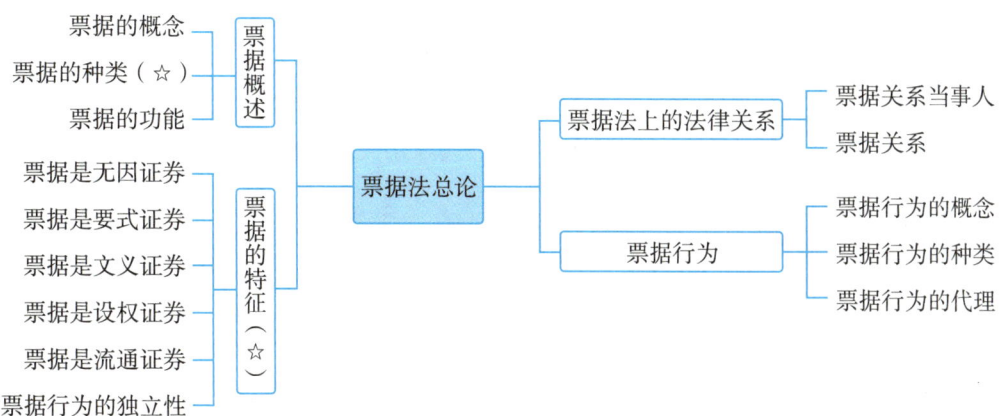

银行承兑汇票关系流程图

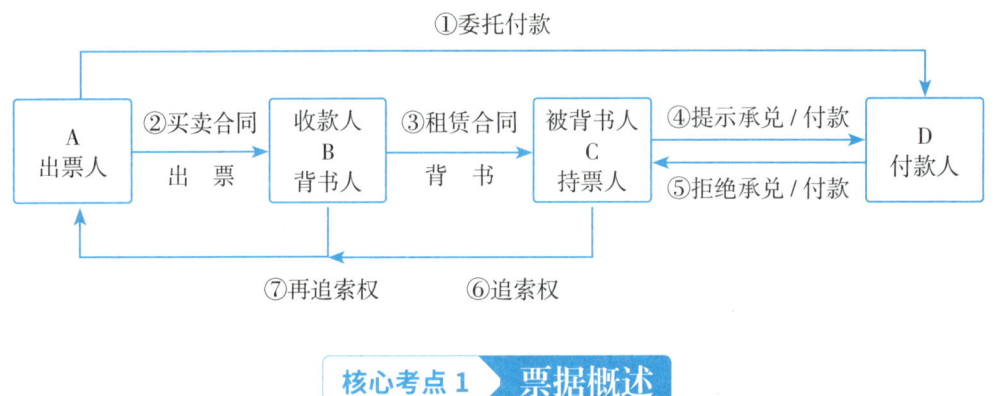

核心考点1 票据概述

一、票据的概念

票据是由出票人签发的，约定由自己或委托他人于见票时或确定的日期，向持票人或收款人无条件支付一定金额的有价证券。

【释义1】票据是有价证券，因为票据上体现的权利性质为财产权，该财产权的内容是请求支付一定的金钱。

【释义2】"无条件"，是指出票人或其他票据行为人不得将交易中的条件记载于票据上，进而确保票据流通的便捷。

二、票据的种类

我国票据种类采取法定主义，《票据法》中的票据仅指汇票（商业汇票和银行汇票）、本票（银行本票）和支票。

汇票，是出票人签发的，委托付款人在见票时或者在指定的日期无条件支付确定的金额给收款人或者持票人的票据。

本票，是出票人签发的，承诺自己在见票时无条件支付确定的金额给收款人或者持票人的票据。《票据法》所称本票，是指银行本票。

支票，是出票人签发的，委托办理支票存款业务的银行或者其他金融机构在见票时无条件支付确定的金额给收款人或者持票人的票据。

【比较】三类票据比较

票据种类		出票人	付款人	收款人或持票人	付款日期	付款方式
	银行汇票	银行	签发汇票的出票银行	法人、非法人组织、自然人	即期	现金或转账
汇票	商业汇票-银行承兑汇票	银行以外的企业和其他组织	承兑银行	法人、非法人组织	即期或远期	转账
	商业汇票-商业承兑汇票		银行以外的对票据承兑单位			

续表

	票据种类	出票人	付款人	收款人或持票人	付款日期	付款方式
本票	银行本票	银行	签发本票的出票银行	法人、非法人组织、自然人	即期	现金或转账
支票	现金支票	法人、自然人、非法人组织	出票人的开户银行或开立支票账户的其他金融机构	法人、非法人组织、自然人	即期	现金或转账
	转账支票					

【判断】自然人不能签发商业汇票。[①]

三、票据的功能

（一）支付功能
票据记载的是金钱债权，可以替代金钱作为支付方式。

（二）汇兑功能
票据可以解决异地付款时携带现金不便和不安全的问题。应付款方可以签发或转让票据给异地的收款方，从而使票据发挥汇兑的功能。

（三）结算功能
票据的结算功能又可称为债务抵销功能。互负票据债务的双方当事人，可以不必分别实际支付票据金额，而可以在金额相同的范围内进行抵销。

（四）信用功能
远期汇票可以发挥信用功能。

[例如]甲公司向乙公司购买货物，需要对方立即交货，但是并没有足够的资金用于立即支付货款。甲公司如果签发一张6个月后到期的汇票给乙公司，就可以有6个月的时间来筹集资金，其经济意义相当于获得了6个月的贷款。

（五）融资功能
对于远期汇票来说，虽然票据权利人无权在到期日之前请求票据债务人支付票据金额，但是可以在法律允许的范围将票据权利转让给他人，并从受让人处立即获得对价，或者将票据权利为他人设定质押，从而达到融资的目的。

核心考点2　票据的特征

一、票据是无因证券

票据上的法律关系是一种金钱支付关系，权利人享有票据权利只以持有符合《票据法》规定的有效票据为必要。票据的无因性的立法依据在于降低持票人的风险，保障票据的流通。

[例如] A公司购买B公司一批货物，为支付货款，A公司签发一张金额为10万元的汇票，收款人为B公司。B公司因借C公司10万元，将票据背书转让给C公司。C请求付款人付款时，无须证明AB之间存在买卖关系，但也无需证明BC之间存在借贷关系。

[①] 正确。参照《票据管理实施办法》第6~8条。

即使 AB 之间的买卖合同无效，或有瑕疵，并不影响 C 行使票据权利。

【释义】"无因"，是指支付无因，即持票人向付款人提出付款请求时，付款人仅对票据进行形式审查，不对取得票据的原因关系进行审查。此处的"因"一般指的是合同。质言之，票据关系一经形成，就与基础关系相分离，二者各自独立，基础关系是否存在，是否有效，原则上对票据关系不产生影响。

二、票据是要式证券

票据是要式证券，即票据的要式性，具体体现为以下两个方面：

（1）票据是按法定的形式要件签发的书面文件（可纸质，可电子），不符合法律规定的必须记载事项的，就会影响票据的效力甚至会导致票据无效。

（2）票据上的一切行为（出票、背书、承兑、保证、付款、追索等），也必须严格按照《票据法》规定的程序和方式进行，否则无效。

【判断】票据行为的方式若存在瑕疵，不影响票据的效力。[①]

三、票据是文义证券

票据的一切权利义务，只能以票据上的文字记载为准，即使文字记载与实际情形不一致，或者文义有错，仍以文字记载的内容确定其效力，不能以票据上文字记载以外的证据推翻文字记载的内容。

［例如］海洋公司持有的一张支票上记载的出票日期是 2023 年 10 月 10 日，而实际出票日期是 2023 年 8 月 10 日，那么只能视为这张支票为 2023 年 10 月 10 日出票，即使出票人出具证明说明笔误，也不能按 2023 年 8 月 10 日出票确定出票日期，只能以票据记载的为准确定出票日期。

【口诀】票上写啥是啥。

四、票据是设权证券

票据权利的产生必须首先做成证券。在票据做成证券之前，票据权利是不存在的。简言之，没有票据，就没有票据权利。

［例如］海洋公司和大地公司签订买卖合同，约定海洋公司购买大地公司的计算机，金额为 20 万元，用支票付款。但合同签订之后，如果海洋公司没有签发支票给大地公司，则票据权利义务关系没有产生，大地公司不得主张票据权利。

五、票据是流通证券

除非法律另有规定，票据可由持票人按《票据法》规定的形式要求自由转让，不必通知票据债务人。一般来说，无记名票据，可依单纯交付而转让；记名票据，须经背书交付才能转让。同时，随着票据的转让，原则上票据权利随之转移。

［例如］海洋公司签发一张票据给大地公司，付款人是蓝天公司，大地公司持有票据

---

① 错误。

后打算转让该票据给鲜花公司,此时大地公司不需要通知出票人海洋公司和付款人蓝天公司。另外,大地公司把票据转让给鲜花公司后,相应的权利也随之转让给鲜花公司,权利转让通过票据转让实现。

六、票据行为的独立性

票据行为的独立性,是指基于同一票据所为的若干票据行为互不牵连,都分别依各行为人在票据上记载的内容,独立地发生效力。因此,先票据行为无效,不影响后续票据行为的效力;某一票据行为无效,不影响其他票据行为的效力。票据行为的独立性具体体现在以下4个方面:

(1)票据上如有无民事行为能力人或限制民事行为能力人的签章,该签章的无效不影响其他签章的效力;

[例如] 赵海洋为无行为能力人,向赵铁锤发出一张支票,赵铁锤经背书将此支票转让给赵钢铁,赵钢铁又经背书将此支票转让给赵海参。此时,赵海洋作为无行为能力人在支票上的签章无效,即赵海洋的出票行为无效,而赵铁锤和赵钢铁的背书行为却不受此影响,他们依然得依支票上记载的事项对持票人赵海参负担付款的责任。

(2)无代理权而以代理人名义在票据上签章的,应由签章人自己负担票据上的责任;代理人逾越代理权限时,就逾越的部分,亦应由签章人自负责任;

【提示】无权代理人所为的代理行为在民法上属于效力待定,但由于票据行为具有独立性,无权代理人在票据上的签章行为就使得他必须就自己的签章而负担票据上的责任。

(3)票据上签章的伪造、变造对其他真正签章的效力也不产生影响;

(4)被保证人的债务即使无效,保证人仍然要负票据担保责任。

【真题】

昌盛公司为支付货款向顺发公司签发了一张金额为200万元的银行承兑汇票,并向富强银行办理了承兑。2018年4月,顺发公司将该汇票背书转让给立德公司。2018年5月,立德公司办公楼失火,票据被烧毁,仅剩留档的复印件。昌盛公司、顺发公司均在此复印件上加盖印章以说明彼此的交易情况。当立德公司持复印件主张权利时,下列表述正确的是:(2018年·回忆版)①

A. 因票据已经被承兑,富强银行应当承担付款责任
B. 顺发公司作为立德公司的前手,且承认交易的真实性,应当承担票据责任
C. 昌盛公司作为出票人,且承认票据流转的真实性,应当承担票据责任
D. 富强银行无需承担票据责任

> 一般考点 3　票据法上的法律关系

一、票据关系当事人

(一)票据关系的基本当事人

基本当事人是指票据一经成立即已存在的当事人,包括出票人、收款人、付款人。

---

① D。ABC选项错误,D选项正确。持票人向票据债务人主张票据权利的前提是持有符合法律规定的票据,复印件并不是符合法定形式要件的票据。

【提示】票据基本当事人缺一，票据无效。

（二）票据关系的非基本当事人

非基本当事人是指票据已经成立，通过各种票据行为而加入票据关系的当事人。如背书人、保证人、参加付款人、预备付款人等。

【提示】票据非基本当事人，可有可无。

[例如] 在下图中，ABF 是票据关系的基本当事人，BCDE 是票据关系的非基本当事人。甲、乙非票据关系当事人。

A 签发票据交付给 B，B 背书转让给 C，C 转让给 D。C 是 A、B 的后手，A、B 是 C 的前手，D 是 A、B、C 的后手，A、B、C 是 D 的前手。

B 是 C 的直接前手，C 是 B 的直接后手。因为他们之间没有其他前后手。

📘 **票据关系当事人知识逻辑**

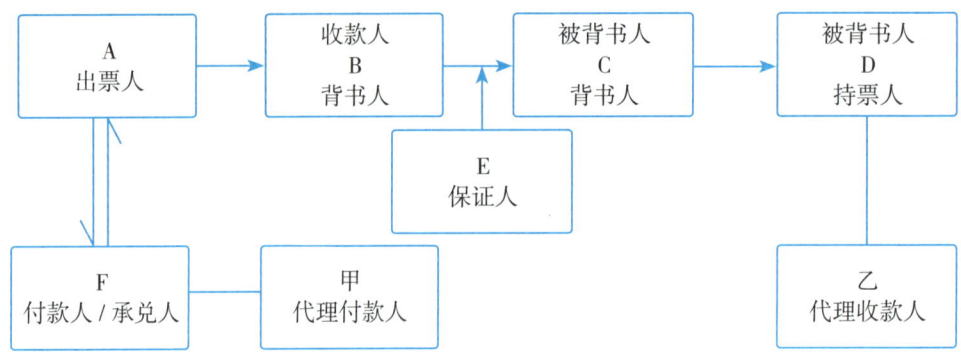

二、票据关系

📘 **汇票当事人之间的票据关系和基础关系图示**

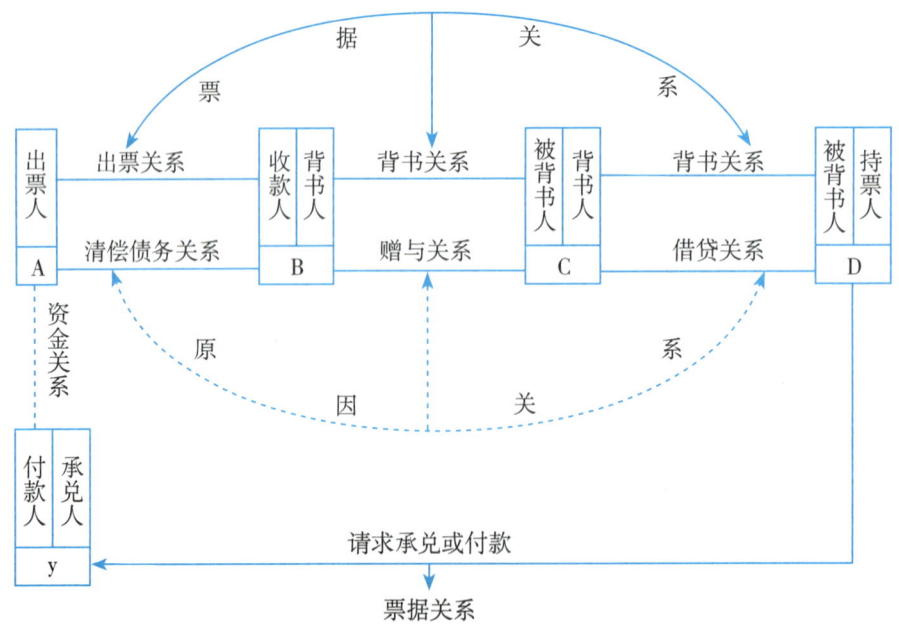

（一）票据关系的概念

票据关系，也称票据上的关系，是指票据当事人基于票据行为而发生的票据上的权利义务关系。其中，票据的持有人（持票人）享有票据权利，可以向在票据上签名的票据债务人，按照票据上记载的文义，主张行使《票据法》规定的权利。

（二）票据基础关系

票据基础关系，是指作为票据关系当事人之间签发、转让票据的实质原因或以某一人为票据付款人的实质原因的法律关系。票据基础关系具体可分为如下3类：

（1）**原因关系**，指票据当事人之间授受票据的理由。如出票人与收款人之间签发和接受票据的理由、背书人和被背书人之间转让票据的理由。

> 【提示1】原因关系只存在于授受票据的直接当事人之间，对非直接前后手之间不发生效力。
>
> 【提示2】票据的签发、取得和转让，应当具有真实的交易关系和债权债务关系。票据的取得，必须给付对价。
>
> 【提示3】票据债务人（即出票人）以在票据未转让时的基础关系违法、双方不具有真实的交易关系和债权债务关系、持票人应付对价而未付对价为由，要求返还票据而提起诉讼的，人民法院应当依法受理。

（2）**预约关系**，指票据当事人在授受票据之前，就票据的种类、金额、到期日、付款地等事项达成协议而产生的法律关系，即当事人之间授受票据的合同所产生的法律关系。但该合同仅为民事合同，当事人不履行票据预约合同所产生的权利义务仅构成民法上的债务不履行，不属于《票据法》规制的对象。

（3）**资金关系**，指汇票出票人和付款人、支票出票人与付款银行或其他资金义务人所发生的法律关系，即出票人委托付款人进行付款的原因。资金关系只存在于汇票与支票之中。

【比较】票据关系与基础关系比较

	票据关系	基础关系
发生原因	基于票据行为而发生	基于法律规定而发生
适用法律	《票据法》	《票据法》、《民法典》
内容	是票据权利义务关系，包括两类：一是债权人的付款请求权与债务人的付款义务；二是债权人的追索权与债务人的偿付义务。	无此要求
权利行使	权利人行使权力以持有有效票据为必要	
相互关系	票据关系一经形成就与基础关系相分离，基础关系是否存在、有效、对票据关系都不产生影响。但有两个例外：①持票人是不履行约定义务的与自己有直接债权债务关系的人（抗辩权）；②持票人取得票据权利如无对价，不能有优于其前手的权利。	

一般考点 4 　票据行为

一、票据行为的概念

票据行为，是指以行为人在票据上进行必备事项的记载、完成签名并予以交付为要件，以发生或转移票据上权利、负担票据上债务为目的的要式法律行为。

二、票据行为的种类

在我国《票据法》上，就票据行为而言，三类票据存在些许差异。汇票包括出票、背书、承兑、保证；本票包括出票、背书、保证；支票包括出票和背书。

三、票据行为的代理

（一）概念

票据行为的代理，是指代理人基于被代理人（本人）的授权，在票据上明示本人的名义、记明为本人代理的意思并签章的行为。

（二）代理关系的形成

票据当事人可以委托其代理人在票据上签章，并应当在票据上表明其代理关系。其法律后果归于被代理人。

【口诀】票上，字样＋签章

（三）无权代理

没有代理权而以代理人名义在票据上签章的，应当由签章人承担票据责任。

［例如］甲未经乙同意而以乙的名义签发一张商业汇票，汇票上记载的付款人为丙银行。丁取得该汇票后将其背书转让给戊。本案中，乙可以无权代理为由拒绝承担该汇票上的责任。甲作为签章人，应当承担责任。丙银行作为付款人，承兑后应当付款，不可以该汇票是无权代理为由而拒绝付款。

（四）超越代理权限

代理人超越代理权限的，应当就其超越权限的部分承担票据责任。

第二讲　票据权利义务

票据权利义务知识逻辑

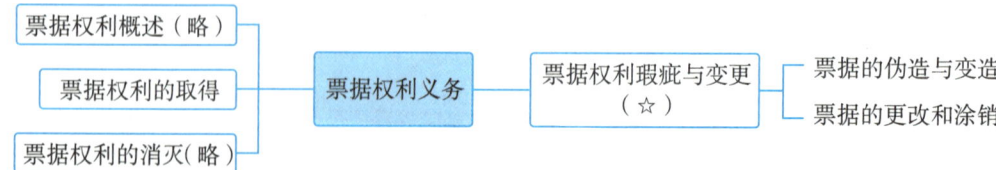

一般考点 5　票据权利概述

一、票据权利的概念

《票据法》上的票据权利,是指持票人向票据债务人请求支付票据金额的权利,包括付款请求权和追索权。

二、付款请求权

付款请求权,是指持票人对主债务人所享有的、依票据而请求支付票据所载金额的权利。持票人必须首先向主债务人行使第一次请求权,而不能直接行使追索权。

三、追索权

(一)追索权的概念

追索权,又称偿还请求权,是指持票人行使付款请求权遭到拒绝或有其他法定原因时,向其前手请求偿还被拒绝的票据金额及其他法定款项的权利,也叫票据上的第二次请求权。

【提示】追索权的行使以持票人第一次请求权未能实现为前提。

(二)行使追索权的情形

以下几种情形会引起持票人行使追索权:
(1)汇票到期被拒绝付款;
(2)汇票到期日前,汇票被拒绝承兑的;
(3)承兑人或付款人无法履行付款义务;
(4)承兑人或者付款人死亡、逃匿;
(5)承兑人或者付款人被依法宣告破产的或者因违法被责令终止业务活动的。

(三)追索权的丧失

持票人不能出示拒绝证明、退票理由书或者未按照规定期限提供其他合法证明的,丧失对其前手的追索权。但是,承兑人或者付款人仍应当对持票人承担责任。

(四)追索权的行使

对于持票人而言,汇票的出票人、背书人、承兑人和保证人对其承担连带责任(连带性)。持票人可以不按照汇票债务人的先后顺序,对其中任何一人、数人或者全体行使追索权(可选择性)。

【口诀】向前追,连带责。

四、再追索权

被追索人清偿债务后,与持票人享有同一权利,可以向其他汇票债务人行使再追索权。

【比较】付款请求权与追索权比较

	付款请求权	追索权
行使主体	最后合法持票人（包括委托收款）	既包括最后合法持票人，也包括承担了被追索义务后取得票据向其前手进行再追索的票据当事人
行使次序	第一次请求权	第二次请求权
行使对象	票据上记载的付款人或承兑人	持票人的前手及其保证人，包括出票人、背书人、保证人等
请求支付的金额数目	票据金额，即票据上记载的确定的金额	包括票据金额、该金额在法定时期的利息、法定的必要费用
权利的消灭时效	（1）远期汇票：自票据到期日起2年内不行使而消灭 （2）见票即付的汇票或本票：出票日起2年内不行使而消灭 （3）支票：持票人对支票出票人的权利，自出票日起6个月	（1）持票人对前手的追索权，自被拒绝承兑或者被拒绝付款之日起6个月 （2）持票人对前手的再追索权，自清偿日或者被提起诉讼之日起3个月

一般考点6 票据权利的取得

一、票据权利的原始取得

票据权利的原始取得，是指持票人不经其他任何前手权利人，而最初取得票据权利。包括，发行取得和善意取得两种：

发行取得，也称出票取得，是指权利人依出票人的出票行为，而原始取得票据权利。

善意取得，是指票据受让人依《票据法》规定的转让方法，善意地从无处分权人处取得票据，从而取得票据权利。

［例如］A遗失一张支票被B拾得，B经背书将该支票转让给C，C在接受该张支票时无恶意或重大过失，其中B为无权利人，且为C的直接前手，这时C根据善意取得的规定，可以取得票据权利。

二、票据权利的继受取得

票据权利的继受取得，是指受让人从有处分权的前手处取得票据，并取得票据权利。具体可分为《票据法》上的继受取得和非《票据法》上的继受取得等两种：

《票据法》上的继受取得，是指票据的背书转让，是最主要的票据权利继受取得方式。此外，保证人履行保证义务或追索义务人偿还追索金额后取得票据，也是《票据法》上的继受取得。

非《票据法》上的继受取得，是指依照民事权利的转让方式取得票据，既包括依普通债权的转让方式取得票据权利，也包括依继承、公司合并、营业受让等方式取得票据权利。

【提示】非《票据法》上的继受取得，通常只能得到一般法律的保护，而不能得到《票据法》对合法持票人权利的特别保护，不能主张抗辩切断和善意取得等。

[例如] A出票给B购买货物，B被C欺诈把该票据背书转让C，C为支付加工费把票据转让给D，D对C的欺诈行为不知情，接受了票据，后将该票据以赠与方式背书转让给E。逻辑关系图如下：

| A 出票人 | 买卖合同 出票 | 收款人 B 背书人 | 欺诈 背书 | 被背书人 C 背书人 | 承揽合同 背书 | 被背书人 D 背书人 | 赠与 背书 | E 持票人 |

C以非法手段取得票据，C取得票据时不享有票据权利。

C把票据背书转让给D，D支付了对价且是善意的，D基于善意取得方式取得票据权利，属于原始取得。

持票人E的直接前手是D，D是合法票据权利人，E的票据来源于D，虽然E是无偿取得，但E从票据权利人处合法受让票据，当然取得票据权利，并不因为间接前手C不享有票据权利而受影响。

一般考点7 **票据权利的消灭**

一、票据权利的消灭概念

票据权利的消灭，是指因一定的事由而使票据上的付款请求权和追索权失去其法律意义。其实质就是票据法律关系的消灭。

【提示】票据权利消灭后，当事人基于其他法律关系如合同关系等享有的权利并不因此消灭。

二、票据权利消灭的事由

（一）票据权利得到完全的实现

具体包括如下情形：
（1）付款；
（2）追索义务人清偿票据债务及追索费用。

（二）票据权利并未得到实现

具体包括如下情形：
（1）票据时效期间届满。
（2）票据记载事项欠缺。
（3）保全手续欠缺。持票人不能出示拒绝证明、退票理由书或者未按照规定期限提供其他合法证明的，丧失对其前手的追索权。但是，保全手续欠缺并不免除承兑人或者付款人对持票人应当承担的责任。
（4）除权判决。票据遗失后，经法院作出除权判决，票据权利消灭。这就意味着，在法院作出除权判决之前，票据权利并未消灭。

【提示】持票人因超过票据权利时效或者因票据记载事项欠缺而丧失票据权利的，仍享有民事权利，可以请求出票人或者承兑人返还其与未支付的票据金额相当的利益。

核心考点 8　票据权利瑕疵与变更

一、票据的伪造与变造

（一）概念

票据的伪造，是指票据签章的伪造。

票据的变造，是指无票据记载事项变更权限的人，对票据上签章以外的记载事项加以变更，从而使票据法律关系的内容发生改变。

【口诀】改签章，伪造；改其他，变造。

（二）法律责任

1. 票据伪造的责任承担

伪造人因为未在票据上签署自己的姓名，不承担票据责任。但要承担民事、行政、刑事等责任。

被伪造人由于未在票据上亲自签章，不承担票据责任。

[例如] 出票人 A 签发一张银行承兑汇票，B 为收款人。张三盗取该汇票后，伪造 B 的签章背书转让给 C，C 又背书转让给 D。逻辑关系图如下：

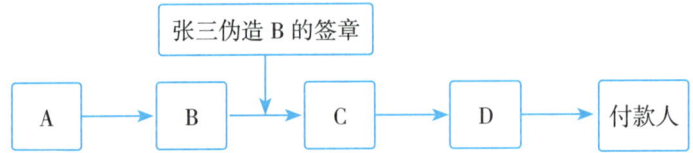

B 不承担票据责任，因其签章系被张三伪造。

张三不承担票据责任，因为其在票据上无签章，但要承担其他法律责任（民事、行政、刑事责任等）。

2. 票据变造的责任承担

在变造之前签章的人，对原记载事项负责。

在变造之后签章的人，对变造之后的记载事项负责。

不能辨别是在票据被变造之前或者之后签章的，视同在变造之前签章。

[例如] 出票人 A 出票时记载的金额为 1000 元的支票，收款人 B 把支票背书转让给 C 时把金额变造为 1 万元。C 又背书转让给 D，D 请求付款被拒绝，向前手行使追索权。逻辑关系图如下：

A 属于变造前签章的人，承担 1000 元的责任，B、C 是变造后签章的人，承担 1 万元的责任。若不能确认 B 是变造前签章还是变造后签章，视同在变造之前签章。

二、票据的更改和涂销

（一）概念

票据更改和涂销，是指将票据上的签名或其他记载事项加以更改或涂抹消除。

（二）法律责任

1. 票据更改的法律责任

（1）**不得更改事项**。票据金额、日期、收款人名称、银行汇票的实际结算金额不得更改，更改会导致票据无效。

（2）**可以更改事项**。对票据上的其他记载事项如付款人名称、付款日期、付款地、出票地等，原记载人可以更改，更改时只需签章证明即可。

2. 票据涂销法律责任

（1）**权利人的涂销**。权利人故意所为票据的涂销行为发生票据更改的法律后果。权利人非故意所为的票据涂销行为，涂销行为无效，票据依其未涂销时的记载事项发生法律效力。

（2）**非权利人的涂销**。非权利人所为的票据涂销行为，无论是故意还是非故意，均发生票据伪造、变造的法律后果。

第三讲　票据抗辩与补救

📘 票据抗辩与补救知识逻辑

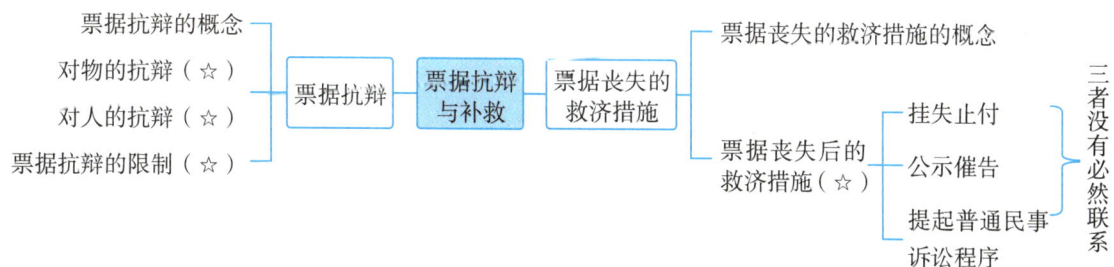

核心考点9　票据抗辩

一、票据抗辩的概念

票据抗辩，是指票据债务人根据《票据法》规定对票据债权人拒绝履行义务的行为。根据抗辩事由和抗辩效力的不同，票据抗辩可分为对物的抗辩和对人的抗辩。

二、对物的抗辩

对物的抗辩又称为绝对的抗辩和客观的抗辩，是指因票据本身所存在的事由而发生的抗辩。具体原因有如下情形：

票据无效	（1）欠缺法定必要记载事项； （2）有法定禁止记载事项； （3）票据金额的中文大写和数码不一致； （4）更改票据金额、日期、收款人名称。
背书瑕疵	背书不连续的情况下，持票人不能从形式上证明自己的合法持票人身份，票据债务人可以提出抗辩。
票据未到期抗辩	票据尚未到期，票据债务人可以主张抗辩。但这种抗辩只是延缓权利主张的抗辩，并非否定权利主张的抗辩。
票据债权消灭	票据债权消灭，无需再以票据作为支付对价的方式。
除权判决	票据遗失后，法院依票据权利人的公示催告请求，作出除权判决。
时效或保全	票据在因时效完成而消灭或因欠缺保全手续而消灭的情况下，票据债务人可以对时效完成或欠缺保全手续的票据权利人提出抗辩。
签章瑕疵	无民事行为能力人或限制民事行为能力人的签章无效。其监护人可以主张无民事行为能力人或限制民事行为能力人所为的票据行为无效，据此提出抗辩。

三、对人的抗辩

对人的抗辩，是指因票据义务人与特定的票据权利人之间存在一定关系而发生的抗辩。具体原因有如下情形：

原因关系瑕疵	在原因关系无效、不存在或消灭的情况下，票据债务人可以对有直接原因关系的票据权利人提出抗辩。
直接当事人之间	在直接当事人之间，如果存在票据义务人未受领对价或已经进行了相当于票据金额的给付时，票据债务人可以提出抗辩。
意思表示瑕疵	在票据行为人因欺诈或胁迫而为票据行为的情况下，受欺诈或胁迫的票据债务人可以向因欺诈或胁迫行为而持有票据的人或就欺诈胁迫行为有恶意或重大过失的持票人，提出抗辩。
非法定方式取得票据	在持票人所持有的票据是因盗窃、捡拾等非正当途径取得时，全体票据债务人可以向该持票人提出抗辩。

【口诀】直接关系。

四、票据抗辩的限制

（一）对出票人抗辩切断

票据债务人不得以自己与出票人之间的抗辩事由，对抗持票人。

[例如] A欲向B出售价值5万元的货物，同时C对A享有5万元的债权，A为清偿债务，签发了一张以B为付款人、以C为收款人的汇票，B对此汇票进行了承兑。此后，收款人C向付款人B请求付款时，B不得以A还未向其交货为由行使抗辩。因为付款人与出票人之间是基础关系，而收款人与付款人之间是票据关系，无论基础关系怎样，不影响票据关系的效力。付款人B不得拒绝持票人C的付款请求，如果B因此而遭受了损失，可依民法上的方法请求A赔偿。

（二）对持票人前手抗辩切断

票据债务人不得以自己与持票人前手之间的抗辩事由，对抗持票人。但是，持票人明知存在抗辩事由而取得票据的除外。

[例如] A在B的暴力威胁下签发了一张汇票，当B持该汇票向A请求付款时，A当然行使抗辩予以拒绝，但当该汇票经由B的背书转让给C而由C来请求行使权利时，出票人A则不得以自己与B之间存在的基础关系不合法这一抗辩事由对抗C。

（三）无对价取得票据的抗辩权

因税收、继承、赠与依法无偿取得票据的，不受给付对价的限制。但是，所享有的票据权利不得优于其前手的权利。前手是指在票据签章人或者持票人之前签章的其他票据债务人。

[例如] 甲公司为履行与乙公司的箱包买卖合同，签发了一张以乙公司为收款人、某银行为付款人的汇票，银行也予以了承兑。后乙公司将该汇票背书赠与丙。此时，甲公司发现乙公司的箱包为假冒伪劣产品。丙是基于赠予获得汇票，丙的权利不得优于其前手乙，甲就可以抗辩丙。

核心考点10　票据丧失的救济措施

一、票据丧失的救济措施的概念

票据丧失的救济措施，是指在票据权利人因某种原因丧失对票据的实际占有，使票据权利的行使遭到一定障碍时，为使权利人的票据权利能够实现，而对其提供的特别的法律救济。票据丧失的救济措施主要包括挂失止付、公示催告和提起普通民事诉讼。

二、票据丧失后的救济措施

（一）挂失止付

票据丧失，失票人可以及时通知票据的付款人挂失止付，但是，未记载付款人或者无法确定付款人及其代理付款人的票据除外。收到挂失止付通知的付款人，应当暂停支付。失票人应当在通知挂失止付后3日内，申请公示催告。

（二）公示催告

公示催告，是指在票据等有价证券丧失的场合，由人民法院依申请人的申请，向未知的利害关系人发出公告,告知其如果未在一定期间申报权利、提出证券,则人民法院会通过判决的形式宣告其无效,从而催促利害关系人申报权利、提出证券的一种特别诉讼程序。

申请人	在丧失票据占有以前的最后合法持票人。
申请原因	可以背书转让的票据被盗、遗失或者灭失,以及法律规定可以申请公示催告的其他事项。
停止支付	支付人收到人民法院停止支付的通知,应当停止支付,至公示催告程序终结。公示催告期间,转让票据的行为无效。
公示催告期间	人民法院决定受理公示催告申请,应当同时通知付款人及代理付款人停止支付,并自立案之日起3日内发出公告。公示催告的期间,国内票据自公告发布之日起60日,涉外票据可根据具体情况适当延长,但最长不得超过90日。
作出除权判决	催告期满,无人提出相关票据、进行权利申报或主张票据权利,经当事人申请法院作出除权判决,该票据丧失效力。

(三)普通民事诉讼

失票人提起的民事诉讼是以失票人为原告,与失票人具有票据债权债务关系的出票人、拒绝付款的票据付款人或者承兑人为被告,请求法院判决其向失票人付款的诉讼活动。由被告住所地或者票据支付地人民法院管辖。

【总结】失票人的救济措施有3种:挂失止付、公示催告和提起普通民事诉讼。这3种救济措施之间,并不存在必然联系,失票人可根据自身情况决定采取何种措施。

【判断】

1. 张三向李四出具一张汇票,李四不慎将票据遗失,张三能否申请公示催告?①

2. 付款人在接到止付通知后,应停止对票据的付款。如果其仍对票据进行付款,则无论善意与否,都应该承担赔偿责任。②

3. 票据本身并不因挂失止付而无效,失票人的票据责任并不因此免除,失票人的票据权利也不能因挂失止付得到最终的恢复。③

4. 持票人张三不慎将所持票据丢失,不久后得知被李四捡得,张三能否向法院申请公示催告?④

---

① 不能。《票据纠纷解释》第26条规定:可以申请公示催告的失票人,是指按照规定可以背书转让的票据在丧失票据占有以前的最后合法持票人。

② 正确。

③ 正确。

④ 不能。张三只能依普通民事诉讼程序,提起返还票据的诉讼。

第四讲　汇票

汇票知识逻辑

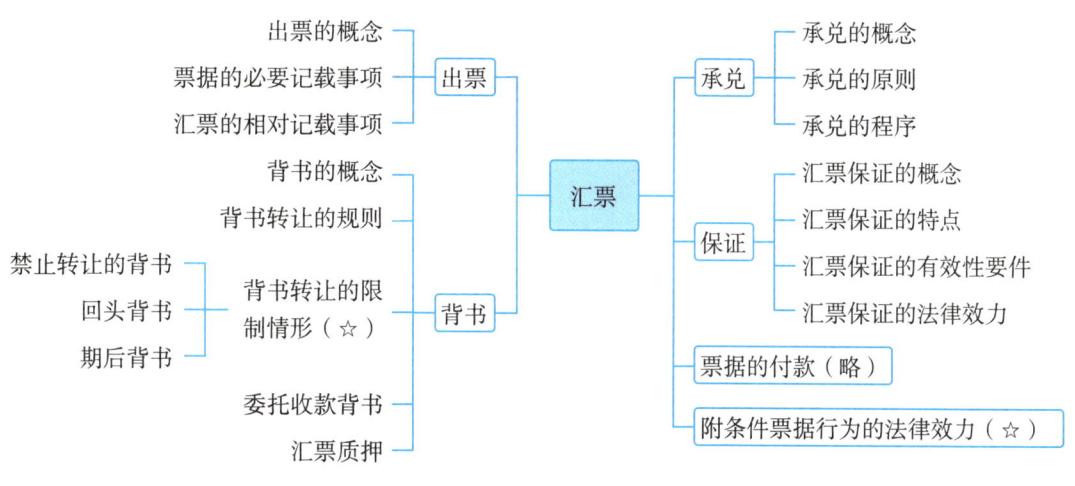

核心考点 11　汇票的出票

一、出票的概念

出票，是指出票人签发票据并将其交付收款人的票据行为。

二、票据的必要记载事项

汇票	本票	支票
（1）表明"汇票"的字样； （2）无条件支付的委托； （3）确定的金额； （4）付款人名称； （5）收款人名称； （6）出票日期； （7）出票人签章。	（1）表明"本票"的字样； （2）无条件支付的承诺； （3）确定的金额； （4）收款人名称； （5）出票日期； （6）出票人签章。	（1）表明"支票"的字样； （2）无条件支付的委托； （3）确定的金额； （4）付款人名称； （5）出票日期； （6）出票人签章。

【口诀】（1）上述事项，缺一，票据无效；（2）汇票：金日收付签样托（今日师傅牵羊驼），本票缺付，支票缺收。

三、汇票的相对记载事项

汇票上记载付款日期、付款地、出票地等事项的，应当清楚、明确。若记载不明确按照下列规则推定：

（1）汇票上未记载付款日期的，为见票即付。

（2）汇票上未记载付款地的，付款人的营业场所、住所或者经常居住地为付款地。

（3）汇票上未记载出票地的，出票人的营业场所、住所或者经常居住地为出票地。

核心考点 12　汇票的背书

一、背书的概念

背书，是指收款人或持票人在票据背面或粘单上记载有关事项并签章，从而将票据权利转让给他人或者将一定的票据权利授予他人行使的票据行为。

【提示】汇票、本票必须用背书方式转让，无记名支票可以用单纯交付的方式转让。

二、背书转让的规则

（一）记载背书日期

背书由背书人签章并记载背书日期。背书未记载日期的，视为在汇票到期日前背书。

（二）记载被背书人名称

汇票以背书转让或者以背书将一定的汇票权利授予他人行使时，必须记载被背书人名称。背书人未记载被背书人名称即将票据交付他人的，持票人在票据被背书人栏内记载自己的名称与背书人记载具有同等法律效力。

（三）连续背书

以背书转让的汇票，背书应当连续。持票人以背书的连续，证明其汇票权利；非经背书转让，而以其他合法方式取得汇票的，依法举证，证明其汇票权利。如果背书不连续，但持票人能够证明自己是合法权利人，仍可行使票据权利。

【总结】此处背书不连续但证明自己是合法持有人的情形主要有如下两种：

（1）因继承取得票据或因公司合并等原因取得票据的，背书不连续，但持票人通过证明自己取得票据是继承、合并等合法方式的，也可享有票据权利。

（2）持票人是基于背书取得票据，但票据上有多次背书，且存在不连续的问题，持票人能够证明取得票据存在实质上的合法性，同时证明不连续的环节属于法律认可合法方式的，也可行使票据权利。

[例如] 甲出票给乙，乙背书给丙，A 背书给 B，B 背书给 C，丙和 A 背书不连续，C 要主张票据权利，必须证明自己取得票据是合法的，同时还要证明，A 虽然没有从丙背书受让票据，但票据是通过法律允许的方式取得的，如基于继承取得票据、基于公司合并取得票据等。

（四）后手及其责任

以背书转让的汇票，后手应当对其直接前手背书的真实性负责。

【总结】此处"后手应当对其直接前手背书的真实性负责"包含两层含义：

（1）当持票人直接前手的背书是伪造的签章时，不论该持票人对伪造签字是否属于善意，该背书行为都无效，持票人不能取得票据权利。

（2）若直接前手的背书是伪造的背书，后于取得票据时没有发现又加以转让或代前手行使票据权利，从而给他人造成损失的，该后手应当承担相应的赔偿责任。

（五）禁止部分背书，分割背书

将汇票金额的一部分转让的背书或者将汇票金额分别转让给二人以上的背书无效，票据依旧有效。

（六）背书人义务

背书人以背书转让汇票后，即承担保证其后手所持汇票承兑和付款的责任。背书人在汇票得不到承兑或者付款时，应当清偿持票人基于行使追索权或再追索权而确定的金额和费用。

三、背书转让的限制情形

（一）禁止转让的背书

1.出票人禁转

票据的出票人在票据上记载"不得转让"字样，汇票不得转让。票据持有人背书转让的，背书行为无效。背书转让后的受让人不得享有票据权利，票据的出票人、承兑人对受让人不承担票据责任。后手以此票据进行贴现、质押的，通过贴现、质押取得票据的持票人不得主张票据权利。

【口诀】出票人禁转，再流转无效，票据依旧有效。

2.背书人禁转

背书人在汇票上记载"不得转让"字样，其后手再背书转让的，原背书人对后手的被背书人不承担保证责任。其后手以此票据进行贴现、质押的，原背书人对后手的被背书人不承担票据责任。但不影响出票人、承兑人以及原背书人之前手的票据责任。

【口诀】背书人禁转，再流转有效，谁写谁免责。

[例如]

被背书人：B公司	被背书人：C公司	被背书人：D公司	被背书人：E公司
背书人：A公司 （签章） 不得转让 背书日期	背书人：B公司 （签章） 不得转让 背书日期	背书人：C公司 （签章） 背书日期	背书人：D公司 （签章） 背书日期

出票人A公司记载"不得转让"字样，A公司将该汇票背书转让给B公司。B公司不能向出票人主张票据权利，但B公司可以基于债权向A公司主张权利。

背书人B公司记载"不得转让"字样，C公司将该汇票背书转让给D公司，D公司又将该汇票背书转让给E公司。E公司在行使追索权时B公司免责，E公司可以找A公司、C公司、D公司。但C公司向B公司行使追索权时B公司不免责，因为B公司、C公司为直接前后手。

（二）回头背书

持票人为出票人的，对其前手无追索权。持票人为背书人的，对其后手无追索权。

[例如]

被背书人：B公司	被背书人：C公司	被背书人：D公司	被背书人：A/B公司
背书人：A公司（签章）	背书人：B公司（签章）	背书人：C公司（签章）	背书人：D公司（签章）
背书日期	背书日期	背书日期	背书日期

若背书人为D公司，被背书人为出票人A公司，此时，出票人为持票人，对其前手没有追索权。

若背书人为D公司，被背书人为B公司，B公司有追索权，但B公司只能向A公司行使追索权。

（三）期后背书

汇票被拒绝承兑、被拒绝付款或者超过付款提示期限的，不得背书转让；背书转让的，背书人应当承担汇票责任。

【提示】期后背书属于无效背书，不发生一般背书的效力，仅发生债权转让的效力。但期后背书的背书人仍需承担票据责任。

[例如] 票据流转如下图所示，若2023年5月20日为到期日，则D公司的背书行为属于期后背书，E公司只能要求D公司承担责任。

被背书人：B公司	被背书人：C公司	被背书人：D公司	被背书人：E公司
背书人：A公司（签章）	背书人：B公司（签章）	背书人：C公司（签章）	背书人：D公司（签章）
背书日期：2023年3月10日	背书日期：2023年4月8日	背书日期：2023年5月9日	背书日期：2023年7月6日

四、委托收款背书

委托收款背书，是指以委托他人代替自己行使票据权利、收取票据金额而进行的背书。委托收款背书不是实质上的票据权利转让，而是以背书形式进行的委托。委托收款背书的背书人在进行背书时，必须记载"委托收款"字样。

五、汇票质押

汇票可以设定质押；质押时应当以背书记载"质押"字样。被背书人依法实现其质权时，可以行使汇票权利。

【口诀】票据质押＝背书记载"质押"字样＋出质人签章＋交付。

【总结】由于票据质押属于一种特殊的质权设定方式，需从如下方面理解：

（1）如果出质人只记载了"质押"字样而未在票据上签章，或者出质人未在汇票或粘单上记载"质押"字样而是另行签订质押合同，质押条款的，不构成票据质押；

（2）质押背书的被背书人在实现债权时，不限定在设质的债权范围内，而是可以依票据请求全部票据金额的完全给付；

（3）质押票据的质权人，即被背书人转让票据或再行背书质押的，受让人不能取得票据权利，并且质权人进行了转让背书后视为背书不连续，该背书行为无效。

> **真题**
>
> 甲公司开具一张金额为 50 万元的汇票，收款人为乙公司，付款人为丙银行。乙公司收到后将该汇票背书转让给丁公司。下列哪一说法是正确的？（2011年·卷3·32题）[①]
> A. 乙公司将票据背书转让给丁公司后即退出票据关系
> B. 丁公司的票据债务人包括乙公司和丙银行，但不包括甲公司
> C. 乙公司背书转让时不得附加任何条件
> D. 如甲公司在出票时于汇票上记载有"不得转让"字样，则乙公司的背书转让行为依然有效，但持票人不得向甲行使追索权

核心考点 13 汇票的承兑

一、承兑的概念

承兑，是指汇票付款人承诺在汇票到期日支付汇票金额的票据行为。承兑是远期商业汇票特有的制度。

二、承兑的原则

（一）付款人意思自由
汇票的付款人可以依自己独立的意思，决定是否进行承兑。

（二）完全承兑
付款人必须在持票人提示付款的当日，足额付款。

（三）承兑后担责
汇票上的付款人一经承兑，就必须承担无条件的、绝对的付款责任。

三、承兑的程序

（一）提示承兑
1. 提示承兑的概念

提示承兑，是指持票人向付款人出示汇票，并要求付款人承诺付款的行为。持票人未提示承兑，丧失对其前手的追索权。

【提示】在我国票据实务中，绝大部分的票据都是出票时向付款人提示承兑，然后才交付给收款人。因此，提示人可以是出票人也可以是持票人。

[①] C。A选项错误，背书转让汇票后，背书人不是退出票据关系，而是对后手承担保证责任。B选项错误，除付款人以外，票据债务人还包括出票人、背书人、承兑人、保证人。C选项正确，背书不得附有条件，背书时附有条件的，所附条件不具有汇票上的效力。D选项错误，出票人在汇票上记载"不得转让"字样的，汇票不得转让，背书转让了的，该转让行为无效。

2. 承兑提示期

定日付款或者出票后定期付款的汇票，持票人应当在汇票到期日前向付款人提示承兑。见票后定期付款的汇票，持票人应当自出票日起 1 个月内向付款人提示承兑。见票即付的汇票无需提示承兑。

（二）签发回单

付款人收到持票人提示承兑的汇票时，应当向持票人签发收到汇票的回单。回单上应当记明汇票提示承兑日期并签章。

（三）作出承兑或拒绝承兑的表示

付款人对向其提示承兑的汇票，应当自收到提示承兑的汇票之日起 3 日内承兑或者拒绝承兑。付款人承兑汇票的，应当在汇票正面记载"承兑"字样和承兑日期并签章；见票后定期付款的汇票，应当在承兑时记载付款日期。汇票上未记载承兑日期的，以付款人收到提示承兑的汇票之日起的第 3 日为承兑日期。

（四）交还票据

承兑人在完成记载事项后，需将票据交付给持票人后才生效。

核心考点 14　汇票的保证

一、汇票保证的概念

汇票保证是指汇票债务人以外的第三人，担保特定的票据债务人能够履行票据债务的票据行为。当被担保的票据债务人不能履行票据义务时，保证人承担向票据权利人支付款项的义务。

二、汇票保证的特点

票据保证责任是一种连带责任，具体表现为以下两个方面：

（1）保证人与被保证人承担连带责任，被保证人不享有先诉抗辩权。被保证的汇票，保证人应当与被保证人对持票人承担连带责任。汇票到期后得不到付款的，持票人有权向保证人请求付款，保证人应当足额付款。

（2）保证人为二人以上的，保证人之间承担连带责任。

三、汇票保证的有效性要件

保证人必须在汇票或者粘单上记载下列事项：

（1）表明"保证"的字样。保证人未在票据或者粘单上记载"保证"文句而是另行签订保证合同或者保证条款的，不构成票据保证；

（2）保证人签章；

（3）保证人名称和住所。未记载，可根据保证人的签章，推定其名称和住所；

（4）被保证人的名称。未记载，已承兑的汇票，承兑人为被保证人；未承兑的汇票，出票人为被保证人；

（5）保证日期。未记载，出票日期为保证日期。

四、汇票保证的法律效力

（一）保证人的票据责任

保证人对合法取得汇票的持票人所享有的汇票权利，承担保证责任。但是，被保证人的债务因汇票记载事项欠缺而无效的除外。

（二）保证人的追索权

保证人清偿汇票债务后，可以行使持票人对被保证人及其前手的追索权。

甲从乙处购置一批家具，给乙签发一张金额为40万元的汇票。乙将该汇票背书转让给丙。丙请丁在该汇票上为"保证"记载并签章，随后又将其背书转让给戊。戊请求银行承兑时，被银行拒绝。对此，下列哪一选项是正确的？（2015年·卷3·32题）①

A. 丁可以采取附条件保证方式
B. 若丁在其保证中未记载保证日期，则以出票日期为保证日期
C. 戊只有在向丙行使追索权遭拒绝后，才能向丁请求付款
D. 在丁对戊付款后，丁只能向丙行使追索权

一般考点 15　票据的付款

一、票据付款的概念

《票据法》上的付款是指付款人或承兑人在票据到期时，对持票人所进行的票据金额的支付。

二、付款人的审查义务

付款人及其代理付款人付款时，应当审查汇票背书的连续，并审查提示付款人的合法身份证明或者有效证件。

【提示】付款人在付款时，只需对所提示的票据进行形式审查，并无实质审查义务。

三、付款损失的承担

付款人在履行法定审查义务后进行的付款是有效付款，即使发生错付，亦可善意免责。但在下列情况下，付款人须承担付款的损失：

（1）付款人恶意付款。付款人或代理付款人以恶意或者重大过失付款的，如因恶意或重大过失欠缺对提示付款人的合法身份证明或有效证件的审查；欠缺对票据记载事项的审查，包括绝对必要记载事项是否完备、是否有绝对必要有害的记载事项、背书是否连续等的审查；对在公示催告期间的票据进行付款的；收到止付通知后进行付款的。

---
① B。A选项错误，保证不得附有条件，附有条件的，不影响对汇票的保证责任。B选项正确，保证日期是票据上的相对必要记载事项，未记载时出票日期为保证日期。C选项错误，被保证的汇票，保证人应当与被保证人对持票人承担连带责任；汇票到期后得不到付款的，持票人有权向保证人请求付款，保证人应当足额付款。D选项错误，保证人承担付款责任后，可以向被保证人和其前手行使追索权，而非仅仅对被保证人有追索权。

（2）期前付款。对定日付款、出票后定期付款或者见票后定期付款的汇票，付款人在到期日前付款的，由付款人自行承担所产生的责任。

> **核心考点 16** 附条件票据行为的法律效力

出票附条件	汇票上可以记载《票据法》规定事项以外的其他出票事项，但是该记载事项不具有汇票上的效力。
背书附条件	背书不得附有条件，背书时附有条件的，票据有效，所附条件不具有汇票上的效力。
承兑附条件	付款人承兑汇票，不得附有条件；承兑附有条件的，视为拒绝承兑。
票据保证附条件	保证不得附有条件；附有条件的，保证有效，所附条件视为无记载，无论条件成就与否，保证人均须承担保证责任。
支付附条件	付款附条件的，票据无效，任何人均不得以此票据主张任何票据权利。
支票附条件	支票限于见票即付，不得另行记载付款日期。另行记载付款日期的，该记载无效。

第五讲 本票与支票

📘 **本票与支票知识逻辑**

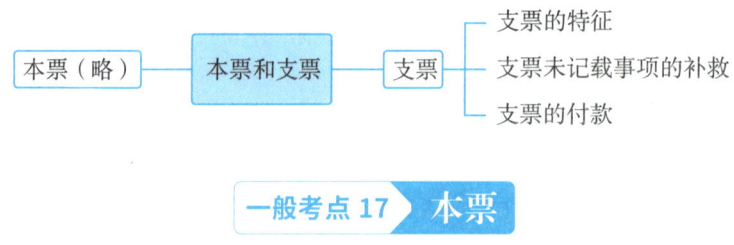

> **一般考点 17** 本票

一、本票的特征

（一）本票是自付证券

本票是由出票人自己对收款人支付并承担绝对付款责任的票据。在本票法律关系中，基本当事人只有出票人和收款人。

（二）无须承兑

本票是由出票人本人承担付款责任，无须委托他人付款。

二、付款期限

本票自出票日起，付款期限最长不得超过2个月。

核心考点 18 支票

一、支票的特征

支票具有如下特征：

（1）支票的付款人特定。支票的付款人仅限于银行或其他金融机构，不能是其他法人或自然人。

（2）支票是见票即付的票据。

（3）禁止签发空头支票。支票的出票人所签发的支票金额不得超过其付款时在付款人处实有的存款金额。超过其实有存款金额的，为空头支票。

二、支票未记载事项的补救

支票上未记载相关事项，可作如下处理：

（1）支票上未记载收款人名称的，经出票人授权，可以补记；

（2）支票上未记载付款地的，付款人的营业场所为付款地；

（3）支票上未记载出票地的，出票人的营业场所、住所或者经常居住地为出票地；

（4）支票上的金额可以由出票人授权补记，未补记前的支票，不得使用。

【提示】收款人名称、金额可授权补记。

三、支票的付款

（一）提示付款

支票的持票人应当自出票日起 10 日内提示付款；异地使用的支票，其提示付款的期限由中国人民银行另行规定。超过提示付款期限的，付款人可以不予付款；付款人不予付款的，出票人仍应当对持票人承担票据责任。

（二）逾期提示的法律后果

因超过提示付款期限付款人不予付款的，持票人仍享有票据权利，出票人仍应对持票人承担票据责任，支付票据所载金额。

（三）当日足额付款

出票人在付款人处的存款足以支付支票金额时，付款人应当在当日足额付款。

第 7 章 保险法

> **应试指导**
>
> 《保险法》是法考中每年必考，且相对比较容易得分的科目。每年考查 1—2 题，分值为 1—3 分。从考试的角度而言，考查难度不大，考点相对集中。考查时以两类保险合同为中心，主要涉及保险合同利益原则、最大诚信原则、保险合同的订立与解除、人身保险与财产保险中的特殊制度等。

📖 **保险法知识逻辑**

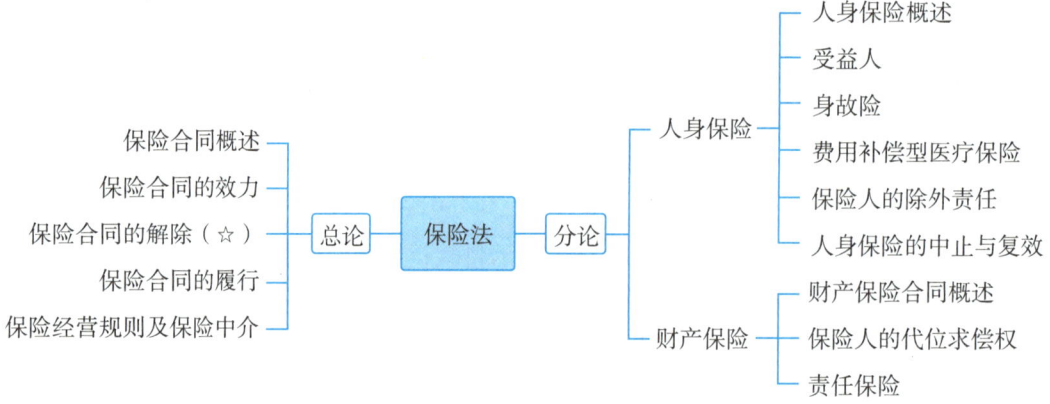

第一讲　保险法总论

📖 **保险法总论知识逻辑**

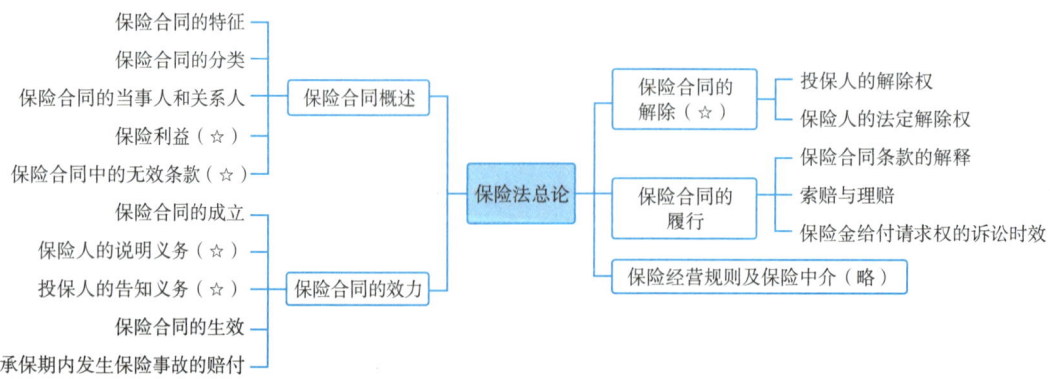

> 一般考点 1　保险合同概述

一、保险合同的特征

保险合同是射幸合同、最大诚信合同、格式合同、双务合同、有偿合同、不要式合同、诺成性合同。

二、保险合同的分类

分类标准	保险合同类型
保险合同标的不同	人身保险合同，是指以人的生命或身体为保险标的的保险合同，如人寿保险、健康保险、老年保险、伤残保险等。
	财产保险合同，是指以物或者其他财产利益为保险标的的保险合同。
保险合同实施形式不同	强制保险合同，是指依据法律的规定而强制实施的保险合同，如第三者责任强制保险等。
	自愿保险合同，是指基于投保人自己的意思而订立的保险合同。
保险责任次序不同	原保险合同，又称为第一次保险，是指保险人对被保险人承担直接责任的原始保险合同。
	再保险合同，又称为分保险合同或第二次保险合同。保险人将其承担的保险业务，以承保的形式，部分转移给其他保险人。
保险人人数的不同	单保险合同，是指投保人以一个保险标的、一个保险利益、一个保险事故向同一保险人订立保险合同的保险。
	复保险合同，又称重复保险合同，是指投保人以同一保险标的、同一保险利益、同一保险事故分别向两个以上的保险人订立的保险合同。
保险金额与保险价值的关系	足额保险合同，是指保险金额等于保险价值的保险合同。
	不足额保险合同，是指保险金额低于保险价值的合同。

三、保险合同的当事人和关系人

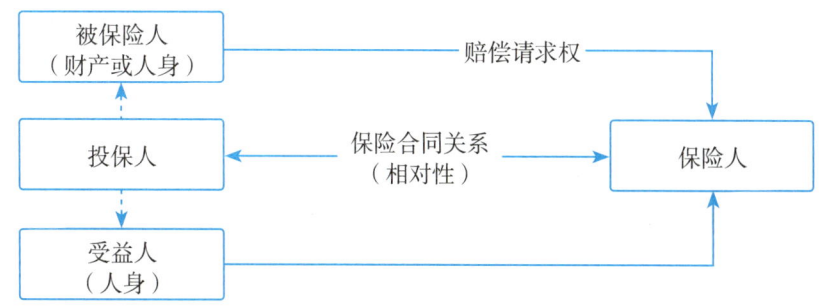

说明：保险合同的当事人，仅包括保险人和投保人。保险合同的关系人，包括被保险人和受益人。投保人和被保险人或受益人可以是同一人。

四、保险利益

（一）保险利益成立要件

保险利益原则的根本目的在于遏制保险赌博行为和防止道德风险的发生，从而更好地实现保险"分散危险和消化损失"的功能。保险利益的成立需要满足以下3个要件：

（1）合法性：必须是法律上承认的利益，即合法的利益；
（2）经济性：必须是经济上的利益，即可以用金钱估计的利益；
（3）确定性：必须是可以确定的利益。

（二）人身保险的保险利益

1. 具有保险利益时间

人身保险的投保人在保险合同订立时，对被保险人应当具有保险利益。

2. 具有保险利益范围

投保人对下列人员具有保险利益：

（1）本人、配偶、子女、父母；
（2）其他与投保人有抚养、赡养或者扶养关系的家庭其他成员、近亲属；
（3）与投保人有劳动关系的劳动者；
（4）被保险人同意投保人为其订立合同的，视为投保人对被保险人具有保险利益。

3. 不具有保险利益的后果

订立合同时，投保人对被保险人不具有保险利益的，合同无效。因投保人对被保险人不具有保险利益导致保险合同无效，投保人可主张保险人退还扣减相应手续费后的保险费。

保险合同订立后，因投保人丧失对被保险人的保险利益，当事人不得主张保险合同无效。

【口诀】人身保险订立时，反之合同无效。

【判断】赵海燕是海洋食品厂的员工。任职期间，单位给赵海燕投保了人身意外伤亡险。

（1）海洋食品厂与赵海燕之间是否具有保险利益？①
（2）海洋食品厂若直接给赵海燕的妻子张桂香购买人身意外伤亡险，该保险合同是否有效？②
（3）保险合同订立后，双方解除劳动关系。若保险责任期内赵海燕遭受保险事故，能否向保险公司申请理赔？③

（三）财产保险的保险利益

财产保险的被保险人在保险事故发生时，对保险标的应当具有保险利益，否则，不得向保险人请求赔偿保险金。

【口诀】财产保险发生时，反之不能主张赔偿金。

---

① 有。
② 无效。
③ 可以。

五、保险合同中的无效条款

采用保险人提供的格式条款订立的保险合同中的下列条款无效：
（1）免除保险人依法应承担的义务或者加重投保人、被保险人责任的；
（2）排除投保人、被保险人或者受益人依法享有的权利的。

【口诀】 格式条款，免责排权，无效。

核心考点 2　保险合同的效力

一、保险合同的成立

投保人提出保险要求，经保险人同意承保，并就保险合同的条款达成协议，保险合同成立。

【口诀】 承保，成立，不是签合同。

二、保险人的说明义务

（一）格式条款的说明义务

如果订立保险合同采用的是保险人提供的格式条款的，保险人应当向投保人说明合同的内容。

（二）免责条款的说明义务

1. 说明方式

对于保险合同中免除保险人责任的条款，保险人在订立合同时应当在投保单、保险单或者其他保险凭证上作出足以引起投保人注意的提示，并对该条款的内容以书面或者口头形式向投保人作出明确说明，未作提示或者明确说明的，该条款不产生效力。

【提示】 如何判断保险人履行了提示义务？
（1）书面标注提示说明、书面或口头解释说明。
（2）数字媒体提示说明。通过网络、电话等方式订立的保险合同，保险人以网页、音频、视频等形式对免除保险人责任条款予以提示和明确说明。
（3）投保人确认。

2. 举证责任

保险人对其履行了明确说明义务负举证责任。

（三）保险标的转让后的说明义务

保险人已向投保人履行了《保险法》规定的提示和明确说明义务，保险标的发生转让的，受让人不得以保险标的转让后保险人未向其提示或者明确说明为由，主张免除保险人责任的条款不成为合同内容。

【口诀】 保险标的转，转让人有说明义务。

[例如] 赵海洋以自己的车向保险公司投保，签订了保险合同，双方另书面签订了保险公司的免责条款。后来赵海洋将车转让给了李美芬，并通知了保险公司，但是赵海洋忘

记把免责条款的文件交给李美芬。后该车发生事故毁损，保险公司可根据该免责条款不予赔付。

三、投保人的告知义务

（一）如实告知的范围

保险合同订立时，投保人明知的与保险标的或者被保险人有关的情况，是投保人应如实告知的内容，投保人的告知义务限于保险人询问的范围和内容。

保险人在概括性条款没有具体内容的情况下，不得以投保人违反了对投保单询问表中所列概括性条款的如实告知义务为由请求解除合同。

（二）举证责任

当事人对询问范围及内容有争议，保险人负举证责任。

【口诀】投明知，保所问，有争议，保举证。依据概括性条款解除合同要看其中是否有具体内容。

（三）体检中当事人的如实告知义务

保险合同订立时，当事人不得以被保险人根据保险人的要求在指定医疗服务机构进行体检，主张投保人如实告知义务免除。

保险人知道被保险人的体检结果，就不得以投保人未就相关情况履行如实告知义务为由要求解除合同。

【提示】认定投保人是否履行告知义务的标准是保险人是否知道体检结果，而不是被保险人是否去了指定的医院。第三人原因造成保险人知道错误的体检结果，被保险人明知的情况下，不视为被保险人履行了告知义务。

四、保险合同的生效

（一）保险合同的生效时间

依法成立的保险合同，自成立时生效。投保人和保险人可以对合同的效力约定附条件或者附期限。

（二）保险合同的推定成立

保险人或者保险人的代理人代为填写保险单证后经投保人签字或者盖章确认的，代为填写的内容视为投保人的真实意思表示。

【口诀】代填单，签章，追认。

投保人或者投保人的代理人订立保险合同时没有亲自签字或者盖章，而由保险人或者保险人的代理人代为签字或者盖章的，对投保人不生效。但投保人已经交纳保险费的，视为其对代签字或者盖章行为的追认。

【口诀】代签章，缴费，追认。

五、承保期内发生保险事故的赔付

保险人接受了投保人提交的投保单并收取了保险费，投保人在承保期内发生保险事故，保险人是否依约赔付，主要看是否符合承保条件，符合赔，不符合不赔。是否符合，由保险人举证。

核心考点 3　保险合同的解除

一、投保人的解除权

（一）投保人行使解除权的情形

原则上，在法律或者保险合同无另外规定的情况下，投保人可以随时解除保险合同。当事人不得以投保人解除保险合同未经被保险人或者受益人同意为由，主张解除行为无效。但被保险人或者受益人已向投保人支付相当于保险单现金价值的款项并通知保险人的除外。

例外，货物运输保险合同和运输工具航程保险合同，保险责任开始后，无论是保险人或者投保人（被保险人）均不得解除保险合同。

（二）投保人行使解除权的法律后果

财产保险中投保人解约，行为发生在保险责任开始前，保险人扣除手续费，退还保险费；行为发生在保险责任开始后，保险人扣除应收部分，退还保险费。

二、保险人的法定解除权

（一）投保人未履行如实告知义务

1. 保险人行使解除权的原因

投保人故意或者因重大过失未履行前款规定的如实告知义务，足以影响保险人决定是否同意承保或者提高保险费率的，保险人有权解除合同。

2. 保险人行使解除权的法律后果

投保人故意不告知，保险人可解约，不用赔，不退费。

投保人重大过失不告知，保险人可解约，不用赔，要退费。

【提示】保险人拒绝赔偿的前提是行使解除权。

3. 保险人不得行使解除权的情形

保险人在合同订立时已经知道投保人未如实告知的情况的，保险人不得解除合同；发生保险事故的，保险人应当承担赔偿或者给付保险金的责任。

保险人在保险合同成立后知道或者应当知道投保人未履行如实告知义务，仍然收取保险费，则不得以投保人未履行如实告知义务主张解除合同。

[例如] 海洋保险公司推出一种人身险，规定 60 岁以上可购买。年仅 58 岁的赵海燕，办了个假证，修改了自己身份证上的生日信息，但由于修改水平太次，保险业务员呼延铁锤一眼识破，但为了凑够本月业绩，仍然收取了投保人的保险费。此时，如果赵海燕出现合同约定的理赔情形，海洋保险公司是应当赔偿的。

4. 保险人行使解除权的除斥期间

保险人依法取得合同解除权，自保险人知道有解除事由之日起，超过 30 日不行使而消灭。自合同成立之日起超过 2 年的，保险人不得解除合同；发生保险事故的，保险人应当承担赔偿或者给付保险金的责任。

【口诀】知道 30 日，不知道自合同成立之日 2 年。超过 2 年，出事应赔。

（二）投保人直接故意

1. 谎称发生保险事故

未发生保险事故，被保险人或者受益人谎称发生了保险事故，向保险人提出赔偿或者给付保险金请求的，保险人有权解除保险合同，不退还保险费。

【口诀】谎称发生保险事故，可解约，不用赔，不退费。

2. 故意制造保险事故

投保人、被保险人故意制造保险事故的，保险人有权解除解释合同，不承担赔偿或者给付保险金的责任；原则上不退还保险费。

【口诀】故意制造保险事故，可解约，不用赔，不退费。

3. 虚报损失

保险事故发生后，投保人、被保险人或者受益人编造虚假的事故原因或者夸大损失程度的，保险人对其虚报的部分不承担赔偿或者给付保险金的责任。

【口诀】虚报损失，虚报部分不赔，真实损失要赔。

4. 人身保险中谎报年龄

（1）假年龄不符合合同要求。投保人申报的被保险人年龄不真实，并且其真实年龄不符合合同约定的年龄限制的，保险人可以解除保险合同，并按照保险合同约定退还保险单的现金价值。

保险人依法取得合同解除权，自保险人知道有解除事由之日起，超过 30 日不行使而消灭。自合同成立之日起超过 2 年的，保险人不得解除保险合同；发生保险事故的，保险人应当承担赔偿或者给付保险金的责任。

【口诀】假年龄，不符合，可解约，退现金价值。除斥期间：知道 30 日，不知道自合同成立之日 2 年。

（2）假年龄致使少缴保费。投保人申报的被保险人年龄不真实，致使投保人支付的保险费少于应付保险费的，保险人有权更正并要求投保人补交保险费，或者在给付保险金时按照实付保险费与应付保险费的比例支付。

【口诀】假年龄，少缴费，补缴或按比例赔付。

（3）假年龄致使多缴保费。投保人申报的被保险人年龄不真实，致使投保人支付的保险费多于应付保险费的，保险人应当将多收的保险费退还投保人。

【口诀】假年龄，多缴费，退费或抵扣保费。

（三）投保人间接故意

1. 未履行安全保障义务

财产保险中，投保人、被保险人未按照约定履行其对保险标的的安全应尽责任的，保险人有权要求增加保险费或者解除保险合同。

2. 未尽危险程度增加通知义务

（1）**危险程度显著增加后的保险人的权利**。在合同有效期内，保险标的的危险程度显著增加的，被保险人应当按照合同约定及时通知保险人，保险人可以按照合同约定增加保险费或者解除合同。

（2）**危险程度显著增加的认定**。"危险程度显著增加"的判断应当综合考虑以下因素：
① 保险标的用途的改变；
② 保险标的使用范围的改变；
③ 保险标的所处环境的变化；
④ 保险标的因改装等原因引起的变化；
⑤ 保险标的使用人或者管理人的改变；
⑥ 危险程度增加持续的时间；
⑦ 其他可能导致危险程度显著增加的因素。

保险标的危险程度虽然增加，但增加的危险属于保险合同订立时保险人预见或者应当预见的保险合同承保范围的，不构成危险程度显著增加。

【提示】综上，"危险程度显著增加"是综合考虑的非可预见风险。

（3）**保险人解除保险合同的法律后果**。保险人解除合同的，应当将已收取的保险费，按照合同约定扣除自保险责任开始之日起至合同解除之日止应收的部分后，退还投保人。

【口诀】解约，扣除手续费后退费。

被保险人未履行危险程度显著增加通知义务的，因保险标的的危险程度显著增加而发生的保险事故，保险人不承担赔偿保险金的责任。

【口诀】未告知危险程度显著增加，出事，不赔。

3. 未缴纳保险费

人身保险因投保人未按时缴纳保险费，致使保险合同中止，自合同效力中止之日起满2年双方未达成协议的，保险人有权解除合同，但保险人应当按照合同约定退还保险单的现金价值。

（四）财产保险标的发生部分损失

保险标的发生部分损失的，自保险人赔偿之日起30日内，投保人可以解除合同；除合同另有约定外，保险人也可以解除合同，但应当提前15日通知投保人。

合同解除的，保险人应当将保险标的未受损失部分的保险费，按照合同约定扣除自保险责任开始之日起至合同解除之日止应收的部分后，退还投保人。

【口诀】财保标的部分损，赔后投保人和保险人均可解除。解除后，未受损部分的保费，扣除应收部分，退还剩余。

一般考点 4　保险合同的履行

一、保险合同条款的解释

保险人与投保人、被保险人或者受益人对格式合同条款有争议的，应当按照通常理解予以解释。在对保险合同的文义进行解释时，通常采取有利于被保险人和受益人的解释原则。

保险合同中记载的内容不一致的，按照下列规则认定：

（1）投保单与保险单或者其他保险凭证不一致的，以投保单为准。但不一致的情形系经保险人说明并经投保人同意的，以投保人签收的保险单或者其他保险凭证载明的内容为准；

（2）非格式条款与格式条款不一致的，以非格式条款为准；

（3）保险凭证记载的时间不同的，以形成时间在后的为准；

（4）保险凭证存在手写和打印两种方式的，以双方签字、盖章的手写部分的内容为准。

【口诀】一般情况以投保单、非格式条款、手写为准。

二、索赔、理赔与损余处理

（一）索赔

索赔，是指被保险人在保险标的出险后，被保险人或者受益人可以按照保险合同的有关规定，向保险人要求支付赔偿金的行为。索赔按下列程序进行：提出出险通知→提供索赔证明→法定时间内提出索赔请求→领取保险金。

（二）理赔

理赔，是指保险人依据规定的工作程序处理被保险人所提出的索赔要求的行为。理赔按下列程序进行：立案检验→审核责任→核算损失，给付赔偿金。

（三）损余处理

保险事故发生后，保险人已支付了全部保险金额，并且保险金额等于保险价值的，受损保险标的的全部权利归于保险人；保险金额低于保险价值的，保险人按照保险金额与保险价值的比例取得受损保险标的的部分权利。

【注意】财产保险事故发生后，被保险人就其所受损失从第三者取得赔偿后的不足部分提起诉讼，有权请求保险人赔偿。

三、保险金给付请求权的诉讼时效

人寿保险的被保险人或者受益人向保险人请求给付保险金的诉讼时效期间为 5 年，人寿保险以外的其他保险的被保险人或者受益人，向保险人请求赔偿或者给付保险金的诉讼时效期间为 3 年。

【口诀】人寿险，5 年，其他 3 年。

一般考点 5　保险经营规则及保险中介

一、保险经营规则

（一）分业经营原则
保险业和银行业、证券业、信托业实行分业经营、分业管理。

（二）禁止兼营原则
保险人不得兼营人身保险业务和财产保险业务。但是，经营保险业务的保险公司经国务院保险监督管理机构批准，可以经营短期健康保险业务和意外伤害保险业务。

（三）资金运营规则
保险公司资金运营，限于：
（1）银行存款；
（2）买卖债券、股票、证券投资基金份额等有价证券；
（3）投资不动产；
（4）国务院规定的其他资金运用形式。

二、保险代理人和保险经纪人

（一）保险代理人

1. 概念

保险代理人，是根据保险人的委托，向保险人收取代理手续费，并在保险人授权范围内，以保险人的名义，代为办理保险业务的机构或个人。

2. 限制

个人保险代理人在代办人寿保险业务时，不得同时接受2个以上保险人的委托。

（二）保险经纪人

1. 概念

保险经纪人，是指基于投保人的利益，为投保人与保险人订立保险合同提供中介服务，并依法收取佣金的单位。

2. 责任

因保险经纪人的过错给投保人、保险人造成损失的，由保险经纪人承担赔偿责任。

【总结】保险代理人与保险经纪人的区别

	保险代理人	保险经纪人
代表立场	与保险公司属于代理关系，为保险公司代理业务，代表的是保险公司的利益。其行为应视为保险公司的行为。	需基于投保人利益出发，进行相关经纪活动，即保持与投保人利益一致的角色立场。
组织形式	可以是"机构或者个人"	明确为"机构"
提供服务	只代理保险公司销售保险产品，代收保费。	为客户提供保险相关的服务。

续表

	保险代理人	保险经纪人
承担责任	与保险公司是代理与被代理关系，保险公司对保险代理人在授权范围内的行为后果负责。	与客户是委托与受托关系，一旦给客户造成损失的，应该对客户损失承担相应的经济赔偿责任。
业务范围	只能从事代理业务。	业务范围要比保险代理人广得多，可以代理保险人进行损失的勘察和理赔，还可以从事保险和风险管理咨询服务。

第二讲　保险合同分论之人身保险

人身保险知识逻辑

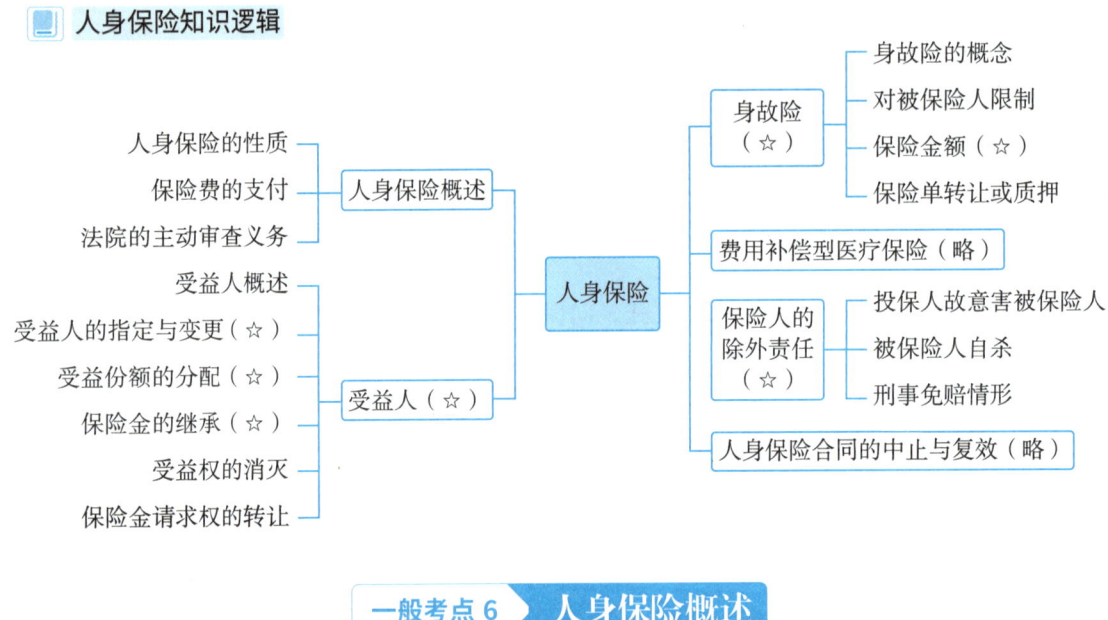

一般考点 6　人身保险概述

一、人身保险的性质

人身保险是一种给付性质的保险，而不是赔偿性的保险。所以，被保险人因第三者的行为而发生死亡、伤残或者疾病等保险事故的，保险人向被保险人或者受益人给付保险金后，不享有向第三者追偿的权利，但被保险人或者受益人仍有权向第三者请求赔偿。但补偿性医疗保险除外。

【口诀】人身保险，无代位求偿权。

二、保险费的支付

投保人可以按照人身保险合同约定向保险人一次支付全部保险费或者分期支付保险费。保险人对人寿保险的保险费，不得用诉讼方式要求投保人支付。

三、法院的主动审查义务

人民法院审理人身保险合同纠纷案件时，应主动审查投保人订立保险合同时是否具有保险利益，以及以死亡为给付保险金条件的保险合同是否经过被保险人同意并认可保险金额。

【逻辑】之所以在这两种情况下法院要主动审查，是因为人身保险投保人订立保险合同时没有保险利益，或者身故险的保险金未经被保险人同意，其法律后果是合同无效。如果法院审了半天，最后发现原来是无效合同，这不是开玩乐呢吗？

核心考点 7 　受益人

一、受益人概述

受益人，是指被保险人或投保人在保险合同中约定于保险事故发生时，享有保险赔偿金请求权的人。其核心是保护被保险人的利益。

二、受益人的指定与变更

（一）受益人的指定

人身保险合同中指定受益人应遵循如下规则：

（1）被保险人或者投保人可以指定一人或数人为受益人。投保人指定受益人未经被保险人同意的，指定行为无效。

（2）投保人为与其有劳动关系的劳动者投保人身保险，只能指定被保险人或其近亲属为受益人。

（3）被保险人为无民事行为能力人或者限制民事行为能力人的，可以由其监护人指定受益人。

（二）受益人存在争议的解决

当事人对保险合同约定的受益人存在争议，除投保人、被保险人在保险合同之外另有约定外，按以下情形分别处理：

（1）受益人约定为"法定"或者"法定继承人"的，以《民法典》规定的法定继承人为受益人。

（2）受益人仅约定为身份关系，投保人与被保险人为同一主体的，根据保险事故发生时与被保险人的身份关系确定受益人；投保人与被保险人为不同主体的，根据保险合同成立时与被保险人的身份关系确定受益人。

（3）约定的受益人包括姓名和身份关系，保险事故发生时身份关系发生变化的，认定为未指定受益人。

（三）受益人的变更

1. 提出主体

被保险人或投保人可以变更受益人。其中投保人变更受益人时须经被保险人同意，否则变更行为无效。

2. 提出时间

变更受益人应当在保险事故发生前。投保人或者被保险人在保险事故发生后变更受益人，变更后的受益人无权请求保险人给付保险金。

3. 通知义务

变更受益人应当书面通知保险人，未通知保险人，保险人可主张变更对其不发生效力。

4. 生效时间

变更受益人，当事人可主张变更行为自变更意思表示发出时生效。

三、受益份额的分配

投保人或者被保险人指定数人为受益人，部分受益人在保险事故发生前死亡、放弃受益权或者依法丧失受益权的，该受益人应得的受益份额按照保险合同的约定处理；保险合同没有约定或者约定不明的，该受益人应得的受益份额按照以下情形分别处理：

（1）未约定受益顺序及受益份额的，由其他受益人平均享有。

（2）未约定受益顺序但约定受益份额的，由其他受益人按照相应比例享有。

（3）约定受益顺序但未约定受益份额的，由同顺序的其他受益人平均享有；同一顺序没有其他受益人的，由后一顺序的受益人平均享有。

（4）约定受益顺序和受益份额的，由同顺序的其他受益人按照相应比例享有；同一顺序没有其他受益人的，由后一顺序的受益人按照相应比例享有。

【口诀】没顺序，没份额，均分；没顺序，有份额，按份额比例分；有顺序，没份额，同一顺序均分；有顺序，有份额，按约定。

四、保险金的继承

被保险人死亡后，有下列情形之一的，保险金作为被保险人的遗产，由保险人依照《民法典》继承编的规定履行给付保险金的义务：

（1）没有指定受益人，或者受益人指定不明无法确定的；

（2）受益人先于被保险人死亡，没有其他受益人的；

（3）受益人依法丧失受益权或者放弃受益权，没有其他受益人的。

受益人与被保险人在同一事件中死亡，且不能确定死亡先后顺序的，推定受益人死亡在先。

[例如] 张三和李四（跟妈姓）是父子，张三给李四购买了人身意外险，指定自己为受益人。某次出游过程中因车祸两人均死亡，且无法确定死亡先后顺序，则推定受益人张三先死。

【口诀】找不到受益人，保险金归被保险人。

五、受益权的消灭

受益人故意害被保险人，丧失受益权，但保险公司要赔。

六、保险金请求权的转让

保险事故发生后，受益人可将与本次保险事故相对应的全部或者部分保险金请求权转让给第三人。但根据合同性质、当事人约定或者法律规定不得转让的除外。

【口诀】受益权不能继承，但保险金可转让给第三人。

真题

甲办理人身保险，体检的时候知道自己患有疾病，保险公司业务员知道后，仍然想办法帮他办理了人身保险，受益人处写的"法定"二字。后甲发生交通事故死亡。关于此案，下列说法正确的是：(2019年·回忆版)①

A. 受益人写"法定"无效
B. 保险金由妻子、儿子平分
C. 投保人甲未履行如实告知义务，保险公司可解除合同，不赔偿保险金
D. 保险公司业务员知道其患病，投保人已经履行如实告知义务，保险公司应赔偿

核心考点 8 身故险

一、身故险的概念

身故险是人寿保险的一种，是指以被保险人在保险期限内的死亡为保险事故的保险。其中，死亡包括自然死亡和宣告死亡。

若被保险人被宣告死亡，宣告死亡之日在保险责任期间之外，但有下落不明之日在保险责任期间之内，保险人应当赔。

二、对被保险人的限制

除父母外，禁止（包括父母之外的其他监护人）为无民事行为能力人投保身故险，保险人不得承保。

三、保险金额

（一）保险金额需经被保险人同意

身故险的保险金额未经被保险人同意，合同无效。"被保险人同意并认可保险金额"可以采取书面形式、口头形式或者其他形式；可以在合同订立时作出，也可以在合同订立后追认。有下列情形之一的，应认定为被保险人同意投保人为其订立保险合同并认可保险金额：

（1）被保险人明知他人代其签名同意而未表示异议的；
（2）被保险人同意投保人指定的受益人的；
（3）有证据足以认定被保险人同意投保人为其投保的其他情形。

【口诀】可口头、可书面、可其他方式。

---

① BD。A选项错误，保险合同受益人处仅填写"法定"可以推定由被保险人的法定继承人作为受益人。B选项正确，未确定受益份额的，受益人按照相等份额享有受益权。C选项错误，D选项正确。保险人明知被保险人甲身患疾病仍然为其办理人身保险并收费，该保险合同应认定为有效，保险公司应该赔偿。

（二）被保险人撤销保险金额的法律后果

被保险人以书面形式通知保险人和投保人撤销其对身故险中保险金额所作出的同意意思表示的，可认定为保险合同解除。

四、保险单转让或质押

对按照身故险的合同所签发的保险单进行转让或者质押，必须经被保险人书面同意。

一般考点9 费用补偿型医疗保险

一、医疗保险的分类

医疗保险按照保险金的给付性质分为费用补偿型医疗保险[①]和定额给付型医疗保险[②]。

二、费用补偿型医疗保险

（一）赔付原则

费用补偿型医疗保险，应根据被保险人的实际医疗费用支出按照约定标准进行赔付，故原则上不在公费医疗、社会医疗保险之外重复给付。

（二）赔偿金额扣减

保险人给付费用补偿型的医疗费用保险金时，主张扣减被保险人从公费医疗或者社会医疗保险取得的赔偿金额的，应当证明该保险产品在厘定医疗费用保险费率时已经将公费医疗或者社会医疗保险部分相应扣除，并按照扣减后的标准收取保险费。

【口诀】卖什么保险，赔多少钱。

（三）禁止违规拒赔

保险合同约定按照基本医疗保险的标准核定医疗费用，保险人不得以被保险人的医疗支出超出基本医疗保险范围为由拒绝给付保险金；保险人有证据证明被保险人支出的费用超过基本医疗保险同类医疗费用标准，可要求对超出部分拒绝给付保险金。

【口诀】交多少钱，报多少钱。对价平衡，合理期待。

三、规范就医

除被保险人因情况紧急必须立即就医的外，被保险人应当去保险合同约定的医疗服务机构接受治疗，否则保险人可以拒绝赔偿。

核心考点10 保险人的除外责任

一、投保人故意害被保险人

投保人故意造成被保险人死亡、伤残或者疾病的，保险人不承担给付保险金的责任。

[①] 费用补偿型医疗保险，是指根据被保险人实际发生的医疗费用支出，按照约定的标准确定保险金数额的医疗保险。费用补偿型医疗保险的给付金额不得超过被保险人实际发生的医疗费用金额。

[②] 定额给付型医疗保险，是指按照约定的数额给付保险金的医疗保险。

投保人已交足 2 年以上保险费的，保险人应当按照合同约定向其他权利人退还保险单的现金价值。

【口诀】 投保人害被保险人，不赔、交足 2 年保费，退还保单现金价值。

二、被保险人自杀

以被保险人死亡为给付保险金条件的合同，自合同成立或者合同效力恢复之日起 2 年内，被保险人自杀的，保险人不承担给付保险金的责任，但应当按照合同约定退还保险单的现金价值。被保险人自杀时为无民事行为能力人，保险人应当承担给付保险金的责任。

【口诀】 2 年内自杀，不赔，要退还保单现金价值；2 年后自杀，或自杀时是"无人"，赔。

三、刑事免赔情形

因被保险人故意犯罪或者抗拒依法采取的刑事强制措施导致其伤残或者死亡的，保险人不承担给付保险金的责任。投保人已交足 2 年以上保险费的，保险人应当按照合同约定退还保险单的现金价值。

被保险人在羁押、服刑期间因意外或者疾病造成伤残或者死亡，保险人应当承担给付保险金责任。

【口诀】 故、抗不赔，2 年保费，退现金价值。

一般考点 11　人身保险合同的中止与复效

一、人身保险合同的中止

合同约定分期支付保险费，投保人支付首期保险费后，除合同另有约定外，投保人自保险人催告之日起超过 30 日未支付当期保险费，或者超过约定的期限 60 日未支付当期保险费的，合同效力中止，或者由保险人按照合同约定的条件减少保险金额。

被保险人在宽限期内发生保险事故的，保险人应当按照合同约定给付保险金，但可以扣减欠交的保险费。

【口诀】 有约定，按约定。没有约定，催告后 30 日，未催告超期后 60 日为宽限期，宽限期内合同继续有效，出事，赔，但可扣减欠缴的保险费。超过宽限期，保险人可中止合同，或按约减少保险金额。

二、人身保险合同的复效

（一）保险合同复效

合同效力依法中止后，经保险人与投保人协商并达成协议，在投保人补交保险费或被保险人、受益人或者他人已经代为支付保险费后，合同效力恢复。

【口诀】 合同效力中止后 2 年内，达成协议，补交保费后复效。

（二）投保人申请复效条件

保险合同效力依法中止，投保人提出恢复效力申请并同意补交保险费的，除被保险人的危险程度在中止期间显著增加外，保险人不得拒绝恢复效力。

> 【口诀】原则上投保人提出复效，保险人不得拒绝。但中止期间，危险程度显著增加，保险人可拒绝。

（三）推定复效

保险人在收到恢复效力申请后，30日内未明确拒绝的，应认定为同意恢复效力。

（四）复效时间

保险合同自投保人补交保险费之日恢复效力。保险人可以要求投保人补交相应利息。

第三讲 保险合同分论之财产保险

📘 财产保险知识逻辑

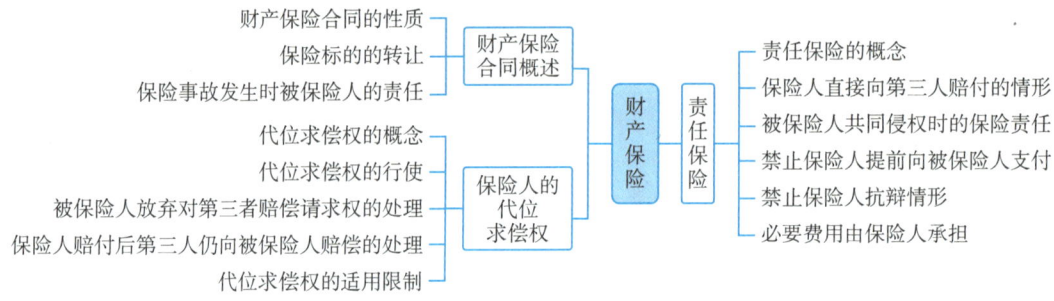

一般考点 12 **财产保险合同概述**

一、财产保险合同的性质

财产保险合同是一种填补损失的合同。保险事故发生后，被保险人仅得按其实际所受之损害请求保险人赔偿，不得因保险赔偿获取超过其实际损失的利益，保险人的赔偿以被保险人实际所发生的损失为限。

> 【提示】填补损失的范围包括实际损失和合理费用两部分，均由保险人承担。

二、保险标的的转让

（一）保险标的移转后的权利人

保险标的转让的，保险标的的受让人承继被保险人的权利和义务。

被保险人死亡，继承保险标的的当事人可以主张承继被保险人的权利和义务。

（二）保险标的移转后当事人的通知义务

保险标的转让的，被保险人或者受让人应当及时通知保险人，但货物运输保险合同和另有约定的合同除外。被保险人、受让人依法及时向保险人发出保险标的的转让通知后，保险人作出答复前，发生保险事故，被保险人或者受让人有权主张保险人按照保险合同承担赔偿保险金的责任。

> 【口诀】保险标的转让，要通知保险人。通知了，保险人答复前，出事，赔。

（三）标的交付后视为权利转让

保险标的已交付受让人，但尚未依法办理所有权变更登记，承担保险标的毁损灭失风险的受让人，可依法主张行使被保险人权利。

（四）保险标的转让引起的保险合同解除

因保险标的转让导致危险程度显著增加的，保险人自收到被保险人或者受让人的通知之日起 30 日内，可以按照合同约定增加保险费或者解除合同。

> 【口诀】转让导致危险程度显著增加，保险人可解约或加费。

三、保险事故发生时被保险人的责任

保险事故发生时，被保险人应当尽力采取必要的措施，防止或者减少损失。保险事故发生后，被保险人为防止或者减少保险标的的损失所支付的必要的、合理的费用，由保险人承担；保险人所承担的费用数额在保险标的损失赔偿金额以外另行计算，最高不超过保险金额的数额。被保险人采取的必要措施是否产生实际效果，不影响保险人承担责任。

> 【口诀】保险事故发生时，保险人应采取必要措施，措施无论是否有效，费用均由保险人承担，费用在损失外另行计算，以保险金额为限。

核心考点 13 ▶ 保险人的代位求偿权

一、代位求偿权的概念

代位求偿权也称代位追偿权，是指财产保险中因第三者对保险标的的损害而造成保险事故的，保险人自向被保险人赔偿保险金之日起，在赔偿金额范围内代位行使被保险人对第三者请求赔偿的权利。代位求偿权的性质是法定债权让与。

二、代位求偿权的行使

📖 **代位求偿权行使知识逻辑**

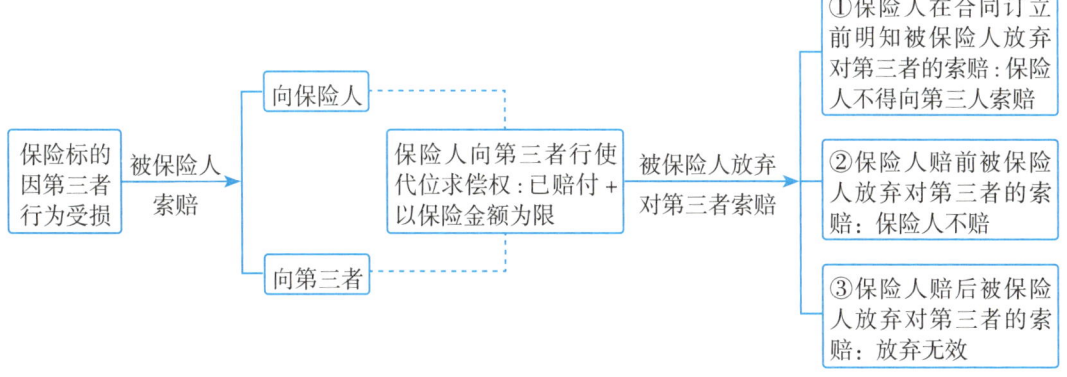

（一）行使条件

保险人行使代位求偿权的要件如下所述：

（1）保险事故由第三人的行为引起。第三人的行为可以是违约、侵权、不当得利等可以产生债权请求权的行为，亦可以是犯罪行为，行政违法行为；

【提示】非特定情形下，投保人和被保险人为不同主体时，因投保人对保险标的的损害而造成保险事故，保险人可以依法主张代位行使被保险人对投保人请求赔偿的权利。

（2）保险人已向被保险人支付保险赔偿。保险人在未向被保险人支付赔偿前不得行使代位求偿权。第三人原因引起的保险事故发生后，被保险人已经从第三者取得损害赔偿的，保险人赔偿保险金时，可以相应扣减被保险人从第三者已取得的赔偿金额；

（3）保险人行使代位求偿权的数额以给付的保险金额为限。对于超过保险人已支付的保险金额以外的部分，保险人无权要求第三人赔偿，求偿权仍由被保险人所享有。

（二）行使方式

保险人应以自己的名义行使保险代位求偿权。

保险人向第三者行使代位请求赔偿的权利时，被保险人应当向保险人提供必要的文件和所知道的有关情况。被保险人因故意或者重大过失未履行协助义务，致使保险人未能行使或者未能全部行使代位请求赔偿的权利，保险人可主张在其损失范围内扣减或者返还相应保险金。

【口诀】保险人以自己名义，被保险人有协助义务，故意或重大过失未履行协助义务，保险人可主张在其损失范围内扣减或返还。

三、被保险人放弃对第三者赔偿请求权的处理

（一）保险合同订立前放弃

被保险人在合同订立前放弃对第三人的赔偿请求权，保险人知晓仍承保（针对运输合同、快递行业、旅游行业等），该条款有效，保险人无代位求偿权。

保险合同订立时，投保人应就放弃情形如实告知保险人，未如实告知，保险人可请求返还相应保险金额。保险人对是否询问被保险人存在放弃事实负有举证责任。

（二）保险人赔偿保险金前放弃

保险事故发生后，保险人未赔偿保险金之前，被保险人放弃对第三者请求赔偿的权利的，保险人不承担赔偿保险金的责任。

【口诀】赔前放弃，保险人不赔。

（三）保险人赔偿保险金后放弃

保险人向被保险人赔偿保险金后，被保险人未经保险人同意放弃对第三者请求赔偿的权利的，该行为无效。

【口诀】赔后放弃，放弃无效。

（四）保险人无法行使代位求偿权的法律后果

被保险人故意或者因重大过失致使保险人不能行使代位请求赔偿的权利的，保险人可

以扣减或者要求返还相应的保险金。

四、保险人赔付后第三人仍向被保险人赔偿的处理

保险人获得代位求偿权后应通知第三人。第三人不知，向被保险人赔付，赔付有效，保险人不得行使代位求偿权，可向被保险人主张返还不当得利；第三人知晓，向被保险人赔付，保险人可行使代位求偿权。此时，第三人可基于不当得利返还请求权要求被保险人返还。

五、代位求偿权的适用限制

（一）适用对象的限制

保险人不得对被保险人的家庭成员或者其组成人员行使代位请求赔偿的权利，被保险人的家庭成员或者其组成人员故意造成保险事故的除外。

【释义1】被保险人的家庭成员，是指作为自然人的被保险人，其配偶、子女、父母以及与被保险人有抚养、赡养或者扶养关系的人。

【释义2】被保险人的组成人员，是指作为法人和其他组织的被保险人，其内部工作人员。

（二）时效期限的限制

代位求偿权的行使时效与被保险人的损害赔偿请求权的时效相同。保险人代位求偿权的诉讼时效期间应自其取得代位求偿权之日起算。

（三）管辖权

保险人以造成保险事故的第三者为被告提起代位求偿权之诉的，以被保险人与第三者之间的法律关系确定管辖法院。第三者侵害被保险人合法权益的，由侵权行为地或者被告住所地法院管辖。

（四）第三人的抗辩

第三人得对抗被保险人的事由仍然得对保险人主张。

【逻辑】在代位求偿权诉讼中，除了诉讼主体是保险人外，其他的权利义务关系均是以被保险人和第三人为准。如诉讼时效、管辖、抗辩事由等问题。

> 真题

潘某请好友刘某观赏自己收藏的一件古玩，不料刘某一时大意致其落地摔毁。后得知，潘某已在甲保险公司就该古玩投保了不足额财产险。关于本案，下列哪些表述是正确的？（2015年·卷3·76题）①

A. 潘某可请求甲公司赔偿全部损失
B. 若刘某已对潘某进行全部赔偿，则甲公司可拒绝向潘某支付保险赔偿金

---

① BD。A 选项错误，保险金额低于保险价值的，除合同另有约定外，保险人按照保险金额与保险价值的比例承担赔偿保险金的责任。B 选项正确，保险事故发生后，被保险人已经从第三者取得损害赔偿的，保险人赔偿保险金时，可以相应扣减被保险人从第三者已取得的赔偿金额。本题中刘某对潘某进行全部赔偿，则保险公司可以拒绝支付赔偿金。C 选项错误，保险人行使代位求偿权时，应当以自己的名义。D 选项正确，保险人行使代位请求赔偿的权利，不影响被保险人就未取得赔偿的部分向第三者请求赔偿的权利。

C. 甲公司对潘某赔偿保险金后，在向刘某行使保险代位求偿权时，既可以自己的名义，也可以潘某的名义

D. 若甲公司支付的保险金不足以弥补潘某的全部损失，则就未取得赔偿的部分，潘某对刘某仍有赔偿请求权

核心考点 14 责任保险

责任保险知识逻辑

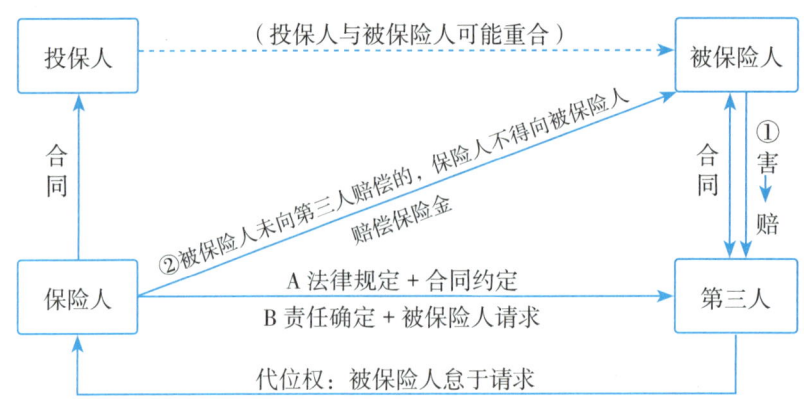

一、责任保险的概念

责任保险，是指被保险人依法对第三者应负的赔偿责任为保险标的的保险，所以又称为第三者责任险。

二、保险人直接向第三人赔付的情形

（一）依据法律规定或合同约定

保险人对责任保险的被保险人给第三者造成的损害，可以依照法律的规定或者合同的约定，直接向该第三者赔偿保险金。

（二）基于被保险人请求

责任保险的被保险人给第三者造成损害，被保险人对第三者应负的赔偿责任确定的，根据被保险人的请求，保险人应当直接向该第三者赔偿保险金。被保险人怠于请求的，第三者有权就其应获赔偿部分直接向保险人请求赔偿保险金。

【口诀】责任确定+被保险人请求，直接向第三人赔付。

三、被保险人共同侵权时的保险责任

责任保险的被保险人因共同侵权依法承担连带责任，保险人不得以该连带责任超出被保险人应承担的责任份额为由，拒绝赔付保险金。保险人承担保险责任后，有权主张就超出被保险人责任份额的部分向其他连带责任人追偿。

【口诀】连带责任，保险人对外先赔，后对内追偿。

四、禁止保险人提前向被保险人支付

禁止保险人提前向被保险人支付保险金。保险人违法提前向被保险人支付后，第三人要求保险人向其支付保险金，保险人不得拒绝。但保险人可在赔偿后请求被保险人返还。

五、禁止保险人抗辩情形

责任保险的被保险人对第三者所负的赔偿责任已经生效判决确认并已进入执行程序，但未获得清偿或者未获得全部清偿，第三者依法请求保险人赔偿保险金，保险人无权以前述生效判决已进入执行程序为由抗辩。

六、必要费用由保险人承担

责任保险的被保险人因给第三者造成损害的保险事故而被提起仲裁或者诉讼的，被保险人支付的仲裁或者诉讼费用以及其他必要的、合理的费用，除合同另有约定外，由保险人承担。

第 8 章 证券法律制度

> **应试指导**
>
> 证券法律制度在考试中由《证券法》和《证券投资基金法》两个部分组成，近年来分值为1~3分。本章属于理解难度大、得分率低、分值低、命题规律不明显的科目。命题人一般会选择未考查过的考点命题。"三大行为＋两大工具＋六大主体"是《证券法》的知识逻辑。三大行为是指，发行、交易、上市公司收购；两大工具是指信息披露和投资者保护；六大主体是两个金融基础设施主体（证券交易所和证券登记结算机构）；两个市场中介主体（证券公司和证券服务机构），两个市场监管主体（证券业协会和证券监督管理机构）。但是鉴于本部分内容太多了，海洋老师温馨提示，本章学得好与坏并不能帮助你在股市中力挽狂澜。

证券法律制度知识逻辑

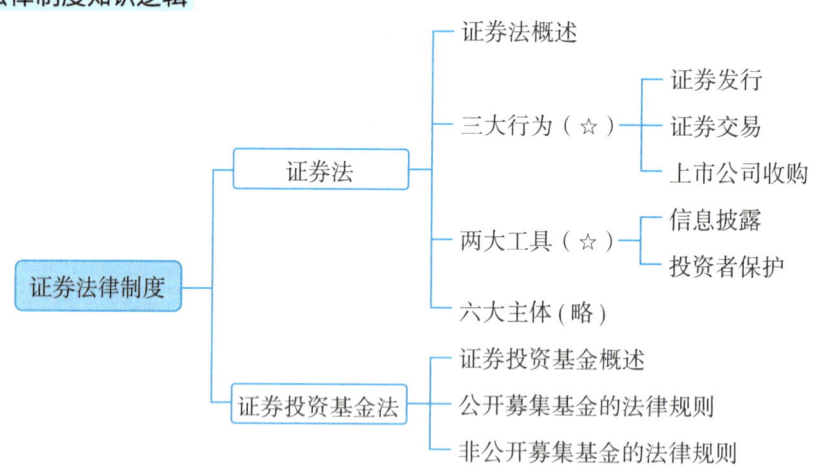

第一讲 证券法

一般考点 1 证券法概述

一、证券的概念

证券是表示一定权利的书面凭证，是一种具有投资属性、证明持券人拥有某种财产权利、可均等分割并流通的权利凭证。

二、证券的种类

目前我国证券市场上发行和流通的资本证券主要包括股票、公司债券（包括公司债券、金融债券、政府债券）、存托凭证[①]、证券投资基金券、资产支持证券、资产管理产品以及经国务院依法认定的其他证券。

三、证券市场

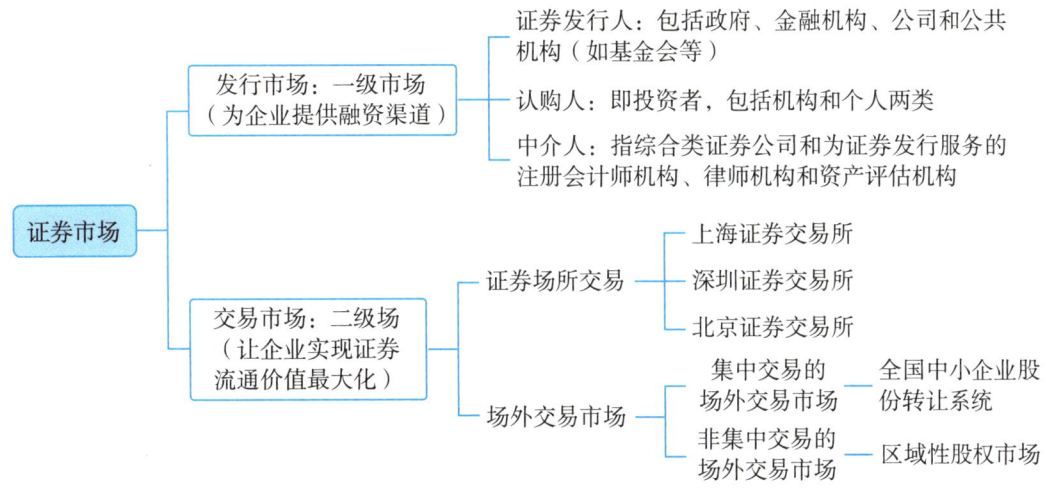

一般考点 2　证券发行

一、发行方式

发行方式	公开发行	公开发行证券，必须符合法律、行政法规规定的条件，并依法报经国务院证券监督管理机构或者国务院授权的部门注册。未经依法注册，任何单位和个人不得公开发行证券
		有下列情形之一的，为公开发行： （1）向不特定对象发行证券； （2）向特定对象发行证券累计超过 200 人，但依法实施员工持股计划的员工人数不计算在内； （3）法律、行政法规规定的其他发行行为
	非公开发行（私募）	非公开发行证券，不得采用广告、公开劝诱等变相公开方式

【释义】特定对象，一般包括公司股东、员工、与发行人存在一定关系的其他机构和人员，以及专业投资者。

[①] 存托凭证，是指存托人受基础证券发行人委托，以基础证券发行人发行上市的证券为基础，在本国（或地区）证券市场发行并流通转让的具有股权性质的证券。

二、股票发行

首次发行股票

1. 发行条件

公司首次公开发行新股，应当符合下列条件：

（1）具备健全且运行良好的组织机构；

（2）具有持续经营能力；

（3）最近3年财务会计报告被出具无保留意见审计报告；

（4）发行人及其控股股东、实际控制人最近3年不存在贪污、贿赂、侵占财产、挪用财产或者破坏社会主义市场经济秩序的刑事犯罪；

（5）经国务院批准的国务院证券监督管理机构规定的其他条件。

2. 募集资金用途

公司对公开发行股票所募集资金的使用，应当遵循下列条件：

（1）必须按照招股说明书或其他公开发行募集文件所列资金用途使用；

（2）改变资金用途，必须经股东大会作出决议。

擅自改变用途，未作纠正的，或者未经股东大会认可的，不得公开发行新股。

三、公司债券发行

（一）发行条件

公开发行公司债券，应当符合下列条件：

（1）具备健全且运行良好的组织机构；

（2）最近3年平均可分配利润足以支付公司债券1年的利息；

（3）国务院规定的其他条件。

（二）筹集资金用途

公司对公开发行债券所募集资金的使用，应当遵循下列条件：

（1）必须按照公司债券募集办法所列资金用途使用；

（2）改变资金用途，必须经债券持有人会议作出决议；

（3）公开发行公司债券筹集的资金，不得用于弥补亏损和非生产性支出；

（4）上市公司发行可转换为股票的公司债券，还应当符合经国务院批准的证监会规定的条件。

四、证券承销

（一）证券承销的分类

发行人向不特定对象发行的证券，法律、行政法规规定应当由证券公司承销的，发行人应当同证券公司签订承销协议。证券承销业务采取代销或者包销方式。

1. 证券代销

证券代销，是指证券公司代发行人发售证券，在承销期结束时，将未售出的证券全部退还给发行人的承销方式。

2. 包销

证券包销，是指证券公司将发行人的证券按照协议全部购入或者在承销期结束时将售后剩余证券全部自行购入的承销方式。

【逻辑】证券代销是一种委托代理关系，证券包销是买卖关系。代销时，证券销售不出的风险由发行人承担，发行人风险大，费用低；包销时，证券销售不出的风险由承销人承担，发行人风险小，费用高。

（二）证券的销售期限

证券的代销、包销期限最长不得超过 90 日。证券公司在代销、包销期内，对所代销、包销的证券应当保证先行出售给认购人，证券公司不得为本公司预留所代销的证券和预先购入并留存所包销的证券。

（三）代销失败

代销期限届满，向投资者出售的股票数量未达到拟公开发行股票数量 70% 的，为发行失败。发行人应当按照发行价并加算银行同期存款利息返还股票认购人。

【判断】
1. 向特定对象公开发行证券，可以由公司直接发行。①
2. 不公开发行证券，可以由公司直接发行。②

核心考点 3　证券交易

一、证券上市

证券上市，是指已公开发行的股票、债券等有价证券，符合法定条件，经证券交易所依法审核同意，并由双方签订上市协议后，在证券交易所集中竞价交易或者证监会批准的其他方式的行为。

二、禁止证券交易行为的人员

证券交易所、证券公司和证券登记结算机构的从业人员、证监会的工作人员以及法律、行政法规禁止参与股票交易的其他人员，在任期或者法定限期内，不得直接或者以化名、借他人名义持有、买卖股票，也不得收受他人赠送的股票或者其他具有股权性质的证券。任何人在成为上述所列人员时，其原已持有的股票，必须依法转让。

施股权激励计划或者员工持股计划的证券公司的从业人员，可以按照证监会的规定持有、卖出本公司股票或者其他具有股权性质的证券。

三、限制证券交易行为的人员

（一）公司外部主体
1. 为证券发行服务

---

① 正确。
② 正确。

为证券发行出具审计报告或者法律意见书等文件的证券服务机构和人员，在该证券承销期内和期满后 6 个月内，不得买卖该证券。

2. 为证券发行主体服务

为发行人及其控股股东、实际控制人，或者收购人、重大资产交易方出具审计报告或者法律意见书等文件的证券服务机构和人员，自接受委托之日起至上述文件公开后 5 日内，不得买卖该证券。实际开展上述有关工作之日早于接受委托之日的，自实际开展上述有关工作之日至上述文件公开后 5 日内，不得买卖该证券。

【口诀】证券服务机构和人员禁止证券买卖的期限规定：为证券发行服务，6 个月。为人服务，文件公开后 5 日，先服务再接受委托，从服务之日起算。

（二）公司内部主体

公司有关人员进行短线交易的禁止性规定如下：

（1）**公司类型**：上市公司和股票在国务院批准的其他全国性证券交易场所交易的公司；

（2）**相关人员**：董、监、高、持股 5% 以上股东；

（3）**交易对象**：其持有的股票或者其他具有股权性质的证券；

（4）**短线交易**：6 个月内反复买卖；

（5）**法律后果**：交易行为有效，收益归公司，董事会应收回其所得收益，董事会 30 日不执行，股东可提起代表诉讼，负有责任的董事承担连带责任；

（6）**除外条款**：证券公司因购入包销售后剩余股票而持有 5% 以上股份及证监会规定的其他情形。

四、禁止的证券交易行为

（一）禁止内幕交易行为

1. 内幕交易的概念

内幕交易，是指知悉证券交易内幕信息的知情人和非法获取内幕信息的人，利用内幕信息进行证券交易的活动。

2. 知情人的范围

下列人员为知悉证券交易内幕信息的知情人员：

（1）发行人的董事、监事、高级管理人员；

（2）持有公司 5% 以上股份的股东及其董事、监事、高级管理人员，公司的实际控制人及其董事、监事、高级管理人员；

（3）发行人控股的公司及其董事、监事、高级管理人员；

（4）由于所任公司职务可以获取公司有关内幕信息的人员；

（5）上市公司收购人或者重大资产交易方及其控股股东、实际控制人、董事、监事和高级管理人员；

（6）因职务、工作可以获取内幕信息的证券交易场所、证券公司、证券登记结算机构、证券服务机构的有关人员；

（7）因职责、工作可以获取内幕信息的证监会工作人员；

（8）因法定职责对证券的发行、交易或者对上市公司及其收购、重大资产交易进行管理可以获取内幕信息的有关主管部门、监管机构的工作人员；

（9）证监会规定的可以获取内幕信息的其他人员。

【口诀】所有可能获取内幕信息的发行人方、收购人方、重大资产交易方、证券交易所、证券登记结算机构、证券服务机构、证券监督管理机构相关人员。

3.内幕信息的概念

证券交易活动中，涉及发行人的经营、财务或者对该发行人证券的市场价格有重大影响的尚未公开的信息，为内幕信息。

【提示】内幕消息应当具备以下3个特征：①价值性或关联性主要体现在：与发行人或上市公司本身密切相关的财务或经营方面的信息上；②重大性；③未公开性。

4.行为要件

在内幕信息公开前，不得买卖该公司的证券，或者泄露该信息，或者建议他人买卖该证券。

【提示】泄露内幕信息的构成要件包括信息接收者知道或应当知道其接收的是内幕信息。如果信息接收者只是接收信息，既未再次泄露，亦未自行买卖或建议他人买卖，则不属于内幕交易范畴。

（二）禁止利用未公开信息交易

1.主体范围

禁止证券交易场所、证券公司、证券登记结算机构、证券服务机构和其他金融机构的从业人员、有关监管部门或者行业协会的工作人员。

2.行为表现

利用因职务便利获取的内幕信息以外的其他未公开的信息，从事与该信息相关的证券交易活动，或者明示、暗示他人从事相关交易活动。

（三）禁止操纵证券市场行为

禁止任何人以下列手段操纵市场，影响或意图影响证券交易价格或者证券交易量：

（1）**连续交易操纵**：单独或者通过合谋，集中资金优势、持股优势或者利用信息优势联合或者连续买卖。

（2）**串通相互买卖操纵**：与他人串通，以事先约定的时间、价格和方式相互进行证券交易。

（3）**自买自卖操纵**：在自己实际控制的账户之间进行证券交易。

（4）**虚假申报操纵**：不以成交为目的，频繁或者大量申报并撤销申报。

（5）**蛊惑交易操纵**：利用虚假或者不确定的重大信息，诱导投资者进行证券交易。

（6）**抢先交易操纵**：对证券、发行人公开作出评价、预测或者投资建议，并进行反向证券交易。

（7）**跨市场操纵**：利用在其他相关市场的活动操纵证券市场。

（8）**操纵证券市场的其他手段**。

（四）禁止虚假陈述和信息误导行为

禁止任何单位和个人编造、传播虚假信息或者误导性信息，扰乱证券市场。

禁止证券交易场所、证券公司、证券登记结算机构、证券服务机构及其从业人员、证券业协会、证券监督管理机构及其工作人员，在证券交易活动中作出虚假陈述或者信息误导。

各种传播媒介传播证券市场信息必须真实、客观，禁止误导。传播媒介及其从事证券市场信息报道的工作人员不得从事与其工作职责发生利益冲突的证券买卖。

（五）禁止损害客户利益

禁止证券公司及其从业人员从事下列损害客户利益的欺诈行为：
（1）违背客户的委托为其买卖证券；
（2）不在规定时间内向客户提供交易的确认文件；
（3）未经客户的委托，擅自为客户买卖证券，或者假借客户的名义买卖证券；
（4）为牟取佣金收入，诱使客户进行不必要的证券买卖；
（5）其他违背客户真实意思表示，损害客户利益的行为。

（六）禁止证券账户借用行为

任何单位和个人不得出借自己的证券账户或者借用他人的证券账户从事证券交易。

核心考点 4　上市公司收购

一、上市公司收购的概念

上市公司收购，是指投资者依法定程序公开收购股份公司已经发行上市的有表决权股份，以达到对该公司控股或兼并目的的行为。

二、上市公司收购的方式

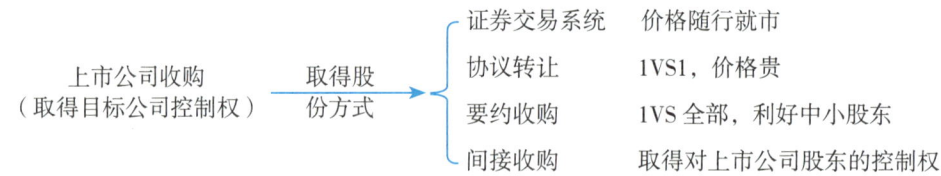

三、上市公司收购的规则

（一）报告和公告持股情况

通过证券交易所的证券交易，投资者持有或者通过协议、其他安排与他人共同持有一个上市公司已发行的有表决权股份达到 5% 时，应当在该事实发生之日起 3 日内，向国务院证券监督管理机构、证券交易所作出书面报告，通知该上市公司，并予公告，在上述期限内不得再行买卖该上市公司的股票，但国务院证券监督管理机构规定的情形除外。

投资者持有或者通过协议、其他安排与他人共同持有一个上市公司已发行的有表决权股份达到 5% 后，其所持该上市公司已发行的有表决权股份比例每增加或者减少 5%，应当依照前款规定进行报告和公告，在该事实发生之日起至公告后 3 日内，不得再行买卖该上市公司的股票，但国务院证券监督管理机构规定的情形除外。

投资者持有或者通过协议、其他安排与他人共同持有一个上市公司已发行的有表决权股份达到 5% 后，其所持该上市公司已发行的有表决权股份比例每增加或者减少 1%，应当在该事实发生的次日通知该上市公司，并予公告。

违反第一款、第二款规定买入上市公司有表决权的股份的，在买入后的36个月内，对该超过规定比例部分的股份不得行使表决权。

【总结】证券交易所的证券交易方式持股权益变动披露

持股权益变动	披露时限	披露方式		禁止交易期限
		报告	通知和公告	
达到5%时	事实发生之日起3日内	证监会、证券交易所提交书面报告	通知该上市公司，并予公告	事实发生之日起3日内，不得再行买卖
达到5%后±5%				事实发生之日起至公告后3日内，不得再行买卖
达到5%后±1%	事实发生的次日	无	通知该上市公司，并予公告	无

（二）要约收购

1. 概念

要约收购，是收购人在证券交易所的集中竞价系统之外，公开、直接向目标公司所有股东发出要购买其手中持有股票的一种收购方式。

2. 强制要约收购

（1）证券交易场所交易情形

通过证券交易所的证券交易，投资者持有或者通过协议、其他安排与他人共同持有一个上市公司已发行的有表决权股份达到30%时，继续进行收购的，应当依法向该上市公司所有股东发出收购上市公司全部或者部分股份的要约。

收购上市公司部分股份的要约应当约定，被收购公司股东承诺出售的股份数额超过预定收购的股份数额的，收购人按比例进行收购。

（2）协议收购情形

采取协议收购方式的，收购人收购或者通过协议、其他安排与他人共同收购一个上市公司已发行的有表决权股份达到30%时，继续进行收购的，应当依法向该上市公司所有股东发出收购上市公司全部或者部分股份的要约。但是，按照国务院证券监督管理机构的规定免除发出要约的除外。

【提示】 30%的比例代表该收购人取得目标公司控制权的持股量水平。仅达到30%并未触发要约收购义务，只有继续进行收购才会达到强制性要约收购的触发点。

3. 收购期限

收购要约约定的收购期限不得少于30日，并不得超过60日。

4. 收购人义务

在收购要约确定的承诺期限内，收购人不得撤销其收购要约。收购人需要变更收购要约的，应当及时公告，载明具体变更事项，且不得存在下列情形：

（1）降低收购价格；

（2）减少预定收购股份数额；

（3）缩短收购期限；
（4）国务院证券监督管理机构规定的其他情形。
采取要约收购方式的，收购人在收购期限内，不得卖出被收购公司的股票，也不得采取要约规定以外的形式和超出要约的条件买入被收购公司的股票。

（三）收购协议

1. 收购协议的报告与公告

收购人和被收购人达成协议后，收购人必须在 3 日内将该收购协议向证监会及证券交易所作出书面报告，并予公告，在公告前不得履行收购协议。

2. 股票保管及收购金存放

协议双方可以临时委托证券登记结算机构保管协议转让的股票，并将资金存放于指定的银行。

（四）禁止转让

在上市公司收购中，收购人持有的被收购的上市公司的股票，在收购行为完成后的 18 个月内不得转让。

（五）终止上市交易和应当收购

1. 终止上市交易

终止上市交易，是指收购要约的期限届满，收购人持有的被收购公司的股份数达到该公司已发行的股份总数的 75% 以上的，该上市公司的股票应当在证券交易所终止上市交易。

2. 应当收购

应当收购，是指收购要约的期限届满，收购人持有的被收购公司的股份数达到该公司发行的股份总数的 90% 以上的，其余仍持有被收购公司股票的股东，有权向收购人以收购要约的同等条件出售其股票，收购人应当收购。

【口诀】收购要约期限届满，持有超 75% 终止上市，持有超 90% 应当收购。

核心考点 5 信息披露

一、信息披露的基本要求

（一）自愿信息披露

信息披露义务人可以自愿披露与投资者作出价值判断和投资决策有关的信息，不得与依法披露的信息相冲突，不得误导投资者。

自愿性信息披露应当遵守公平原则，保持信息披露的持续性和一致性，不得进行选择性披露。

信息披露义务人不得利用自愿披露的信息不当影响公司证券及其衍生品种交易价格，不得利用自愿性信息披露从事市场操纵等违法违规行为。

（二）同时披露

同时披露包括同时向所有投资者披露、境内外市场同时披露两种情况。

（三）禁止替代履行法定披露义务

信息披露义务人不得以新闻发布或者答记者问等任何形式代替应当履行的报告、公告义务，不得以定期报告形式代替应当履行的临时报告义务。

（四）禁止变相提供内幕信息

上市公司通过业绩说明会、分析师会议、路演、接受投资者调研等形式就公司的经营情况、财务状况及其他事件与任何单位和个人进行沟通的，不得提供内幕信息。

二、定期报告披露

上市公司、公司债券上市交易的公司、股票在国务院批准的其他全国性证券交易场所交易的公司（新三板挂牌公司），需定期公布其财务和经营状况的文件，包括年度报告和中期报告等。

年度报告，在每个会计年度结束之日起4个月内编制完成并披露，即每年4月底前；中期报告，在每个会计年度上半年结束之日起2个月内编制完成并披露，即每年8月底前。

三、临时报告披露

	对股票交易价格产生较大影响	对债券交易价格产生较大影响
（一）公司经营重大变化	（1）公司的经营方针和经营范围的重大变化； （2）公司生产经营的外部条件发生的重大变化； （3）公司分配股利、增资的计划，公司股权结构的重要变化，公司减资、合并、分立、解散及申请破产的决定，或者依法进入破产程序、被责令关闭。 【口诀】方针范围外部变，分红股权结构变，增减合分解破关。	（1）公司股权结构或者生产经营状况发生重大变化； （2）公司债券信用评级发生变化； （3）公司分配股利，作出减资、合并、分立、解散及申请破产的决定，或者依法进入破产程序、被责令关闭。 【口诀】股权结构，经营状况，信用评级，分红关闭，减合分解破。
（二）公司的资产重大变化	（1）公司在1年内购买、出售重大资产超过公司资产总额30%； （2）公司营业用主要资产的抵押、质押、出售或者报废一次超过该资产的30%。 【口诀】1年买卖超总资产30%，1次抵质卖废主要资产30%。	公司重大资产抵押、质押、出售、转让、报废
（三）公司债务重大变化	（1）公司订立重要合同、提供重大担保或者从事关联交易，可能对公司的资产、负债、权益和经营成果产生重要影响； （2）公司发生重大债务和未能清偿到期重大债务的违约情况； （3）公司发生重大亏损或者重大损失。 【口诀】交易产生大影响，大债违约大亏损。	（1）公司发生未能清偿到期债务的情况； （2）公司新增借款或者对外提供担保超过上年末净资产的20%； （3）公司放弃债权或者财产超过上年末净资产的10%； （4）公司发生超过上年末净资产10%的重大损失。 【口诀】到期未还，增借担保（20%），弃财损失（10%）

续表

	对股票交易价格产生较大影响	对债券交易价格产生较大影响
（四）公司管理层重大变化	（1）公司的董事、1/3 以上监事或者经理发生变动，董事长或者经理无法履行职责； （2）持有公司 5% 以上股份的股东或者实际控制人持有股份或者控制公司的情况发生较大变化，公司的实际控制人及其控制的其他企业从事与公司相同或者相似业务的情况发生较大变化。 【口诀】董经变动不履职，三分之一监事变。	无
（五）公司涉及重大诉讼	（1）涉及公司的重大诉讼、仲裁，股东大会、董事会决议被依法撤销或者宣告无效； （2）公司涉嫌犯罪被依法立案调查，公司的控股股东、实际控制人、董事、监事、高级管理人员涉嫌犯罪被依法采取强制措施。 【口诀】公司涉诉，决议瑕疵，公司立案，人被强制。	（1）涉及公司的重大诉讼、仲裁； （2）公司涉嫌犯罪被依法立案调查，公司的控股股东、实际控制人、董事、监事、高级管理人员涉嫌犯罪被依法采取强制措施。 【口诀】公司涉诉，公司立案，人被强制。
【比较】债券与股票重大事件主要不同：增资、董事监事变动、决议无效、经营方针和经营范围变化、重大投资等		

核心考点 6　投资者保护

一、普通投资者的特殊保护

普通投资者与证券公司发生纠纷，证券公司应当证明其行为符合法律、行政法规以及国务院证券监督管理机构的规定，不存在误导、欺诈等情形。

二、投资者保护机构的职能

（一）代理权征集

上市公司董事会、独立董事、单独持有 1% 以上有表决权股份的股东或者依法依规设立的投资者保护机构，可以作为征集人，自行或者委托证券公司、证券服务机构，公开请求上市公司股东委托其代为出席股东大会，并代为行使提案权、表决权等股东权利。禁止以有偿或者变相有偿的方式公开征集股东权利。

【口诀】1%、独、董会、保护机构。

（二）证券纠纷调解

投资者与发行人、证券公司等发生纠纷的，双方可以向投资者保护机构申请调解。普通投资者与证券公司发生证券业务纠纷，普通投资者提出调解请求的，证券公司不得拒绝。

（三）股东派生诉讼

发行人的董事、监事、高级管理人员执行公司职务时违反法律、行政法规或者公司章程的规定给公司造成损失，发行人的控股股东、实际控制人等侵犯公司合法权益给公司造成损失，投资者保护机构持有该公司股份的，可以为公司的利益以自己的名义向人民法院提起诉讼，持股比例和持股期限不受《公司法》规定的限制。

（四）特别代表人诉讼

1. 启动

投资者提起虚假陈述等证券民事赔偿诉讼时，诉讼标的是同一种类，投资者保护机构受 50 名以上投资者委托，可以作为代表人参加诉讼。

2. 原告

投资者保护机构依据公告确定的权利人范围向证券登记结算机构调取的权利人名单，人民法院应予以登记，列入代表人诉讼原告名单，并通知全体原告。未声明退出的，视为同意参加该代表人诉讼。

【提示】默示加入，明示退出。

3. 管辖

由涉诉证券集中交易的证券交易所、国务院批准的其他全国性证券交易场所所在地的中级人民法院或者专门人民法院管辖。

（五）先行赔付

发行人因欺诈发行、虚假陈述或者其他重大违法行为给投资者造成损失的，发行人的控股股东、实际控制人、相关的证券公司可以委托投资者保护机构，就赔偿事宜与受到损失的投资者达成协议，予以先行赔付。先行赔付后，投资者保护机构可以依法向发行人以及其他连带责任人追偿。

一般考点 7　证券机构

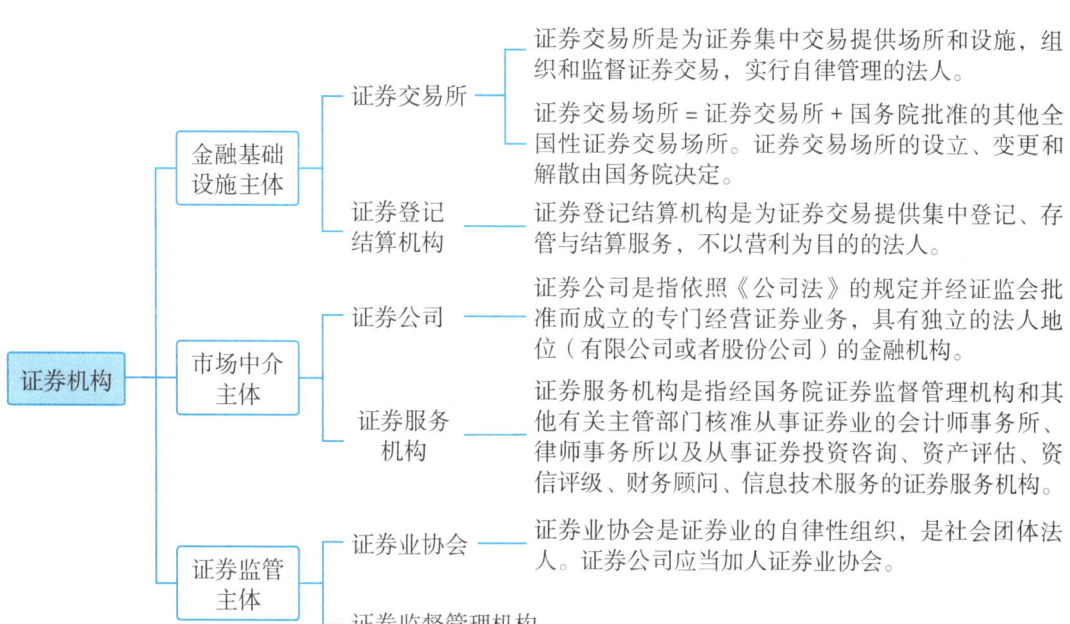

第二讲　证券投资基金法

一般考点 8　证券投资基金概述

一、证券投资基金的概念

证券投资基金，是指通过公开或非公开募集资金设立证券投资基金（以下简称基金），由基金管理人管理，基金托管人托管，为基金份额持有人的利益，进行证券投资活动而获取一定收益的投资工具。

【比较】股票、债券与基金券的差异

	股票	债券	基金券
体现关系	股权关系	债权关系	信托关系
资金投向	都是融资工具，主要用于实业		是信托工具，用于股票或债券等有价证券
收益风险	高风险、高收益	既定收益、风险较小	较高收益、风险相对较小

二、证券投资基金的基本特征

证券投资基金只能投资于股票或债券等有价证券，即证券投资基金是专为投资证券而设立的，不能投资于证券以外的项目。

证券投资基金的投资收益由基金份额持有人享有。

三、证券投资基金的种类

（一）封闭式基金

封闭式基金，是指经核准的基金份额总额在基金合同期限内固定不变，基金份额可以在依法设立的证券交易场所交易，但基金份额持有人不得申请赎回的基金。

（二）开放式基金

开放式基金，是指基金份额总额不固定，基金份额可以在基金合同约定的时间和场所申购或者赎回的基金。

【比较】开放式基金和封闭式基金比较

	开放式基金	封闭式基金
基金份额总额可变性	始终处于变动之中	固定不变
期限	无固定期限	固定不变
基金投资策略	不能全部用于投资，必须保持一定比例的现金或政府债券，以备支付持有人赎回款项	可以全部用于投资
买卖途径	申购赎回通过基金公司或证券公司等代销机构，不上市交易	类似于股票，在交易所上市交易
交易价格	价格以基金单位对应的净资产为基础	买卖价格由证券市场决定

核心考点 9　公开募集基金的法律规则

一、基金的公开募集

（一）公开募集基金的注册申请

公开募集基金，应当经证监会注册。未经注册，不得公开或者变相公开募集基金。公开募集基金应当由基金管理人管理，基金托管人托管。

【提示1】这里所称公开募集基金，包括：①向不特定对象募集资金；②向特定对象募集资金累计超过200人。

【提示2】①非公开募集基金由基金托管人托管，基金合同另有约定的情形下，也可以不由基金托管人托管。②公开募集基金没有例外，一律由基金托管人托管。

（二）基金募集

应当自收到准予注册文件之日起6个月内进行基金募集。超过6个月开始募集，原注册的事项未发生实质性变化的，应当报证监会备案；发生实质性变化的，应当向证监会重新提交注册申请。

（三）基金保管

基金募集期间募集的资金应当存入专门账户，在基金募集行为结束前，任何人不得动用。

二、公开募集基金的基金份额的交易

（一）基金份额上市交易的条件

申请基金份额上市交易，基金管理人应当向证券交易所提出申请，证券交易所依法审核同意的，双方应当签订上市协议。基金份额上市交易，应当符合下列条件：

（1）基金的募集符合《证券投资基金法》规定；
（2）基金合同期限为5年以上；
（3）基金募集金额不低于2亿元人民币；
（4）基金份额持有人不少于1000人；
（5）基金份额上市交易规则规定的其他条件。

（二）封闭式基金的续期和扩募①

封闭式基金的续期和扩募均由基金持有人大会审议。

三、基金份额的申购与赎回

（一）基金份额的申购

基金份额的申购，是指投资人按照基金份额申购价格，申请购买基金管理人管理的开放式基金的基金份额。

（二）基金份额的赎回

基金份额的赎回，是指基金份额持有人按照基金份额赎回价格，要求基金管理人赎回

---

① 续期和扩募都是对原来的投资计划进行了改变。

其所持有的开放式基金的基金份额。

> 【提示1】基金份额的申购与赎回专指开放式基金的基金份额的申购或赎回。
> 【提示2】开放式基金应当在基金财产中保持足够的现金或者政府债券，以备支付基金份额持有人的赎回款项。

四、基金的投资和收益分配

（一）基金的投资

1. 基金财产投资范围

基金财产可以用于投资如下产品：

（1）上市交易的股票、债券；

（2）证监会规定的其他证券及其衍生品种。

2. 有限制的投资活动

运用基金财产买卖基金管理人、基金托管人及其控股股东、实际控制人或者与其有其他重大利害关系的公司发行的证券或承销期内承销的证券，或者从事其他重大关联交易的，应当遵循基金份额持有人利益优先的原则，并履行信息披露义务。

（二）基金的收益分配

1. 分配次数及比例

（1）**封闭式基金**：收益分配每年不得少于一次，年度收益分配比例不得低于基金年度已实现收益的90%。

（2）**开放式基金**：基金合同应当约定每年基金收益分配的最多次数和基金收益分配的最低比例。

2. 分配方式

基金收益分配应当采用现金方式。开放式基金的基金份额持有人可以事先选择将所获分配的现金收益，按照基金合同有关基金份额申购的约定转为基金份额；基金份额持有人事先未作出选择的，基金管理人应当支付现金。

核心考点10　非公开募集基金的法律规则

一、非公开募集基金的合格投资者、托管人、管理人

（一）合格投资者

非公开募集基金应当向合格投资者募集，合格投资者累计不得超过200人。

【释义】合格投资者，是指达到规定资产规模或者收入水平，并且具备相应的风险识别能力和风险承担能力，其基金份额认购金额不低于规定限额的单位和个人。合格投资者的具体标准由国务院证券监督管理机构规定。

（二）托管人

除基金合同另有约定外，非公开募集基金应当由基金托管人托管。

（三）管理人

担任非公开募集基金的基金管理人，应当按照规定向基金行业协会履行登记手续，报

送基本情况。除法律、行政法规另有规定外，未经登记，任何单位或者个人不得使用"基金"或者"基金管理"字样或者近似名称进行证券投资活动。

二、禁止公开宣传

非公开募集基金，不得向合格投资者之外的单位和个人募集资金，不得通过报刊、电台、电视台、互联网等公众传播媒体或者讲座、报告会、分析会等方式向不特定对象宣传推介。

【比较】公开募集基金与非公开募集基金比较

	公开募集基金	非公开募集基金
投资者	不特定对象、200人以上特定对象及其他	200人以内的合格投资者
基金管理人	由基金管理公司或中国证监会按照规定核准的其他机构担任	基金管理人为合伙企业，应当向基金行业协会履行登记手续。可以由部分基金份额持有人作为基金管理人的投资管理活动，并对基金财产的债务承担无限连带责任
基金托管人	应当由基金管理人管理，基金托管人托管	除基金合同另有约定外，非公开募集基金应当由基金托管人托管
基金财产投资	一般采用资产组合方式，投资于上市交易的股票、债券及中国证监会规定的其他证券及其衍生产品	买卖公开发行股份公司股票、债权、基金份额，及中国证监会规定的其他证券及其衍生产品
监管	中国证监会决定是否对申请予以注册，类似于证券公司的监管	募集完毕基金管理人应当向基金行业协会备案
信息公开	公开披露信息并遵守相关信息公开的法律法规，类似于股票发行人的信息公开义务	按照基金合同的约定，向基金份额持有人提供基金信息

第9章 信托法

应试指导

《信托法》是2022年纳入考试大纲的"新法",目前来看并不是考试的重点,每年1题,分值为1~2分。《信托法》离普通人的生活比较远,因此很难将其具象化。但是,从应试的角度来看,考生可以从两个方面把握:一是《信托法》本身的逻辑关系。《信托法》是以信托合同为桥梁,围绕信托财产的管理、运用、处分等建立起来的法律关系,涉及委托人、受托人和受益人等三方主体。二是可以把信托合同类比民法中的委托合同。考生若在考试中遇到了《信托法》的相关内容,就按照委托合同的规定去作答,正确率应该还是不错的。

信托法知识逻辑

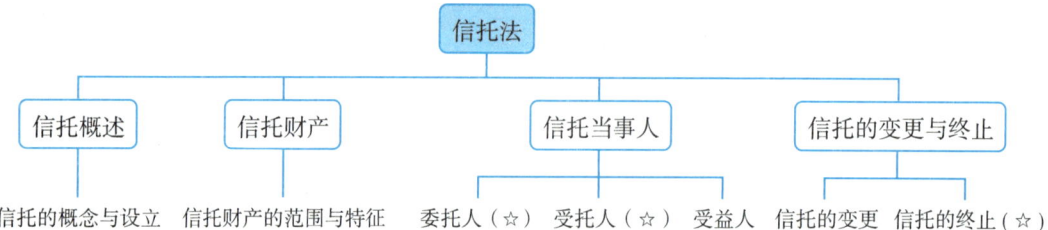

第一讲　信托概述

信托法律关系导图

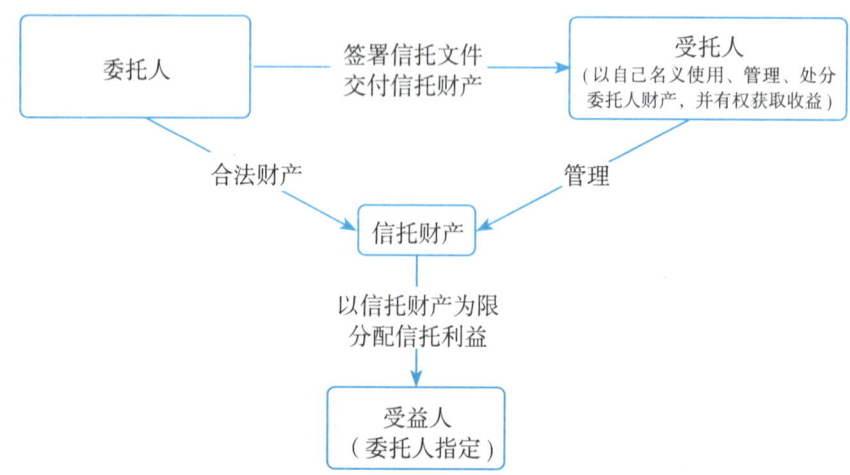

一般考点 1　信托的概念与设立

一、信托的概念

信托，是指委托人基于对受托人的信任，将其财产权委托给受托人，由受托人按委托人的意愿以自己的名义，为受益人的利益或者特定目的，进行管理或者处分的行为。

二、信托设立原则

（一）信托目的确定

设立信托，必须有合法的信托目的。

（二）信托财产确定

设立信托，必须有确定的信托财产（含财产权利），并且该信托财产必须是委托人合法所有的财产。

（三）受益人确定

设立信托的意思表示中，必须表明受益人的范围或者确定受益人范围的方法。

三、信托合同

（一）信托合同主体

信托合同的签订主体是委托人与受托人。

【提示】信托受益人是信托当事人，但不是信托合同的签订主体。

（二）信托合同的特点

1. 要式性

设立信托，应当采取书面形式。

2. 诺成性

采取信托合同形式设立信托的，信托合同签订时，信托成立。采取其他书面形式设立信托的，受托人承诺信托时，信托成立。

（三）信托合同的无效

有下列情形之一的，信托无效：

（1）信托目的违反法律、行政法规或者损害社会公共利益；
（2）信托财产不能确定；
（3）委托人以非法财产或者本法规定不得设立信托的财产设立信托；
（4）专以诉讼或者讨债为目的设立信托；
（5）受益人或者受益人范围不能确定；
（6）法律、行政法规规定的其他情形。

（四）遗嘱信托的设立

设立遗嘱信托，应当遵守《民法典》继承编关于遗嘱的规定。遗嘱指定的人拒绝或者无能力担任受托人的，由受益人另行选任受托人；受益人为无民事行为能力人或者限制民事行为能力人的，依法由其监护人代行选任。遗嘱对选任受托人另有规定的，从其规定。

【口诀】受托人，依遗嘱。指不行，益另选。益无限，监代选。

（五）委托人的债权人对信托的撤销

委托人设立信托损害其债权人利益的，债权人有权自知道或者应当知道撤销原因之日起1年内申请人民法院撤销该信托。但撤销信托不影响善意受益人已经取得的信托利益。

【提示】防止委托人设立诈害信托，害债权人。

第二讲　信托财产

核心考点2　信托财产的范围与特征

一、信托财产的范围

受托人因承诺信托而取得的财产，及受托人因信托财产的管理运用、处分或者其他情形而取得的财产，均属于信托财产。

【口诀】原物＋孳息。

二、信托财产的独立性

（一）独立于委托人

1. 独立于委托人未设立信托的其他财产

信托财产与委托人未设立信托的其他财产相区别。

2. 独立于委托人的遗产或清算财产

委托人死亡或者依法解散、被依法撤销、被宣告破产时，委托人是唯一受益人的，信托终止，信托财产作为其遗产或者清算财产。

委托人死亡或者依法解散、被依法撤销、被宣告破产时，委托人不是唯一受益人的，信托存续，信托财产不作为其遗产或者清算财产。

作为共同受益人的委托人死亡或者依法解散、被依法撤销、被宣告破产时，其信托受益权作为其遗产或者清算财产。

【逻辑】如何判断委托人死亡后，信托财产是否独立于委托人的遗产或清算财产？

第一步，看委托人是不是唯一受益人。不是，则独立；是，则作为遗产或清算财产。

第二步，委托人如果是共同受益人，委托人此时具有委托人和受益人双重身份，他能够取得的信托受益权是可以作为遗产或清算财产的。

（二）独立于受托人

1. 独立于受托人的固有财产

信托财产与属于受托人所有的财产（以下简称固有财产）相区别，不得归入受托人的固有财产或者成为固有财产的一部分。

2. 独立于受托人的遗产或清算财产

受托人死亡或者依法解散、被依法撤销、被宣告破产而终止，信托财产不属于其遗产或者清算财产。

3. 受托人抵销禁止规则

受托人管理运用、处分信托财产所产生的债权，不得与其固有财产产生的债务相抵销。

受托人管理运用、处分不同委托人的信托财产所产生的债权债务，不得相互抵销。

【口诀】冤有头，债有主。

（三）独立于受益人

受益人不占有、管理、控制信托财产，其对信托财产权仅享有受益权，并按规定向受托人请求给付。

三、信托财产不得强制执行

除因下列情形之一外，对信托财产不得强制执行：

（1）设立信托前债权人已对该信托财产享有优先受偿的权利，并依法行使该权利的；

（2）受托人处理信托事务所产生债务，债权人要求清偿该债务的；

（3）信托财产本身应担负的税款；

（4）法律规定的其他情形。

信托终止后，人民法院依法对原信托财产进行强制执行的，应以权利归属人为被执行人。

第三讲　信托当事人

一、委托人的知情权

委托人有权了解其信托财产的管理运用、处分及收支情况，并有权要求受托人作出说明；有权查阅、抄录或者复制与其信托财产有关的信托帐目以及处理信托事务的其他文件。

二、委托人调整信托财产管理方法的权利

因设立信托时未能预见的特别事由，致使信托财产的管理方法不利于实现信托目的或者不符合受益人的利益时，委托人有权要求受托人调整该信托财产的管理方法。

三、委托人申请撤销信托财产处分行为的权利

受托人违反信托目的处分信托财产或者因违背管理职责、处理信托事务不当致使信托财产受到损失的，委托人有权自知道或者应当知道撤销原因之日起 1 年内申请人民法院撤销该处分行为，并有权要求受托人恢复信托财产的原状或者予以赔偿；该信托财产的受让人明知是违反信托目的而接受该财产的，应当予以返还或者予以赔偿。

四、委托人对受托人的解任权

受托人违反信托目的处分信托财产或者管理运用、处分信托财产有重大过失的，委托人有权依照信托文件的规定或者申请人民法院解任受托人。

五、委托人的解除权

委托人是唯一受益人的，委托人或者其继承人可以解除信托。信托文件另有规定的，从其规定。

核心考点 4　受托人

一、受托人的义务

（一）忠实义务

1. 禁止利用信托财产为自己牟利

受托人除依信托文件规定取得报酬外，不得利用信托财产为自己牟取利益。受托人利用信托财产为自己牟取利益的，所得利益归入信托财产。

2. 禁止受托人自我交易

受托人不得将其固有财产与信托财产进行交易或者将不同委托人的信托财产进行相互交易，但信托文件另有规定或者经委托人或者受益人同意，并以公平的市场价格进行交易的除外。

（二）分别管理义务

受托人必须将信托财产与其固有财产分别管理、分别记账，并将不同委托人的信托财产分别管理、分别记账。

（三）亲自管理义务

受托人应当自己处理信托事务，但信托文件另有规定或者有不得已事由的，可以委托他人代为处理。

受托人依法将信托事务委托他人代理的，应当对他人处理信托事务的行为承担责任。

【口诀】自己，委代，自责。

二、受托人的权利

（一）报酬请求权

受托人有权依照信托文件的约定取得报酬。信托文件未作事先约定的，经信托当事人协商同意，可以作出补充约定；未作事先约定和补充约定的，不得收取报酬。

【口诀】有约才给，无约免费。

（二）求偿权

受托人因处理信托事务所支出的费用、对第三人所负债务，以信托财产承担。受托人以其固有财产先行支付的，对信托财产享有优先受偿的权利。

（三）辞任权

设立信托后，经委托人和受益人同意，受托人可以辞任。但在新受托人选出前仍应履行管理信托事务的职责。

三、共同受托人

（一）信托事务处理原则

共同受托人应当共同处理信托事务，但信托文件规定对某些具体事务由受托人分别处理的，从其规定。

（二）意见冲突的处理

共同受托人共同处理信托事务，意见不一致时，按信托文件规定处理；信托文件未规定的，由委托人、受益人或者其利害关系人决定。

（三）连带责任

共同受托人处理信托事务对第三人所负债务，应当承担连带清偿责任。第三人对共同受托人之一所作的意思表示，对其他受托人同样有效。

共同受托人之一违反信托目的处分信托财产或者因违背管理职责、处理信托事务不当致使信托财产受到损失的，其他受托人应当承担连带赔偿责任。

> 【口诀】共同受托，一体担责。

（四）继续履职

共同受托人之一职责终止的，信托财产由其他受托人管理和处分。

一般考点5 受益人

一、受益人范围

委托人可以是受益人，也可以是同一信托的唯一受益人。
受托人可以是受益人，但不得是同一信托的唯一受益人。

二、信托受益权

信托受益权属于受益人所有的财产性权利，基于信托财产而生。在法律法规及信托文件没有限制性规定的情况下，受益人的受益权可以用以清偿债务、转让和继承。受益权也可以放弃。

三、共同受益人信托受益权的放弃

全体受益人放弃信托受益权的，信托终止。部分受益人放弃信托受益权的，被放弃的信托受益权按下列顺序确定归属：
（1）信托文件规定的人；
（2）其他受益人；
（3）委托人或者其继承人。

第四讲 信托的变更与终止

核心考点6 信托的变更

一、委托人或其继承人解除信托

委托人是唯一受益人的，委托人或者其继承人可以解除信托。信托文件另有规定的，从其规定。

二、委托人变更受益人

设立信托后，有下列情形之一的，委托人可以变更受益人或者处分受益人的信托受益权：
（1）受益人对委托人有重大侵权行为；
（2）受益人对其他共同受益人有重大侵权行为；
（3）经受益人同意；
（4）信托文件规定的其他情形。
有前款第（1）项、第（3）项、第（4）项所列情形之一的，委托人可以解除信托。

核心考点 7　信托的终止

一、信托的连续性

信托不因委托人或者受托人的死亡、丧失民事行为能力、依法解散、被依法撤销或者被宣告破产而终止，也不因受托人的辞任而终止。但信托法或者信托文件另有规定的除外。

二、信托终止的事由

有下列情形之一的，信托终止：
（1）信托文件规定的终止事由发生；
（2）信托的存续违反信托目的；
（3）信托目的已经实现或者不能实现；
（4）信托当事人协商同意；
（5）信托被撤销；
（6）信托被解除。

三、信托终止的法律后果

（一）信托财产的归属

信托终止的，信托财产归属于信托文件规定的人；信托文件未规定的，按下列顺序确定归属：
（1）受益人或者其继承人；
（2）委托人或者其继承人。
信托财产的归属确定后，在该信托财产转移给权利归属人的过程中，信托视为存续，权利归属人视为受益人。

（二）受托人的留置权

信托终止后，受托人行使请求给付报酬、从信托财产中获得补偿的权利时，可以留置信托财产或者对信托财产的权利归属人提出请求。

02
第二编
知识产权法

本编导读

知识产权法是民法学科的重要组成部分。但鉴于该学科具有比较强的独立性,因此由商经法老师来讲授。本部分由《著作权法》《专利法》《商标法》等3部分构成,每年考查7~11分。其中,《著作权法》命题较多,约占分值的一半,《专利法》和《商标法》每年1~2题。本编内容,相较于民法学科其他内容而言,虽然离我们的生活很近,但相关规定却并非依据常识。因此,海洋老师建议你在备考时,要避免依靠常识判断的习惯,同时要加强对历年真题的重视,一定要反复做真题。

知识产权法知识逻辑

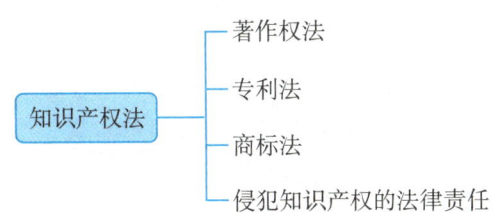

第1章 著作权法

> **应试指导**
>
> 《著作权法》是知识产权法部分的重点考查对象，题型为客观题，每年题量为 2~2.5 题，每年分值为 3~4 分。从考试的角度来看，《著作权法》的考查主要是以判断该行为是否构成著作权侵权为核心设计题目。因此，掌握著作权侵权认定流程各环节中的考点，考生即可轻松得到这部分的分值。

📘 **著作权法知识逻辑**

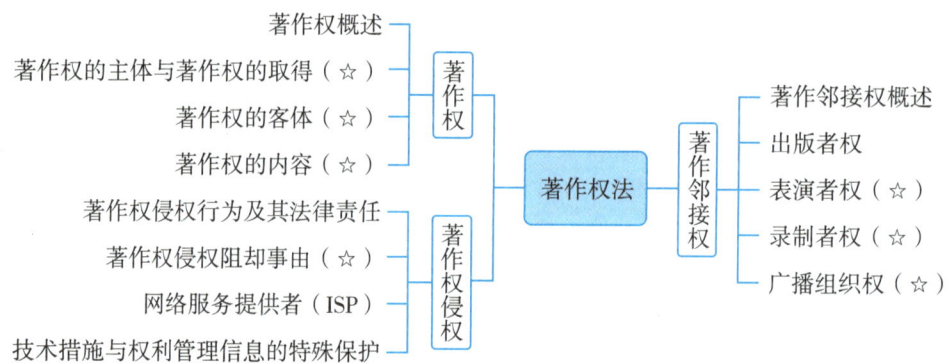

第一讲 著作权

一般考点 1　著作权概述

一、著作权的概念

著作权是作者对其作品享有的一系列专有权利，其目的在于<u>使作者能够控制他人利用作品的特定行为</u>。在我国，著作权即版权，由著作人身权（精神权利）和著作财产权（经济权利）两个部分组成。

二、著作权的特征

著作权是一种相对意义上的垄断权利，这就意味着未经许可使用他人作品构成侵权。但是，法律赋予作者著作权是为了鼓励作者创作，而非鼓励作者垄断。法律会对作者的著作权作出限制，使作品尽可能地流通。因此，我国《著作权法》既保护文学、艺术和科学作品作者的创作（作者享有著作权），又保护作品的传播（传播者享有著作邻接权）。

核心考点2 著作权的主体与著作权的取得

一、作者

（一）自然人
创作作品的自然人是作者。

（二）法人或非法人组织
由法人或者非法人组织主持，代表法人或者非法人组织意志创作，并由法人或者非法人组织承担责任的作品，法人或者非法人组织视为作者。

【提示】作者不一定是著作权人，考试中一般作者就是著作权人。

二、著作权集体管理组织
依法设立的著作权集体管理组织是非营利法人，被授权后可以以自己的名义为著作权人和与著作权有关的权利人主张权利，并可以作为当事人进行涉及著作权或者与著作权有关的权利的诉讼、仲裁、调解活动。

三、著作权的取得

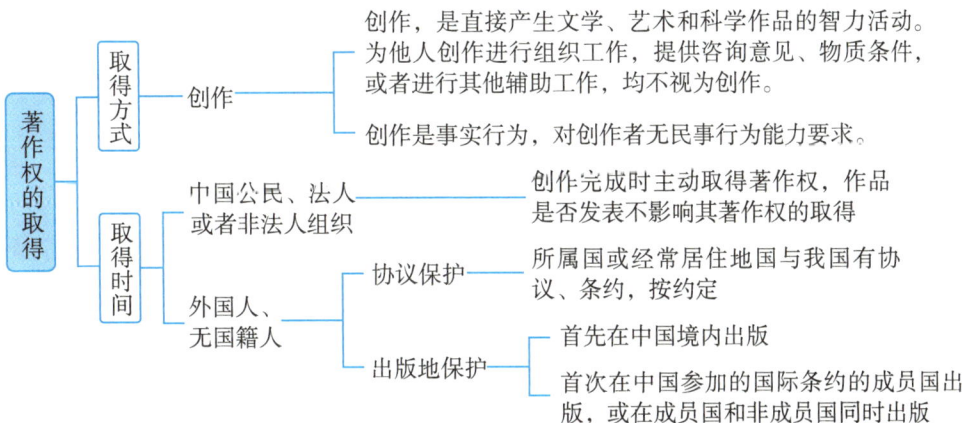

[例1] 3岁的赵海洋创作诗歌《大海啊你怎么这么大，全是水》，尽管赵海洋为无民事行为能力人，但依旧是《大海啊你怎么这么大，全是水》的著作权人。

[例2] 赵海洋创作了小说《冷峻面容，风骚的心》后，将书稿存储于自己的笔记本电脑中，尽管并未公开发表，但不影响赵海洋对《冷峻面容，风骚的心》享有著作权。

[例3] 伊朗为非《伯尔尼公约》成员国，伊朗国民穆罕穆德，在中国出差时创作诗歌《美丽的中国》，该诗歌首先在中国境内出版后，受到我国《著作权法》保护。

[例4] 伊朗为非《伯尔尼公约》成员国，日本为《伯尔尼公约》成员国。伊朗国民穆罕穆德，首次在日本出版小说《爱的奇迹》一书，该书受到我国《著作权法》保护。

四、著作权的归属

（一）职务作品

类型	构成要件	权利归属
法人作品	由法人或者非法人组织主持，代表法人或者非法人组织意志创作，并由法人或者非法人组织承担责任。	法人或者非法人组织是作者，享有著作权。
一般职务作品	自然人为完成法人或者非法人组织工作任务所创作的作品。	（1）作者享有著作权； （2）法人或者非法人组织在其业务范围内有优先使用权； （3）2年内许可第三人以与单位使用的相同方式使用该作品须经单位同意。
特殊职务作品	（1）主要是利用法人或者非法人组织的物质技术条件创作，并由法人或者非法人组织承担责任的工程设计图、产品设计图、地图、示意图、计算机软件等职务作品。（"四图一软"） （2）报社、期刊社、通讯社、广播电台、电视台的工作人员创作的职务作品。	（1）著作权的其他权利由法人或者非法人组织享有； （2）作者享有署名权； （3）法人或者非法人组织可以给予作者奖励。

【判断】游戏软件设计师赵海洋，利用上班时间创作了杀毒软件，单位是该杀毒软件的著作权人。①

（二）合作作品

1. 合作作品的概念

两人以上合作创作的作品，著作权由合作作者共同享有。没有参加创作的人，不能成为合作作者。

判断一个作品是否为合作作品的关键，在于合作作者之间是否有共同创作的合意。这种共同创作的意思表示可以是明示也可以是默示。同时，合作各方只需意识到自己是在与他人共同创作即可，创作主体之间无需彼此认识。

［例1］作家赵海洋创作小说《你的爱人在北京》时，其妻子为其整理手稿，并将手稿录入电脑，因录入行为不是创作，故该小说不是合作作品。

［例2］诗人赵海洋创作诗歌《我爱你，我的海洋》，并发表在自己的微博"商经法赵海洋"②上，作曲家婉曦为其谱曲。歌曲《我爱你，我的海洋》因二人没有合作的合意，不是合作作品。

［例3］电影《暴躁总裁爱泡澡》邀请著名作曲家赵海洋为其电影主题曲谱曲后，影片制作方又聘请著名词人林夕为该曲填词，最终创作出歌曲《金碧辉煌的澡堂子》。尽管赵海洋在此之前并不知其曲子最终由林夕作词，但该歌曲依旧是合作作品。

---

① 错误。因为这既不是赵海洋的职务行为，单位也不承担责任，所以单位不是该杀毒软件的著作权人。
② 海洋老师的新浪微博确实是"商经法赵海洋"。

2.可分割合作作品著作权的归属

合作作品可以分割使用的,作者对各自创作的部分可以单独享有著作权,但行使著作权时不得侵犯合作作品整体的著作权。

3.不可分割合作作品著作权的归属

合作作品的著作权由合作作者通过协商一致行使;不能协商一致,又无正当理由的,任何一方不得阻止他方行使除转让、许可他人专有使用、出质以外的其他权利,但是所得收益应当合理分配给所有合作作者。

【口诀】协商→禁止转专质,赚钱大家分。

[例如]甲作曲乙填词,合作创作了歌曲《春风来》。甲拟将该歌曲授权歌星丙演唱,乙坚决反对。甲不顾反对,重新填词并改名为《秋风起》,仍与丙签订许可使用合同,并获报酬10万元。此时,《秋风起》就是新作品,而不是合作作品。甲授权丙演唱并未侵犯《春风来》歌曲的整体著作权,甲获得的10万元报酬也无需分配给乙。

(三)委托作品

1.一般规定

受委托创作的作品,著作权的归属由委托人和受托人通过合同约定。合同未作明确约定或者没有订立合同的,著作权属于受托人。

委托作品著作权属于受托人的情形,委托人在约定的使用范围内享有使用作品的权利;双方没有约定使用作品范围的,委托人可以在委托创作的特定目的范围内免费使用该作品。

【提示】委托作品的实质是承揽合同。

[例如]天星公园委托雕刻家赵海洋为其创作哆啦A梦的雕像陈列于公园中心。赵大海将哆啦A梦的雕像做成模型进行出售,在著作权归属未作约定的情况下,受托人享有著作权。因此,赵大海侵犯了赵海洋的复制权和发行权。

2.特殊类型委托作品著作权的归属

(1)演讲人、报告人是著作权人。由他人执笔,本人审阅定稿并以本人名义发表的报告、讲话等作品,著作权归报告人或者讲话人享有,著作权人可以支付执笔人适当的报酬。

【口诀】谁念,谁作者。

(2)自传体作品(特定人为著作权人)。当事人合意以特定人物经历为题材完成的自传体作品,当事人对著作权权属有约定的,依其约定;没有约定的,著作权归该特定人物享有,执笔人或整理人对作品完成付出劳动的,著作权人可以向其支付适当的报酬。

【口诀】写谁,谁作者。

【提示】自传体作品与传记作品不同,自传体作品以第一人称表述,传记作品以第三人称表述。因此自传体作品著作权人为自传人,传记作品著作权归作者。

(四)演绎作品

1.著作权归属

改编、翻译、注释、整理已有作品而产生的作品,其著作权由改编、翻译、注释、整理人享有,但行使著作权时不得侵犯原作品的著作权。

【口诀】演绎作品，表达形式变，内容不变。

2. 许可使用

他人使用演绎作品进行出版、演出和制作录音录像制品，需要经演绎作者和原著作权人双重许可。

［例如］赵海洋将美国作家尼古拉斯·海洋的小说 I Want You 翻译成中文小说《激情意外》。大导演斯皮尔·海洋需要同时征得尼古拉斯·海洋和赵海洋的同意后才能使用该小说中文版。

3. 侵权演绎作品

未经许可擅自演绎他人作品的，侵犯他人著作权。但就演绎作品本身而言，演绎作者享有著作权。换言之，未经许可创作的演绎作品仍然受到保护，只是对演绎作品的利用应当经过原作品权利人和演绎作品权利人的双重许可。

［例如］赵海洋在美国作家尼古拉斯·海洋不知情的情况下，擅自将其小说 I Want You 翻译成中文小说《激情意外》。尽管赵海洋侵犯了尼古拉斯·海洋的翻译权，但是赵海洋对《激情意外》享有著作权。

（五）汇编作品

1. 著作权归属

汇编若干作品、作品的片段或者不构成作品的数据或者其他材料，对其内容的选择或者编排体现独创性的作品，为汇编作品，其著作权由汇编人享有，但行使著作权时，不得侵犯原作品的著作权。

构成汇编作品需要汇编者通过对相关素材独创性的选择或特殊编排，进而使汇编作品中呈现出汇编者个性化的主观判断。对事实等无创造性的汇编、基于某种程序或算法的必然结果等不属于汇编作品。

［例如］以首字母排序形成的电话号码本、族谱、《李白全集》等就不构成汇编作品。

2. 许可使用

他人使用汇编作品进行出版、演出和制作录音录像制品，需要经过原著作权人和汇编者双重许可。

［例如］大秦出版社想出版由中国法学会组织汇编的《共有产权房法律前沿问题研究》论文集，需要经过中国法学会和论文作者的双重许可。

3. 侵权汇编作品

汇编者汇编他人作品时未经授权，构成侵犯原作者著作权，但并不影响汇编者对汇编作品享有著作权。

（六）视听作品

1. 视听作品类型

我国《著作权法》将视听作品分为电影作品、电视剧作品和其他视听作品两类。

2. 电影作品、电视剧作品

（1）**著作权归属**。视听作品中的电影作品、电视剧作品的著作权由制作者享有，但编剧、导演、摄影、作词、作曲等作者享有署名权，并有权按照与制作者签订的合同获得报酬。

（2）**许可使用**。对电影作品、电视剧作品的复制、发行、放映、网络传播或配音、翻译等，只需要经过电影作品、电视剧作品制作者的许可，而无须经过原作品著作权人的许可。但是对其进行改编需要同时经过原作品著作权人和电影作品、电视剧作品著作权人的许可。

3.其他视听作品著作权归属

电影、电视剧以外的视听作品的著作权归属由当事人约定；没有约定或者约定不明确的，由制作者享有，但作者享有署名权和获得报酬的权利。

4.视听作品中可单独使用作品著作权归属

视听作品中的剧本、音乐等可以单独使用的作品的作者有权单独行使其著作权。

［例如］著名舞蹈家杨丽萍在电视剧《射雕英雄传》中饰演梅超风一角，在剧中展示了一段孔雀舞。非著名重量级舞蹈爱好者赵海洋想要在选秀节目《中国有舞蹈》中跳杨丽萍在《射雕英雄传》中跳过的那段孔雀舞。因为杨丽萍对该段舞蹈享有单独著作权，赵海洋只需经过杨丽萍许可即可。

核心考点3 著作权的客体

一、作品

（一）作品的概念

《著作权法》所称作品，是指文学、艺术和科学领域内具有独创性并能以一定形式表现的智力成果。

（二）作品的构成要件

1.作品必须是人类智力成果

纯粹的自然风光和声音、动物无意间的创作不构成著作权法意义上的作品。

［例如］赵海洋在峨眉山游玩时，在与猴子自拍合影时，手机被猴子抢走。猴子模仿赵海洋按下快门键进行自拍，拍下数张既清晰又令人捧腹的"自拍照"，这些"自拍照"因为不是人类的智力成果，就不属于作品。

2.作品是能够被他人客观感知

单纯停留在内心世界的思想感情或者"腹稿"并不是著作权法意义上的"作品"。

3.作品必须是文学、艺术和科学领域的智力成果

作品作为智力创作成果，必须是对思想、观点或情感具有一定美感的表达。因此，如竞技体育活动等，就不属于著作权法意义上的作品。

4.作品是具有"独创性"的外在表达

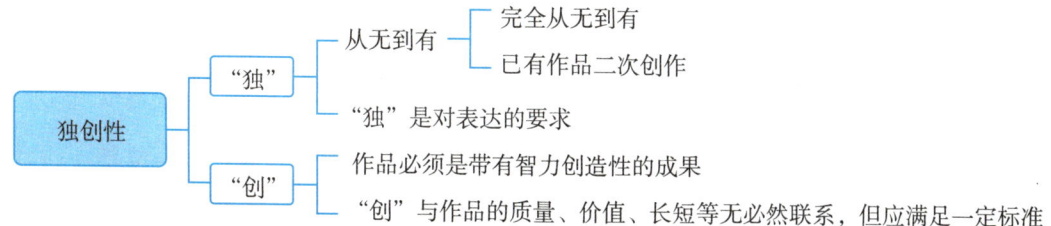

［例1］著名画家赵海洋花费大量精力对达·芬奇的名画《蒙娜丽莎》进行临摹。赵海洋高超的绘画技巧，使得其临摹的《蒙娜丽莎》足以以假乱真，因为临摹他人作品的画作

缺乏独创性，所以赵海洋对其临摹的《蒙娜丽莎》不享有著作权。

[例2] 利用数学公式解题，尽管有从无到有的书写，且属于智力成果，但这不是作品。

[例3] 张三使用 ChatGPT（人工智能）创作出来的小说就不属于作品，因为人工智能生成的内容只是基于算法、规则和模板而产生的结果，不符合独创性的要求。

（三）作品分类

《著作权法》所称的作品，包括：

（1）文字作品；

（2）口述作品；

（3）音乐、戏剧、曲艺、舞蹈、杂技艺术作品；

（4）美术、建筑作品；

（5）摄影作品；

（6）视听作品；

（7）工程设计图、产品设计图、地图、示意图等图形作品和模型作品；

（8）计算机软件；

（9）符合作品特征的其他智力成果。

二、不受著作权法保护的对象

（一）思想

《著作权法》不保护抽象的思想、思路、观念、理论、构思、创意、概念、工艺、系统、操作方法、技术方案等。即《著作权法》保护的是思想等的外在表达。对于这一问题的理解，需要注意如下两点：

（1）"混同原则"。行为人对思想、主题等的外在表达，要留下对该思想、主题等再创作的空间。如果一种思想只有一个表达或非常有限的几个表达，那么该表达就是思想本身，不受著作权法保护。

[例1] 张三创作了爱情题材的小说。李四依旧可以创作爱情题材的小说。只要张三和李四的小说符合独创性等要求，二人对自己创作的小说均有著作权。

[例2] 赵海洋经过苦心研究设计了一款纸牌游戏《天黑闭上嘴》的游戏规则，这个游戏规则无疑属于具有独创性的智力成果，但是游戏规则的表达极为有限，因此游戏规则就不受《著作权法》保护。

（2）"表达"≠"表达形式"。《著作权法》保护的"表达"，既包含表达的内容，又包含表达的形式。因此，对原作品的"同义词替换"的"洗稿"行为，或未经授权将作品用另外一种表达形式呈现（如电影改编成漫画等），均构成侵权。

[例如] 著名学者赵海洋对我国是否应当征收房产税的问题提出的创新观点，就不享有著作权。但是，赵海洋写的关于征收房产税的论文受到《著作权法》的保护。

（二）官方文件（含译文）

《著作权法》对法律、法规，国家机关的决议、决定、命令和其他具有立法、行政、司法性质的文件（判决书等），及其官方正式译文不予保护。

[例如] 赵海洋教授为授课需要所写的《著作权法草案》，因不是官方文件，就享有著作权。

（三）单纯事实消息

《著作权法》对某个客观事实的简单描述、单纯的事实消息等均不予保护。

[例如] 赵海洋对海洋中学高二（1）班同学男女性别比例的统计，只是客观事实的简单描述，就不是作品。

（四）公有领域作品

《著作权法》对历法、通用数表、通用表格和公式不予保护。

（五）竞技体育活动

竞技体育活动属于对身体力量和运动技巧方面的展示，不属于《著作权法》保护的领域。

[例如] 体操运动员李小鹏对其首创的体操动作"李小鹏挂"就不享有著作权。再如，著名舞者赵海洋对其在《舞林大会》首次表演的舞蹈《爱，这个海洋》享有著作权。

三、违禁作品

著作权人和与著作权有关的权利人行使权利，不得违反宪法和法律，不得损害公共利益，国家对作品的出版、传播依法进行监督管理。因此，淫秽书刊、暴力电影等属于作品，但是不得在我国出版传播。

核心考点4　著作权的内容

著作权的内容知识逻辑

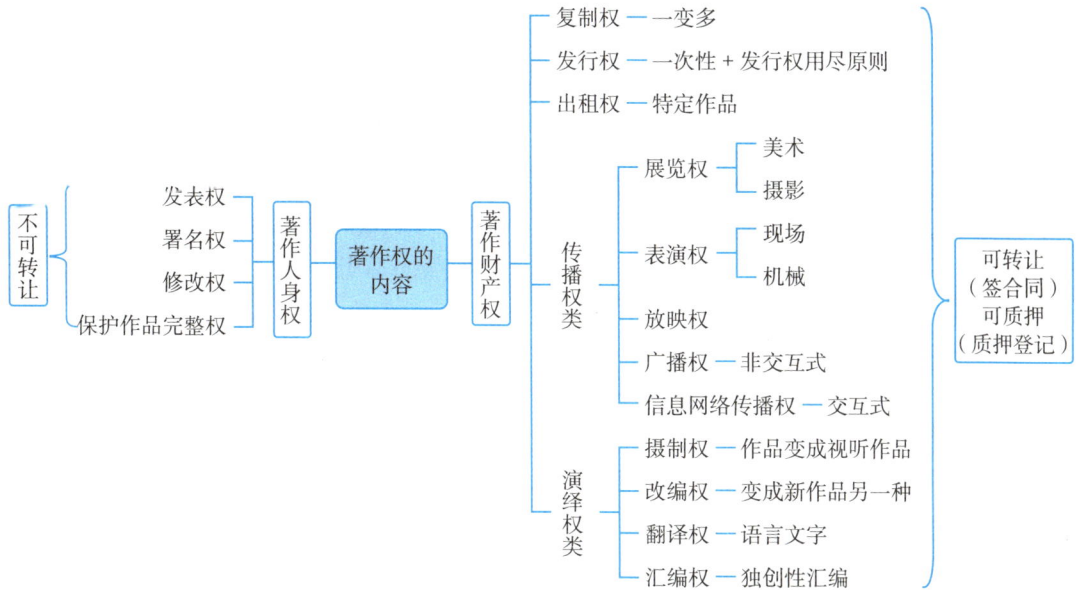

一、著作人身权

（一）发表权

发表权，是指著作权人自行或者经著作权人许可将作品向不特定的人公开的权利。但不以公众知晓为构成要件。发表权是一次性权利，一经公开，作者就不再享有发表权。

[例如] 赵海洋将自己作的诗歌《我家养了一只鸡》发表在自己的新浪微博账号"商经法赵海洋"中，第二天一看，阅读量为零，因为公之于众不以公众知悉为要件，所以赵海洋的诗歌已经发表。

作者生前未发表的作品，如果作者未明确表示不发表，作者死亡后 50 年内，其发表权可由继承人或者受遗赠人行使；没有继承人又无人受遗赠的，由作品原件的所有人行使。

（二）署名权

署名权，是指表明作者身份，在作品上署名的权利。著作权人可以决定署真名，署假名，以及是否署名。

[例如] 赵海洋以笔名赵英俊向杂志社投稿，在出版时杂志社在署名处将赵英俊替换为赵海洋，杂志社的行为就侵犯了赵海洋的署名权。

【提示1】演绎作品的原作品作者也有署名权。
【提示2】冒名行为属于侵犯他人姓名权的行为，而非侵犯署名权行为。

（三）修改权

修改权，是指著作权人自己修改或者授权他人对作品的内容、文字、用语进行局部修订的权利。

【提示1】图书出版者经作者许可，可以对作品修改、删节。
【提示2】报社、期刊社可以对作品作文字性修改、删节。对内容的修改，应当经作者许可。

（四）保护作品完整权

保护作品完整权，是指保护作品不受歪曲①、篡改②的权利。其目的在于防止他人在利用作品时（即使利用行为本身经过许可），通过对作品的不当改动或利用导致作品无法正确地反映作者原本要表达的思想、感情。

[例如] 时事评论员赵海洋就美国出兵叙利亚事件发表了题为"傲慢的漂亮国"的评论文章，文中描述了叙利亚战后的惨状，借此加以痛斥美国无视国际法的侵略行为。报社收到文章后，删除了文中对美国的批评。读者看到文章后，纷纷表示对叙利亚的同情。报社删除了文章的部分内容，使得作者要表达的原意被歪曲。因此，报社的行为侵犯了赵海洋的保护作品完整权。

【提示】修改权和保护作品完整权在一定程度上有重合。尽管从立法者的角度，二者存在差异，但从做题的角度来看，行为人对作品进行歪曲、篡改既侵犯了保护作品完整权，也侵犯了修改权。

---

① 歪曲，是行为人故意对原作品本意作出错误解释或理解。
② 篡改，是行为人利用作伪的方式对原作品进行改动或曲解。

二、著作财产权

（一）复制权

复制权，即以印刷、复印、拓印、录音、录像、翻录、翻拍、数字化等方式将作品制作一份或者多份的权利。

[例如]漫画家赵海洋创作的小狗"佩顿"的漫画形象风靡全球。纹身师赵大海未经赵海洋同意将小狗"佩顿"作为纹身图案为客户提供服务，赵大海侵犯了赵海洋的复制权。

（二）发行权

发行权，是指以出售或者赠与方式向公众提供作品的原件或者复制件的权利。发行权的立法目的在于防止行为人非经权利人许可非法出售作品的复印件。

【提示1】"提供作品的原件或者复制件"表明，行为人需要以有形物质载体的形式向公众提供作品（作品+有形物质载体）。这与"以网络方式向公众传播作品"有本质区别，后者属于作者的信息网络传播权。

【提示2】发行权受到"一次用尽原则"的限制。行为人通过合法授权的方式取得作品的原件或复印件后，对其进行二次流转，属于合法行为，无需再次征得原著作权人同意。但如果作品为非法复制件，则不受发行权"一次用尽原则"的限制。

[例如]赵海洋老师编著的《商经法全解》因其编撰体系清晰，重难点突出，书中所举例子恰当，深受考生喜爱。王天霸在书店购买盗版《商经法全解》后，赠予他的好朋友刘美丽。王天霸侵犯了赵海洋的发行权。

（三）出租权

出租权，是指有偿许可他人临时使用视听作品、计算机软件的原件或者复制件的权利，计算机软件不是出租的主要标的的除外。

[例如]海洋书店出租金庸的《天龙八部》一书，就没有侵犯金庸先生的出租权。因为图书没有出租权。

【提示1】录音录像制作者对其制作的录音录像制品也享有出租权。
【提示2】表演者有权许可他人出租录有其表演的录音录像制品。

（四）展览权

展览权，是指著作权人公开陈列美术作品、摄影作品的原件或者复制件的权利。美术、摄影作品原件的展览权由原件所有人享有。作者将未发表的美术、摄影作品的原件所有权转让给他人，受让人展览该原件不构成对作者发表权的侵犯。

[例如]张三购买了一本赵海洋教授的《海洋陪你学知产》，将其在自己小店中展出。展览权的客体仅限于美术作品、摄影作品的原件或者复制件，所以，张三没有侵犯赵海洋的展览权。

（五）表演权

表演权，是指著作权人自行或许可他人公开表演作品，以及用各种手段公开播送作品的表演的权利。表演权分为现场表演和机械表演两类。

现场表演，是指演员对作品进行公开表演。

机械表演，是指通过机械设备将对作品的表演进行公开播放的行为。

［例如］深色海洋理发店，在营业时间将周杰伦的歌曲《菊花台》作为背景音乐播放，侵犯了周杰伦的表演权。

【提示】表演权≠表演者权

（六）放映权

放映权，即通过放映机、幻灯机等技术设备公开再现美术、摄影、视听作品等的权利。

［例如］《不会飞的鸟》是近期院线热映的电影，某高校为丰富学生的课余活动，在大学生活动中心免费播放该电影，尽管范围较小，且不以营利为目的，但仍然侵犯了作者的放映权。

（七）广播权（非交互式传播权）

广播权包含两项子权利：一是非交互式传播权，即以有线或者无线方式公开传播或者转播作品的权利；二是公开播放接收到的经初始传播的作品的权利，即通过扩音器或者其他传送符号、声音、图像的类似工具向公众传播广播作品的权利。

【提示】广播权最大的特点是，由传播者决定传播的时间，受众只能被动接受，无法自主选择传播开始的时间以及传播的内容。

【总结】广播权的行为方式与经典实例

行为方式	案例
有线或者无线方式公开传播作品	爱奇艺视频网按照计划时间播放《大江大河3》
有线或者无线方式转播作品	海洋卫视对草莓音乐节进行直播，爱海洋视频网通过网络进行转播
通过扩音器或者其他传送符号、声音、图像的类似工具向公众传播广播作品	海洋酒吧在大屏幕上播放综艺节目，让来蹦迪的青年男女欣赏

（八）信息网络传播权（交互式传播权）

信息网络传播权，是指以有线或者无线方式向公众提供，使公众可以在其选定的时间和地点获得作品的权利。

［例如］法考商经法名师赵海洋授课风格诙谐幽默，其在讲解考点的同时，会附带极具个人特色的案例和语录。某网站为了吸引流量，将赵海洋的案例和语录剪辑后供公众下载。因为赵海洋讲授的案例和语录构成口述作品，所以该网站侵犯了赵海洋的信息网络传播权。

【提示】信息网络传播权是著作权人对其作品在网络上传播行为进行控制的权利。"交互式网络传播行为"使得公众可以通过网络，在自己选定的时间和地点获得作品。这也是信息网络传播权与广播权等权利最大的差异。

（九）摄制权

摄制权，以摄制视听作品的方法将作品固定在载体上的权利。

（十）改编权

改编权，是指改变作品，创作出具有独创性的新作品的权利。

[例如] 画家赵大海对照摄影师赵海洋的摄影作品《大自然的泪滴》，将其形成画作，赵大海侵犯了赵海洋的改编权。

（十一）翻译权

翻译权，是指将作品从一种语言文字转换成另一种语言文字的权利。

（十二）汇编权

汇编权，是指将作品或者作品的片段通过选择或者编排，汇集成新作品的权利。

第二讲　著作邻接权

一般考点5　著作邻接权概述

一、著作邻接权的概念

我国《著作权法》中，著作邻接权特指出版者对其涉及的版式、表演者对其表演、录音录像制品制作者对其制作的录音录像制品、广播组织者对其播出的节目信号享有的专有权利。

二、著作邻接权的分类

著作邻接权主要包括出版者权、表演者权、录音录像制作者权、广播组织权等4类。

一般考点6　出版者权

一、出版者权的概念

出版者权是指出版者对其出版的图书和期刊的版式设计享有的专有权。

二、图书出版者的义务

（一）订立合同

图书出版者出版图书应当和著作权人订立出版合同，并支付报酬。

（二）重印再版

图书出版者重印、再版作品的，应当通知著作权人，并支付报酬。图书脱销后，图书出版者拒绝重印、再版的，著作权人有权终止合同。

三、图书出版者的权利

（一）版式设计权

出版者有权许可或者禁止他人使用其出版的图书、期刊的版式设计。

（二）专有出版权

图书出版者对著作权人交付出版的作品，按照合同约定享有的专有出版权受法律保护，他人不得出版该作品。

核心考点 7　表演者权

一、表演者权概述

（一）表演者的概念

表演者是指演员、演出单位或者其他表演文学、艺术作品的人。

（二）表演者权的概念

表演者权是表演者基于表演行为而产生的专属于表演者的权利。

（三）表演者权的产生

表演作品或"民间艺术表达"的表演者才享有表演者权。反之，"表演者"对非作品进行表演就不享有表演者权。表演者表演的作品是否在保护期内，不影响其基于表演行为获得表演者权。

【提示】表演者对同一作品的多次重复表演，表演者对每次表演都享有表演者权。

［例1］NBA球队休斯顿火箭队和凯尔特人队在中国上海进行商业表演赛，即使本次比赛以表演性质为主，篮球运动员也不能因此获得表演者权。

［例2］真人秀、纪录片中的参与者，没有表演者权，因为这类节目以跟踪拍摄人物的正常生活状态为特色，没有事先安排的剧本，即不是对作品或"民间艺术表达"的表演。

［例3］著名钢琴演奏家赵海洋在一次演奏中弹奏莫扎特的《降B大调第二十七号钢琴协奏曲》，因该作品已过保护期，赵海洋仍然获得表演者权。

二、表演者权的内容

（一）表演者的义务

使用他人作品演出，表演者应当取得著作权人许可，并支付报酬。演出组织者组织演出，由该组织者取得著作权人许可，并支付报酬。

［例如］著名歌手赵海洋在其个人全球巡回演唱会上，演唱S.H.E的歌曲 *Super Star*，榴莲直播想要直播，需要经过赵海洋和S.H.E的许可。

（二）表演者权的内容

1. 人身权

人身权包括表明表演者身份权、保护表演形象不受歪曲权。

［例1］表明表演者身份权类似于作者的署名权。将表演者信息在海报、节目单、电影的片头、片中、片尾等呈现均可。

［例2］著名网红赵海洋将自己的直播录制并上传到网络后，某视频网站将其表演进行剪辑处理，使得原有的表演风格被歪曲，产生具有搞怪、可笑效果的"鬼畜"视频。这就侵犯了赵海洋的保护表演形象不受歪曲权。

2. 财产权

（1）现场直播权。表演者可以许可他人从现场直播和公开传送其现场表演，并获得报酬。但广播电台、电视台播放录音录像制品时，无需经过表演者同意。

［例如］著名歌星赵海洋在某体育馆举行个人演唱会，某直播平台想要直播该演唱

会，抑或是在该体育馆外架设一个大屏幕对演唱会的情况进行直播，都需要经过赵海洋的许可。

（2）**首次固定权**。表演者可以许可他人录音录像，并获得报酬。对表演活动进行录音、录像，实际上是对表演活动从无载体到有载体的复制行为。

（3）**复制、发行、出租权**。表演者可以许可他人复制、发行、出租录有其表演的录音录像制品，并获得报酬。

（4）**信息网络传播权**。表演者可以许可他人通过信息网络向公众传播其表演，并获得报酬。

【总结】视听作品和录像制品中表演者权的归属

电影、电视剧作品	其他视听作品	录像制品
财产权归制作者	有约定按约定，无约定归制作者	归表演者

（三）许可使用

表演者使用他人作品进行表演，他人欲对表演者的表演行为进行直播、录音录像、复制发行、信息网络传播，还应当取得著作权人许可。

三、职务表演

（一）概念

演员为完成本演出单位的演出任务进行的表演为职务表演。

（二）权利归属

当事人没有约定或者约定不明确的，职务表演的权利由演出单位享有。职务表演的权利由演员享有的，演出单位可以在其业务范围内免费使用该表演。

（三）演员的权利

演员享有表明身份和保护表演形象不受歪曲的权利，其他权利归属由当事人约定。

核心考点 8　录制者权

一、录制者权概述

（一）录制者的概念

录制者是指录音录像制品的首次制作者。

（二）录制者权的概念

录制者权是指录音、录像制作者对其录制的录音、录像制品专有的权利。

二、录制者权的内容

（一）复制权、发行权、出租权、信息网络传播权

录音录像制作者对其制作的录音录像制品，享有许可他人复制、发行、出租、通过信息网络向公众传播并获得报酬的权利。

（二）传播录音制品获酬权

将录音制品用于有线或者无线公开传播，或者通过传送声音的技术设备向公众公开播送的，应当向录音制作者支付报酬。

（三）录像制品许可电视台播放权

电视台播放录像制品应当取得录像制作者许可。

三、被许可人的义务

被许可人复制、发行、通过信息网络向公众传播录音录像制品，还应当取得著作权人、表演者许可，并支付报酬。被许可人出租录音录像制品，还应当取得表演者许可，并支付报酬。

[例如]甲创作了一首歌曲《红苹果》，乙唱片公司与甲签订了专有许可合同，在聘请歌星丙演唱了这首歌曲后，制作成录音制品（CD）出版发行。某电影公司将CD中的声音作为电影的插曲使用，就需要经过甲、乙、丙的许可。

核心考点9 广播组织权

一、广播组织权的概念

广播组织权，是指广播组织（广播电台、电视台）对其播放的节目信号享有的专有权利。

【口诀】广播组织不产生作品，是作品的搬运工。

二、广播组织权的内容

（一）广播组织的义务

	著作权人	制作者	表演者
广播电台、电视台播放他人未发表的作品	需经许可，支付报酬	无	
广播电台、电视台播放他人已发表的作品	法定许可，支付报酬	无	
广播电台、电视台播放载有作品的录音制品	法定许可，支付报酬	支付报酬	无权利，无许可权
电视台播放载有作品的视听作品	需经许可，支付报酬	无	
电视台播放载有作品的录像制品	经录像制作者和著作权人许可，支付报酬		

（二）广播组织的权利

广播电台、电视台有权禁止未经其许可的下列行为：
（1）将其播放的广播、电视以有线或者无线方式转播；
（2）将其播放的广播、电视录制以及复制；
（3）将其播放的广播、电视通过信息网络向公众传播。

【总结】著作权人、表演者、录音录像制作者、广播组织者均享有信息网络传播权。

【判断】著名创作人赵海洋创作歌曲《鹊桥》，赵海洋许可赵铁锤在自己的演唱会上演唱《鹊桥》。大海唱片公司经过赵海洋和赵铁锤许可，将赵铁锤演唱的歌曲录制下来制作成 CD 出版。大洋超市购买正版 CD 后在营业时间播放。问：大洋超市的行为侵犯谁的权益？①

第三讲　著作权侵权

一般考点 10　著作权侵权行为及其法律责任

一、著作权侵权行为界定

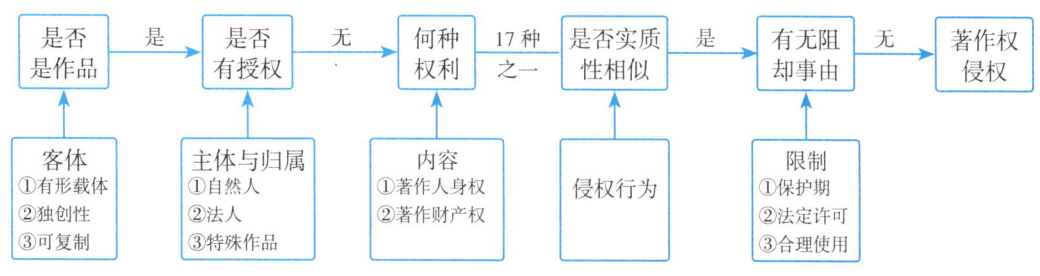

【口诀】接触＋实质性相似＝侵犯著作权

二、著作权侵权行为的责任承担类型

（一）承担民事责任的著作权侵权行为

有下列侵权行为的，应当根据情况，承担停止侵害、消除影响、赔礼道歉、赔偿损失等民事责任：

（1）未经著作权人许可，发表其作品的；

（2）未经合作作者许可，将与他人合作创作的作品当作自己单独创作的作品发表的；

（3）没有参加创作，为谋取个人名利，在他人作品上署名的；

（4）歪曲、篡改他人作品的；

（5）剽窃他人作品的；

（6）未经著作权人许可，以展览、摄制视听作品的方法使用作品，或者以改编、翻译、注释等方式使用作品的，《著作权法》另有规定的除外；

（7）使用他人作品，应当支付报酬而未支付的；

（8）未经视听作品、计算机软件、录音录像制品的著作权人、表演者或者录音录像制作者许可，出租其作品或者录音录像制品的原件或者复制件的，《著作权法》另有规定的除外；

---

① 侵犯了赵海洋的表演权。大洋超市的行为属于未经许可进行机械表演，赵海洋是著作权人，赵铁锤是表演者，大海唱片公司是录音录像制作者，著作权人的表演权包括现场表演和机械表演两类，因此大洋超市侵犯了赵海洋的表演权。

（9）未经出版者许可，使用其出版的图书、期刊的版式设计的；
（10）未经表演者许可，从现场直播或者公开传送其现场表演，或者录制其表演的；
（11）其他侵犯著作权以及与著作权有关的权利的行为。

（二）承担综合法律责任的著作权侵权行为

有下列侵权行为的，应当根据情况，依法承担民事责任；侵权行为同时损害公共利益的，由主管著作权的部门责令停止侵权行为，予以警告，没收违法所得，没收、无害化销毁处理侵权复制品以及主要用于制作侵权复制品的材料、工具、设备等，违法经营额5万元以上的，可以并处违法经营额1倍以上5倍以下的罚款；没有违法经营额、违法经营额难以计算或者不足5万元的，可以并处25万元以下的罚款；构成犯罪的，依法追究刑事责任：

（1）未经著作权人许可，复制、发行、表演、放映、广播、汇编、通过信息网络向公众传播其作品的，《著作权法》另有规定的除外；

（2）出版他人享有专有出版权的图书的；

（3）未经表演者许可，复制、发行录有其表演的录音录像制品，或者通过信息网络向公众传播其表演的，《著作权法》另有规定的除外；

（4）未经录音录像制作者许可，复制、发行、通过信息网络向公众传播其制作的录音录像制品的，《著作权法》另有规定的除外；

（5）未经许可，播放、复制或者通过信息网络向公众传播广播、电视的，《著作权法》另有规定的除外；

（6）未经著作权人或者与著作权有关的权利人许可，故意避开或者破坏技术措施的，故意制造、进口或者向他人提供主要用于避开、破坏技术措施的装置或者部件的，或者故意为他人避开或者破坏技术措施提供技术服务的，法律、行政法规另有规定的除外；

（7）未经著作权人或者与著作权有关的权利人许可，故意删除或者改变作品、版式设计、表演、录音录像制品或者广播、电视上的权利管理信息的，知道或者应当知道作品、版式设计、表演、录音录像制品或者广播、电视上的权利管理信息未经许可被删除或者改变，仍然向公众提供的，法律、行政法规另有规定的除外；

（8）制作、出售假冒他人署名的作品的。

核心考点 11　著作权侵权阻却事由

一、著作权的保护期限

（一）著作人身权

作者的署名权、修改权、保护作品完整权的保护期不受限制。

【提示】发表权是例外。

表演者的表明表演者身份权和保护表演形象不受歪曲权为表演者人身权，保护期不受限制。

（二）著作财产权

1. 自然人作品的保护期

（1）发表权、著作财产权的保护期为作者终生及其死亡后50年，截止于作者死亡后第 50 年的 12 月 31 日；

（2）合作作品，截止于最后死亡的作者死亡后第 50 年的 12 月 31 日。

2. 法人或者非法人组织作品的保护期

法人或者非法人组织的作品、著作权（署名权除外）由法人或者非法人组织享有的职务作品，其发表权的保护期为 50 年，截止于作品创作完成后第 50 年的 12 月 31 日；其著作财产权的保护期为 50 年，截止于作品首次发表后第 50 年的 12 月 31 日，但作品自创作完成后 50 年内未发表的，不再予以保护。

3. 特殊类型权利人的保护期

（1）视听作品，其发表权的保护期为 50 年，截止于作品创作完成后第 50 年的 12 月 31 日；其著作财产权的保护期为 50 年，截止于作品首次发表后第 50 年的 12 月 31 日，但作品自创作完成后 50 年内未发表的，不再予以保护。

[例如] 华裔姐妹影视公司拍摄电影《帅气的赵海洋》后，将著作权转让给赵海洋，因为《帅气的赵海洋》是电影作品，并不会因为著作权转让而发生作品性质的变化，所以，该影片的保护期仍然为首次发表后第 50 年的 12 月 31 日。

（2）图书出版者版式设计权的保护期为 10 年，截止于使用该版式设计的图书、期刊首次出版后第 10 年的 12 月 31 日。

（3）表演者的现场直播权、首次固定权、复制发行出租权、信息网络传播权为表演者的财产权，保护期为 50 年，截止于该表演发生后第 50 年的 12 月 31 日。

（4）录音录像制作者对其制作的录音录像制品，享有的相关权利的保护期为 50 年，截止于该制品首次制作完成后第 50 年的 12 月 31 日。

（5）广播组织者的权利的保护期为 50 年，截止于该广播、电视首次播放后第 50 年的 12 月 31 日。

【总结】对于著作权保护期限的理解需要从以下 3 个方面入手：

第一，考虑保护期前一定要判断是自然人作品、法人作品还是视听资料等作品。

第二，发表权、著作财产权的保护期都是 50 年，为方便管理，截止日期都为第 50 年的 12 月 31 日。**但作者不同，起算点不同：**

（1）自然人作品，死亡后 50 年；

（2）合作作品，最后作者死亡后 50 年；

（3）法人作品、视听作品：发表权，创作完成后 50 年；著作财产权，首次发表后 50 年。

（4）邻接权人。除了图书出版者的保护期为 10 年外，其他均为 50 年。

4. 超过保护期后，未发表作品的发表权和著作财产权将不再受到保护。

二、著作权的合理使用

（一）著作权合理使用概述

著作权合理使用，是指在特定情形下，行为人可以不经著作权人许可，不支付报酬使用其已经公开的作品。但应当指明作者姓名或者名称、作品名称，并且不得影响该作品的正常使用，也不得不合理地损害著作权人的合法权益。

【提示 1】合理使用需要满足 3 个前提：特定情形＋不影响作品的正常利用＋不会

对权利人的合法利益造成不合理的损害。

【提示2】合理使用既约束作者，同时对出版者、表演者、录音录像制作者、广播电台、电视台的权利也进行限制。

（二）著作权合理使用的情形

1. 个人使用

为个人学习、研究或者欣赏，使用他人已经发表的作品。

【提示】仅限于合理范围内的，纯粹个人目的的使用。

［例如］张翠花为个人学习需要复印一整本《赵海洋商经法理论卷》，这就超出了合理使用的范围。

2. 适当引用

为介绍、评论某一作品或者说明某一问题，在作品中适当引用他人已经发表的作品。

【提示】适当引用要求在创作中，所引用的作品长度应当合理，但并不是说全文引用就构成侵权，而是要看是否会因为引用而替代了作者的创作。

［例如］赵海洋为了点评白居易的《长恨歌》，在其文章中全文引用后，逐句进行解读与点评，赵海洋的行为构成适当引用。

3. 时事新闻报道中的使用

为报道时事新闻，在报纸、期刊、广播电台、电视台等媒体中不可避免地再现或者引用已经发表的作品。

4. 对涉及政治、经济、宗教的时事性文章的使用

报纸、期刊、广播电台、电视台等媒体刊登或者播放其他报纸、期刊、广播电台、电视台等媒体已经发表的关于政治、经济、宗教问题的时事性文章，但著作权人声明不许刊登、播放的除外。

［例如］新华网转载人民网就朝鲜废除核试验问题发表的评论性文章，这一行为构成合理使用。

【提示】本规定的立法目的在于保障自然人了解和参与政治、经济、宗教生活的权利。

5. 对公众集会上发表的讲话的使用

报纸、期刊、广播电台、电视台等媒体刊登或者播放在公众集会上发表的讲话，但作者声明不许刊登、播放的除外。

［例如］某出版社想将某一学者在公开会议中发表的一系列演讲集结成册出版，由于集结成册已经不再是确保公众迅速获得信息的行为，需要经过著作权人同意。

6. 课堂教学和科学研究中的使用

为学校课堂教学或者科学研究，翻译、改编、汇编、播放或者少量复制已经发表的作品，供教学或者科研人员使用，但不得出版发行。

［例如］高校教师赵海洋翻译了3篇国外关于知识产权侵权的论文后，将翻译稿发给教研室同事参考，赵海洋的行为属于合理使用。

7. 国家机关公务性质的使用

国家机关为执行公务在合理范围内使用已经发表的作品（含在合理范围内通过网络向公众提供已发表的作品）。

［例如］县公安局因经费紧张，扫描部分刑侦书籍上传到局域网内，供本单位民警学习使用，就不属于合理使用，构成侵犯作者的信息网络传播权。

8. "六馆"对馆藏作品的复制

图书馆、档案馆、纪念馆、博物馆、美术馆、文化馆等为陈列或者保存版本的需要，复制本馆收藏的作品。

［例如］县图书馆因经费紧张，为了能让更多的读者阅读赵海洋所写的《商经法全解》将该书复印了 5 份，这一行为构成了侵权。

9. 免费表演

免费表演已经发表的作品，该表演未向公众收取费用，也未向表演者支付报酬，且不以营利为目的。（双向免费）

［例如］海洋老师与他的妻子去餐厅吃饭，餐厅的服务员在现场演唱一些流行歌曲，尽管海洋老师无需额外支付费用，餐厅也没有给服务员额外支付报酬，但餐厅是营利性场所，餐厅让服务员演唱的目的在于招揽顾客。餐厅的行为就不属于免费表演已经发表的作品。

10. 对公共场所艺术品以平面形式进行利用

对设置或者陈列在公共场所的艺术作品进行临摹、绘画、摄影、录像。

【提示】对公共场所艺术品的利用，仅限于平面形式的利用，如果制作成三维模型则构成侵权。

［例如］摄影师赵海洋拍摄广州塔（俗称小蛮腰）后制作成海报进行销售的行为，就属于合理使用。但如果将其做成模型进行出售，这一行为构成侵权。

11. 制作少数民族语言版本

将中国公民、法人或者非法人组织已经发表的以国家通用语言文字创作的作品翻译成少数民族语言文字作品在国内出版发行。

【提示】将少数民族语言文字作品翻译成汉语言文字作品，抑或是将外国人作品翻译成少数民族语言文字作品，均不构成合理使用。

12. 制作、提供无障碍格式版本

以阅读障碍者能够感知的无障碍方式向其提供已经发表的作品。

三、著作权的法定许可

（一）著作权法定许可概述

著作权法定许可，是指依照法律的明文规定，不经著作权人同意有偿使用他人已经发表作品的行为。

（二）著作权法定许可的情形

1. 编写出版教科书

为实施义务教育和国家教育规划而编写出版教科书，可以不经著作权人许可，在教科书中汇编已经发表的作品片段或者短小的文字作品、音乐作品或者单幅的美术作品、摄影

作品、图形作品,但应当按照规定向著作权人支付报酬,指明作者姓名或者名称、作品名称,并且不得侵犯著作权人依照《著作权法》享有的其他权利。

2. 制作和提供课件

为通过信息网络实施义务教育或者国家教育规划,可以不经著作权人许可,使用其已经发表作品的片断或者短小的文字作品、音乐作品或者单幅的美术作品、摄影作品制作课件,由制作课件或者依法取得课件的远程教育机构通过信息网络向注册学生提供,但应当向著作权人支付报酬。

3. 报刊转载

著作权人向报社、期刊社投稿的,作品刊登后,除著作权人声明不得转载、摘编的外,其他报刊可以转载或者作为文摘、资料刊登,但应当按照规定向著作权人支付报酬。

4. 制作录音制品

录音制作者使用他人已经合法录制为录音制品的音乐作品制作录音制品,可以不经著作权人许可,但应当按照规定支付报酬。著作权人声明不许使用的不得使用。

[例如] 天后王菲演唱的《传奇》非常好听,天籁音响唱片公司聘请乐队,与歌手赵海洋签约,将赵海洋演唱的《传奇》录制下来,这就属于法定许可。

【总结】著作权人能否排除法定许可:

许可类型	是否允许著作权人作出保留声明排除法定许可
报刊转载	允许
录制录音制品	允许
编写出版教科书	不允许
制作提供课件	不允许
播放公开发表作品	不允许
播放录音制品	不允许

一般考点 12　网络服务提供者(ISP)

一、ISP 提供服务的类型

ISP 可提供的服务包括网络接入服务、信息存储服务、信息定位服务。

二、ISP 与"避风港"原则

(一)避风港原则的概念

"避风港"原则,是指在发生著作权侵权案件时,ISP 只提供空间服务,并不制作网页内容,如果 ISP 被告知侵权,则有删除的义务,否则就被视为侵权。如果侵权内容既不在 ISP 的服务器上存储,ISP 又没有被告知哪些内容应该删除,则 ISP 不承担侵权责任。

（二）ISP 适用避风港原则的情形

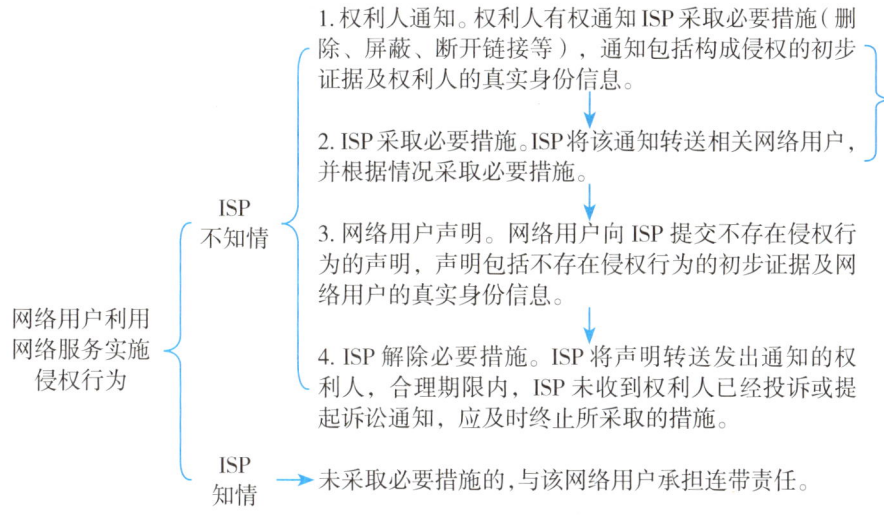

[例如] 海洋老师在个人微信公众平台"商经法赵海洋"上发表了一篇文章《著作权侵权判定五步法》。王洋认为，海洋老师侵犯了他的信息网络传播权，向微信公众平台投诉，微信平台如果认定投诉成立，应删除文章链接，并通知文章发布人海洋老师。海洋老师收到通知后，可以向平台申诉，证明自己并未侵犯王洋的著作权。如果工作平台认为申诉成立，就应将之前删除的链接恢复。如果王洋不服，可以去法院起诉。

（三）"避风港"原则的适用例外——"红旗"原则

红旗原则，是指如果侵犯信息网络传播权的事实是显而易见的，ISP 就不得以未发现或不知道侵权的理由来推脱责任。此情形下，如果 ISP 不及时采取移除链接等措施，即便权利人未发出通知，也应认定 ISP 承担侵权责任。

> 【提示】ISP 接到权利人以书信、传真、电子邮件等方式提交的通知及构成侵权的初步证据，未及时根据初步证据和服务类型采取必要措施的，人民法院应当认定其为明知相关侵害信息网络传播权的行为。

三、ISP 的免责情形

（一）ISP 的特定自动传输行为免责

ISP 根据服务对象的指令提供网络自动接入服务，或者对服务对象提供的作品、表演、录音录像制品提供自动传输服务，并具备下列条件的，不承担赔偿责任：

（1）未选择并且未改变所传输的作品、表演、录音录像制品；

（2）向指定的服务对象提供该作品、表演、录音录像制品，并防止指定的服务对象以外的其他人获得。

（二）ISP 的特定存储行为免责

ISP 为提高网络传输效率，自动存储从其他 ISP 获得的作品、表演、录音录像制品，根据技术安排自动向服务对象提供，并具备下列条件的，不承担赔偿责任：

（1）未改变自动存储的作品、表演、录音录像制品；

（2）不影响提供作品、表演、录音录像制品的原网络服务提供者掌握服务对象获取该作品、表演、录音录像制品的情况；

（3）在原网络服务提供者修改、删除或者屏蔽该作品、表演、录音录像制品时，根据技术安排自动予以修改、删除或者屏蔽。

一般考点 13 技术措施与权利管理信息的特殊保护

一、技术措施

（一）技术措施的概念

技术措施，是指用于防止、限制未经权利人许可浏览、欣赏作品、表演、录音录像制品的或者通过信息网络向公众提供作品、表演、录音录像制品的有效技术、装置或者部件。

（二）不得故意避开或破坏技术措施

未经权利人许可，任何组织或者个人不得故意避开或者破坏技术措施，不得以避开或者破坏技术措施为目的的制造、进口或者向公众提供有关装置或者部件，不得故意为他人避开或者破坏技术措施提供技术服务。但是，法律、行政法规规定可以避开的情形除外。

（三）可以避开技术措施的法定情形

下列情形可以避开技术措施，但不得向他人提供避开技术措施的技术、装置或者部件，不得侵犯权利人依法享有的其他权利：

（1）为学校课堂教学或者科学研究，提供少量已经发表的作品，供教学或者科研人员使用，而该作品无法通过正常途径获取；

（2）不以营利为目的，以阅读障碍者能够感知的无障碍方式向其提供已经发表的作品，而该作品无法通过正常途径获取；

（3）国家机关依照行政、监察、司法程序执行公务；

（4）对计算机及其系统或者网络的安全性能进行测试；

（5）进行加密研究或者计算机软件反向工程研究。

二、权利管理信息

（一）权利管理信息的概念

权利管理信息，是指说明作品及其作者、表演及其表演者、录音录像制品及其制作者的信息，作品、表演、录音录像制品权利人的信息和使用条件的信息，以及表示上述信息的数字或者代码。

［例如］电影作品的片头会含有关于电影制片者的信息，以及电影不得未经许可在公众场所放映的版权警告。许多软件在安装时也会自动弹出"最终用户许可协议"等，这些都属于附属于作品的权利管理信息。

（二）不得实施侵犯权利管理信息的行为

未经权利人许可，任何组织或者个人不得进行下列行为：

（1）故意删除或者改变作品、版式设计、表演、录音录像制品或者广播、电视上的权利管理信息，但由于技术上的原因无法避免的除外；

（2）知道或者应当知道作品、版式设计、表演、录音录像制品或者广播、电视上的权利管理信息未经许可被删除或者改变，仍然向公众提供。

第2章 专利法

应试指导

《专利法》只在客观题中考查，分值为1~2分。考题主要围绕专利权的客体、内容、申请、专利权侵权的抗辩等考点进行设计，近两年出现了专利权与商标权结合考查的题目，难度有所提升。

专利法知识逻辑

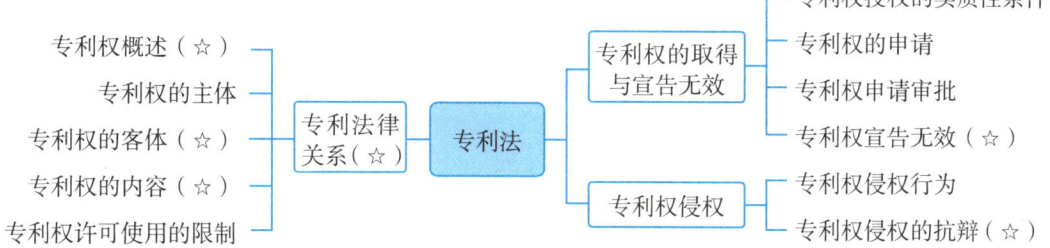

第一讲　专利法律关系

核心考点1　专利权概述

一、专利权特征

（一）排他性

未经专利权人授权，任何单位和个人不得使用他人专利。

（二）以向社会公开技术为条件

发明创造人想要获得专利权，必须向社会公开其技术方案或设计。

（三）经审查后才能依法定程序授予

不同于著作权的自动取得，专利权的取得需要申请权人向国务院专利行政部门提出申请，经审查符合相关规定后，才能依法被授予专利权。

（四）地域性

发明创造人希望同时在多个国家获得专利权，需要分别向目标国提出专利权申请。

（五）时间性
经过专利权保护期后，专利权人的专利权消灭。

二、授予专利权的原则

（一）禁止重复授权原则
同样的发明创造只能授予一项专利权。但是，同一申请人同日对同样的发明创造既申请实用新型专利又申请发明专利，先获得的实用新型专利权尚未终止，且申请人声明放弃该实用新型专利权的，可以授予发明专利权。

> 【提示】权利人可以就一个产品同时获得发明创造和外观设计，或者实用新型或外观设计。

[例如]张三设计的儿童水杯，其新颖而独特的造型既富美感，又能防止杯子滑落，该水杯既可申请实用新型专利权，也可申请外观设计专利权。

（二）单一性原则
一件发明或者实用新型专利申请应当限于一项发明或者实用新型。属于一个总的发明构思的两项以上的发明或者实用新型，可以作为一件申请提出。

一件外观设计专利申请应当限于一项外观设计。同一产品两项以上的相似外观设计，或者用于同一类别并且成套出售或者使用的产品的两项以上外观设计，可以作为一件申请提出。

[例1]某人同时发明了一种新型插座和与该插座相配套的新型插头，并提出了两个权利要求。权利要求1：一种插头，其特征为A。权利要求2：一种插座，其特征与A相应。这两个权利要求包含的技术特征是彼此对应的，插头和插座必须配套使用，因此，这两项发明也属于一个总的发明构思，具有单一性，可以作为一件申请提出。

[例2]床单和被罩是各自具有独立使用价值的产品，对床单和被罩各自作出风格类似的外观设计实际上是完成了两项外观设计，原本可以提出两件申请，但因床单和被罩在使用习惯上一般是同时使用的，因此，对床单和被罩的外观设计可以作为一件申请提出。

（三）先申请原则
两个以上的申请人分别就同样的发明创造申请专利的，专利权授予最先申请的人。

（四）独立权利要求
申请人在申请专利权时，需要提交包含该发明或实用新型的必要技术特征的权利申请书，即发明或实用新型为解决其技术问题所必不可少、使之区别于其他技术方案的技术特征。必要技术特征反映在权利要求上，就是独立权利要求。在申请人取得授权后，如果他人未经许可使用的技术具有独立权利要求中列举的全部技术特征，则构成专利侵权，反之，则不构成侵权，这被称为"全面覆盖"原则①。

[例如]如果张三在申请专利权时，在权利要求书上记载了A、B、C三项必要技术特征，而被控侵权的技术只具有技术特征A和B，或A和C，或B和C，或单独的A、B、C，则均不构成侵权。但如果被控侵权的技术具有技术特征A、B、C和D，则构成侵权。

---

① 被诉侵权技术方案包含与权利要求记载的全部技术特征相同或者等同的技术特征的，人民法院应当认定其落入专利权的保护范围；被诉侵权技术方案的技术特征与权利要求记载的全部技术特征相比，缺少权利要求记载的一个以上的技术特征，或者有一个以上技术特征不相同也不等同的，人民法院应当认定其没有落入专利权的保护范围。

一般考点 2　专利权的主体

一、发明人或设计人

发明人或设计人，是指对发明创造或外观设计的实质性特点作出创造性贡献的自然人。

【提示】发明创造是一种事实行为，对发明人或设计人无民事行为能力的要求。

二、职务发明创造

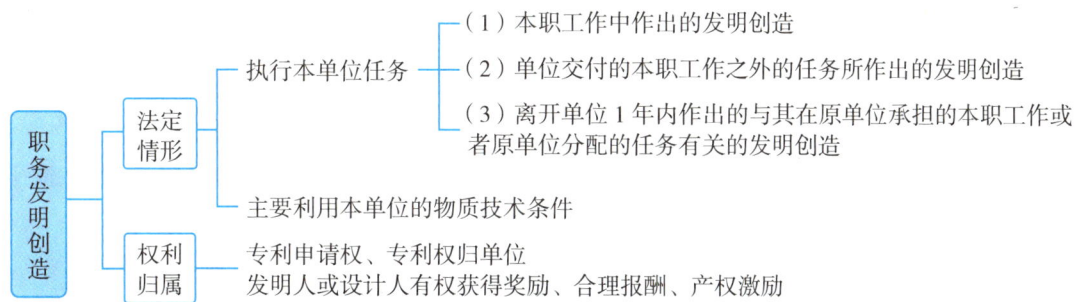

[例1] 假设王洋，是巴伐利亚发动机制造厂的检修工，公司在汽车发动机设计过程中遇到问题，老板就说："王洋，你对这款发动机提出一些合理化的设计方案吧。"此时如果王洋给出了合理的设计方案，那这个设计方案就属于本职工作以外的作出的发明创造，属于职务发明。如果王洋是自己下班没事干，老板也没提这个事，王洋在没有利用单位的物质技术条件的情况下作出的设计方案，就属于非职务发明创造。

[例2] 赵英俊是常声生物科技公司的疫苗研究人员，如果在基于兴趣爱好研发其他药品的过程中，赵英俊主要利用了单位的进口仪器、科研数据等，即便不是单位的工作任务，也属于职务发明。当然如果当事人之间有约定，则依照约定。

三、合作发明创造

（一）合作发明创造的专利申请权

1. 合作人共有

合作开发完成的发明创造，申请专利的权利属于合作开发的当事人共有；当事人一方转让其共有的专利申请权的，其他各方享有以同等条件优先受让的权利。但是，当事人另有约定的除外。

2. 不得申请情形

合作开发的当事人一方不同意申请专利的，另一方或者其他各方不得申请专利。

3. 一方放弃专利申请权

合作开发的当事人一方声明放弃其共有的专利申请权的，除当事人另有约定外，可以由另一方单独申请或者由其他各方共同申请。申请人取得专利权的，放弃专利申请权的一方可以免费实施该专利。

（二）合作发明创造专利权行使

专利申请权或者专利权的共有人对权利的行使有约定从其约定。没有约定，共有人可以单独实施或者以普通许可方式许可他人实施该专利；许可他人实施该专利的，收取的使用费应当在共有人之间分配。其他情形下，行使共有的专利申请权或者专利权应当取得全体共有人的同意。

四、委托发明创造

委托开发完成的发明创造，除法律另有规定或者当事人另有约定外，申请专利的权利属于研究开发人。研究开发人取得专利权的，委托人可以依法实施该专利。研究开发人转让专利申请权的，委托人享有以同等条件优先受让的权利。

【口诀】有约依约，无约则归研究开发人。

五、受让人

转让专利申请权或者专利权的，当事人应当订立书面合同，并向国务院专利行政部门登记。专利申请权或者专利权的转让自登记之日起生效。

【提示】专利权转让合同的效力依据《民法典》合同编判定，原则上成立时生效。专利申请权和专利权的转让，看登记。（合同是合同，专利是专利）

［例如］甲研究院研制出一种新药技术，向我国有关部门申请专利后，与乙制药公司签订了专利申请权转让合同。那么，乙公司依法获得药品生产许可证之前，专利申请权转让合同的效力依据《民法典》合同编的规定，在不存在法定无效的情形下，专利申请权转让合同自合同成立时生效。专利申请权的转让自向国务院专利行政部门登记之日起生效。

【总结】专利权主体：

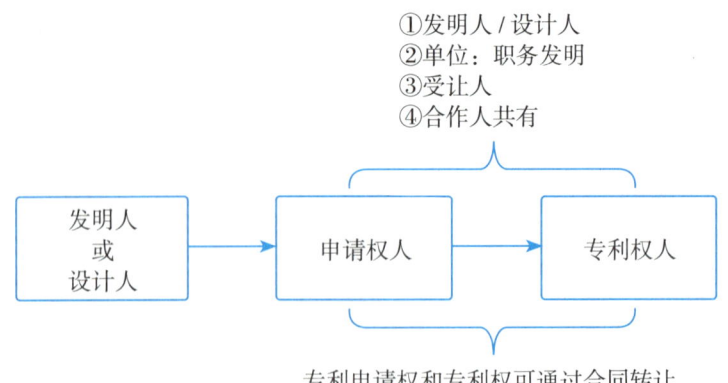

①发明人/设计人
②单位：职务发明
③受让人
④合作人共有

专利申请权和专利权可通过合同转让

核心考点 3 专利权的客体

一、发明

（一）发明的概念

发明，是指对产品、方法或者其改进所提出的新的技术方案。

【提示1】发明必须是一种技术方案，是发明人将自然规律在特定技术领域进行运用和结合的结果。

【提示2】发明通常是自然科学领域的智力成果，文学、艺术和社会科学领域的成果不能构成专利法意义上的发明，一般会受到《著作权法》的保护。

（二）发明的分类

1. 产品发明

产品发明是关于新产品或新物质的发明，这种产品或物质是自然界从未有过的，是人利用自然规律作用于特定事物的结果。

[例如] 探险家赵海洋在深山老林中发现一种未知毒蜘蛛，科学家用毒蜘蛛的蛛丝淬炼出治疗艾滋病的特效药。毒蜘蛛是发现，而特效药是发明。

2. 方法发明

方法发明是指为解决某特定技术问题而采用的手段和步骤的发明。

能够申请专利的方法通常包括制造方法和操作使用方法两大类，前者如产品制造工艺、加工方法等，后者如测试方法、产品使用方法等。

3. 改进发明

改进发明是对已有的产品发明或方法发明所作出的实质性革新的技术方案。

[例如] 爱迪生发明了白炽灯，白炽灯是一种前所未有的新产品，可以申请产品发明；生产白炽灯的方法可以申请方法专利；给白炽灯填充惰性气体，其质量和寿命都有明显提高，这是在原来基础之上进行的改进，可以申请改进发明。

二、实用新型

实用新型，是指对产品的形状、构造或者其结合所提出的适于实用的新的技术方案。

【提示】实用新型专利只保护产品。

三、外观设计

外观设计，是指对产品的整体或者局部的形状、图案或者其结合以及色彩与形状、图案的结合所作出的富有美感并适于工业应用的新设计。

【提示】外观设计的载体必须是产品。

四、专利法不予保护的对象

下列情形，专利法不予保护：

（1）违反法律、社会公德或者妨害公共利益的发明创造；

［例如］用于赌博的设备、机器或工具，吸毒的器具等不能被授予专利权。发明创造本身的目的并没有违反国家法律，但是由于被滥用而违反国家法律的，则不受专利法保护。如用于医疗的各种毒药、麻醉品、镇静剂、兴奋剂和用于娱乐的棋牌等。

（2）违反法律、行政法规的规定获取或者利用遗传资源，并依赖该遗传资源完成的发明创造；

（3）科学发现。它是指对自然界中客观存在的现象、变化过程及其特性和规律的揭示；

（4）智力活动①的规则和方法。由于智力活动的规则和方法没有采用技术手段或者利用自然法则，也未解决技术问题和产生技术效果，因而不构成技术方案；

［例如］交通行车规则、各种语言的语法、速算法或口诀、心理测验方法、各种游戏和娱乐的规则与方法、乐谱、食谱、棋谱、计算机程序本身等不能获得专利权。涉及商业模式的权利要求，如果既包含商业规则和方法的内容，又包含技术特征，也可能获得专利权。

（5）疾病的诊断和治疗方法。它是以有生命的人或者动物为直接实施对象，进行识别、确定或消除病因、病灶的过程。

［例如］诊脉法、心理疗法、按摩、为预防疾病而实施的各种免疫方法、以治疗为目的的整容或减肥等不能获得专利权。

【提示】治疗疾病的药品或医疗器械可以申请专利。

（6）动物和植物品种。

【提示1】动物和植物品种的生产方法，可以授予专利权。

【提示2】动物不能申请专利权，是出于对待生命的伦理因素；植物不能授予专利权，是因为植物有专门法规保护；细菌、真菌、病毒等微生物以及微生物发明，可以授予专利权。

（7）原子核变换方法以及用原子核变换方法获得的物质。

（8）对平面印刷品的图案、色彩或者二者的结合作出的主要起标识作用的设计。

［例如］瓶贴、包装袋、标贴等不能获得专利权。其目的在于识别商品的来源，而不是增强商品对消费者的吸引力。但它们可以受到《商标法》《反不正当竞争法》的保护。

核心考点4 专利权的内容

一、发明和实用新型专利权的内容

（一）制造权

制造权规制的行为是"制造专利产品"，即作出或形成覆盖专利权利要求所记载的全部技术特征的产品。

---

① 智力活动，是指人的思维运动。它源于人的思维，经过推理分析和判断产生出抽象的结果，或者必须经过人的思维运动作为媒介才能间接地作用于自然，产生结果。它仅是指导人们对信息进行思维、识别、判断以及记忆的规则和方法。

（二）使用权

专利权人有为生产经营目的使用专利产品的专有权利，未经许可以生产经营目的使用专利产品构成专利侵权。

（三）许诺销售权

许诺销售，是指以做广告、在商店橱窗中陈列或者在展销会上展出等方式作出销售商品的意思表示。许诺销售权将为实际销售进行准备的行为直接纳入专利权人专有权利的控制范围。

（四）销售权

专利权人有为生产经营目的销售专利产品的专有权利，未经许可以生产经营目的销售专利产品构成专利侵权。

（五）进口权

专利权人有为生产经营目的进口专利产品的专有权利，未经许可以生产经营目的进口专利产品构成专利侵权。但是，平行进口是例外。

【提示】方法专利，未经权利人许可，任何人不得使用其专利方法以及使用、许诺销售、销售、进口依照该专利方法直接获得的产品。

二、外观设计专利权的内容

外观设计专利权被授予后，任何单位或者个人未经专利权人许可，不得为生产经营目的制造、许诺销售、销售、进口其外观设计专利产品。

【提示】发明和实用新型的专利权有 5 项，外观设计的专利权有 4 项，少使用权。因为外观设计不是技术方案，外观设计专利的产品不具有"功能性使用"的特征。

[例如] 赵海洋使用侵犯大海 mate100 型号手机外观设计专利权的大洋 Xp 手机就不侵权。

三、专利权人的其他权利

（一）实施许可权

1. 概念

专利权人可以许可他人实施其专利技术并收取专利使用费。被许可人无权允许合同规定以外的任何单位或者个人实施该专利。

2. 分类

	普通实施许可	排他实施许可	独占实施许可
使用权	权利人+多个被许可人	权利人+1个被许可人	被许可人
诉　权	权利人有诉权，除合同约定或权利人书面授权外，被许可人无诉权	①共同起诉 ②权利人有诉权，除合同约定外，权利人不起诉，被许可人可起诉	除合同约定外，权利人和被许可人均有诉权

【提示】著作权、商标权的许可使用与此相同。

（二）标示权

专利权人享有在其专利产品或者该产品的包装上标明专利标识（专利标记和专利号）的权利。

真题

奔马公司就其生产的一款高档轿车造型和颜色组合获得了外观设计专利权，又将其设计的"飞天神马"造型注册为汽车的立体商标，并将该造型安装在车头。某车行应车主陶某请求，将陶某低价位的旧车改装成该高档轿车的造型和颜色，并从报废的轿车上拆下"飞天神马"标志安装在改装车上。陶某使用该改装车提供专车服务，收费高于普通轿车。关于上述行为，下列哪一说法是错误的：（2016年·卷3·15题）①

A. 陶某的行为侵犯了奔马公司的专利权
B. 车行的行为侵犯了奔马公司的专利权
C. 陶某的行为侵犯了奔马公司的商标权
D. 车行的行为侵犯了奔马公司的商标权

核心考点 5　专利权许可使用的限制

一、指定许可制度

专利权人	国有企业事业单位
许可条件	（1）对国家利益或者公共利益具有重大意义； （2）国务院有关主管部门和省、自治区、直辖市人民政府报经国务院批准； （3）实施单位按照国家规定向专利权人支付使用费。
客　体	发明专利（不包括实用新型、外观设计）
实施主体	指定的单位实施（不包括个人）

二、专利开放许可制度

（一）开放许可的申请

专利权人自愿以书面方式向国务院专利行政部门声明愿意许可任何单位或者个人实施其专利，并明确许可使用费支付方式、标准的，由国务院专利行政部门予以公告。就实用新型、外观设计专利提出开放许可声明的，应当提供专利权评价报告。

【提示】开放许可实施期间，对专利权人缴纳专利年费相应给予减免。

（二）开放许可的撤回

专利权人撤回开放许可声明的，应当以书面方式提出，并由国务院专利行政部门予以

---

① A。A选项错误，B选项正确。陶某使用外观设计专利权的行为并不侵犯专利权，但车行未经专利权人许可，以生产经营为目的制造奔马全公司拥有外观设立专利权产品的行为，属于侵犯外观设计专利权。C选项正确，未经许可，陶某在汽车上使用与注册商标相同的商标属于侵犯注册商标专用权。D选项正确，车行故意为陶某侵犯他人商标专用权的行为提供便利条件，帮助陶某实施侵犯商标专用权的行为，构成帮助侵权行为。

公告。开放许可声明被公告撤回的，不影响在先给予的开放许可的效力。

（三）开放许可的实施

任何单位或者个人有意愿实施开放许可的专利的，以书面方式通知专利权人，并依照公告的许可使用费支付方式、标准支付许可使用费后，即获得专利实施许可。

【提示】开放许可的本质是普通实施许可。实行开放许可的专利权人可以与被许可人就许可使用费进行协商后给予普通许可，但不得就该专利给予独占或者排他许可。

三、强制许可

（一）强制许可情形

1. 滥用专利权的强制许可

有下列情形之一的，国务院专利行政部门根据具备实施条件的单位或者个人的申请，可以给予实施发明专利或者实用新型专利的强制许可：

（1）专利权人自专利权被授予之日起满3年，且自提出专利申请之日起满4年，无正当理由未实施或者未充分实施其专利的；

（2）专利权人行使专利权的行为被依法认定为垄断行为，为消除或者减少该行为对竞争产生的不利影响的。

【提示】专利本身是一种垄断，但不允许滥用权力限制竞争，损害公共利益。

2. 公共利益需要的强制许可

在国家出现紧急状态或者非常情况时，或者为了公共利益的目的，国务院专利行政部门可以给予实施发明专利或者实用新型专利的强制许可。

[例如] 2003年的时候，我国大面积人群感染SARS，如果赵海洋手中有一项药品的专利技术，专门治疗SARS，但赵海洋不愿在国内自己或许可他人制造该药品，则国务院专利行政部门可以给予实施该专利的强制许可。

3. 出口专利药品的强制许可

为了公共健康目的，对取得专利权的药品，国务院专利行政部门可以给予制造并将其出口到符合中国参加的有关国际条约规定的国家或者地区的强制许可。

【口诀】健康、药品、出口，特定国家。

[例如] 非洲某国感染埃博拉病毒，但他们没有能力生产治疗该病毒的药品，希望通过外交方式从我国进口某种专利药。国务院卫生行政部门就可以向国家知识产权局申请强制许可，允许被许可人制造这种药品并出口到非洲该国。

4. "依存专利"的强制许可

一项取得专利权的发明或者实用新型比以前已经取得专利权的发明或者实用新型具有显著经济意义的重大技术进步，其实施又有赖于前一发明或者实用新型的实施的，国务院专利行政部门根据后一专利权人的申请，可以给予实施前一发明或者实用新型的强制许可。在依照上述规定给予实施强制许可的情形下，国务院专利行政部门根据前一专利权人的申请，也可以给予实施后一发明或者实用新型的强制许可。

[例如] 甲发明了吹风机并获得了发明专利权，其权利要求书中指明技术特征A。乙

提出对现有技术方案进行改进的技术特征 A、B，取得重大技术突破，使得吹风机吸出的风更加柔顺不伤头发。乙发明的新型吹风机属于发明中的改进发明。如果乙就此获得专利权，就是甲专利的从属专利。此时就会有两个问题：第一，甲的专利仍在保护期；第二，新型吹风机含有甲的专利的技术特征 A。乙未经甲许可擅自制造或出售新型吹风机就构成对甲专利权的侵犯。为促进社会技术进步，此时就会对甲的专利进行强制许可，确保乙可以获得专利权。

这样一来，乙发明的改进型吹风机比甲的吹风机先进，但其实施又有赖于甲许可乙实施甲的专利。在这种情况下，乙就可以向国家知识产权局申请实施甲的专利的强制许可。如果乙获得了这一强制许可，则甲可以申请获得实施乙的专利的强制许可。因为乙的发明创造是在甲原有的发明创造基础上作出的，如果乙已有权实施甲的专利，应当允许甲实施乙的专利，以示公平。

（二）取得实施强制许可主体的义务

取得实施强制许可的主体，不享有独占的实施权、无权允许他人实施，并应当支付合理的使用费。

（三）专利权人的救济

专利权人对国务院专利行政部门关于实施强制许可的决定不服的，专利权人和取得实施强制许可的单位或者个人对国务院专利行政部门关于实施强制许可的使用费的裁决不服的，可以自收到通知之日起 3 个月内向人民法院起诉。

第二讲　专利权的取得与宣告无效

一般考点 6　专利权授权的实质性条件

一、发明和实用新型专利的授权条件

（一）新颖性

1. 新颖性的认定

新颖性，是指该发明或者实用新型不属于现有技术，也没有任何单位或者个人就同样的发明或者实用新型在申请日以前向国务院专利行政部门提出过申请，并记载在申请日以后公布的专利申请文件或者公告的专利文件中。

【提示】新颖性＝不属于现有技术[①]＋无抵触申请[②]。

2. 不视为丧失新颖性的公开

申请专利的发明创造在申请日以前 6 个月内，有下列情形之一的，不丧失新颖性：
（1）在国家出现紧急状态或者非常情况时，为公共利益目的首次公开的；
（2）在中国政府主办或者承认的国际展览会上首次展出的；

[①] 所谓现有技术，是指申请日以前在国内外为公众所知的技术。
[②] 所谓抵触申请，是指一项申请专利的发明或者实用新型在申请日以前，已有同样的发明或者实用新型由他人向国务院专利行政部门提出过申请，并且记载在该发明或实用新型申请日以后公布的专利申请文件中。

（3）在规定的学术会议或者技术会议上首次发表的；
（4）他人未经申请人同意而泄露其内容的。

> 【提示】不视为丧失新颖性的公开，申请人须在6个月的宽限期内提出申请。
> 【口诀】公共利益、国际展会、学术交流、恶意泄露，宽限期（6个月）。

（二）创造性
创造性，是指同申请日以前已有的技术相比，该发明或实用新型有突出的实质性特点和显著的进步[①]。发明的创造性比实用新型的创造性要求更高。

（三）实用性
实用性，是指该发明或者实用新型能够制造或者使用，并且能够产生积极效果。

二、外观设计专利的授予条件

（一）新颖性和实用性
具体要求与发明和实用新型大体相同。

（二）富有美感
美感是指该外观设计在视觉感知上的愉悦感受，与产品功能是否先进没有必然联系。

（三）无权利冲突
专利权的外观设计不得与他人在申请日以前已经取得的合法权利相冲突。这里的在先权利包括了商标权、著作权、企业名称权、肖像权、知名商品特有包装装潢使用权等。

> 【提示】受保护的外观设计必须以产品为载体，使用与他人外观设计近似的图像申请平面商标注册并不侵犯在先权利。

一般考点7　专利权的申请

一、申请日
国务院专利行政部门收到专利申请文件之日为申请日。向国务院专利行政部门邮寄的各种文件，以寄出的邮戳日为递交日。有优先权日的，优先权日为申请日。

> 【提示】此处确定优先权日为申请日的目的在于判断申请日提交的专利申请是否具有新颖性和创造性。与《专利法》第28条（专利人提交申请日）和第42条（专利保护期起算的时间）所指的申请日不同。

二、专利优先权

（一）概念
专利优先权，是指专利申请人就其发明创造第一次提出专利申请后，在一定期限内，就相同主题的发明创造再次提出专利申请时，允许其将第一次的申请日作为在后专利申请的申请日。

---
① 创造性的判断以所属领域普通技术人员的知识和判断能力为准。

（二）分类

专利优先权分类体系图

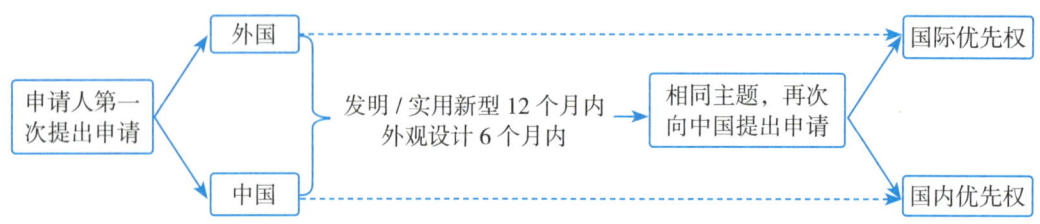

1. 国际优先权

申请人自发明或者实用新型在外国第一次提出专利申请之日起 12 个月内，或者自外观设计在外国第一次提出专利申请之日起 6 个月内，又在中国就相同主题提出专利申请的，依照该外国同中国签订的协议或者共同参加的国际条约，或者依照相互承认优先权的原则，可以享有优先权。

> 【逻辑】确定国际优先权日的目的在于保护跨国专利申请人。前提是该国与中国签订了协议或共同参加了国际条约，如《巴黎公约》，或相互承认优先权等。

[例如] 中国和美国都是《巴黎公约》的缔约国，美国人托尼于 2022 年 2 月 1 日就一项发明首次向美国专利商标局申请发明专利权，然后于 2023 年 1 月 30 日向中国国家知识产权局就相同的发明申请发明专利权并声明要求优先权。在此前的 2022 年 12 月 1 日，中国人赵海洋向中国国家知识产权局就独立完成的相同发明申请专利权。虽然对于中国国家知识产权局而言，赵海洋的实际申请日早于托尼的，但根据《巴黎公约》和我国《专利法》对优先权的规定，应当以托尼在美国专利商标局申请专利的日期（2022 年 2 月 1 日）作为托尼在中国的申请日。这样，托尼在中国的申请日就早于赵海洋的申请日（2022 年 12 月 1 日）。根据先申请原则，托尼就更有可能获得专利权。

需要注意的是，如果托尼在 2022 年 6 月 1 日又向英国就相同主题提出了发明专利申请，则该申请人在我国的优先权日依旧是从 2022 年 2 月 1 日开始起算，而不是 6 月 1 日。

2. 国内优先权

申请人自发明或者实用新型在中国第一次提出专利申请之日起 12 个月内，或者自外观设计在中国第一次提出专利申请之日起 6 个月内，又向国务院专利行政部门就相同主题提出专利申请的，可以享有优先权。

三、专利代理机构

在中国没有经常居所或者营业所的外国人、外国企业或者外国非法人组织在中国申请专利的，依照其所属国同中国签订的协议或者共同参加的国际条约，或者依照互惠原则，依据我国《专利法》的规定办理。上述主体在中国申请专利和办理其他专利事务的，应当委托依法设立的专利代理机构办理。

> 【提示】中国单位或者个人在国内申请专利和办理其他专利事务的，可以委托依法设立的专利代理机构办理。

一般考点 8　专利权申请审批

一、发明专利的审批

📘 发明专利审批流程图

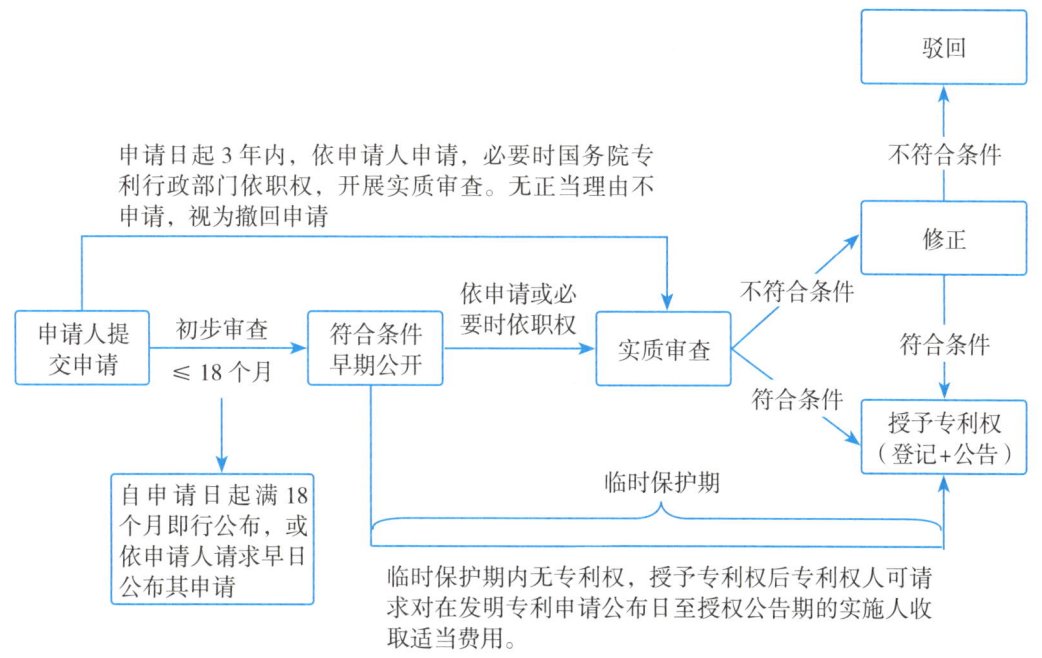

【提示】对于申请日至公布日之间的发明专利申请，以及对于申请日至授权公告日之间的实用新型和外观设计专利申请均没有提供"临时保护"。

二、实用新型和外观设计专利的审批

📘 实用新型和外观设计专利审批流程图

三、发明专利权期限补偿制度

（一）一般规定

专利权类型	发明专利
补偿原因	自发明专利申请日起满4年，且自实质审查请求之日起满3年后授予发明专利权，国务院专利行政部门应就发明专利在授权过程中的不合理延迟给予专利权期限补偿
程序启动	专利权人申请启动

（二）药品发明专利权的特别规定

专利权类型	在中国获得上市许可的新药相关发明专利
补偿原因	补偿新药上市审评审批占用的时间
程序启动	专利权人申请启动
期限限制	国务院专利行政部门给予专利权期限补偿的期限不超过 5 年，新药批准上市后总有效专利权期限不超过 14 年

四、专利申请被驳回后的救济

专利申请人对国务院专利行政部门驳回申请的决定不服的，可以自收到通知之日起 3 个月内向国务院专利行政部门请求复审。专利申请人对国务院专利行政部门的复审决定不服的，可以自收到通知之日起 3 个月内向人民法院起诉。

【口诀】收到复审起诉，33。

【总结】专利权的取得

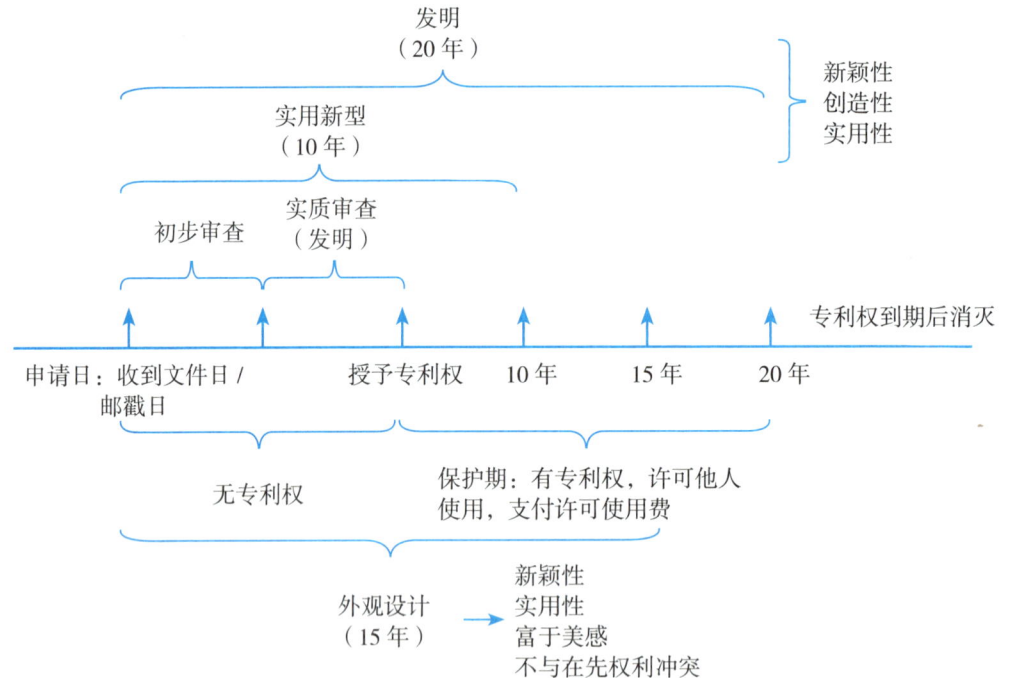

---

① 现在负责专利复审的是国家知识产权局专利局复审和无效审理部。

核心考点9　专利权宣告无效

一、申请专利权无效

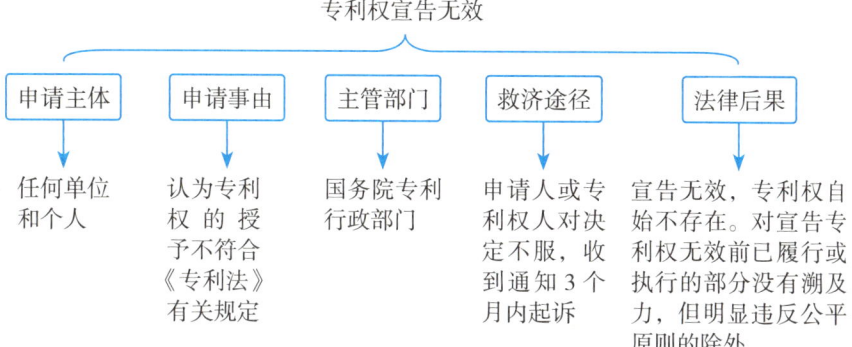

【提示1】对专利权宣告无效处理决定不服的，向北京知识产权法院起诉，向最高人民法院知识产权庭上诉。

【提示2】宣告专利权无效的决定对尚未执行完毕的判决具有追溯力。

[例如] 海洋公司起诉海水公司侵犯自己的实用新型专利权，海水公司败诉，并于2023年3月16日完成了执行行为。但是海水公司在答辩期内请求宣告涉案专利权无效。2023年3月15日，涉案专利权被宣告无效。海洋公司提起行政诉讼后败诉。本案中，宣告专利权无效的时间是2023年3月15日，在该日之前，法院作出的专利侵权判决并未执行完毕，因此原告应向被告返还被执行的财产。

二、侵犯专利权之诉中专利权被宣告无效

权利人在专利侵权诉讼中主张的权利要求被国务院专利行政部门宣告无效的，审理侵犯专利权纠纷案件的人民法院可以裁定驳回权利人基于该无效权利要求的起诉。有证据证明宣告上述权利要求无效的决定被生效的行政判决撤销的，权利人可以另行起诉。

【口诀】先裁驳，后另诉。

第三讲　专利权侵权

📘 专利权侵权判定思维导图

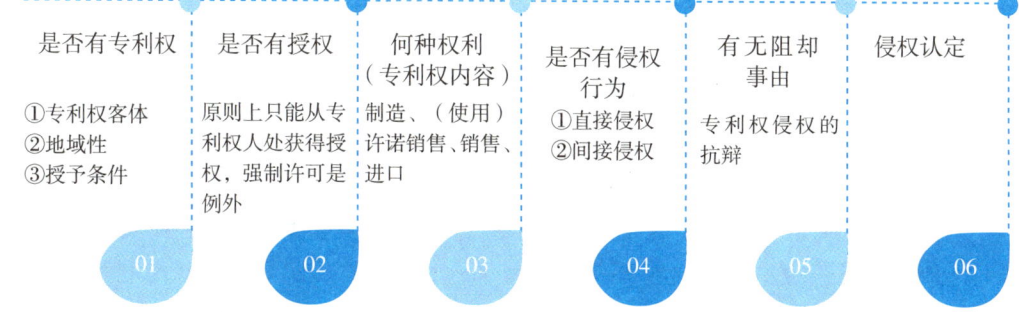

一般考点 10　专利侵权行为

一、专利侵权行为的概念

专利侵权行为，是指在专利权有效期限内，行为人未经专利权人许可又无法律依据，实施的受专利权人专利权利控制的行为。

二、专利权侵权行为的特征

专利权侵权行为具有如下特征。
（1）侵害的对象是有效的专利。
（2）必须有侵害行为。即行为人在客观上实施了侵害他人专利的行为。
（3）以生产经营为目的。生产经营并不一定要求以营利为目的。
（4）违反了法律的规定。即行为人实施专利的行为未经专利权人的许可，又无法律依据。

三、专利侵权行为的表现形式

（一）直接侵权行为

直接侵犯专利权的行为，是指直接由行为人实施的侵犯他人专利权的行为。

（二）间接侵权行为

间接侵犯专利权行为，是指行为人本身的行为并不直接构成对专利权的侵害，但实施了诱导、怂恿、教唆、帮助他人侵害专利权的行为。

［例如］明知有关产品系专门用于实施专利的材料、设备、零部件、中间物等，未经专利权人许可，为生产经营目的将该产品提供给他人实施了侵犯专利权的行为；明知有关产品、方法被授予专利权，未经专利权人许可，为生产经营目的积极诱导他人实施了侵犯专利权的行为。权利人主张上述提供者、诱导者承担连带责任。该第三人的实施不是为生产经营目的，权利人可主张该行为人承担民事责任。

核心考点 11　专利权侵权的抗辩

一、不视为侵犯专利权的情形

（一）权利用尽

专利产品或者依照专利方法直接获得的产品，由专利权人或者经其许可的单位、个人售出后，使用、许诺销售、销售、进口该产品的。

【提示1】此处使用、许诺销售、销售、进口的是专利产品，而这些专利产品是经过专利权人许可而向公众提供的，其使用、许诺销售、销售的权能应当视为用尽。

【提示2】需要特别指出的是"进口"。第三人未经进口国知识产权所有人或独占被许可人同意将其通过合法渠道获取的知识产权产品进口至该国并销售的行为，被称为"平行进口"。"平行进口"行为并不侵权。如果专利产品在输出国是未经专利权人许可而制造的，专利权人有权依据"进口权"阻止专利产品进口，行为人的进口行为将构成侵权。如果专利产品在输出国是有权制造，则行为人可以依据"平行进口"进行抗辩，进口行为不构成侵权。

（二）先用权

在专利申请日前已经制造相同产品、使用相同方法或者已经做好制造、使用的必要准备，并且仅在原有范围内继续制造、使用。

【提示1】必须是申请日前，已经具备制造条件。

【提示2】此处的原有范围内继续制造、使用，包括销售。

【提示3】此处的"先用"一定是非公开方式的使用，如果公开了，就因为丧失新颖性而无法申请专利权了。

（三）外国运输工具临时过境

临时通过中国领陆、领水、领空的外国运输工具，依照其所属国同中国签订的协议或者共同参加的国际条约，或者依照互惠原则，为运输工具自身需要而在其装置和设备中使用有关专利。

【提示】其目的在于便利跨国交通运输，出自《巴黎公约》中。需要注意以下两点：(1) 必须是临时过境。临时既包括定期临时进入，如国际航班往返等，也包括偶尔进入，如船舶失事等。(2) 必须为交通工具自身需要。

[例如] 中国人托马斯在中国就某某航海仪获得了专利权，但未在英国申请专利权。英国的 Kevin 公司在英国制造、销售该航海仪就不构成对中国专利权的侵犯（专利的地域性）。英国航运公司在其游轮上使用该航海仪，并临时通过中国领海，也不构成对中国专利权的侵犯。但如果是利用运输工具将在国外未经专利权人许可制造的专利产品运回国内，则侵犯了专利权。

（四）科学研究

专为科学研究和实验而使用有关专利。此处使用有关专利只能是将专利作为科学研究和实验的对象，即在实验室条件下，为了在已有专利技术的基础上探索、研究新的发明创造，演示性地利用有关专利，或者考察验证有关专利的经济技术效果。例如，测试专利产品的性能、评价专利方法的实施效果、研究如何改进现有专利产品和方法等。但是，不能将有关专利作为科学研究或实验的工具或手段使用。

[例如] 赵海洋对一款计算机芯片拥有专利权，某大学实验室为对这款芯片与其他芯片的差异进行比较，而制造了这款芯片，不构成侵权。但是，如果该实验室的目的是利用该芯片的性能进行其他实验，则构成侵权。

（五）Bolar 例外[①]

为提供行政审批所需要的信息，制造、使用、进口专利药品或者专利医疗器械的，以及专门为其制造、进口专利药品或者专利医疗器械的。

【逻辑】Bolar 例外的目的是克服药品和医疗器械上市审批制度在专利权期限届满之

---

① 因为该例外情形与美国的"罗氏公司诉 Bolar 制药公司"有关，所以这一例外被称为"Bolar 例外"。

后对仿制药品和仿制医疗器械上市带来的迟延。①

二、现有技术抗辩

在专利侵权纠纷中，被控侵权人有证据证明其实施的技术或者设计属于现有技术或者现有设计的，不构成侵犯专利权。被诉侵权人以已经公开的专利抵触申请主张不侵权抗辩的人民法院可以参照适用前述规定。对于现有技术或者现有设计的界定，应当根据该专利申请时施行的《专利法》界定。

三、善意侵权

为生产经营目的使用、许诺销售或者销售不知道是未经专利权人许可而制造并售出的专利侵权产品，且举证证明该产品合法来源的，不承担赔偿责任。权利人有权请求善意侵权当事人停止使用、许诺销售、销售侵权专利产品。但被诉侵权产品的使用者举证证明其已支付该产品的合理对价的除外。

【口诀】善意侵权，是侵权，不赔偿。已付钱，继续用。

【真题】

甲公司与乙公司签订买卖合同，以市场价格购买乙公司生产的设备一台，双方交付完毕。设备投入使用后，丙公司向法院起诉甲公司，提出该设备属于丙公司的专利产品，乙公司未经许可制造并销售了该设备，请求法院判令甲公司停止使用。经查，乙公司侵权属实，但甲公司并不知情。关于此案，法院下列哪一做法是正确的？（2016年·卷3·14题）②

A. 驳回丙公司的诉讼请求
B. 判令甲公司支付专利许可使用费
C. 判令甲公司与乙公司承担连带责任
D. 判令先由甲公司支付专利许可使用费，再由乙公司赔偿甲损失

四、药品专利侵权纠纷早期解决机制

药品上市审评审批过程中，药品上市许可申请人与有关专利权人或者利害关系人，因申请注册的药品相关的专利权产生纠纷的，相关当事人可以向人民法院起诉，请求就申请注册的药品相关技术方案是否落入他人药品专利权保护范围作出判决。国务院药品监督管理部门在规定的期限内，可以根据人民法院生效裁判作出是否暂停批准相关药品上市的决定。

药品上市许可申请人与有关专利权人或者利害关系人也可以就申请注册的药品相关的专利权纠纷，向国务院专利行政部门请求行政裁决。

---

① 这是因为，在药品或者医疗器械专利权的保护期限届满后，即使其他公司仿制该药品或者专利医疗器械，按照各国对药品和医疗器械上市审批制度，仍然必须提供其药品或者医疗器械的各种实验资料和数据，证明其产品符合安全性、有效性等要求，才能获得上市许可。因此，如果只有在专利权保护期限届满之后才允许其他公司开始进行相关实验，以获取药品和医疗器械行政管理部门颁发上市许可所需的资料和数据，就会大大延迟仿制药品和医疗器械的上市时间，导致公众难以在专利权保护期限届满后及时获得价格较为低廉的仿制药品和医疗器械，这在客观上起到了延长专利权保护期限的效果。

② A。A选项正确，被诉侵权产品的使用者举证证明其已支付该产品的合理对价的，对于权利人请求停止使用、许诺销售、销售行为的主张，人民法院应不予支持。BD选项错误，甲公司是购买机器设备而不是实施"专利实施许可"行为，不存在专利实施许可费用的问题。C选项错误，为生产经营目的使用、许诺销售或者销售不知道是未经专利权人许可而制造并售出的专利侵权产品，能证明该产品合法来源的，不承担赔偿责任。

第3章 商标法

应试指导

《商标法》每年考查分值并不高，每年为1~2分。考题主要围绕商标权侵权进行设计，以往年份多是与《反不正当竞争法》中的混淆行为结合考查。近两年出现了专利权与商标权结合考查的题目。

商标法知识逻辑

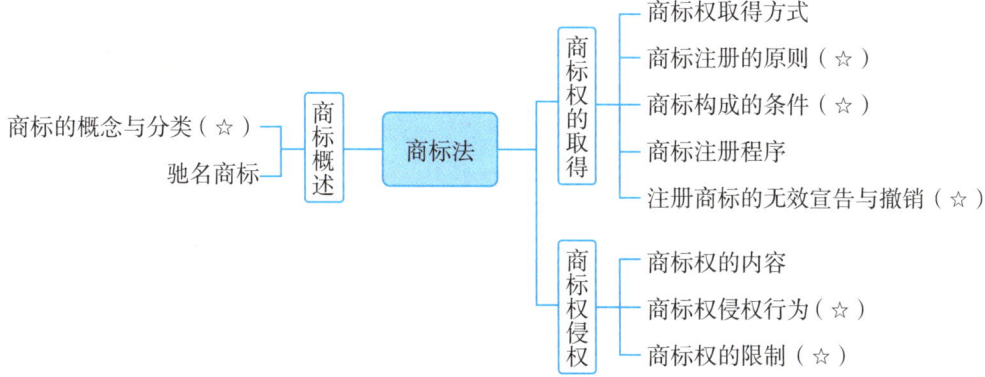

第一讲 商标概述

核心考点1 商标的概念与分类

一、商标的概念

商标是商品或服务的提供者为了将自己的商品或服务与他人提供的同种或类似商品或服务相区别而使用的标记。

【提示】商标最主要的作用是区分商品或服务的来源。

二、商标的分类

（一）商品商标和服务商标

1. 商品商标
商品商标的作用是区别商品提供者。
[例如] 可口可乐商标，香奈儿商标。

2.服务商标

商品商标的作用是区别服务提供者。

[例如] 中国南方航空公司、喜来登酒店。

【提示】同一商标可以既是商品商标,又是服务商标。

[例如] "中国人民大学"商标用在中国人民大学的纪念品上,则是商品商标,用在中国人民大学组织的教育服务上,则属于服务商标。

(二)集体商标和证明商标

1.集体商标

集体商标,是指以团体、协会或者其他组织名义注册,供该组织成员在商事活动中使用,以表明使用者在该组织中的成员资格的标志。

[例如] 重庆市火锅协会注册的集体商标。

【提示】集体商标不得许可非基础成员使用。

2.证明商标

证明商标,是指由对某种商品或者服务具有监督能力的组织所控制,而由该组织以外的单位或者个人使用于其商品或者服务,用以证明该商品或者服务的原产地、原料、制造方法、质量或者其他特定品质的标志。

[例如] 国际羊毛局注册的纯羊毛标志。

【比较】集体商标和证明商标的区分方法

	集体商标	证明商标
持有者	团体、协会或者其他组织名义注册	由具有监督能力的组织所控制
作 用	表明使用者在该组织中的成员资格	证明该商品或者服务的原产地、原料、制造方法、质量或者其他特定品质

> **真题**
>
> 武东地区盛产一种闻名附近几个地区的银鱼,附近的渔户组成了银鱼协会,为保护银鱼口碑,促进银鱼销售,该协会为银鱼注册"神仙湖银鱼"集体商标,该协会能够检测出鱼是否是神仙湖养殖的。对此,下列哪一说法是正确的?(2019年·回忆版)[①]
> A.甲公司没加入协会,但出售的鱼确实是在神仙湖里养殖的,甲公司的产品叫"神仙湖银鱼",甲公司构成侵权
> B.乙公司使用了该商标,但乙公司销售的鱼并不是神仙湖养殖的,协会有权禁止其使用
> C."神仙湖"可作为证明商标
> D.协会可禁止没有加入协会的水产品养殖者、销售者使用"神仙湖银鱼"字样

---

① BC。AD选项错误,协会等组织以地理标志作为集体商标注册后,其商品符合使用该地理标志条件主体可加入该组织;不参加组织的,符合要求也可正当使用该地理标志。B选项正确,商标中有商品的地理标志,而该商品并非来源于该标志所标示的地区,误导公众的,不予注册并禁止使用。C选项正确,县级以上行政区划名称、地理标志可以作为证明商标或者集体商标申请注册。

（三）联合商标和防御商标

1. 联合商标

联合商标（Associated Mark），是指某一个商标所有者，在相同的商品上注册几个近似的商标，或在同一类别的不同商品上注册几个相同或近似的商标，这些相互近似的商标称为联合商标。

【口诀】同一商品，多个近似商标。

[例如] 广东欧珀移动通信有限公司将"oppo"和"cppc"注册为商标，核定使用商品为第9类（包括手机商品）。

2. 防御商标

防御商标，是指同一商标所有人在非同种商品上注册同一个著名商标，以防止他人使用著名商标，造成不良影响的商标。

【口诀】同一商标，多个商品类别。

[例如] 著名家装品牌索菲亚公司将其"索菲亞"商标和相关商标在20类商品（包括由金属材料及其他材料制成的家具及其部件、镜子、相框等产品）和第6类商品（包括各项金属材料、可移动金属建筑物、普通金属制非电气用缆线、金属小五金具、存储和运输用金属容器等产品）上均注册了"索菲亚"商标，构成了该品牌的防御商标体系。

一般考点 2　驰名商标

一、驰名商标的概念

驰名商标，是指在一定地域范围内具有较高知名度并为相关公众知晓的商标。

二、驰名商标的认定

（一）认定原则

驰名商标的认定以被动认定和个案认定为原则。驰名商标可以由最高人民法院指定的人民法院在审理案件时进行认定，也可以由知识产权局商标局或国家知识产权局在依法处理相关纠纷时认定。

在涉及驰名商标保护的民事纠纷案件中，人民法院对于商标驰名的认定，仅作为案件事实和判决理由，不写入判决主文；以调解方式审结的，在调解书中对商标驰名的事实不予认定。

（二）认定因素

认定驰名商标应当考虑下列因素：

（1）相关公众对该商标的知晓程度；
（2）该商标使用的持续时间；
（3）该商标的任何宣传工作的持续时间、程度和地理范围；
（4）该商标作为驰名商标受保护的记录；
（5）该商标驰名的其他因素。

三、驰名商标特殊保护

（一）未注册驰名商标同类保护

复制、摹仿、翻译他人未在中国注册的驰名商标或其主要部分，在相同或者类似商品上作为商标使用，容易导致混淆的，应当承担停止侵害的民事法律责任；申请注册的，不予注册并禁止使用。但是，未注册驰名商标的持有人，因未依法获得商标权，不享有损害赔偿请求权。

【口诀】未注册，同类保护，禁止使用，不赔偿损失。

（二）注册驰名商标跨类保护

就不相同或者不相类似商品申请注册的商标是复制、摹仿或者翻译他人已经在中国注册的驰名商标，误导公众，致使该驰名商标注册人的利益可能受到损害的，不予注册并禁止使用。

【口诀】已注册，跨类保护，禁止使用，赔偿损失。

四、驰名商标的宣传限制

生产、经营者不得将"驰名商标"字样用于商品、商品包装或者容器上，或者用于广告宣传、展览以及其他商业活动中。因为，驰名商标认定的法律意义仅限于让相关当事人在特定纠纷中依法获得特殊保护措施或待遇，而不是授予给商标权人或持有人或其产品或其服务的荣誉称号。

【口诀】禁止宣传自己是驰名商标。

第二讲　商标权的取得

一般考点 3　商标权取得方式

一、取得方式

商标权的取得可分为原始取得[①]和继受取得[②]。未注册商标的使用人，不享有商标权，但可以获得一定程度的法律保护。

【总结】拥有商标≠拥有商标权，商标权需经依法授权。未注册商标所有人，可以使用该商标，但不享有商标专用权。驰名商标是例外。

二、许可使用合同

（一）许可使用合同的生效

商标注册人可以通过签订商标使用许可合同，许可他人使用其注册商标。许可人应当

[①] 原始取得是依照商标注册程序而取得的商标权。
[②] 继受取得是应按合同转让和继承注册商标的程序办理。

将其商标使用许可报商标局备案,由商标局公告。商标使用许可未经备案不得对抗善意第三人。商标使用许可合同未经备案的,不影响该许可合同的效力,但当事人另有约定的除外。

【提示】此处商标许可合同向商标局备案产生的是对抗效力,而非生效要件。

(二)许可人和被许可人的义务

许可人应当监督被许可人使用其注册商标的商品质量。经许可使用他人注册商标的,必须在使用该注册商标的商品上标明被许可人的名称和商品产地。同时,被许可人应当保证使用该注册商标的商品质量。

【口诀】许可人监督,被许可人列自己。

核心考点4 商标注册的原则

一、申请在先原则

申请在先原则,是指两个或者两个以上的商标注册申请人,在同一种商品或者类似商品上,以相同或者近似的商标申请注册的,初步审定并公告申请在先的商标,驳回其他人的申请,不予公告。

两个或者两个以上的申请人,在同一种商品或者类似商品上,分别以相同或者近似的商标在同一天申请注册的,各申请人应当自收到商标局通知之日起30日内提交其申请注册前在先使用该商标的证据。同日使用或者均未使用的,各申请人可以自收到商标局通知之日起30日内自行协商;不愿协商或者协商不成的,商标局通知各申请人以抽签的方式确定一个申请人,驳回其他人的注册申请。

【提示】申请在先→使用在先→协商→抽签。

二、自愿注册原则

自愿注册原则,是指商标使用人是否申请商标注册取决于自己的意愿。但烟草制品采取强制注册原则,包括卷烟、雪烟和有包装的烟丝。

三、分类注册原则

商标注册申请人应当按规定的商品分类表填报使用商标的商品类别和商品名称,提出注册申请。商标注册申请人可以通过一份申请就多个类别的商品申请注册同一商标。

【口诀】一申请,多类别。

四、禁止随意变更

注册商标需要改变其标志的,应当重新提出注册申请。

五、优先权原则

（一）在特定外国首次申请

商标注册申请人自其商标在外国第一次提出商标注册申请之日起 6 个月内，又在中国就相同商品以同一商标提出商标注册申请的，依照该外国同中国签订的协议或者共同参加的国际条约[①]，或者按照相互承认优先权的原则，可以享有优先权。

（二）在特定的国际展会上首次使用

商标在中国政府主办的或者承认的国际展览会展出的商品上首次使用的，自该商品展出之日起 6 个月内，该商标的注册申请人可以享有优先权。

核心考点 5　商标构成的条件

一、商标的必备条件

（一）具有法定的构成要素

任何能够将自然人、法人或者其他组织的商品与他人的商品区别开的标志，包括文字、图形、字母、数字、三维标志、颜色组合和声音等，以及上述要素的组合，均可以作为商标申请注册。

【提示】以三维标志申请注册商标的前提是该形状具有显著性。

[例如] 劳斯莱斯的小金人就可以作为商标注册。

如果该三维标志仅是由商品自身的性质产生的形状、为获得技术效果而需有的商品形状或者使商品具有实质性价值的形状，不得注册。其原因在于使用商标的目的是为了强化产品区分。如果允许以商品自身性质或同类产品普遍存在的性质作为商标注册，那么就会出现过分宽泛的排除使用。

[例如] 节能灯管的形状都是圆长的，一旦将"圆长"作为商标申请注册，那么其他厂家生产同类产品，就会存在巨大障碍。此外，一旦允许具有实质性价值的形状作为商标注册，商标和专利的保护范围就难以区分，申请人完全可以通过申请实用新型或外观设计专利权进行保护。

（二）具有显著特征

其目的在于使得使用这种商标的商品或服务与其他同类商品或服务相区分。

[例如] "狗不理"商标显著性强，知名度高，并与天津市狗不理集团公司建立了唯一、特定的联系，普通消费者一看到"狗不理"三字就会联想到天津市狗不理集团公司提供的餐饮服务。

二、商标的绝对禁止条件

（一）不得作为商标使用标识（禁用标识）

下列标志不得作为商标使用：

（1）与中国官方标志有关。同中华人民共和国的国家名称、国旗、国徽、国歌、军

---

① 这里的共同国际条约指《巴黎公约》和《商标国际注册马德里协定》。

旗、军徽、军歌、勋章等相同或者近似的，以及同中央国家机关的名称、标志、所在地特定地点的名称或者标志性建筑物的名称、图形相同的；

（2）与外国官方标志有关。同外国的国家名称、国旗、国徽、军旗等相同或者近似的，但经该国政府同意的除外；

（3）与国际组织官方标志有关。同政府间国际组织的名称、旗帜、徽记等相同或者近似的，但经该组织同意或者不易误导公众的除外；

（4）与官方许可或检验标志有关。与表明实施控制、予以保证的官方标志、检验印记相同或者近似的，但经授权的除外；

（5）与医疗机构标志有关。同"红十字""红新月"的名称、标志相同或者近似的；

（6）带有民族歧视性的；

[例如] 黑鬼牌帽子。

（7）带有欺骗性，容易使公众对商品的质量等特点或者产地产生误认的；

[例如] 24K牌镀金项链。

（8）有害于社会主义道德风尚或者有其他不良影响的；

[例如] 王八蛋牌啤酒。

（9）县级以上行政区划的地名或者公众知晓的外国地名，不得作为商标。但是，地名具有其他含义或者作为集体商标、证明商标组成部分的除外；已经注册的使用地名的商标继续有效。

[例如] 河南某厂生产的"印度牌"神油，会让消费者以为是印度生产的神油。但是，长安牌自行车就可以注册，因为长安除了是地名外，还有长久平安等含义。章丘大葱、舟山带鱼、安溪铁观音等就是含有地名的证明商标。

【口诀】（1）~（5）是禁止与特定官方标志相同或近似，（6）~（8）是禁止有不良影响的标志，（9）是使用特定的中外地名。

（二）禁止注册标识（禁注标识）

下列标志不得作为商标注册，但是经过使用取得显著特征，并便于识别的，可以作为商标注册：

（1）仅有本商品的通用名称、图形、型号的；

[例如] 优盘牌移动存储设备、阿司匹林牌感冒药。

（2）仅直接表示商品的质量、主要原料、功能、用途、重量、数量及其他特点的；

[例如] 大米牌大米、高粱牌高粱酒。

（3）其他缺乏显著特征的。

[例如] 两面针牌牙膏，两面针原本是中草药名称，但通过使用具有了显著性。JEEP牌越野汽车，吉普车是越野车的通用名称，但看到JEEP还是会将其区别于一般的越野车，因此具有显著性。

三、商标的相对禁止条件

（一）侵犯他人的在先权利或合法利益

1. 不得损害他人现有的在先权利

包括著作权、外观设计专利权、企业名称权、自然人姓名权、专用权、包装装潢等。

[例如] 赵海洋凭借貌若潘安的外表、才比子建的学识成为法考商经知学科的顶级名师。一提法考商经学科考生立马可以想到赵海洋。此时，某培训机构使用"赵海洋ZHY"作为注册商标，就属于侵犯赵海洋姓名权而不能被授予商标权的情形。

2.不得与在前商标混同

不得在相同或类似商品上，申请注册与在前商标相同或近似商标。

【提示】对"在前"的理解，指注册在前或者申请在前。

3.不得与驰名商标混同

（1）不得在相同或者类似商品上，申请注册复制、摹仿或者翻译他人未在中国注册的驰名商标，容易导致混淆的商标；

（2）不得在不相同或者不相类似商品上，申请注册复制、摹仿或者翻译他人已在中国注册的驰名商标，误导公众，致使该驰名商标注册人的利益可能受到损害。

【口诀】未注册驰名商标，同类保护；注册驰名商标，跨类保护。

4.禁止代理人、代表人和其他关系人抢注

（1）未经授权，代理人或者代表人以自己的名义将被代理人或者被代表人的商标进行注册，被代理人或者被代表人提出异议的，不予注册并禁止使用；

（2）就同一种商品或者类似商品申请注册的商标与他人在先使用的未注册商标相同或者近似，申请人与该他人具有合同关系、业务往来关系或者其他关系而明知该他人商标存在，该他人提出异议的，不予注册。

（二）恶意抢注具有一定影响的未注册商标

申请商标注册不得以不正当手段抢先注册他人已经使用并有一定影响的商标。

【提示1】抢注的必须是他人已经使用且有一定影响的未注册商标，如果毫无影响则不禁止。因为这种情况下，这个未注册商标被他人知晓的可能性较低。

【提示2】一定影响，是指在一定的地域范围内，被相关公众知晓。

【提示3】不正当手段，强调主观恶意，如果某人在毫不知情的情况下，注册了与他人商标相同或相似的商标则应当授予其商标权，只能说贤者思齐或者心有灵犀了。

（三）误导性使用地理标志

商标中有商品的地理标志①，而该商品并非来源于该标志所标示的地区，误导公众的，不予注册并禁止使用；但是，已经善意取得注册的继续有效。

[例如] 明明是河南的葡萄非要说是吐鲁番的，千岛湖的螃蟹非要说是阳澄湖的大闸蟹，就会误导消费者，因此禁止非来源于该标志所标示地区的主体注册并禁止使用。

---

① 地理标志，是指标示某商品来源于某地区，该商品的特定质量、信誉或者其他特征，主要由该地区的自然因素或者人文因素所决定的标志。

（四）与他人在相同或类似商品或服务上已经注册或初步审定的商标相同或相近似

申请注册的商标，同他人在同一种商品或者类似商品上已经注册的或者初步审定的商标相同或者近似的，由商标局驳回申请。

【提示】相同或相似的判断标准是消费者的一般注意力。

一般考点6　商标注册程序

一、商标申请人

自然人、法人或者其他组织在生产经营活动中，对其商品或者服务需要取得商标专用权的，应当向商标局申请商标注册。两个以上的自然人、法人或者其他组织可以共同向商标局申请注册同一商标，共同享有和行使该商标的专用权。

【提示】不以使用为目的的恶意商标注册申请，应当予以驳回。

二、商标代理机构

（一）可以委托情形

申请商标注册或者办理其他商标事宜，可以自行办理，也可以委托依法设立的商标代理机构办理。

（二）应当委托情形

外国人或者外国企业在中国申请商标注册和办理其他商标事宜的，应当委托依法设立的商标代理机构办理。

（三）明确告知义务

委托人申请注册的商标可能存在《商标法》规定不得注册情形的，商标代理机构应当明确告知委托人。

（四）不得接受委托情形

商标代理机构知道或者应当知道委托人申请注册的商标属于《商标法》第4条（不以使用为目的的恶意注册）、第15条（代理人、代表人和其他关系的人抢注他人已经使用有一定影响的商标）和第32条（损害他人在先权利或不正当手段抢注他人已经使用有一定影响的商标）规定情形的，不得接受其委托。

【口诀】不得注册，明确告知；恶意注册、恶意抢注等，不得接受委托。

（五）禁止注册其他商标

商标代理机构除对其代理服务申请商标注册外，不得申请注册其他商标。

三、审查和核准

（一）商标申请流程

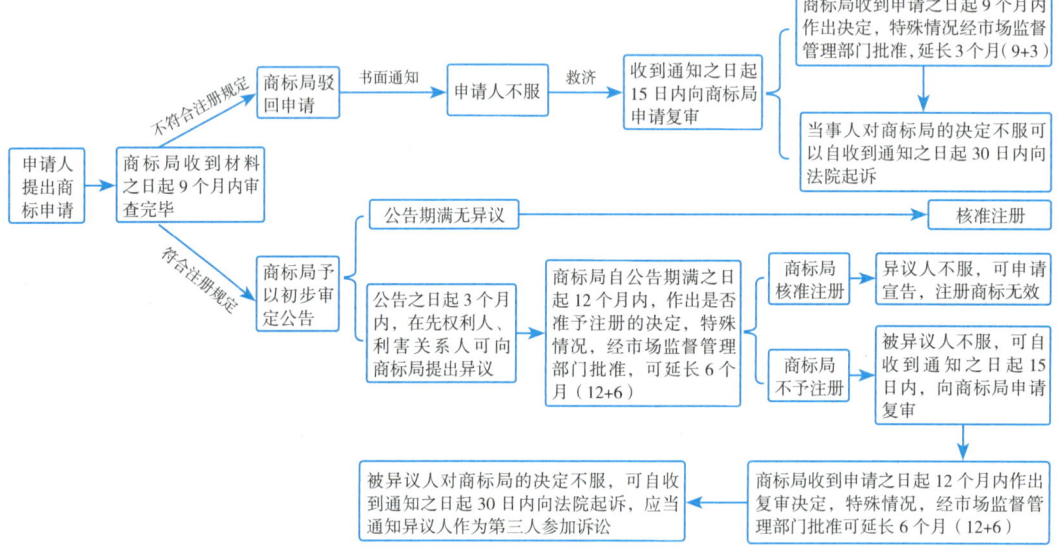

（二）提出异议主体

1. 在先权利人或利害关系人

对初步审定公告的商标，自公告之日起3个月内，在先权利人、利害关系人认为违反《商标法》第13条第2款和第3款（禁止抢注驰名商标）、第15条（禁止代理人、代表人或其他关系人抢注）、第16条第1款（禁止注册误导公众的地理标志）、第30条（禁止在相同或类似商品上注册与他人已经注册商标或已经初步审定的商标相同或近似的商标）、第31条（先申请原则）、第32条（禁止商标注册损害他人在先权利，禁止抢注他人使用并有一定影响的商标）规定的，可以向商标局提出异议。

【提示】存在上述情形，但商标已经注册，自商标注册之日起5年内，在先权利人或者利害关系人可以请求国家知识产权局宣告该注册商标无效。对恶意注册的，驰名商标所有人不受5年的时间限制。

2. 任何人

任何人认为违反《商标法》第4条（不以使用为目的的恶意注册）、第10条（禁止作为商标使用的标识）、第11条（因缺乏显著性而禁止作为商标注册）、第12条（禁止特定三维标志注册）、第19条第4款（禁止商标代理机构申请非自用商标）规定的，可以向商标局提出异议。

（三）复审中止

国家知识产权局依法对被异议人的申请进行复审的过程中，所涉及的在先权利的确定必须以人民法院正在审理或者行政机关正在处理的另一案件的结果为依据的，可以中止审查。中止原因消除后，应当恢复审查程序。

（四）异议不成立法律后果

经审查异议不成立而准予注册的商标，商标注册申请人取得商标专用权的时间自初步审定公告3个月期满之日起计算。自该商标公告期满之日起至准予注册决定做出前，对他人在同一种或者类似商品上使用与该商标相同或者近似的标志的行为不具有追溯力；但是，因该使用人的恶意给商标注册人造成的损失，应当给予赔偿。

核心考点 7 注册商标的无效宣告与撤销

一、注册商标的无效宣告

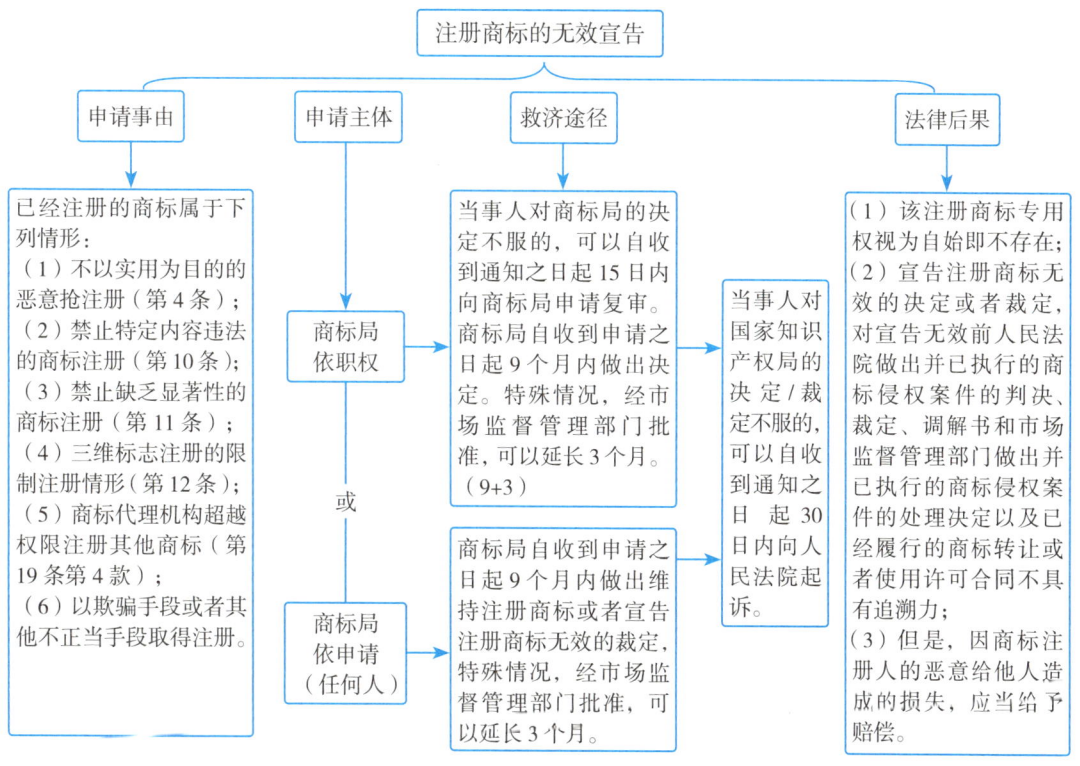

二、注册商标的撤销

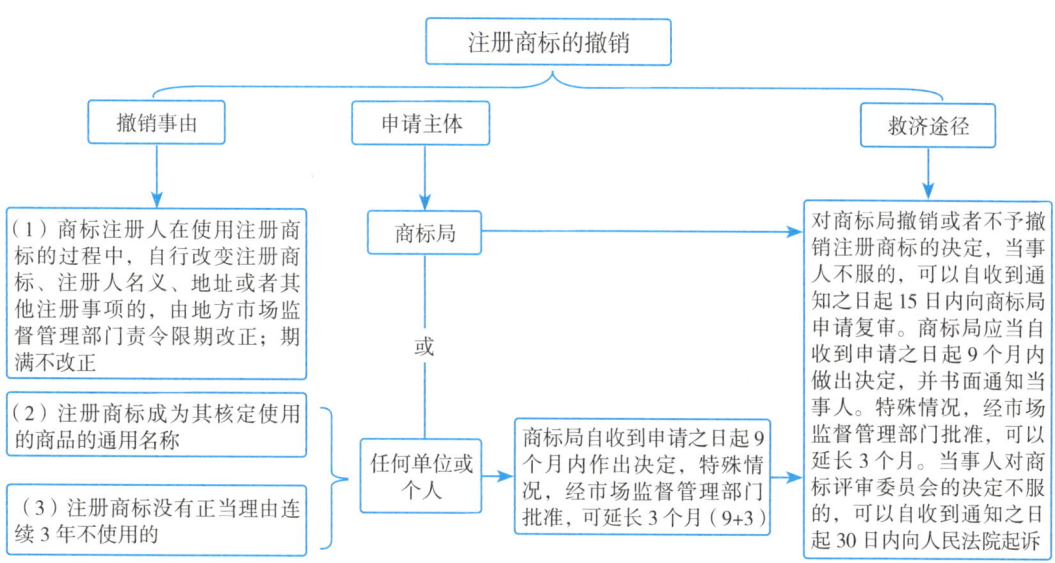

【比较】注册商标的无效宣告和注册商标撤销的差异：

前者针对，商标在申请注册时就存在不予注册的绝对理由或相对理由，本不应获得注册。

后者针对，商标注册符合法律规定，但在使用注册商标过程中，发生了违反商标法规定或显著性退化的情况。

真题

韦某开设了"韦老四"煎饼店，在当地颇有名气。经营汽车配件的个体户肖某从外地路过，吃过后赞不绝口。当发现韦某尚未注册商标时，肖某就餐饮服务注册了"韦老四"商标。关于上述行为，下列哪一说法是正确的？（2017年·卷3·16题）[①]

A. 韦某在外地开设新店时，可以使用"韦老四"标识
B. 如肖某注册"韦老四"商标后立即起诉韦某侵权，韦某并不需要承担赔偿责任
C. 肖某的商标注册恶意侵犯韦某的在先权利，韦某可随时请求宣告该注册商标无效
D. 肖某注册商标核定使用的服务类别超出了肖某的经营范围，韦某可以此为由请求宣告该注册商标无效

第三讲　商标权侵权

一般考点 8　商标权的内容

一、注册商标专用权

注册商标专用权是指商标权主体对其注册商标依法享有的在自己指定商品或服务上独占使用的权利。注册商标专用权，以核准注册的商标和核定使用的商品为限。

二、转让权

转让人和受让人应当签订转让协议，共同向商标局提出申请。受让人自公告之日起享有注册商标专用权。受让人保证使用该注册商标的商品质量。

【提示1】注册商标的转让不影响转让前已经生效的商标使用许可合同的效力，但商标使用许可合同另有约定的除外。

【提示2】联合商标一并转让：商标注册人对其在同一种商品上注册的近似的商标，或者在类似商品上注册的相同或者近似的商标，应当一并转让。

三、续展权

注册商标的有效期为10年，自核准注册之日起计算。注册商标有效期满，需要继续

[①] B。A选项错误，B选项正确。商标先用权人，可在添加区别标识后，在原来的范围内继续使用该商标；在外地开设新店，不属于在原适用范围内使用。C选项错误，非驰名商标，应当自商标注册之日起5年内向国家知识产权局请求宣告该商标无效。D选项错误，超越经营范围，不属于宣告商标无效的情形。

使用的，商标注册人应当在期满前 12 个月内按照规定办理续展手续；在此期间未能办理的，可以给予 6 个月的宽展期。每次续展注册的有效期为 10 年，自该商标上一届有效期满次日起计算。期满未办理续展手续的，注销其注册商标。

【口诀】一次 10 年，前 12，后 6，不续注销。

四、标示权

商标注册人使用注册商标，有权标明"注册商标"或者注册标记。

核心考点 9　商标权侵权行为

一、假冒行为

未经商标注册人的许可，在同一种商品上使用与其注册商标相同的商标的。

假冒注册商标是最严重的侵害商标专用权的行为，应权利人请求，对属于假冒注册商标的商品，除特殊情况外，责令销毁；对主要用于制造假冒注册商标的商品的材料、工具，责令销毁，且不予补偿；或者在特殊情况下，责令禁止前述材料、工具进入商业渠道，且不予补偿。情节严重的，可以依法追究刑事责任。

【口诀】同种商品＋相同商标。要销毁，禁流通，不补偿。
【提示】假冒注册商标的商品不得在仅去除假冒注册商标后进入商业渠道。

二、仿冒行为

未经商标注册人的许可，在同一种商品上使用与其注册商标近似的商标，或者在类似商品上使用与其注册商标相同或者近似的商标，容易导致混淆的。

【提示】仿冒行为有 3 种类型：①同种商品＋近似商标；②类似商品＋相同商标；③类似商品＋类似商标。与假冒行为区分的核心在于是"直接冒充"还是"容易导致混淆"。

三、销售侵权商品行为

销售侵犯注册商标专用权的商品。若销售者不知道其销售的是侵犯注册商标专用权的商品，能证明该商品是自己合法取得并说明提供者的，不承担赔偿责任。

【口诀】善意侵权，是侵权，但不承担赔偿责任。
【提示】此处，销售者需明知，且需销售行为与商标的功能有关。若无关则不构成侵权。使用侵犯商标权的商品不构成商标权侵权。

[例如] 大发公司在其生产的辣椒粉上申请了天极牌商标。海洋餐饮公司购买了假冒天极牌商标的辣椒粉，用于做菜，并向食客提供。海洋餐饮公司的行为就没有构成商标权侵权。因为海洋餐饮公司的销售行为并未使得消费者产生认知上的混淆。他们并不关心辣椒粉是不是天极牌的，关心的是菜肴是否美味，安全。

四、制造或销售侵权商标标识

伪造、擅自制造他人注册商标标识或者销售伪造、擅自制造的注册商标标识。

五、反向假冒

未经商标注册人同意，更换其注册商标并将该更换商标的商品又投入市场。

[例如] 精彩生活公司销售五粮液公司的"尊"酒时，未经五粮液公司同意，使用瓶贴、箱贴覆盖了五粮液公司"尊"酒商标，使消费者不能从外箱包装和尊酒的透明包装外壳上辨认该酒为"尊"酒，致使消费者误以为其所销售的是五粮液公司与精彩生活公司合作后为精彩生活公司会员"专供"的"五粮液酒"，上述行为构成对"五粮液"注册商标和"尊"注册商标的反向侵权。

六、帮助侵权

故意为侵犯他人商标专用权行为提供便利条件，帮助他人实施侵犯商标专用权行为。

[例如] 为侵犯他人商标专用权提供仓储、运输、邮寄、印制、隐匿、经营场所、网络商品交易平台等。

七、给他人的注册商标专用权造成其他损害的行为

下列行为属于给他人注册商标专用权造成其他损害的行为：

（1）在同一种商品或者类似商品上将与他人注册商标相同或者近似的标志作为商品名称或者商品装潢使用，误导公众的；

（2）将与他人注册商标相同或者相近似的文字作为企业的字号在相同或者类似商品上突出使用，容易使相关公众产生误认的；

（3）复制、摹仿、翻译他人注册的驰名商标或其主要部分在不相同或者不相类似商品上作为商标使用，误导公众，致使该驰名商标注册人的利益可能受到损害的；

（4）将与他人注册商标相同或者相近似的文字注册为域名，并且通过该域名进行相关商品交易的电子商务，容易使相关公众产生误认的。

【总结】判断一个行为是否侵犯商标权的核心是，行为人的行为是否会引起相关公众的误认或混淆。这种误认或混淆，既包括将使用被诉侵权标识的商品误认为商标权人的商品或者与商标权人有某种联系，也包括将商标权人的商品误认为被诉侵权人的商品或者误认商标权人与被诉侵权人有某种联系，妨碍商标权人行使其注册商标专用权，进而实质性妨碍该注册商标发挥识别作用。

核心考点10　商标权的限制

一、合理使用

注册商标中含有的本商品的通用名称、图形、型号，或者直接表示商品的质量、主要原料、功能、用途、重量、数量及其他特点，或者含有的地名，注册商标专用权人无权禁

止他人正当使用。

三维标志注册商标中含有的商品自身的性质产生的形状、为获得技术效果而需有的商品形状或者使商品具有实质性价值的形状，注册商标专用权人无权禁止他人正当使用。

二、商标先用权

商标注册人申请商标注册前，他人已经在同一种商品或者类似商品上先于商标注册人使用与注册商标相同或者近似并有一定影响的商标的，注册商标专用权人无权禁止该使用人在原使用范围内继续使用该商标，但可以要求其附加适当区别标识。

【口诀】谁注册谁有商标权，在先使用人可在原来范围内继续使用，但要加区别标识。

第4章 知识产权保护概述

> **应试指导**
>
> 本章在考试中考查的频次相对较少，并且多数内容与民事诉讼法有所重合，例如管辖、举证责任等。建议考生结合民事诉讼法的知识综合学习。

第一讲　侵犯知识产权的法律责任

一般考点1　侵犯知识产权的民事责任

一、民事责任形式

民事责任形式主要有停止侵害、消除影响、赔礼道歉和赔偿损失等。

二、不适用停止侵害责任情形

下列情形不能适用停止侵害责任，而以支付合理费用的替代责任方式保护权利人的利益：

（1）基于国家利益、公共利益的考量，人民法院可以不判令被告停止侵犯专利权的行为，而判令其支付相应的合理费用；

（2）软件的复制品持有人不知道也没有合理理由应当知道该软件是侵权复制品的，不承担赔偿责任；但是应当停止使用，销毁该侵权复制品。如果停止使用并销毁该侵权复制品，将给复制品使用人造成重大损失，复制品使用人可以在向软件著作权人支付合理费用后继续使用。

三、赔偿损失的归责原则

一般认为仍实行过错责任原则。对于侵权作品制作者、传播者或侵权商品销售者的损害赔偿责任，则通常实行过错推定原则。

四、赔偿金额

（一）赔偿金额的计算方法

侵犯知识产权损害赔偿金额的确定主要有以下计算方法：

（1）按权利人因侵权遭受的实际损失确定；

（2）按侵权人因侵权获得的利益确定；

（3）根据情节参照许可使用费的倍数合理确定。

（二）惩罚性赔偿
故意侵犯知识产权，情节严重，可按照上述方法确定数额的 1~5 倍确定赔偿数额。

（三）法院酌情确定赔偿金额
赔偿金额难以计算的情况下，人民法院根据侵权行为的情节，著作权判决给予 500 元以上 500 万元以下的赔偿；专利权判决给予 3 万元以上 500 万元以下的赔偿；商标权判决给予 500 万元以下的赔偿。

（四）赔偿金额范围
赔偿数额包含侵权赔偿，及权利人为制止侵权行为所支付的合理开支。如调查费、取证费、律师费、公证费、诉讼费、差旅费等。

第二讲　知识产权民事诉讼特别程序

一般考点 2　诉讼时效与管辖

一、诉讼时效

侵犯知识产权的诉讼时效为 3 年。专利权、商标权或著作权的权利人超过 3 年起诉的，如果该知识产权仍在保护期内，人民法院应当判决责令被告停止侵权行为；侵权损害赔偿数额应当自权利人向人民法院起诉之日起向前推算 3 年计算。

发明专利申请公布后至专利权授予前使用该发明未支付适当使用费的，专利权人要求支付使用费的诉讼时效为 3 年，自专利权人知道或者应当知道他人使用其发明之日起计算，但是，专利权人于专利权授予之日前即已知道或者应当知道的，自专利权授予之日起计算。

二、知识产权诉讼的管辖

（一）一审管辖的特殊规定
对于知识产权纠纷的管辖，主要从专业性和标的额两个方面确定管辖权：

（1）发明专利、实用新型专利、植物新品种、集成电路布图设计、技术秘密、计算机软件的权属、侵权纠纷以及垄断纠纷第一审民事案件由知识产权法院，省、自治区、直辖市人民政府所在地的中级人民法院和最高人民法院确定的中级人民法院管辖；

（2）外观设计专利的权属、侵权纠纷以及涉及驰名商标认定第一审民事案件由知识产权法院和中级人民法院管辖；经最高人民法院批准，也可以由基层人民法院管辖；

（3）上述 2 种情形规定之外的第一审知识产权案件诉讼标的额，在最高人民法院确定的数额以上的民事案件，由中级人民法院管辖；

（4）上述 3 种情形之外的第一审知识产权案件，如著作权纠纷、侵害商标权纠纷等民事案件由最高人民法院确定的基层人民法院管辖。

（二）二审管辖的特殊规定
最高人民法院设立知识产权法庭，主要审理当事人对发明专利、实用新型、植物新品种、集成电路布图设计、技术秘密、计算机软件、垄断等专业技术性较强的知识产权民事案件第一审判决或裁定不服的知识产权上诉案件。

一般考点3　诉讼主体与举证责任

一、知识产权纠纷的诉讼主体

知识产权的权利人或者利害关系人可以作为原告提起诉讼。其中，知识产权的权利人是指著作权人、专利权人、商标权人等。利害关系人是指知识产权许可合同中的被许可人、知识产权财产权的合法继承人等。

著作权民事纠纷中，依法成立的著作权集体管理组织，根据著作权人的书面授权，可以以自己的名义提起诉讼。

二、举证责任

原则上按照民事诉讼法的一般举证规则来承担举证责任。

专利侵权纠纷涉及新产品制造方法的发明专利的，制造同样产品的单位或者个人应当提供其产品制造方法不同于专利方法的证明。（举证责任倒置）

核心考点4　专利纠纷的特殊规定

一、请求确认不侵犯专利权之诉

权利人向他人发出侵犯专利权的警告，被警告人或者利害关系人经书面催告权利人行使诉权，权利人自收到该书面催告之日起1个月内或者自书面催告发出之日起2个月内，既不撤回警告，也不提起诉讼，被警告人或者利害关系人向人民法院提起请求确认其行为不侵犯专利权诉讼的，人民法院应当受理。

二、专利纠纷中的中止诉讼

（一）应当中止

侵犯实用新型、外观设计专利权纠纷案件，被告在答辩期间内请求宣告该项专利权无效的，人民法院应当中止诉讼，但具备下列情形之一的，可以不中止诉讼：

（1）原告出具的检索报告或者专利权评价报告未发现导致实用新型或者外观设计专利权无效的事由的；

（2）被告提供的证据足以证明其使用的技术已经公知的；

（3）被告请求宣告该项专利权无效所提供的证据或者依据的理由明显不充分的；

（4）人民法院认为不应当中止诉讼的其他情形。

（二）可以不中止

侵犯发明专利权纠纷案件或者经国务院专利行政部门审查维持专利权的侵犯实用新型、外观设计专利权纠纷案件，被告在答辩期间内请求宣告该项专利权无效的，人民法院可以不中止诉讼。

（三）不应当中止

侵犯实用新型、外观设计专利权纠纷案件，被告在答辩期间届满后请求宣告该项专利权无效的，人民法院不应当中止诉讼，但经审查认为有必要中止诉讼的除外。

03 第三编 经济法

> **本编导读**

近年来,法考在经济法部分的命题趋势总体呈现出涉及法条覆盖面广、注重对立法原理和相关法条的灵活考查、结合社会热点案件考查等特点。经济法的学习方法不同于商法,商法偏重同民法知识的结合,经济法偏重同行政法知识的结合,考生可以从公权力行使的角度去理解经济法涉及考点背后的原理。

从应试的角度来看,经济法考查范围广但整体分值并不高,每年考查分值为12~16分。考生一定要结合经济法的考查特点,不要苛求自己理解每一个知识点,一定要敢于抓大放小,特别是一些离我们日常生活比较远的部门法,要善于和勇于在备考后期战略性放弃。

经济法知识逻辑

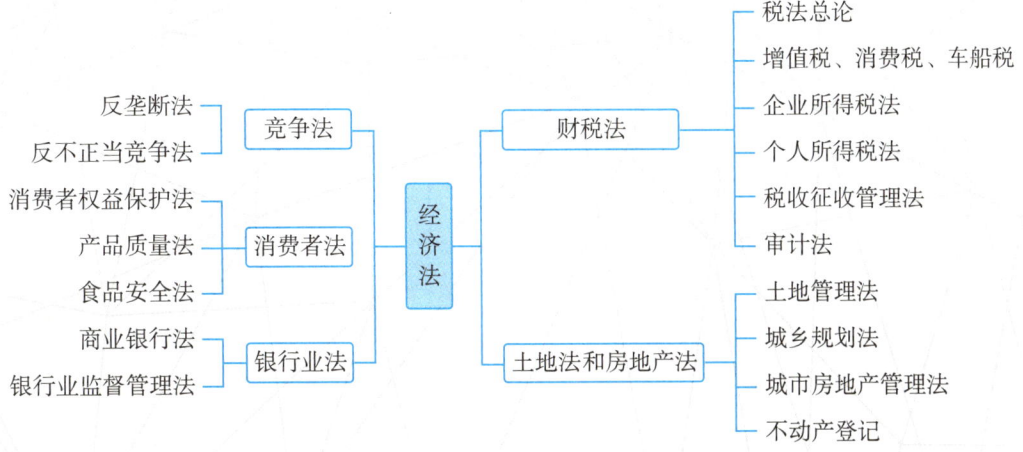

第1章 竞争法

应试指导

本章由《反垄断法》和《反不正当竞争法》两部分组成。本章属于经济法备考中必得分的章节，题量一般为2题，分值为2~3分。本章的学习重点是对4种垄断行为和7种不正当竞争行为的界定与法律责任承担，同时还包括《反垄断法》和《反不正当竞争法》的立法原理。

《反垄断法》每年1题，分值为1~2分，从命题的角度来看，近几年考查的都是围绕垄断行为的常规考点。《反垄断法》规制的是利用竞争中的优势地位或者行政权力实施的排除或限制竞争的垄断行为。《反垄断法》的记忆有两条逻辑主线：一是，经营者可以实施正常的联合行为，但是不能产生排除或限制竞争的效果；二是，四种反垄断法禁止行为的构成要件和行政处罚举措。

《反不正当竞争法》每年1题，分值为1~2分。近年来，命题人主要是结合当年的热点案件，考查7种不正当竞争行为的判定和法律责任。《反不正当竞争法》规制的是利用各种不正当手段从事竞争的行为。《反不正当竞争法》备考的逻辑侧重于关注这个行为属于哪种不正当竞争行为。

竞争法知识逻辑

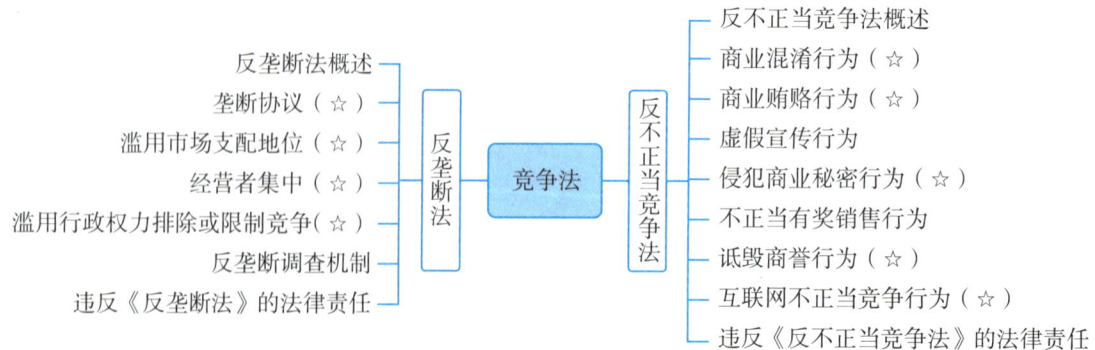

第一讲　反垄断法

一般考点1　反垄断法概述

一、调整对象
《反垄断法》调整的主要是具有竞争关系的经营者①之间的法律关系。

二、调整范围
《反垄断法》主要调整中国境内经济活动中的垄断行为，以及虽然发生在中国境外，但对境内市场竞争产生排除、限制影响的垄断行为。

三、公平竞争审查制度
行政机关和法律、法规授权的具有管理公共事务职能的组织在制定涉及市场主体经济活动的规定时，应当进行公平竞争审查。

四、反垄断法的适用例外

（一）专营专卖
国有经济占控制地位的关系国民经济命脉和国家安全的行业以及依法实行专营专卖的行业，国家对经营者的经营行为及其商品和服务的价格依法实施监管和调控。

（二）知识产权的正当行使
经营者依照有关知识产权的法律、行政法规规定行使知识产权的行为，不适用《反垄断法》；但经营者滥用知识产权，排除、限制竞争的行为除外。

（三）农产生产中的联合或协同行为
农业生产者及农村经济组织在农产品生产、加工、销售、运输、储存等经营活动中实施的联合或者协同行为，不适用《反垄断法》。

核心考点2　垄断协议

一、概念
垄断协议，是指排除、限制竞争的协议、决定或者其他协同行为。

二、行为样态

（一）横向垄断
禁止具有竞争关系的经营者达成下列垄断协议：
（1）**固定价格**：固定或者变更商品价格；
（2）**限制产销**：限制商品的生产数量或者销售数量；

---

① 经营者，是指从事商品生产、经营或者提供服务的自然人、法人和其他组织。

（3）**划定市场**：分割销售市场或者原材料采购市场；
（4）**抵制技术**：限制购买新技术、新设备或者限制开发新技术、新产品；
（5）**联合抵制**：联合抵制交易；
（6）**其他**：国务院反垄断执法机构认定的其他垄断协议。

> 【释义】具有竞争关系的经营者，例如两家食用油生产企业之间的联合。
> 【口诀】竞争者，价产销市技合。（谐音：竞争者，家产小试剂盒）

（二）纵向垄断

1. 行为界定

禁止经营者与交易相对人（非竞争关系）达成下列垄断协议：
（1）**固定转售价格**：固定向第三人转售商品的价格；
（2）**限定最低价**：限定向第三人转售商品的最低价格；
（3）**纵向非价格限制协议**：国务院反垄断执法机构认定的其他垄断协议。如排他性交易、选择性交易、特许经营等。

经营者能够证明其达成的固定转售价格或限定最低价不具有排除、限制竞争效果的，不予禁止。

> 【口诀】上下游，固低。（谐音：上下游，谷底）
> 【释义】经营者与交易相对人，例如生产商和销售商之间的联合。
> 【提示】限定最高价，也是纵向垄断，但不属于《反垄断法》禁止的纵向垄断。

2. 安全港条款

经营者能够证明其在相关市场的市场份额低于国务院反垄断执法机构规定的标准，并符合国务院反垄断执法机构规定的其他条件的，不予禁止。

> 【提示】安全港条款仅适用于纵向垄断协议。
> 【逻辑】横向垄断和纵向垄断的区分：
> 第一步，判断涉案主体达成的协议是否会排除或限制竞争。
> 第二步，确定涉案主体之间的关系。横向垄断要求涉案主体具有竞争关系，纵向垄断的涉案主体之间一般是上下游关系。
> 第三步，横向垄断的方式更加多样，纵向垄断主要涉及价格。

（三）轴辐协议[①]

经营者不得组织其他经营者达成垄断协议或者为其他经营者达成垄断协议提供实质性帮助。

> 【口诀】组织者+帮助者。

真题

某景区多家旅行社、饭店、商店和客运公司共同签订《关于加强服务协同提高服务水平的决定》，约定了统一的收费方式、服务标准和收入分配方案。有人认为此举构成横向

---

① 轴辐协议是处于产业链条不同层级的经营者为谋求共同的非法利益而设计的商业方案，是一种横向关系和纵向关系结合的特殊协议。

·272·

垄断协议。根据《反垄断法》，下列哪一说法是正确的？（2017年·卷1·28题）①

A. 只要在一个竞争性市场中的经营者达成协调市场行为的协议，就违反该法
B. 只要经营者之间的协议涉及商品或服务的价格、标准等问题，就违反该法
C. 如经营者之间的协议有利于提高行业服务质量和经济效益，就不违反该法
D. 如经营者之间的协议不具备排除、限制竞争的效果，就不违反该法

三、豁免

经营者能够证明所达成的协议属于下列情形之一的，不认定经营者之间达成垄断协议：

（1）**合理化**：为改进技术、研究开发新产品，提高产品质量、降低成本、增进效率的；
（2）**标准化与专业化**：统一产品规格、标准或者实行专业化分工的；
（3）**保护中小企业**：为提高中小经营者经营效率，增强中小经营者竞争力的；
（4）**节能环保救灾**：为实现节约能源、保护环境、救灾救助等社会公共利益的；
（5）**摆脱发展困境**：因经济不景气，为缓解销售量严重下降或者生产明显过剩的；
（6）**正当对外贸易**：为保障对外贸易和对外经济合作中的正当利益的；
（7）**其他**：法律和国务院规定的其他情形。

前（1）~（5）项在认定不属于垄断协议时，经营者还应当证明所达成的协议不会严重限制相关市场的竞争，并且能够使消费者分享由此产生的利益。

【口诀】有利于经济发展，且不会严重破坏竞争。

四、行业协会行为限制

行业协会应当加强行业自律，不得组织本行业的经营者达成垄断协议。

【提示】行业协会不是垄断协议的签订者，但可以是组织者。

五、行政责任

（一）处罚方式

1. 经营者责任

经营者违法达成并实施垄断协议的，由反垄断执法机构责令停止违法行为，没收违法所得，并处上1年度销售额1%以上10%以下的罚款，上1年度没有销售额的，处500万元以下的罚款；尚未实施所达成的垄断协议的，可以处300万元以下的罚款。

【口诀】达成并实施，停没，并罚（销售额1%~10%），没有销售额，罚500万以下；
达成没实施，可罚300万元以下。

2. 个人责任

经营者的法定代表人、主要负责人和直接责任人对达成垄断协议负有个人责任的，可

---

① D。A选项错误，D选项正确。在一个竞争性市场中的经营者达成协调市场行为的协议，只要不产生排除、限制竞争的效果，就属于合法行为。BC选项错误，经营者之间的协议涉及商品或服务的价格、标准等问题，只要不会严重限制相关市场的竞争或损害消费者的利益，就属于合法行为；反之，就算协议有利于提高行业服务质量和经济效益，依旧可以认定为违法行为。

以处 100 万元以下的罚款。

> 【口诀】代主直，可罚 100 万元以下。

3. 协助者责任

经营者组织其他经营者达成垄断协议或者为其他经营者达成垄断协议提供实质性帮助的，适用与经营者责任相同的规定。

> 【口诀】与经营者同责。

4. 行业协会责任

行业协会违法组织本行业的经营者达成垄断协议的，由反垄断执法机构责令改正，可以处 300 万元以下的罚款；情节严重的，社会团体登记管理机关可以依法撤销登记。

> 【口诀】协会，改，可罚 300 万元以下；严重，撤。

（二）宽大制度

经营者主动向反垄断执法机构报告达成垄断协议的有关情况并提供重要证据的，反垄断执法机构可以酌情减轻或者免除对该经营者的处罚。

> 【口诀】经营者自首（主动报告）且重大立功（提供重要证据），可减轻或免除处罚。

> 【逻辑】达成垄断协议的行政责任：
> 第一，只要达成垄断协议，无论实施与否，均处罚，差异在于处罚力度。
> 第二，处罚主体全链条，只要搞垄断，经营者、协助者、负责人、行业协会一个都跑不了。

真题

某市甲、乙、丙三大零售企业达成一致协议，拒绝接受产品供应商丁的供货。丙向反垄断执法机构举报并提供重要证据，经查，三企业构成垄断协议行为。关于三企业应承担的法律责任，下列哪些选项是正确的？（2015 年·卷 1·67 题）①

A. 该执法机构应责令三企业停止违法行为，没收违法所得，并处以相应罚款
B. 丙企业举报有功，可酌情减轻或免除处罚
C. 如丁因垄断行为遭受损失的，三企业应依法承担民事责任
D. 如三企业行为后果极为严重，应追究其刑事责任

---

① ABC。A 选项正确，对于联合抵制交易的横向垄断违法行为，处以停止违法行为，没收违法所得，并处以相应罚款。B 选项正确，经营者主动向反垄断执法机构报告达成垄断协议的有关情况并提供重要证据的，反垄断执法机构可以酌情减轻或者免除对该经营者的处罚。C 选项正确，经营者实施垄断行为，给他人造成损失的，依法承担民事责任。D 选项错误，追究刑事责任的前提是构成犯罪，而不是后果严重。

核心考点3 滥用市场支配地位

一、市场支配地位

（一）概念
市场支配地位，是指经营者在相关市场内具有能够控制商品价格、数量或者其他交易条件，或者能够阻碍、影响其他经营者进入相关市场能力的市场地位。

【提示】经营者具有市场支配地位本身不违法，只有存在滥用的法定情形时才需要《反垄断法》加以规制。

（二）认定因素
认定经营者具有市场支配地位，应当依据下列因素：
（1）该经营者在相关市场的市场份额，以及相关市场的竞争状况；
（2）该经营者控制销售市场或者原材料采购市场的能力；
（3）该经营者的财力和技术条件；
（4）其他经营者对该经营者在交易上的依赖程度；
（5）其他经营者进入相关市场的难易程度；
（6）与认定该经营者市场支配地位有关的其他因素。

【逻辑】经营者强到可以决定其他经营者能否进入相关市场。

【提示】作为特定区域内唯一合法经营某项目的经营者，在市场准入、市场份额、经营地位、经营规模等各要素上均具有优势，可以认定该经营者占有市场支配地位。但是，如果仅交代特定区域内仅有一个合法经营者，并不能当然地推定其具有市场支配地位。

（三）市场支配地位的推定
有下列情形之一的，可以推定经营者具有市场支配地位：
（1）一个经营者在相关市场的市场份额达到1/2的；
（2）两个经营者在相关市场的市场份额合计达到2/3的；
（3）三个经营者在相关市场的市场份额合计达到3/4的；

存在多名经营者时，其中有的经营者市场份额不足1/10的，或者经营者有证据证明不具有市场支配地位的，不应当推定或认定该经营者具有市场支配地位。

【口诀】123，234。

二、滥用市场支配地位的概念与行为样态

（一）概念
滥用市场支配地位，是指经营者滥用某些优势地位或不公平对待来限制竞争的行为。

（二）行为样态
禁止具有市场支配地位的经营者从事下列滥用市场支配地位的行为：
（1）**垄断价格**：以不公平的高价销售商品或者以不公平的低价购买商品；

（2）掠夺性定价：没有正当理由，以低于成本的价格销售商品；

（3）拒绝交易：没有正当理由，拒绝与交易相对人进行交易；

（4）强制交易：没有正当理由，限定交易相对人只能与其进行交易或者只能与其指定的经营者进行交易；

（5）搭售行为：没有正当理由搭售商品，或者在交易时附加其他不合理的交易条件；

（6）差别待遇：没有正当理由，对条件相同的交易相对人在交易价格等交易条件上实行差别待遇；

（7）平台优势：不得利用数据和算法、技术以及平台规则等从事滥用市场支配地位的行为；

（8）其他：国务院反垄断执法机构认定的其他滥用市场支配地位的行为。

【口诀】价夺拒强搭，差平。
【逻辑】判断经营者是否滥用市场支配地位应遵循如下步骤：
第一，先界定相关市场。
第二，判断是否有支配地位。
第三，判断是否存在滥用行为。

三、行政责任

经营者违法滥用市场支配地位的，由反垄断执法机构责令停止违法行为，没收违法所得，并处上1年度销售额1%~10%以下的罚款。

【口诀】停没并罚（上1年度销售额1%~10%）。

核心考点4 经营者集中

一、概念

经营者集中，是指两个或两个以上企业以一定的方式或手段所形成的企业间的资产、营业和人员的整合。

【提示】我国法律并不禁止经营者集中，禁止的是通过经营者集中产生排除或限制竞争的行为，即禁止实质性减少竞争的违法行为。

二、行为样态

经营者合并、通过取得股权或者资产的方式取得对其他经营者的控制权、通过合同等方式取得对其他经营者的控制权或者能够对其他经营者施加决定性影响。

三、经营者集中的申报

（一）事先申报制度

1.经营者申报义务

经营者集中达到国务院规定的申报标准的，经营者应当事先向国务院反垄断执法机构申报,未申报的不得实施集中。

2. 执法机构的主动审查权

经营者集中未达到国务院规定的申报标准,但有证据证明该经营者集中具有或者可能具有排除、限制竞争效果的,国务院反垄断执法机构可以要求经营者申报。

(二)申报义务豁免制度

1. 母子公司集中豁免

参与集中的一个经营者拥有其他每个经营者50%以上有表决权的股份或者资产的。

2. 兄弟公司集中豁免

参与集中的每个经营者50%以上有表决权的股份或者资产被同一个未参与集中的经营者拥有的。

> 【口诀】母子兄弟,申报豁免。

四、经营者集中的审查

(一)审查启动

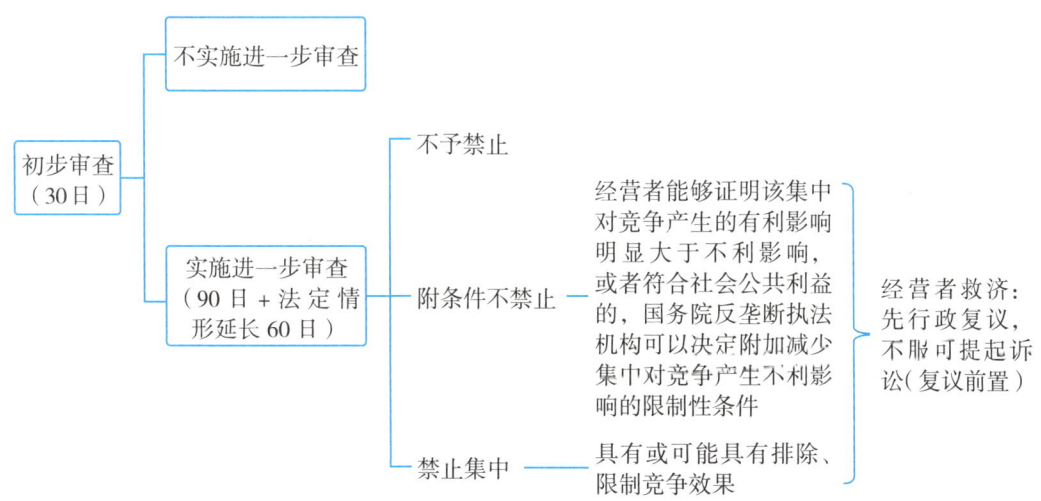

> 【提示1】审查期间,经营者不得实施集中。
> 【提示2】反垄断执法机构对经营者实施的经营者集中以外的垄断行为作出的处罚决定不服,可以依法申请行政复议或者提起行政诉讼(复议选择)。

(二)国家安全审查

对外资并购境内企业或者以其他方式参与经营者集中,涉及国家安全的,除依反垄断法进行经营者集中审查外,还应当按照国家有关规定进行国家安全审查。

(三)审查中止

有下列情形之一的,国务院反垄断执法机构可以决定中止计算经营者集中的审查期限,并书面通知经营者:

(1)经营者未按照规定提交文件、资料,导致审查工作无法进行;

(2)出现对经营者集中审查具有重大影响的新情况、新事实,不经核实将导致审查工作无法进行;

（3）需要对经营者集中附加的限制性条件进一步评估，且经营者提出中止请求的。

【口诀】未新请（谐音：没心情）。

五、行政责任

经营者违法实施集中，且具有或者可能具有排除、限制竞争效果的，由国务院反垄断执法机构责令停止实施集中、限期处分股份或者资产、限期转让营业以及采取其他必要措施恢复到集中前的状态，处上 1 年度销售额 10% 以下的罚款；不具有排除、限制竞争效果的，处 500 万元以下的罚款。

【口诀】有效果：停限恢罚，销 10%；没效果：罚 500 万元以下。

核心考点 5　滥用行政权力排除、限制竞争

一、概念

滥用行政权力排除、限制竞争，是指拥有行政机关和法律、法规授权的具有管理公共事务职能的组织滥用行政权力排除、限制竞争的各种行为。

【提示】主体有二，行政机关和授权组织。

二、行为样态

（一）强制交易

禁止行政主体滥用行政权力，限定或者变相限定单位或者个人经营、购买、使用其指定的经营者提供的商品。

（二）政企联手垄断市场

禁止行政主体滥用行政权力，通过与经营者签订合作协议、备忘录等方式，妨碍其他经营者进入相关市场或者对其他经营者实行不平等待遇，排除、限制竞争。

（三）地区封锁

禁止行政主体滥用行政权力，实施下列行为，妨碍商品在地区之间的自由流通：
（1）对外地商品设定歧视性收费项目、实行歧视性收费标准，或者规定歧视性价格；
（2）对外地商品规定与本地同类商品不同的技术要求、检验标准，或者对外地商品采取重复检验、重复认证等歧视性技术措施，限制外地商品进入本地市场；
（3）采取专门针对外地商品的行政许可，限制外地商品进入本地市场；
（4）设置关卡或者采取其他手段，阻碍外地商品进入或者本地商品运出；
（5）妨碍商品在地区之间自由流通的其他行为。

【口诀】限制外地，保护本地。

（四）歧视性资质管控

禁止行政主体滥用行政权力，不得滥用行政权力，以设定歧视性资质要求、评审标准或者不依法发布信息等方式，排斥或者限制经营者参加招标投标以及其他经营活动。

（五）地域性投资歧视

禁止行政主体滥用行政权力，采取与本地经营者不平等待遇等方式，排斥、限制、强制或者变相强制外地经营者在本地投资或者设立分支机构。

（六）迫使经营者垄断

禁止行政主体滥用行政权力，强制或变相强制经营者从事《反垄断法》规定的垄断行为。

（七）以抽象行政行为限制竞争

行政主体不得滥用行政权力，制定含有排除、限制竞争内容的规定。

> 【口诀】强迫联锁抽二资。（谐音：强迫连锁抽儿子）

三、行政责任

行政主体滥用行政权力，实施排除、限制竞争行为的，由上级机关责令改正；对直接负责的主管人员和其他直接责任人员依法给予处分。反垄断执法机构可以向有关上级机关提出依法处理的建议。

> 【口诀】上级改处，反执建议。

真题

某市公安局指令该市所有企业使用楚乔印章协会生产的电子印章，要求本市公司及时卸载此前经过批准使用的其他品牌的电子印章，并在限期内购买和安装新的电子印章。反垄断执法机构的下列哪些措施符合法律规定？（2018年·回忆版）[①]

A. 对该市公安局处以罚款
B. 责令该市公安局整改
C. 建议市政府责令该市公安局整改
D. 撤销该协会的社团资格

一般考点6　反垄断调查机制

一、反垄断监管体系

（一）反垄断宏观协调机构

国务院设立反垄断委员会，负责研究拟订有关竞争政策，组织调查、评估市场总体竞争状况，发布评估报告，制定、发布反垄断指南，协调反垄断行政执法工作等。

（二）反垄断执法机构

国家市场监督管理总局负责反垄断统一执法工作，国家市场监督管理总局根据工作需要，可以授权省、自治区、直辖市人民政府相应的机构，依法规定负责有关反垄断执法工作。

> 【提示】反垄断执法机构只有省级和国家级。

[①] C。AB选项错误，C选项正确。公安机关限定本市企业购买和使用其指定的经营者提供的商品，构成行政垄断，反垄断执法机构对市公安局的垄断行为，可以建议其上级机关即市政府和省公安厅对其进行改正，对直接负责的主管人员和其他负责人员给予处分。D选项错误，本市企业出于公安局指令才安装软件，楚乔印章协会不存在组织本行业的经营者达成垄断协议的行为，因此不应撤销该协会的社团资格。

二、反垄断调查程序

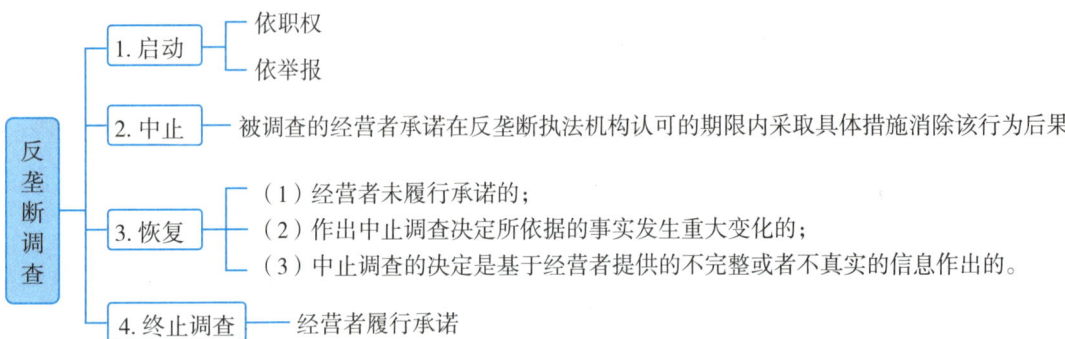

三、约谈制度

经营者、行政机关和法律、法规授权的具有管理公共事务职能的组织,涉嫌违反本法规定的,反垄断执法机构可以对其法定代表人或者负责人进行约谈,要求其提出改进措施。

【口诀】约谈法责。

一般考点 7　违反《反垄断法》的法律责任

一、罚款加重

经营者违反《反垄断法》,情节特别严重、影响特别恶劣、造成特别严重后果的,国务院反垄断执法机构可以法定的罚款数额的 2 倍以上 5 倍以下确定具体罚款数额。

二、民事责任

经营者实施垄断行为,给他人造成损失的,依法承担民事责任;损害社会公共利益的,设区的市级以上人民检察院可以依法向人民法院提起民事公益诉讼。

【逻辑】受侵害主体不同。

三、刑事责任

违反《反垄断法》,构成犯罪的,依法追究刑事责任。

第二讲　反不正当竞争法

一般考点 8　反不正当竞争法概述

一、不正当竞争行为的概念

不正当竞争行为,是指经营者在生产经营活动中,违反《反不正当竞争法》规定,扰乱市场竞争秩序，损害其他经营者或者消费者的合法权益的行为。

【提示】《反不正当竞争法》不要求经营者之间必须具有直接的竞争关系，也不要求经营者之间从事相同行业。经营者之间具有间接竞争关系，行为人违反《反不正当竞争法》规定，损害其他经营者合法权益的，也应当认定为不正当竞争行为。（参见最高法指导案例30号：兰建军、杭州小拇指汽车维修科技股份有限公司诉天津小拇指汽车维修科技股份有限公司等侵害商标权及不正当纠纷案）

【释义1】经营者，是指从事商品生产、经营或者提供服务（以下所称商品包括服务）的自然人、法人和非法人组织。

【释义2】其他经营者，是指与经营者在生产经营活动中存在可能的争夺交易机会、损害竞争优势等关系的市场主体。

二、反不正当竞争法的立法目的

我国《反不正当竞争法》的立法目的主要有以下3个层次：

（1）制止不正当竞争行为；
（2）保护经营者和消费者的合法权益；
（3）鼓励和保护公平竞争。

核心考点9　商业混淆行为

一、概念

商业混淆行为，是指经营者在市场经营活动中以种种不实手法对自己的商品或服务作虚假表示、说明或承诺，或不当利用他人的智力劳动成果推销自己的商品或服务，使用户或者消费者产生误解，扰乱市场秩序，损害其他竞争者的利益或者消费者利益的行为。

二、行为样态

（一）经营者行为

1. 商品标识混淆

经营者擅自使用与他人有一定影响的商品名称、包装、装潢等相同或者近似的标识，引人误认为是他人商品或者与他人存在特定联系。

【释义1】有一定影响，是指具有一定的市场知名度并具有区别商品来源的显著特征。

【释义2】装潢，是指由经营者营业场所的装饰、营业用具的式样、营业人员的服饰等构成的具有独特风格的整体营业形象。

2. 主体标识混淆

经营者擅自使用他人有一定影响的企业名称（包括企业名称简称、字号、商号等）、社会组织名称（包括简称等）、姓名（包括笔名、艺名、译名等），或擅自使用与上述标识相近似标识，引人误认为是他人商品或者与他人存在特定联系。

【释义】企业名称，包括市场主体登记管理部门依法登记的企业名称，以及在中国境内进行商业使用的境外企业名称，有一定影响的个体工商户、农民专业合作社（联合社）以及法律、行政法规规定的其他市场主体的名称（包括简称、字号等）。

3. 网络标识混淆

经营者擅自使用他人有一定影响的域名主体部分、网站名称、网页等，引人误认为是他人商品或者与他人存在特定联系。

4. 其他商业混淆

其他足以引人误认为是他人商品或者与他人存在特定联系的混淆行为。

【口诀】"傍名牌""搭便车"。

【逻辑】判断一个行为是否属于混淆行为：

第一步，被使用的标识一定要是他人有一定影响的标识，若经营者使用的是缺乏显著性的标识，则不会认定。

第二步，经营者的行为使得消费者"足以误认"。

[例如]大白兔与大白兔、老干妈与老于妈、七匹狼与七匹狼、杭州娃哈哈公司与杭州哇哈哈公司、全师傅与仝师傅、假的淘宝网站等。

【释义1】足以，是指被误认的客观可能性；至于是否发生事实上的误认，在所不论。

【释义2】误认，既包括对商品的误认，即误将A商品认作B商品；也包括对经营者的误认，即误解与B无关的A认作与B有关的A。至于被误认的关系性质为何（如关联公司、合作伙伴等），在所不论。

（二）销售者行为

经营者销售带有足以引人误解是他人商品或者与他人存在特定联系标识的商品，引人误认为是他人商品或者与他人存在特定联系，应当认定其构成商业混淆行为。

销售不知道是引起商业混淆的侵权商品，能证明该商品是自己合法取得并说明提供者，经营者不承担赔偿责任。

【口诀】卖也不行，善意不赔。

（三）帮助者行为

故意为他人实施混淆行为提供仓储、运输、邮寄、印制、隐匿、经营场所等便利条件，应依据《民法典》承担连带责任。

【口诀】故意，连带。

三、行政责任

经营者违法实施混淆行为的，由监督检查部门责令停止违法行为，没收违法商品。违法经营额5万元以上的，可以并处违法经营额5倍以下的罚款；没有违法经营额或者违法经营额不足5万元的，可以并处25万元以下的罚款；情节严重的，吊销营业执照。

【口诀】停，没，罚（最低25万元，经营额大于5万元，处经营额5倍以下罚款），严吊。

核心考点 10　商业贿赂行为

一、概念

商业贿赂，是指经营者为谋取交易机会或者竞争优势，暗中给予交易对方有关人员或者其他能影响交易的相关人员以财物或其他好处的行为。

二、行为样态

（一）行为主体

实施商业贿赂的主体包括经营者和受经营者指使的人。其中，经营者的工作人员进行贿赂的，应当认定为经营者的行为；但是，经营者有证据证明该工作人员的行为与为经营者谋取交易机会或者竞争优势无关的除外。

（二）行为目的

经营者为谋取交易机会或者竞争优势。

（三）贿赂对象

贿赂对象包括交易相对方的工作人员、受交易相对方委托办理相关事务的单位或者个人、利用职权或者影响力影响交易的单位或者个人。

【逻辑】给谁不重要，重要的是这个人能影响交易公平。

三、除外情形

经营者在交易活动中可以向交易相对方支付折扣、向中间人支付佣金，但应当如实入账。接受折扣、佣金的经营者也应当如实入账。

【口诀】收受双方如实记账。

四、行政责任

经营者违法贿赂他人的，由监督检查部门没收违法所得，处 10 万元以上 300 万元以下的罚款。情节严重的，吊销营业执照。

【口诀】没罚（10 万～300 万元），严吊。

核心考点 11　虚假宣传行为

一、概念

虚假宣传行为，是指经营者利用广告或者其他方法，对产品的质量、性能、成分、用途、产地等所作的引人误解的不实宣传。

二、行为样态

（一）经营者虚假宣传

经营者不得对其商品的性能、功能、质量、销售状况、用户评价、曾获荣誉等作虚假或者引人误解的商业宣传，或者提供不真实的商品相关信息，欺骗、误导消费者。如果商家的宣传不会引人误解，就不属于虚假宣传。

【例如】与"老字号"无历史渊源的个人或企业将"老字号"或与其近似的字号注册为商标后，以"老字号"的历史进行宣传的，应认定为虚假宣传，构成不正当竞争。（参见最高法指导案例58号：成都同德福合川桃片有限公司诉重庆市合川区同德福桃片有限公司、余晓华侵害商标权及不正当纠纷案）。

（二）帮助者虚假宣传

经营者不得通过组织虚假交易等方式，帮助其他经营者进行虚假或者引人误解的商业宣传。

[例如] 刷单、刷好评。

【口诀】引人误解的假象。

三、行政责任

经营者违法对其商品作虚假或者引人误解的商业宣传，或者通过组织虚假交易等方式帮助其他经营者进行虚假或者引人误解的商业宣传的，由监督检查部门责令停止违法行为，处 20 万元以上 100 万元以下的罚款；情节严重的，处 100 万元以上 200 万元以下的罚款，可以吊销营业执照。

【口诀】停，没，罚（一般 20 万~100 万元；严重 100 万~200 万元），严吊。

核心考点 12　侵犯商业秘密行为

一、商业秘密的概念

商业秘密，是指不为公众所知悉、具有商业价值并经权利人采取相应保密措施的技术信息和经营信息。

二、行为样态

（一）行为主体

侵犯商业秘密行为的行为主体可以是经营者，也可以是经营者以外的其他自然人、法人和非法人组织，如权利人的员工、前员工、合作伙伴，以及通过上述主体获取该商业秘密的第三人。

（二）行为方式

1. 经营者侵权

经营者或经营者以外的其他自然人、法人和非法人组织，不得实施下列侵犯商业秘密的行为：

（1）以盗窃、贿赂、欺诈、胁迫或者其他不正当手段获取权利人的商业秘密；

（2）披露、使用或者允许他人使用以前项手段获取的权利人的商业秘密；

（3）违反约定或者违反权利人有关保守商业秘密的要求，披露、使用或者允许他人使用其所掌握的商业秘密；

（4）教唆、引诱、帮助他人违反保密义务或者违反权利人有关保守商业秘密的要求，获取、披露、使用或者允许他人使用权利人的商业秘密。

2.第三人侵权

第三人明知或者应知商业秘密权利人的员工、前员工或者其他单位、个人，实施侵犯商业秘密的违法行为，仍获取、披露、使用或者允许他人使用该商业秘密的，视为侵犯商业秘密。

三、除外情形

（一）特定客户

当事人不得仅以与特定客户保持长期稳定交易关系为由，主张该特定客户属于商业秘密。

（二）信赖关系

客户基于对员工个人的信赖而与该员工所在单位进行交易，该员工离职后，能够证明客户自愿选择与该员工或者该员工所在的新单位进行交易的，应当认定该员工没有采用不正当手段获取权利人的商业秘密。

（三）反向工程

通过自行开发研制或者反向工程获得被诉侵权信息的，不属于侵犯商业秘密行为。但被诉侵权人以不正当手段获取权利人的商业秘密后，不得又以反向工程为由主张未侵犯商业秘密。

四、举证责任

商业秘密权利人提供初步证据合理表明商业秘密被侵犯，且提供以下证据之一的，涉嫌侵权人应当证明其不存在侵犯商业秘密的行为：

（1）有证据表明涉嫌侵权人有渠道或者机会获取商业秘密，且其使用的信息与该商业秘密实质上相同。

（2）有证据表明商业秘密已经被涉嫌侵权人披露、使用或者有被披露、使用的风险。

（3）有其他证据表明商业秘密被涉嫌侵权人侵犯。

五、行政责任

经营者违法侵犯商业秘密的，由监督检查部门责令停止违法行为，没收违法所得，处10万元以上100万元以下的罚款；情节严重的，处50万元以上500万元以下的罚款。

【口诀】停，没，罚（一般10万~100万元；严重，50万~500万元）。

一般考点 13 不正当有奖销售行为

一、概念

不正当有奖销售，是指经营者在销售商品或提供服务时，以提供奖励（包括金钱、实物、附加服务等）为名，实际上采取欺骗或者其他不当手段损害用户、消费者的利益，或者损害其他经营者合法权益的行为。

二、行为样态

经营者进行有奖销售不得存在下列情形：

（1）所设奖的种类、兑奖条件、奖金金额或者奖品等有奖销售信息不明确，影响兑奖；

（2）采用谎称有奖或者故意让内定人员中奖的欺骗方式进行有奖销售；

（3）抽奖式的有奖销售，最高奖的金额超过 5 万元。

【口诀】不谎内 5 万元（谐音：不慌，拿 5 万元）。

三、行政责任

经营者违法进行有奖销售的，由监督检查部门责令停止违法行为，处 5 万元以上 50 万元以下的罚款。

【口诀】停罚（5 万～50 万元）。

核心考点 14 诋毁商誉行为

一、概念

诋毁商誉行为，是指经营者编造、传播虚假信息或者误导性信息，损害竞争对手的商业信誉、商品声誉，从而削弱其竞争力的行为。

二、行为样态

经营者编造、传播虚假信息或者误导性信息，或者经营者传播他人编造的虚假信息或者误导性信息，损害竞争对手的商业信誉、商品声誉。

【口诀】造谣，传谣，害同行。

【提示 1】行为的主体是市场经营活动中的经营者，其他经营者以及非经营者的单位或个人受经营者指使从事诋毁商誉行为的，可构成不正当竞争的共同侵权人。非以商业竞争为目的诋毁商誉的，仅构成一般的侵权行为，依照侵权责任法律制度承担民事责任。

[例如] 王大宝因嫉妒赵海洋长相俊美，在其微博中编段子诋毁赵海洋。王大宝就不构成诋毁商誉，但构成侵犯名誉权。

【提示2】经营者若发布的消息是真实无误的，或者虽然捏造了虚假信息，但未散布，则不构成诋毁商誉行为。

[例如] 天河食品生产厂捏造大量的诋毁海洋食品生产厂的虚假信息，但未发布。天河食品生产厂不构成诋毁商誉。

【提示3】诋毁商誉行为是针对一个或多个特定竞争对手的。如果捏造、散布的虚假事实不能与特定的经营者相联系，商誉主体的权利便不会受到侵害。

三、行政责任

经营者违法损害竞争对手商业信誉、商品声誉的，由监督检查部门责令停止违法行为、消除影响，处10万元以上50万元以下的罚款；情节严重的，处50万元以上300万元以下的罚款。

【口诀】停，消，罚（一般10万～50万元；严重，50万～300万元）。

真题

甲县善福公司（简称"甲公司"）的前身为创始于清末的陈氏善福铺，享誉百年，陈某继承祖业后注册了该公司，并规范使用其商业标识。乙县善福公司（简称"乙公司"）系张某先于甲公司注册，且持有"善福100"商标权。乙公司在其网站登载善福铺的历史及荣誉，还在其产品包装标注"百年老牌""创始于清末"等字样，但均未证明其与善福铺存在历史联系。甲、乙公司存在竞争关系。关于此事，下列哪些说法是正确的？（2016年·卷1·68题）①

A. 陈某注册甲公司的行为符合诚实信用原则
B. 乙公司登载善福铺历史及标注字样的行为损害了甲公司的商誉
C. 甲公司使用"善福公司"的行为侵害了乙公司的商标权
D. 乙公司登载善福铺历史及标注字样的行为构成虚假宣传行为

核心考点 15　互联网不正当竞争行为

一、行为样态

（一）行为主体

利用互联网从事生产经营活动的经营者，包括互联网平台提供者和利用他人的互联网平台提供产品的经营者。

（二）行为方式

经营者不得利用技术手段，通过影响用户选择或者其他方式，实施下列妨碍、破坏其他经营者合法提供的网络产品或者服务正常运行的行为：

---

① AD。A选项正确。B选项错误，诋毁商誉行为要求经营者捏造虚假信息，引起竞争对手的商业评价降低。C选项错误，陈某继承祖业、使用在先是商标先用权人，可以在增加区别标识后，在原来的范围内继续使用。D选项正确，乙公司与陈氏善福铺不存在历史联系，其在网站上登载陈氏善福铺的历史及荣誉等行为，属于引人误解的虚假商业宣传行为。

（1）未经其他经营者同意，在其合法提供的网络产品或者服务中，插入链接、强制进行目标跳转；

【释义】此处强制跳转需是直接发生的目标跳转。若仅插入链接，目标跳转由用户触发的，则应综合考虑插入链接的具体方式、是否具有合理理由以及对用户利益和其他经营者利益的影响等因素。

（2）误导、欺骗、强迫用户修改、关闭、卸载其他经营者合法提供的网络产品或者服务；

【释义】此处是指经营者事前未明确提示并经用户同意，以误导、欺骗、强迫用户修改、关闭、卸载等方式，恶意干扰或者破坏其他经营者合法提供的网络产品或者服务。

（3）恶意对其他经营者合法提供的网络产品或者服务实施不兼容；
（4）其他妨碍、破坏其他经营者合法提供的网络产品或者服务正常运行的行为。

【提示】利用技术手段，妨害或迫害其他经营者网络产品或服务的正常运行。注意利用互联网进行不正当竞争与互联网不正当竞争行为的差异。

（三）行为后果

对其他经营者合法提供的网络产品或者服务的正常运行进行妨碍或破坏。

二、行政责任

经营者违法妨碍、破坏其他经营者合法提供的网络产品或者服务正常运行的，由监督检查部门责令停止违法行为，处 10 万元以上 50 万元以下的罚款；情节严重的，处 50 万元以上 300 万元以下的罚款。

【口诀】停，罚（一般 10 万~50 万元；严重，50 万~300 万元）

> **真题**
>
> 优佳公司是一家互联网信息企业，未经良忆视频网站运营方同意，在良忆视频网首页设置弹窗，用户访问良忆视频网时会自动弹出优佳公司投放的广告。关于优佳公司的行为，下列表述符合法律规定的是：(2018 年·回忆版) ①
>
> A. 构成网络避风港原则，不承担责任
> B. 构成互联网不正当竞争行为
> C. 优佳公司应当为其投放的虚假广告导致的消费者损失承担连带责任
> D. 构成诋毁商誉

---

① B。A 选项错误，B 选项正确。未经其他经营者同意，在其合法提供的网络产品或者服务中插入链接、强制进行目标跳转，属于互联网不正当竞争情形，不能适用避风港原则。C 选项错误，对投放广告导致消费者损失承担连带责任的前提是关系消费者生命健康或者造成非生命健康损失时发布者明知或应知。D 选项错误，诋毁商誉行为要求经营者捏造虚假信息，引起竞争对手的商业评价降低。

一般考点 9 违反《反不正当竞争法》的法律责任

一、民事责任

（一）管辖
因不正当竞争行为提起的民事诉讼，由侵权行为地或者被告住所地人民法院管辖。当事人不得仅以网络购买者可以任意选择的收货地作为侵权行为地。

被诉不正当竞争行为发生在中国领域外，但侵权结果发生在中国领域内，当事人可以主张由该侵权结果发生地人民法院管辖。

（二）民事责任赔偿

1. 赔偿数额
赔偿数额包含损失与合理开支两个部分。

2. 损失计算
先按因被侵权所受到的实际损失确定，实际损失难以确定按侵权人因侵权所获得的利益确定。其中，恶意侵犯商业秘密，情节严重的，可按上述方法确定数额的1—5倍确定赔偿金额；商业混淆行为、侵犯商业秘密行为造成他人损失难以计算，可赔500万元以下。

3. 合理开支
赔偿数额还应当包括经营者为制止侵权行为所支付的合理开支。

二、行政责任

（一）责任类型
不正当竞争行为的行政责任主要包括责令停止违法行为、罚款。情节严重，可以吊销营业执照的不正当竞争行为包括混淆行为、商业贿赂、虚假宣传。

（二）责任减免
经营者违法从事不正当竞争，有主动消除或减轻违法行为危害后果等法定情形的，依法从轻或减轻行政处罚；违法行为轻微并及时纠正，没有造成危害后果的，不予行政处罚。

【口诀】主动改正可从减，轻微无害不处罚。

三、刑事责任
违反《反不正当竞争法》规定，构成犯罪的，依法追究刑事责任。

第2章 消费者法

应试指导

本章由《消费者权益保护法》《产品质量法》《食品安全法》三部分组成，每年分值为3~4分。其中《消费者权益保护法》是一般法，《产品质量法》与《食品安全法》是特别法。因此，考生在做题时，首先要判断这道题在考查哪部法律的考点，同时要注意在出现法律竞合时，特别法和基本法的适用问题。

《消费者权益保护法》每年考查1~2题，分值为1~3分。从法律属性来看，该法是民事特别法。考生需要围绕消费者的权利和经营者的义务两个方面去理解。考生自身就是消费者，故可以采取情景带入学习法。其中，经营者的义务是考查的核心，重点关注违反经营者义务的法律责任问题。

《产品质量法》每年考查1题，分值为1~2分。该法的考查要点相对比较集中，考生要重点掌握产品缺陷的认定、产品责任的归责原则和人身损害赔偿规则等考点。考生如果在考试中遇到未曾见到过的考点，就比照《消费者权益保护法》的相关内容选择即可。同时，考生一定要把历年真题多做几遍。

《食品安全法》每年考查1~2题，分值为1~3分。考生在备考时关注食品许可、食品标准、食品召回、食品信息、食品检验、食品安全事故的处置、民事赔偿责任等考点，同时要注意《食品安全法》是《消费者权益保护法》的特别法，可能会出现适用上的竞合。因此，考生一定要看清楚题目中交代的案情是食品安全法律问题，还是一个普通的消费者权益受侵害案件。前者判断的重要标准为是否符合食品安全标准。

消费者法知识逻辑

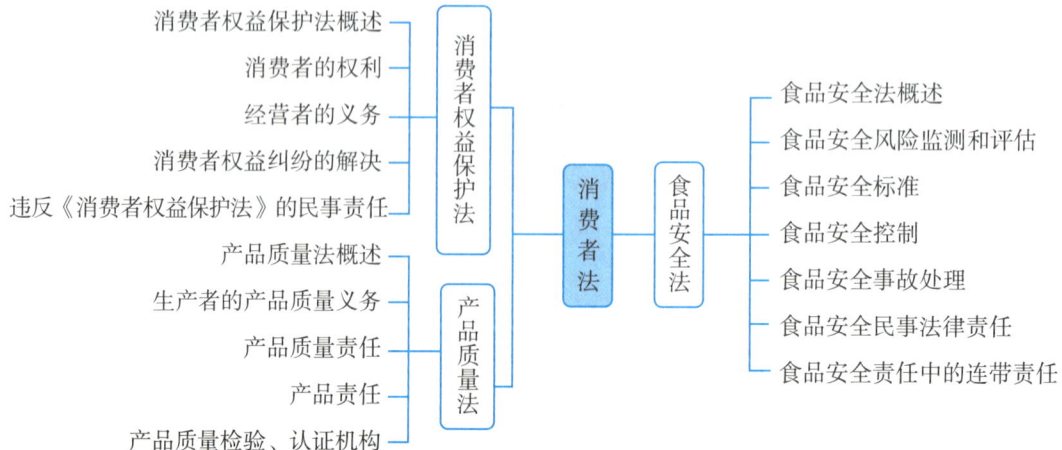

第一讲　消费者权益保护法

一般考点1　消费者权益保护法概述

一、《消费者权益保护法》的属性

消费者权利是一种特殊的民事权利，《消费者权益保护法》具有民事特别法的属性。

二、消费者的概念

消费者，是指为满足个人生活消费需要购买、使用商品和接受服务的自然人。农民购买、使用直接用于农业生产的生产资料，参照《消费者权益保护法》执行。

【释义1】消费者保护法中的消费者不包括从事消费活动的社会组织、企事业单位。

【释义2】"生活消费"，既包括生存型消费，如吃饭穿衣；也包括发展型消费，如个人培训；还包括精神或者休闲消费，如旅游、娱乐等。比如赵大宝购买比亚迪F0，属于生活消费；海洋老师购买迈巴赫，也是生活消费。你不能说赵大宝用大宝SOD蜜就是消费者，海洋老师用La Mer、Gucci、Prada、Hermès就不是消费者。

一般考点2　消费者权利

一、安全保障权

消费者在购买、使用商品和接受服务时享有人身、财产安全不受损害的权利。

经营者向消费者提供商品或者服务（包括以奖励、赠送、试用等形式向消费者免费提供商品或者服务），应当保证商品或者服务符合保障人身、财产安全的要求。免费提供的商品或者服务存在瑕疵但不违反法律强制性规定且不影响正常使用性能的，经营者应当在提供商品或者服务前如实告知消费者。

【口诀】免费，不免责。免费商品或服务有瑕疵，应告知。

二、知悉真情权

消费者享有知悉其购买、使用的商品和接受的服务的真实情况的权利。

【释义】消费者有权根据商品或者服务的不同情况，要求经营者提供商品的价格、产地、生产者、用途、性能、规格、等级、主要成分、生产日期、有效期限、检验合格证明、使用方法说明书、售后服务，或者服务的内容、规格、费用等有关情况。

三、自主选择权

消费者享有自主选择商品和服务的权利。具体而言，可以包含以下4方面内容。
（1）自主选择商品或服务的经营者；
[例如] 张三就喜欢买卡地亚，不喜欢买爱马仕。

（2）自主选择商品或服务的方式；
[例如] 谢绝自带酒水就是侵权行为；
（3）自主选择是否购买商品或接受服务；
[例如] 旅行社工作人员强制消费者在指定商店购买一定金额的商品，就是侵权行为。
（4）对商品或服务进行比较、鉴别和挑选。

四、公平交易权

消费者在购买商品和接受服务时，有权获得质量保障、价格合理、计量正确等公平交易条件，有权拒绝经营者的强制交易行为。

五、获取赔偿权

消费者因购买、使用商品和接受服务受到人身、财产损害的，享有依法获得赔偿的权利。

六、获得相关知识权

消费者享有获得有关商品和服务的知识与消费者权益保护方面及权益受到损害时如何有效解决方面的法律知识。

七、受尊重权

消费者在购买、使用商品和接受服务时，享有人格尊严、民族风俗习惯得到尊重的权利。

八、个人信息权

消费者享有姓名、性别、职业、学历、住所、联系方式、婚姻状况、亲属关系、财产状况、血型、病史、消费习惯等所有私人信息不被非法收集和非法披露的权利。

【提示】上述 8 项消费者权利，各位考生仅需了解即可。

核心考点 3 经营者的义务

一、诚信守信经营义务

经营者不得以暴力、胁迫、限制人身自由等方式或者利用技术手段，强制或者变相强制消费者购买商品或者接受服务，或者排除、限制消费者选择其他经营者提供的商品或者服务。经营者通过搭配、组合等方式提供商品或者服务的，应当以显著方式提请消费者注意。

经营者不得在消费者不知情的情况下，对同一商品或者服务在同等交易条件下设置不同的价格或者收费标准。

经营者以商业宣传、产品推荐、实物展示或者通知、声明、店堂告示等方式提供商品或者服务，对商品或者服务的数量、质量、价格、售后服务、责任承担等作出承诺的，应当向购买商品或者接受服务的消费者履行其所承诺的内容。

［例如］王某在孙某位于某商场的经营场所购买了一部华为手机，价格为1180元。同时，孙某向王某出具一张购货单据，其上写明了手机型号、单价及数量，并载明"保原装、假一赔十"。经鉴定，王某购买的手机是假冒产品。王某有权要求孙某支付11800元的赔偿金。

【口诀】不能看人下菜碟，作出承诺要履行。

二、安全保障的义务

（一）说明和警示作用

经营者对可能危及人身、财产安全的商品和服务，应当向消费者作出真实的说明和明确的警示，并说明和标明正确使用商品或者接受服务的方法以及防止危害发生的方法。

［例如］产品的包装内都有产品说明书。

【口诀】存在危险要警示，使用方法要说明

（二）安保义务人的安保义务

宾馆、商场、餐馆、银行、机场、车站、港口、影剧院等经营场所的经营者，应当对消费者尽到安全保障义务。经营者应当保证其经营场所及设施符合保障人身、财产安全的要求，采取必要的安全防护措施，并设置相应的警示标识。

［例如］下雪天，商场有义务及时清扫商场门口的雪，防止顾客摔倒。

（三）发现缺陷产品的经营者举措

经营者发现其提供的商品或者服务存在缺陷，有危及人身、财产安全危险的，应当立即向有关行政部门报告和告知消费者，并采取停止销售、警示、召回、无害化处理、销毁、停止生产或者服务等措施。采取召回措施的，生产或者进口商品的经营者应当制定召回计划，发布召回信息，明确告知消费者享有的相关权利，保存完整的召回记录，并承担消费者因商品被召回所支出的必要费用。商品销售、租赁、修理、零部件生产供应、受委托生产等相关经营者应当依法履行召回相关协助和配合义务。

【口诀】停销生警召无毁（谐音：听箫生情找无悔），必要费用生产或者进口商品的经营者承担。

三、提供真实信息的义务

经营者向消费者提供有关商品或者服务的质量、性能、用途、有效期限等信息，应当真实、全面，不得作虚假或者引人误解的宣传。经营者对消费者就其提供的商品或者服务的质量和使用方法等问题提出的询问，应当作出真实、明确的答复。经营者提供商品或者服务应当明码标价。

【口诀】产品信息要真实，买家询问要回答，价格必须明码标。

经营者应当采用通俗易懂的方式，真实、全面地向消费者提供商品或者服务相关信息，不得通过虚构经营者资质、资格或者所获荣誉，虚构商品或者服务交易信息、经营数据，篡改、编造、隐匿用户评价等方式，进行虚假或者引人误解的宣传，欺骗、误导消费者。

【口诀】通俗易懂，信息真实。

经营者采取自动展期、自动续费等方式提供服务的，应当在消费者接受服务前和自动展期、自动续费等日期前，以显著方式提请消费者注意。

四、标明真实名称和标记的义务

经营者应当标明其真实名称和标记。租赁他人柜台或者场地的经营者，应当标明其真实名称和标记，来区别商品和服务的来源。

五、出具凭证或单据的义务

经营者提供商品或者服务，应当按规定或者商业惯例向消费者出具发票等购货凭证或者服务单据；消费者索要发票等购货凭证或者服务单据的，经营者必须出具。

[例如] 超市需要给购物者提供小票。

【口诀】按规按惯给发据，主动索要必须给。

六、保证质量的义务

（一）默示担保义务

经营者应当保证在正常使用商品或者接受服务的情况下其提供的商品或者服务应当具有的质量、性能、用途和有效期限；但消费者在购买该商品或者接受该服务前已经知道其存在瑕疵，且存在该瑕疵不违反法律强制性规定的除外。

【口诀】质性用期，瑕不违法。

（二）明示担保义务

经营者以广告、产品说明、实物样品或者其他方式表明商品或者服务的质量状况的，应当保证其提供的商品或者服务的实际质量与表明的质量状况相符。

【口诀】表里如一。

（三）举证责任倒置情形

经营者提供的机动车、计算机、电视机、电冰箱、空调器、洗衣机等耐用商品或者装饰装修等服务，消费者自接受商品或者服务之日起 6 个月内发现瑕疵，发生争议的，由经营者承担有关瑕疵的举证责任。

【口诀】耐装 6 月坏，争议经举证。

七、保证售后的义务

（一）存在质量瑕疵

1. "三包" 义务

经营者提供的商品或者服务不符合质量要求的，消费者可以依照国家规定、当事人约定退货，或者要求经营者履行更换、修理等义务。

没有国家规定和当事人约定的，消费者可以自收到商品之日起 7 日内退货；7 日后符合法定解除合同条件的，消费者可以及时退货，不符合法定解除合同条件的，可以要求经营者履行更换、修理等义务，并可要求经营者承担运输等必要费用。

【口诀】有规约，退换修。无规约，收7可解退，不解可换修。

2."三包"期限

经营者与消费者约定承担退货、更换、修理等义务的有效期限不得低于国家有关规定的要求。有效期限自经营者向消费者交付商品或者提供服务完结之日起计算，需要经营者另行安装的商品，有效期限自商品安装完成之日起计算。经营者向消费者履行更换义务后，承担更换、修理等义务的有效期限自更换完成之日起重新计算。经营者修理的时间不计入上述有效期限。

3.退还价款

经营者依照国家有关规定或者与消费者约定履行退货义务的，应当按照发票等购货凭证或者服务单据上显示的价格一次性退清相关款项。经营者能够证明消费者实际支付的价格与发票等购货凭证或者服务单据上显示的价格不一致的，按照消费者实际支付的价格退清相关款项。

【口诀】付多少，退多少。

（二）网购无理由退货

1.一般规定

经营者采用网络、电视、电话、邮购等方式销售商品，消费者有权自收到商品之日起7日内退货，且无需说明理由。

【口诀】网购收7日无理由。

2.不适用无理由退货情形

下列情形不适用无理由退货，但经营者不得擅自扩大不适用无理由退货的商品范围：
（1）消费者定作的；
（2）鲜活易腐的；
（3）在线下载或者消费者拆封的音像制品、计算机软件等数字化商品；
（4）交付的报纸、期刊；
（5）其他根据商品性质并经消费者在购买时确认不宜退货的商品。

【口诀】5种情形不适用，定鲜数字报性质。

3.不适用无理由退货经营者的提示义务

经营者应当以显著方式对不适用无理由退货的商品进行标注，提示消费者在购买时进行确认，不得将不适用无理由退货作为消费者默认同意的选项。未经消费者确认，经营者不得拒绝无理由退货。

4.退货的法律后果

消费者退货的商品应当完好。消费者基于查验需要打开商品包装，或者为确认商品的品质和功能进行合理调试而不影响商品原有品质、功能和外观的，经营者应当予以退货。

经营者应当自收到退回商品之日起7日内返还消费者支付的商品价款。退回商品的运费，有约定按约定，没有约定由消费者承担。

【口诀】退货商品应完好，卖家收货7退钱，运费无约买家担。

【提示】若网购商品存在质量问题，则消费者应当按照法律规定来主张自己的合法权益。例如，消费者可要求运费问题，由经营者承担。

八、正确使用格式条款的义务

经营者适用格式条款应当负有以下两个义务。

（1）提示和说明义务。经营者在经营活动中使用格式条款的，应当以显著方式提请消费者注意商品或者服务的数量和质量、价款或者费用、履行期限和方式、安全注意事项和风险警示、售后服务、民事责任等与消费者有重大利害关系的内容，并按照消费者的要求予以说明。

（2）禁止滥用格式条款义务。经营者不得以格式条款、通知、声明、店堂告示等方式，作出排除或者限制消费者权利、减轻或者免除经营者责任、加重消费者责任等对消费者不公平、不合理的规定，不得利用格式条款并借助技术手段强制交易。经营者不得利用格式条款不合理地限制消费者依法变更或者解除合同、选择诉讼或者仲裁解决消费争议、选择其他经营者的商品或者服务等权利。

格式条款、通知、声明、店堂告示等含有前述内容的，其内容无效。

【口诀】格式条款要明示，排权免责不合理，技术手段强迫买，合同解争被限制，条款内容均无效。

九、不得侵犯消费者人格权的义务

经营者不得对消费者进行侮辱、诽谤，不得搜查消费者的身体及其携带的物品，不得侵犯消费者的人身自由。

十、尊重消费者信息自由的义务

（一）保护消费者个人信息

经营者在提供商品或者服务时，不得过度收集消费者个人信息，不得采用一次概括授权、默认授权等方式，强制或者变相强制消费者同意收集、使用与经营活动无直接关系的个人信息。

经营者处理包含消费者的生物识别、宗教信仰、特定身份、医疗健康、金融账户、行踪轨迹等信息以及不满十四周岁未成年人的个人信息等敏感个人信息的，应当符合有关法律、行政法规的规定。

经营者及其工作人员对收集的消费者个人信息必须严格保密，不得泄露、出售或者非法向他人提供。经营者应当采取技术措施和其他必要措施，确保信息安全，防止消费者个人信息泄露、丢失。在发生或者可能发生信息泄露、丢失的情况时，应当立即采取补救措施。

【口诀】搜集信息要合法，获得信息要保密，保障信息要安全，出事之后要补救。

（二）禁止以商业信息骚扰消费者

未经消费者同意，经营者不得向消费者发送商业性信息或者拨打商业性电话。消费者同意接收商业性信息或者商业性电话的，经营者应当提供明确、便捷的取消方式。消费者选择取消的，经营者应当立即停止发送商业性信息或者拨打商业性电话。

十一、特殊领域经营者义务

（一）直播平台经营者
直播营销平台经营者应当建立健全消费者权益保护制度，明确消费争议解决机制。发生消费争议的，直播营销平台经营者应当根据消费者的要求提供直播间运营者、直播营销人员相关信息以及相关经营活动记录等必要信息。

（二）针对老年消费群体经营者
经营者不得通过虚假或者引人误解的宣传，虚构或者夸大商品或者服务的治疗、保健、养生等功效，诱导老年人等消费者购买明显不符合其实际需求的商品或者服务。

（三）网络游戏服务经营者
经营者提供网络游戏服务的，应当符合国家关于网络游戏服务相关时段、时长、功能和内容等方面的规定和标准，针对未成年人设置相应的时间管理、权限管理、消费管理等功能，在注册、登录等环节严格进行用户核验，依法保护未成年人身心健康。

【口诀】网络游戏服务商，要设置未成年人防沉迷程序。

一般考点4　消费者权益纠纷的解决

一、争议解决的途径

（一）多元纠纷解决机制
消费者和经营者发生消费者权益争议的，可以通过协商、调解、投诉、仲裁、诉讼等方式解决。

（二）公益诉讼
对侵害众多消费者合法权益的行为，中国消费者协会以及在省、自治区、直辖市设立的消费者协会，可以向人民法院提起诉讼。

【口诀】公益诉讼，国省消协提。

二、争议解决的特殊规定

（一）对消费者先行赔付

1. 销售者的先行赔付义务

消费者在购买、使用商品时，其合法权益受到损害的，可以向销售者要求赔偿。销售者赔偿后，销售者有权向有责任的生产者或者向销售者提供商品的其他销售者追偿。

【口诀】消损经赔可追偿。

2. 生产者与销售者的不真正连带责任

消费者或者其他受害人因商品缺陷造成人身、财产损害的，可以向销售者要求赔偿，也可以向生产者要求赔偿。属于生产者责任的，销售者赔偿后，有权向生产者追偿；属于销售者责任的，生产者赔偿后，有权向销售者追偿。

【口诀】缺陷责任，找谁谁赔，内部可追。

（二）营业执照持有人与租借人的赔偿责任

使用他人营业执照的违法经营者提供商品或者服务，损害消费者合法权益的，消费者可以向其要求赔偿，也可以向营业执照的持有人要求赔偿。

【口诀】借照租用均可找。

（三）展销会举办者、柜台出租者的赔偿责任

消费者在展销会、租赁柜台购买商品或者接受服务，其合法权益受到损害的，可以向销售者或者服务者要求赔偿。展销会结束或者柜台租赁期满后，也可向展销会的举办者、柜台的出租者要求赔偿。展销会的举办者、柜台的出租者赔偿后，有权向销售者或者服务者追偿。

【口诀】期内找卖家，期满找举租。

（四）网络交易平台提供者的责任

1. 网络交易平台赔偿的情形

消费者通过网络交易平台购买商品或者接受服务，其合法权益受到损害的，可以向销售者或者服务者要求赔偿。网络交易平台提供者不能提供销售者或者服务者的真实名称、地址和有效联系方式的，消费者也可以向网络交易平台提供者要求赔偿；网络交易平台提供者作出更有利于消费者的承诺的，应当履行承诺。网络交易平台提供者赔偿后，有权向销售者或者服务者追偿。

【口诀】网购受损找卖家，卖家失联平台赔，平台许诺要履行，平台赔后可追偿。

2. 网络交易平台承担连带责任

网络交易平台提供者明知或者应知销售者或者服务者利用其平台侵害消费者合法权益，未采取必要措施的，依法与该销售者或者服务者承担连带责任。

【口诀】平台明知不作为，平台卖家连带责任。

（五）虚假广告或者其他虚假宣传的责任

1. 产品或服务的经营者责任

消费者因经营者利用虚假广告或者其他虚假宣传方式提供商品或者服务，其合法权益受到损害的，可以向经营者要求赔偿。

2. 广告经营者、发布者的责任

广告经营者、发布者发布虚假广告的，消费者可以请求行政主管部门予以惩处。广告经营者、发布者不能提供经营者的真实名称、地址和有效联系方式的，应当承担赔偿责任。

3. 广告经营者、发布者、推荐者的连带责任

广告经营者、发布者设计、制作、发布关系消费者生命健康商品或者服务的虚假广告，造成消费者损害的，应当与提供该商品或者服务的经营者承担连带责任。

社会团体或者其他组织、个人在关系消费者生命健康商品或者服务的虚假广告或者其他虚假宣传中向消费者推荐商品或者服务，造成消费者损害的，应当与提供该商品或者服务的经营者承担连带责任。

【口诀】 害人性命连带责。

核心考点 5 违反《消费者权益保护法》的民事责任

一、人身伤害

经营者提供商品或服务，造成消费者或其他人受伤、残疾、死亡的，应当承担下列责任：

（1）经营者提供商品或者服务造成消费者或者其他受害人人身伤害的，应当赔偿医疗费、护理费、交通费等为治疗和康复支出的合理费用，以及因误工减少的收入；

（2）造成残疾的，还应当赔偿残疾生活辅助具费和残疾赔偿金；

（3）造成死亡的，还应当赔偿丧葬费和死亡赔偿金。

二、侵犯人格尊严、人身自由

经营者有侮辱诽谤、搜查身体、侵犯人身自由等侵害消费者或者其他受害人人身权益的行为，造成严重精神损害的，受害人可以要求精神损害赔偿。

【口诀】 侮诽搜身侵自由，严重精损精赔偿。

三、预收款方式提供商品或服务的责任

经营者以收取预付款方式提供商品或者服务的，应当与消费者订立书面合同，约定商品或者服务的具体内容、价款或者费用、预付款退还方式、违约责任等事项。

经营者收取预付款后，应当按照与消费者的约定提供商品或者服务，不得降低商品或者服务质量，不得任意加价。经营者未按照约定提供商品或者服务的，应当按照消费者的要求履行约定或者退还预付款；并应当承担预付款的利息、消费者必须支付的合理费用。

[例如] 刘某体重为200公斤，与上海必美美容公司签订减肥服务协议。刘某支付预付费，并多次接受相应的瘦身疗程服务，后刘某因体重不减反增，便停止接受瘦身疗程。刘某就可以主张退还剩余费用。

经营者出现重大经营风险，有可能影响经营者按照合同约定或者交易习惯正常提供商品或者服务的，应当停止收取预付款。经营者决定停业或者迁移服务场所的，应当提前告知消费者，并履行法定义务。消费者依照国家有关规定或者合同约定，有权要求经营者继续履行提供商品或者服务的义务，或者要求退还未消费的预付款余额。

【口诀】 预付方式，书面合同，不得降质加价；违约，可履可退；重大风险，停止收费；停业迁移，可履可退。

四、行政查处后的退货责任

依法经有关行政部门认定为不合格的商品，消费者要求退货的，经营者应当负责退货。

五、经营者欺诈的惩罚性赔偿

（一）赔偿规则

经营者提供商品或者服务有欺诈行为的，应当按照消费者的要求增加赔偿其受到的损失，增加赔偿的金额为消费者购买商品的价款或者接受服务的费用的 3 倍；增加赔偿的金额不足 500 元的，为 500 元。但是，商品或者服务的标签标识、说明书、宣传材料等存在不影响商品或者服务质量且不会对消费者造成误导的瑕疵的除外。

[例如] 赵海洋在赵英俊超市花 100 元购买一盒假鸡蛋，超市除返还 100 元价款和赔偿公交车费 5 元外，还应当支付 3 倍的惩罚性赔偿款，由于 100 元的 3 倍不足 500 元，赵海洋可主张 500 元。

【口诀】欺诈行为，退一赔三，最低赔 500 元。无误导瑕疵不赔。

（二）欺诈的认定

认定欺诈需要证明如下事实：

第一，经营者对其商品或服务的说明存在虚假或隐瞒，足以使一般消费者受到误导。

第二，消费者受到误导而接受了经营者的商品或服务，而一般消费者在此情况下如果知道事情真相，不会接受该商品或服务，或者只会按实质不同的合同条款接受该商品或服务。

[例如] 销售者网上销售商品有价格欺诈行为，诱使消费者购买该商品的，即使该商品质量合格，消费者有权请求销售者"退一赔三"和保底赔偿。（参见最高法发布 10 起消费者维权典型案例之三：王辛诉小米科技有限责任公司网络购物合同纠纷案）

第三，欺诈行为的认定不以行为人主观上的过错为要件。

六、故意侵权的加重责任

经营者明知商品或者服务存在缺陷，仍然向消费者提供，造成消费者或者其他受害人死亡或者健康严重损害的，受害人有权要求经营者承担人身伤害赔偿和精神损害赔偿，并有权要求所受损失二倍以下的惩罚性赔偿。

[例如] 天达医药超市故意销售假药，张某的儿子服用假药后死亡，救治等费用共 50 万元，则张某除了要求医药超市支付 50 万元外还可要求其承担最高 100 万元的惩罚性赔偿。

【口诀】退一罚二以下。

七、消费者骗取赔偿或敲诈勒索经营者

通过夹带、掉包、造假、篡改商品生产日期、捏造事实等方式骗取经营者的赔偿或者对经营者进行敲诈勒索的，依照《中华人民共和国治安管理处罚法》等有关法律、法规处理；构成犯罪的，依法追究刑事责任。

八、减免处罚情形

经营者主动消除或者减轻违法行为危害后果的，违法行为轻微并及时改正且没有造成危害后果的，或者初次违法且危害后果轻微并及时改正的，依照《中华人民共和国行政处罚法》的规定从轻、减轻或者不予处罚。

【口诀】主动 + 轻微 + 没有危害后果；初次 + 轻微 + 及时改正。

第二讲　产品质量法

一般考点6　产品质量法概述

一、产品质量法的调整对象

《产品质量法》所称的产品，是指经过加工、制作，用于销售的产品。因此，天然的物、初级农产品、非用于销售的物品、建设工程、军工产品等，不属于《产品质量法》所说的产品。但建设工程所用的建筑材料、建筑构配件和设备、军工企业生产的民用产品，适用《产品质量法》的规定。

二、产品质量行政主管部门

市场监督管理部门主管本行政区域的产品质量监督。

一般考点7　生产者的产品质量义务

一、保证质量

产品质量应当符合下列要求：

（1）不存在危及人身、财产安全的不合理的危险，有保障人体健康和人身、财产安全的国家标准、行业标准的，应当符合该标准；

（2）具备产品应当具备的使用性能，但对产品存在使用性能的瑕疵作出说明的除外；

（3）符合在产品或者其包装上注明采用的产品标准，符合以产品说明、实物样品等方式表明的质量状况。

【口诀】保障安全能使用，存在瑕疵要说明，符合标明的标准。

二、真实标识

产品或者其包装上的标识必须真实，并符合下列要求：

（1）有产品质量检验合格证明；

（2）有中文标明的产品名称、生产厂厂名和厂址；

（3）根据产品的特点和使用要求，需要标明产品规格、等级、所含主要成分的名称和含量的，用中文相应予以标明；需要事先让消费者知晓的，应当在外包装上标明，或者预先向消费者提供有关资料；

（4）限期使用的产品，应当在显著位置清晰地标明生产日期和安全使用期或者失效日期；

（5）使用不当，容易造成产品本身损坏或者可能危及人身、财产安全的产品，应当有警示标志或者中文警示说明；

（6）裸装的食品和其他裸装产品，可以不附加产品标识；

（7）易碎、易燃、易爆、有毒、有腐蚀性、有放射性等危险物品以及储运中不能倒置和其他有特殊要求的产品，其包装质量必须符合相应要求，依照规定作出警示标志或者中文警示说明，标明储运注意事项。

【口诀】合格证明使用期，产品厂家警示标。规格成分需先知，上述信息包装见。标志说明二选一，涉及说明全中文。裸装产品可不标，有毒有害必须标。

核心考点 8 产品质量责任

一、概念

产品质量责任，又称产品质量瑕疵担保责任，是指该产品不具备其应有的用途，但是对他人人身及财产权益无危害结果。

［例如］保温杯不保温，钢笔漏水，消费者的损失仅限于产品本身。

二、赔付事由

售出的产品有下列情形之一的，销售者应当负责修理、更换、退货；给购买产品的消费者造成损失的，销售者应当赔偿损失：
（1）不具备产品应当具备的使用性能而事先未作说明的；
（2）不符合在产品或者其包装上注明采用的产品标准的；
（3）不符合以产品说明、实物样品等方式表明的质量状况的。

【口诀】产品质量有问题，合同责任商家赔。

三、销售者的追偿

销售者对消费者的损失负责修理、更换、退货、赔偿损失后，属于生产者的责任或者属于向销售者提供产品的其他销售者（即供货者）的责任的，销售者有权向生产者、供货者追偿。生产者之间，销售者之间，生产者与销售者之间订立的买卖合同、承揽合同有不同约定的，合同当事人按照合同约定执行。

【口诀】商家赔完可追偿，内部有约按约定。

核心考点 9 产品责任

一、概念

产品责任，又称产品缺陷责任，是指产品对他人人身及缺陷产品以外的其他财产有危害结果。

［例如］高压锅爆炸了，消费者除了产品本身外，还有可能产生人身损害或者其他财产损失。

二、归责原则

（一）生产者

1. 无过错责任

因产品存在缺陷造成人身、缺陷产品以外的其他财产损害的，生产者应当承担赔偿责任。

2. 免责事由

生产者能够证明有下列情形之一的，不承担赔偿责任：

（1）未将产品投入流通的；

（2）产品投入流通时，引起损害的缺陷尚不存在的；

（3）将产品投入流通时的科学技术水平尚不能发现缺陷的存在的。

【口诀】未投、未存、未发现。

（二）销售者

由于销售者的过错使产品存在缺陷，造成人身、他人财产损害的，销售者应当承担赔偿责任。销售者不能指明缺陷产品的生产者也不能指明缺陷产品的供货者的，销售者应当承担赔偿责任。

【口诀】销售过错致缺陷，销售一问三不知，销售赔。

三、补救措施

产品投入流通后发现存在缺陷的，生产者、销售者应当及时采取警示、召回等补救措施。未及时采取补救措施或者补救措施不力造成损害的，应当承担侵权责任。

四、损害赔偿

（一）生产者与销售者的不真正连带责任

因产品存在缺陷造成人身、他人财产损害，受害人可以向产品的生产者要求赔偿，也可以向产品的销售者要求赔偿。赔偿主体有权向责任主体追偿。

【口诀】消费者找谁谁先赔，赔后内部可追偿。

（二）惩罚性赔偿责任

明知产品存在缺陷仍然生产、销售，或者没有依法采取有效补救措施，造成他人死亡或者健康严重损害的，被侵权人有权请求相应的惩罚性赔偿。

（三）诉讼时效

因产品存在缺陷造成损害要求赔偿的诉讼时效期间为 2 年，自当事人知道或者应当知道其权益受到损害时起计算。

【提示】亦有部分老师认为是 3 年，但海洋老师此处写 2 年主要基于两点考虑：一是《产品质量法》中明确写明是 2 年，该法是特别法；二是官方教材中此处写的也是 2 年。

（四）请求权

因产品存在缺陷造成损害要求赔偿的请求权，在造成损害的缺陷产品交付最初消费者满 10 年丧失；但是，尚未超过明示的安全使用期的除外。

【比较】产品瑕疵责任与产品缺陷责任

	产品瑕疵	产品缺陷
赔偿事由	产品不具备其应有的用途	产品对他人人身及缺陷产品以外的其他财产有危害结果
责任类型	合同责任	侵权责任
权利主体	消费者	受害人（消费者或第三人）
赔偿主体	销售者	生产者与销售者不真正连带责任
归责原则	过错责任	生产者：无过错责任；销售者：过错推定责任
责任类型	退、换、修+赔偿损失	赔偿损失+精神损害赔偿

一般考点 10　产品质量检验、认证机构

一、依法独立设立

产品质量检验、认证的社会中介机构不得与行政机关等存在隶属关系或者其他利益关系。

二、禁止联合营利

产品质量监督部门、市场监督管理部门或者其他国家机关以及产品质量检验机构不得向社会推荐生产者的产品；不得以对产品进行监制、监销等方式参与产品经营活动。

三、社会团体、社会中介机构的法律责任

（一）出具虚假证明的法律责任

产品质量检验机构、认证机构伪造检验结果或者出具虚假证明的，责令改正，对单位和直接负责的主管人员及其他直接责任人员处以罚款；有违法所得的，并处没收违法所得；情节严重的，取消其检验资格、认证资格。

【口诀】伪虚，单责罚，没严撤。

（二）出具不实验证的赔偿责任

产品质量检验机构、认证机构出具的检验结果或者证明不实，造成损失的，应当承担相应的赔偿责任；造成重大损失的，撤销其检验资格、认证资格。

【口诀】假结果，造损失，要赔偿。

（三）不作为的连带责任

产品质量认证机构违法，对不符合认证标准而使用认证标志的产品，未依法要求其改正或者取消其使用认证标志资格的，对因产品不符合认证标准给消费者造成的损失，与产

品的生产者、销售者承担连带责任；情节严重的，撤销其认证资格。

【口诀】不作为，造损失，连带责；很严重，撤资格。

（四）推荐产品的连带责任

社会团体、社会中介机构对产品质量作出承诺、保证，而该产品又不符合其承诺、保证的质量要求，给消费者造成损失的，与产品的生产者、销售者承担连带责任。

【口诀】乱承诺，造损失，连带责。

第三讲　食品安全法

一般考点 11　食品安全法概述

一、食品安全法的适用范围

在中国境内从事下列活动，应当遵守《食品安全法》：
（1）食品生产和加工，食品销售和餐饮服务；
（2）食品添加剂的生产经营；
（3）用于食品的包装材料、容器、洗涤剂、消毒剂和用于食品生产经营的工具、设备（以下称食品相关产品）的生产经营；
（4）食品生产经营者使用食品添加剂、食品相关产品；
（5）食品的贮存和运输；
（6）对食品、食品添加剂、食品相关产品的安全管理。

【口诀】食品产销存运，添加剂产销用，食品相关产品的产销用。

二、食用农产品的法律适用

供食用的源于农业的初级产品的质量安全管理，遵守《农产品质量安全法》的规定。但是，食用农产品的市场销售、有关质量安全标准的制定、有关安全信息的公布和《食品安全法》对农业投入品作出规定的，应当遵守《食品安全法》的规定。

[例如] 蔬菜、瓜果、未经加工的肉类属于供食用的初级农产品，适用《农产品质量安全法》。但是，土豆粉、腊肉就适用《食品安全法》。

三、行政主管单位

国务院食品安全监督管理部门，对食品生产经营活动实施监督管理。

国务院卫生行政部门，组织开展食品安全风险监测和风险评估，会同国务院食品安全监督管理部门制定并公布食品安全国家标准。

【口诀】食监局管食品生产经营活动；卫健委管风险监测和评估，制定标准。

一般考点 12 食品安全风险监测和评估

一、食品安全风险监测

（一）监测对象

监测对象是食源性疾病、食品污染以及食品中的有害因素。

（二）监测计划制定

国务院卫生行政部门会同国务院食品安全监督管理等部门，制定、实施国家食品安全风险监测计划。省、自治区、直辖市人民政府卫生行政部门会同同级食品安全监督管理等部门，根据国家食品安全风险监测计划，制定、调整本行政区域的食品安全风险监测方案，报国务院卫生行政部门备案并实施。

【口诀】国/省卫会同食监。

（三）食品安全风险信息通报

国务院食品安全监督管理部门和其他有关部门获知有关食品安全风险信息后，应当立即核实并向国务院卫生行政部门通报。对有关部门通报的食品安全风险信息以及医疗机构报告的食源性疾病等有关疾病信息，国务院卫生行政部门应当会同国务院有关部门分析研究，认为必要的，及时调整国家食品安全风险监测计划。

【口诀】食安风险，向卫通报。

二、食品安全风险评估

（一）风险评估机构

国务院卫生行政部门负责组织食品安全风险评估工作并公布食品安全风险评估结果。食品安全风险监测、食品安全风险评估，评估不收费，采样需按市场价付费。

（二）风险评估的情形

有下列情形之一的，应当进行食品安全风险评估：

（1）通过食品安全风险监测或者接到举报发现食品、食品添加剂、食品相关产品可能存在安全隐患的；

（2）为制定或者修订食品安全国家标准提供科学依据需要进行风险评估的；

（3）为确定监督管理的重点领域、重点品种需要进行风险评估的；

（4）发现新的可能危害食品安全因素的；

（5）需要判断某一因素是否构成食品安全隐患的；

（6）国务院卫生行政部门认为需要进行风险评估的其他情形。

【口诀】重构隐新依。（谐音：重购隐形衣）

（三）风险评估作用

食品安全风险评估结果是制定、修订食品安全标准和实施食品安全监督管理的科学依据。经食品安全风险评估，得出食品、食品添加剂、食品相关产品不安全结论的，国务院食品安全监督管理等部门应当依据各自职责立即向社会公告，告知消费者停止食用或者使用，并采取相应措施，确保该食品、食品添加剂、食品相关产品停止生产经营。

【口诀】评估结果是依据。

一般考点 13　食品安全标准

一、一般规定

食品安全标准是强制执行的标准。除食品安全标准外，不得制定其他食品强制性标准。

二、食品安全标准分类

（一）国家标准

食品安全国家标准由国务院卫生行政部门会同国务院食品安全监督管理部门制定、公布，国务院标准化行政部门提供国家标准编号。

【口诀】卫同食监制，标办给编。

（二）地方标准

对地方特色食品，没有食品安全国家标准的，省、自治区、直辖市人民政府卫生行政部门可以制定并公布食品安全地方标准，报国务院卫生行政部门备案。食品安全国家标准制定后，该地方标准即行废止。

【口诀】地特无国标，省卫制，国卫备，有国地废。

【提示】仅地方特色食品，在无国家标准时，可制定地方标准，对于其他非地方特色食品、食品添加剂、食品相关产品、专供婴儿或特殊人群、保健食品等，无国家标准时也不得制定地方标准。

（三）企业标准

国家鼓励食品生产企业制定严于食品安全国家标准或者地方标准的企业标准，在本企业适用，并报省、自治区、直辖市人民政府卫生行政部门备案。

【口诀】鼓励制定严企标，内部适用，报省备案。

核心考点 14　食品安全控制

一、食品行业许可证

（一）食品生产经营许可制度

从事食品生产、食品销售、餐饮服务，应当依法取得许可。但是，销售食用农产品和仅销售预包装食品，不需要取得许可。

（二）食品添加剂生产许可制度

从事食品添加剂生产，应当具有与所生产食品添加剂品种相适应的场所、生产设备或者设施、专业技术人员和管理制度，并依法定程序，取得食品添加剂生产许可。

（三）食品相关产品生产许可制度

对直接接触食品的包装材料等具有较高风险的食品相关产品，按照国家有关工业产品生产许可证管理的规定实施生产许可。

（四）"三新"产品许可

利用新的食品原料生产食品，或者生产食品添加剂新品种、食品相关产品新品种，应当向国务院卫生行政部门提交相关产品的安全性评估材料。

（五）不得添加药品

生产经营的食品中不得添加药品，但是可以添加按照传统既是食品又是中药材的物质。

[例如] 2023年10月25日，赵海洋在网上从海洋公司经营的店铺"美利达食品专营店"购买莲芯茶一袋，花费35元。因为莲子心是中药，不宜作为普通食品，所以赵海洋有权要求该店退款。

二、食品召回制度

（一）生产者主动召回

食品生产者发现其生产的食品不符合食品安全标准或者有证据证明可能危害人体健康的，应当立即停止生产，召回已经上市销售的食品，通知相关生产经营者和消费者，并记录召回和通知情况。

（二）经营者召回责任

1. 经营者停止销售义务

食品经营者发现其经营的食品不符合食品安全标准或者有证据证明可能危害人体健康的，应当立即停止经营，通知相关生产经营者和消费者，并记录停止经营和通知情况。食品生产者认为应当召回的，应当立即召回。（停止经营＋报告通知）

2. 经营者召回义务

由于食品经营者的原因造成其经营的食品不符合食品安全标准或者有证据证明可能危害人体健康的，食品经营者应当召回。

【口诀】谁的原因谁负责召回。

3. 召回食品的处理

食品生产经营者应当对召回的食品采取无害化处理、销毁等措施，防止其再次流入市场。但是，对因标签、标志或者说明书不符合食品安全标准而被召回的食品，食品生产者在采取补救措施且能保证食品安全的情况下可以继续销售；销售时应当向消费者明示补救措施。

【口诀】食品不行要销毁，标签标志可补救。

三、食品标签、说明书、广告的管理

（一）预包装食品

预包装食品的包装上应当有标签。标签应当标明下列事项：
（1）名称、规格、净含量、生产日期；
（2）成分或者配料表；
（3）生产者的名称、地址、联系方式；
（4）保质期；
（5）产品标准代号；
（6）贮存条件；

（7）所使用的食品添加剂在国家标准中的通用名称；

（8）生产许可证编号；

（9）专供婴幼儿和其他特定人群的主辅食品，其标签还应当标明主要营养成分及其含量。

（10）法律、法规或者食品安全标准规定应当标明的其他事项。

[例如] 2023年5月25日，陈某在天津诺亚百货大楼购买了由重庆市某食品开发有限公司生产的"天齐山农产品大礼包"一盒。"天齐山农产品大礼包"内含若干独立的预包装食品，分别为木耳、花椒、茶树菇、猴头菇、美味菠菜汤包等。"天齐山农产品大礼包"产品的外包装上标注了储存方法、配方、食用方法、净含量产品执行标准、生产许可证、生产日期、保质期以及生产厂家的地址、电话等内容，但美味菠菜汤包上没有标示原始配料。"美味菠菜汤包"属预包装食品，该食品预包装的标签上没有标明成分或者配料表以及产品标准代号，"美味菠菜汤包"不符合《食品安全法》关于预包装食品标签标明事项的有关规定。

（二）转基因食品

生产经营转基因食品应当按照规定显著标示。

（三）禁止标注内容

食品和食品添加剂、保健品的标签、说明书、食品广告，不得含有虚假内容，不得涉及疾病预防、治疗功能。

四、食品进出口管理制度

进口的预包装食品、食品添加剂应当有中文标签；依法应当有说明书的，还应当有中文说明书。

标签、说明书应当符合法律规定和食品安全国家标准的要求，并载明食品的原产地以及境内代理商的名称、地址、联系方式。

核心考点 15　食品安全事故处置

食品安全事故报告和通报制度

（一）事故发生单位和治疗单位的报告义务

食品安全事故发生后，事故单位和接收病人进行治疗的单位应当及时向事故发生地县级人民政府食品安全监督管理、卫生行政部门报告。

【口诀】发、治向食监卫生报。

（二）政府系统的通报和报告义务

县级以上人民政府农业行政等部门在日常监督管理中发现食品安全事故或者接到事故举报，应当立即向同级食品安全监督管理部门通报。

发生食品安全事故，接到报告的县级人民政府食品安全监督管理部门应当按照应急预案的规定向本级人民政府和上级人民政府食品安全监督管理部门报告。县级人民政府和上级人民政府食品安全监督管理部门应当按照应急预案的规定上报。

【口诀】食监向同级政府和上级食监报。接报单位再向上报。

（三）医疗机构的报告和通报义务

医疗机构发现其接收的病人属于食源性疾病病人或者疑似病人的，应当按照规定及时将相关信息向所在地县级人民政府卫生行政部门报告。县级人民政府卫生行政部门认为与食品安全有关的，应当及时通报同级食品安全监督管理部门。

县级以上人民政府卫生行政部门在调查处理传染病或者其他突发公共卫生事件中发现与食品安全相关的信息，应当及时通报同级食品安全监督管理部门。

【口诀】食源性疾病找卫生，卫生定性报食监。

（四）流行病学调查

发生食品安全事故，县级以上疾病预防控制机构应当对事故现场进行卫生处理，并对与事故有关的因素开展流行病学调查，有关部门应当予以协助。县级以上疾病预防控制机构应当向同级食品安全监督管理、卫生行政部门提交流行病学调查报告。

【口诀】疾控流行病调查，疾控食监卫生提交报告。

核心考点 16　食品安全民事法律责任

一、首付责任制

消费者因不符合食品安全标准的食品受到侵害的，可以向经营者要求赔偿损失，也可以向生产者要求赔偿损失。生产经营未标明生产者名称、地址、成分或者配料表，或者未清晰标明生产日期、保质期的预包装食品，消费者有权要求生产者或者经营者承担惩罚性赔偿责任。生产者和经营者可根据责任归属进行内部追偿。

二、民事赔偿

（一）惩罚性赔偿

1. 赔偿金额

生产不符合食品安全标准的食品或者经营明知是不符合食品安全标准的食品，消费者除要求赔偿损失外，还可以向生产者或者经营者要求支付价款10倍或者损失3倍的赔偿金；增加赔偿的金额不足1000元的，为1000元。生产者或者经营者不得以未造成消费者人身损害为由抗辩。

【口诀】不符合食品安全标准，生产者无过错，经营者需明知，退一罚价款10倍或损失3倍，最少1000元。

2. 经营者明知的界定

食品经营者具有下列情形之一，属于经营者"明知"：
（1）已过食品标明的保质期但仍然销售的；
（2）未能提供所售食品的合法进货来源的；
（3）以明显不合理的低价进货且无合理原因的；

（4）未依法履行进货查验义务的；

（5）虚假标注、更改食品生产日期、批号的；

（6）转移、隐匿、非法销毁食品进销货记录或者故意提供虚假信息的；

（7）其他能够认定为明知的情形。

3. 法条竞合的处理

消费者认为生产经营者生产经营不符合食品安全标准的食品同时构成欺诈的，有权选择依据《食品安全法》或者《消费者权益保护法》的规定主张食品生产者或者经营者承担惩罚性赔偿责任。

[例1] 2023年4月23日，赵英俊在海洋综合超市购买了7罐2022年11月20日生产的、保质期为18个月的事农茶花菇预包装食品，每罐73元，共花费511元。后赵英俊发现其所购茶花菇菇体布满死昆虫和活虫，赵英俊有权要求该超市返还购货款511元，并支付价款10倍的赔偿金5110元。

[例2] 2023年7月，李女士从天猫商城的费列罗官方旗舰店购买了576粒装的意大利进口费列罗巧克力4盒作为结婚糖果，网店对外宣传称该产品为原装进口。李女士收货后，发现所购巧克力是在上海一家公司进行的分装，因为巧克力存在的不是食品安全问题，李女士就不能主张价款10倍赔偿金，但可以经营者存在欺诈为由主张退一赔三。

4. 免于适用惩罚性赔偿的情形

食品的标签、说明书存在不影响食品安全且不会对消费者造成误导的瑕疵的除外。

（二）经营者赔偿承诺

经营者经营明知是不符合食品安全标准的食品，但向消费者承诺的赔偿标准高于《食品安全法》规定的赔偿标准，消费者有权要求经营者按照承诺赔偿。

（三）生产者质量标准承诺

食品符合食品安全标准但未达到生产经营者承诺的质量标准，消费者有权依照《民法典》《消费者权益保护法》等法律规定主张生产经营者承担责任，但消费者不得主张生产经营者依据《食品安全法》的规定承担赔偿责任。

（四）进口食品的赔偿责任

进口的食品不符合我国食品安全国家标准或者国务院卫生行政部门决定暂予适用的标准，消费者主张销售者、进口商等经营者承担赔偿责任，销售者、进口商等经营者不得仅以进口的食品符合出口地食品安全标准或者已经过我国出入境检验检疫机构检验检疫为由进行免责抗辩。

【口诀】在中国卖，要符合中国的标准。

三、知假买假

因食品、药品质量问题发生纠纷，购买者向生产者、销售者主张权利，生产者、销售者不得以购买者明知食品、药品存在质量问题而仍然购买为由进行抗辩。

四、赠品责任

食品、药品生产者、销售者提供给消费者的食品或者药品的赠品发生质量安全问题，造成消费者损害，生产者、销售者不得以消费者未对赠品支付对价为由进行免责抗辩。

公共交通运输的承运人向旅客提供的食品不符合食品安全标准，旅客有权要求承运人承担作为食品生产者或者经营者的赔偿责任；承运人不得以其不是食品的生产经营者或者食品是免费提供为由进行免责抗辩。

【口诀】你给的，你负责。

五、电子商务经营者责任

电子商务平台经营者以标记自营业务方式所销售的食品或者虽未标记自营但实际开展自营业务所销售的食品不符合食品安全标准，消费者有权要求电子商务平台经营者承担作为食品经营者的赔偿责任。

电子商务平台经营者虽非实际开展自营业务，但其所作标识等足以误导消费者让消费者相信系电子商务平台经营者自营，消费者有权要求电子商务平台经营者承担作为食品经营者的赔偿责任。

【口诀】电商平台经营者标注或实际开展或足以使消费者误认开展自营活动，平台经营者赔。

六、公益诉讼

生产经营不符合食品安全标准的食品，侵害众多消费者合法权益，损害社会公共利益，《民事诉讼法》《消费者权益保护法》等法律规定的机关和有关组织有权依法提起公益诉讼。

一般考点17 食品安全责任中的连带责任

一、帮助行为

明知他人从事违法生产经营行为，仍为其提供生产经营场所、设备、技术、原料、销售渠道、运输、储存或者其他便利条件，使消费者的合法权益受到损害的，应当与食品、食品添加剂生产经营者承担连带责任。

二、未履行审查报告义务

集中交易市场的开办者、柜台出租者、展销会的举办者允许未依法取得许可的食品经营者进入市场销售食品，或者未履行检查、报告等义务；网络食品交易第三方平台提供者、电子商务平台经营者未对入网食品经营者进行实名登记、审查许可证，或者未履行报告、停止提供网络交易平台服务等义务的，使消费者的合法权益受到损害的，应当与食品经营者承担连带责任。

【口诀】平台经营者未履行监管职责，连带责。

三、出具虚假报告和虚假认证结论

食品检验机构出具虚假检验报告，认证机构出具虚假认证结论，使消费者的合法权益受到损害的，应当与食品生产经营者承担连带责任。

四、虚假广告

广告经营者、发布者设计、制作、发布虚假食品广告，使消费者的合法权益受到损害的，应当与食品生产经营者承担连带责任。

五、推荐产品

社会团体或者其他组织、个人在虚假广告或者其他虚假宣传中向消费者推荐食品，使消费者的合法权益受到损害的，应当与食品生产经营者承担连带责任。

【提示】相关主体承担连带责任的前提是消费者合法权益受到损害。

第3章 银行业法

> **应试指导**
>
> 银行业法由《商业银行法》和《银行业监督管理法》两部分组成。前者属于金融机构组织法,后者属于金融监督管理法。本章每年考查1~2题,分值为1~3分,属于经济法中比较容易得分的部分。从命题点的分部来看,命题人偏重对《商业银行法》的考查。
>
> 理解《商业银行法》首先要理解银行。作为以经营货币与信用业务为主的金融机构,银行在我国经济体系中发挥着金融枢纽的重要作用。因此,其运营必须坚持审慎经营原则。这是理解银行业法的"魂"。近年来,《商业银行法》的题目设计多是结合当年热点案件,围绕商业银行的设立、审批监管、贷款业务、接管破产等制度展开。
>
> 《银行业监督管理法》近年来考查相对较少,该法是规定银行业监督管理机构在对银行业金融机构及其业务活动进行监督管理的过程中的行为规范,进而实现对银行业风险监管的目的。题目设计多围绕银行业监督管理的职能机构、监管职能、监管措施等。

银行业法知识逻辑

第一讲 商业银行法

一般考点1 商业银行法概述

一、商业银行的概念

商业银行,是指依照《商业银行法》和《公司法》设立的吸收公众存款、发放贷款、办理结算等业务的企业法人。商业银行可以是有限公司,也可以是股份公司。

二、商业银行的营业特点

不同于一般的公司，商业银行具有如下特点：

（1）商业银行以安全性、流动性、效益性为经营原则。安全性是商业银行的首要原则，安全性越高，流动性越强，效益性越低。换言之，安全性和效益性成反比，安全性和流动性成正比；

（2）商业银行实行自主经营，自担风险，自负盈亏，自我约束；

（3）商业银行依法开展业务，不受任何单位和个人的干涉。

三、商业银行与中国人民银行的关系

商业银行接受中国人民银行的业务指导和检查监督。

四、商业银行和国务院银行业监督管理机构的关系

商业银行接受国务院银行业监督管理机构的行政监督管理。

五、商业银行的业务范围

（一）业务类型

商业银行可以经营下列部分或者全部业务：

（1）吸收公众存款；

（2）发放短期、中期和长期贷款；

（3）办理国内外结算；

（4）办理票据承兑与贴现；

（5）发行金融债券；

（6）代理发行、代理兑付、承销政府债券；

（7）买卖政府债券、金融债券；

（8）从事同业拆借；

（9）买卖、代理买卖外汇；

（10）从事银行卡业务；

（11）提供信用证服务及担保；

（12）代理收付款项及代理保险业务；

（13）提供保管箱服务；

（14）经国务院银行业监督管理机构批准的其他业务。

（二）审批主体

经营范围由商业银行章程规定，报国务院银行业监督管理机构批准。商业银行经中国人民银行批准，可以经营结汇、售汇业务。

【口诀】经营范围写章程，根据情况可选择，一般业务金管局，结汇售汇要人行。

核心考点 2 商业银行的设立与变更

一、商业银行的设立

（一）审批

设立商业银行，应当经国务院银行业监督管理机构审查批准。未经国务院银行业监督管理机构批准，任何单位和个人不得从事吸收公众存款等商业银行业务，任何单位不得在名称中使用"银行"字样。

[例如] 赵海洋的岳父是某银行支行行长。赵海洋在该银行营业大厅内租用一个柜台，为客户办理无抵押贷款，赚取提成。赵海洋的行为就属于违反《商业银行法》的行为。

（二）最低注册资本

设立商业银行的注册资本应当是实缴资本，银行业监督管理机构根据审慎监管的要求可以调整注册资本最低限额，但不得少于下列最低限额：

（1）全国性商业银行 ≥ 10 亿元人民币；
（2）城市商业银行 ≥ 1 亿元人民币；
（3）农村商业银行 ≥ 5000 万元人民币。

【口诀】全 10 亿元，城 1 亿元，村 5 千万元，实缴。最低资本可调高。

（三）设立

经批准设立的商业银行（包括分支机构），由国务院银行业监督管理机构颁发经营许可证，并凭该许可证向工商行政管理部门办理登记，领取营业执照。

二、商业银行分支机构

（一）设立

在中国境内的分支机构，由国务院银行业监督管理机构审查批准，不按行政区划设立。

（二）拨付资金限制

商业银行在拨付各分支机构营运资金额的总和，不得超过总行资本金总额的 60%。

（三）分支机构的主体资格

商业银行分支机构不是独立的法人，在总行授权范围内依法开展业务，其民事责任由总行承担。分支机构具有独立的诉讼主体资格。

三、涉及商业银行的投资

（一）对商业银行投资的监管

任何单位和个人购买商业银行股份总数 5% 以上的，应当事先经国务院银行业监督管理机构批准。

（二）商业银行投资的限制

商业银行在中国境内不得从事下列业务，但国家另有规定的除外：

（1）信托投资和证券经营业务；
（2）不得向非自用不动产投资或者向非银行金融机构和企业投资。

四、商业银行的变更

（一）变更审批
商业银行有下列变更事项之一的，应当经国务院银行业监督管理机构批准：
（1）变更名称，变更注册资本，变更总行或者分支行所在地；
（2）调整业务范围，修改章程，商业银行的分立、合并；
（3）变更持有资本总额或者股份总额5%以上的股东；
（4）国务院银行业监督管理机构规定的其他变更事项。

> 【口诀】名称资本所在地，业章分合5%以上。

（二）任职资格审查
商业银行更换董事、高级管理人员时，应当报经银行业监督管理机构审查其任职资格。

核心考点3 商业银行的业务规则

一、存款业务

（一）保护存款人隐私
个人储蓄存款和单位存款，商业银行有权拒绝任何单位或者个人查询、冻结、扣划，但法律另有规定的除外。

（二）保障储户利益
商业银行应当保证存款本金和利息的支付，不得拖延、拒绝支付存款本金和利息。

二、贷款业务

（一）贷款审查
1. 审查规则
商业银行应当对借款人的借款用途、偿还能力、还款方式等情况进行严格审查。应当实行审贷分离、分级审批的制度。审查的目的是保证贷款人能还款，降低呆账坏账的发生概率。

> 【口诀】三查两分①。

2. 禁止干涉
任何单位和个人不得强令商业银行发放贷款或者提供担保。商业银行有权拒绝任何单位和个人强令要求其发放贷款或者提供担保。

（二）贷款类型
1. 担保贷款
商业银行贷款，借款人应当提供担保。
2. 信用贷款
经商业银行审查、评估，确认借款人资信良好，确能偿还贷款的，可以不提供担保。

---

① 三查是指贷前调查、贷中审查、贷后检查。两分是指审贷分离、分级审批。

（三）关系人贷款限制

1. 一般规则

商业银行不得向关系人发放信用贷款；向关系人发放担保贷款的条件不得优于其他借款人同类贷款的条件。

2. 关系人界定

下列主体属于商业银行法中的关系人：

（1）商业银行的董事、监事、管理人员、信贷业务人员及其近亲属；

（2）上述人员投资或者担任高级管理职务的公司、企业和其他经济组织。

[例如] 某银行行长的妻子，担任A公司的总经理，A公司就可以被认定为关系人。

【提示】对关系人禁止信用贷款，并不是禁止给关系人贷款。

（四）担保物处分时限

商业银行因行使抵押权、质权而取得的不动产或者股权，应当自取得之日起2年内予以处分。

【提示】银行可以取得抵押物和质押物的所有权，但是应当2年内处分。

（五）不良贷款

按照贷款逾期的期限长短，不良贷款可划分为逾期贷款、呆滞贷款和呆账贷款。

（1）逾期贷款，是指逾期（含展期后到期）不能归还的贷款（不含呆滞贷款和呆账贷款）。

（2）呆滞贷款，是指逾期（含展期后到期）2年以上仍不能归还的贷款和贷款虽然未到期或逾期不到2年，但生产经营已停止、项目已停建的贷款（不含呆账贷款）。

（3）呆账贷款，是指按有关规定确认无法偿还被列为呆账的贷款。

三、资产负债比

商业银行贷款，应当遵守下列资产负债比例管理的规定：

（1）资本充足率不得低于8%；

（2）流动性资产余额与流动性负债余额的比例不得低于25%；

（3）对同一借款人的贷款余额与商业银行资本余额的比例不得超过10%；

（4）银行业监督管理机构对资产负债比例管理的其他规定。

【口诀】充足8，余负25，同一不10。

四、同业拆借[①]

（一）拆出资金范围

拆出资金限于交足存款准备金、留足备付金和归还中国人民银行到期贷款之后的闲置资金。

---

① 同业拆借，是指商业银行等金融机构相互之间为弥补临时性资金不足而进行的短期资金融通行为，主要用于资金周转。

（二）拆入资金用途

拆入资金用于弥补票据结算、联行汇差头寸的不足和解决临时性周转资金的需要。

（三）拆入资金禁用范围

禁止利用拆入资金发放固定资产贷款或者用于投资。

> 【口诀】同业拆借，救急不救贫。

真题

甲商业银行为加强资金管理，对向各分支机构拨付相应运营资金、调整流动性比例、处分抵押物及拆入资金等资金使用行为作出了一系列安排。该银行的下列规定，符合法律规定的有：(2018 年·回忆版)①

A. 规定本行的流动性资产余额与流动性负债余额的比例不得低于 35%
B. 拨付给各分支行的运营资金总和为总行资金的 65%
C. 规定可以利用拆入的资金发放固定资产贷款，但不得用于投资
D. 因行使抵押权取得的商品房，规定应当自取得之日起 2 年内予以处分

一般考点 4　商业银行的接管与解散

一、商业银行的接管

（一）接管原因

商业银行已经或者可能发生信用危机，严重影响存款人的利益时，为保护存款人的利益，恢复商业银行的正常经营能力，国务院银行业监督管理机构可以对该银行实行接管，但最长不得超过 2 年。

（二）接管的法律后果

自接管开始之日起，由接管组织行使商业银行的经营管理权力。被接管的商业银行的债权债务关系不因接管而变化。

（三）接管的终止

有下列情形之一的，接管终止：

（1）**期限届满**：接管决定规定的期限届满或者银行业监督管理机构决定的接管延期届满；

（2）**恢复正常**：接管期限届满前，该商业银行已恢复正常经营能力；

（3）**合并/破产**：接管期限届满前，该商业银行被合并或者被依法宣告破产。

二、商业银行的解散

商业银行因分立、合并或者出现公司章程规定的解散事由需要解散，需经银行业监督管理机构批准后解散。

---

① ABD。C 选项错误，禁止利用拆入资金发放固定资产贷款或者用于投资。

三、商业银行的破产

（一）审批程序

商业银行不能支付到期债务，经银行业监督管理机构同意，由人民法院依法宣告其破产。

（二）债务清偿顺序

商业银行破产清算时，在支付清算费用、所欠职工工资和劳动保险费用后，应当优先支付个人储蓄存款的本金和利息。

第二讲　银行业监督管理法

一般考点5　银行业监督管理的对象

一、银行业金融机构

银行业金融机构，是指在中国境内设立的商业银行、城市信用合作社、农村信用合作社等吸收公众存款的金融机构以及政策性银行。

二、其他金融机构

在中国境内设立的金融资产管理公司、信托投资公司、财务公司、金融租赁公司以及经国务院银行业监督管理机构批准设立的其他金融机构。

三、在境外设立的金融机构

经国务院银行业监督管理机构批准在境外设立的金融机构以及前两种金融机构在境外的业务活动。

核心考点6　监督管理职责

一、审批事项

下列事项由国务院银行业监督管理机构依法依规审查批准，未经批准，任何单位或者个人不得设立银行业金融机构或者从事银行业金融机构的业务活动：
（1）批准商业银行及其分支机构的设立；
（2）批准商业银行合并、分立、接管、解散、破产；
（3）批准商业银行变更名称、注册资本、总行或分支行所在地，调整业务范围，修改章程，持有资本总额或股份总额5%以上的股东变更；
（4）批准商业银行章程规定的经营范围；
（5）批准或备案银行业金融机构业务范围内的业务品种；
（6）对银行业金融机构的董事和高级管理人员实行任职资格管理。

二、审查期限

国务院银行业监督管理机构应当在规定的期限,对下列申请事项作出批准或者不批准的书面决定;决定不批准的,应当说明理由:

(1)银行业金融机构的设立,自收到申请文件之日起 6 个月内;

(2)银行业金融机构的变更、终止,以及业务范围和增加业务范围内的业务品种,自收到申请文件之日起 3 个月内;

(3)审查董事和高级管理人员的任职资格,自收到申请文件之日起 30 日内。

【口诀】设 6 变 3 人 30。

核心考点 7　监督管理措施

一、强制整改制度

银行业金融机构违反审慎经营规则[①]的,银行业监督管理机构或者其省一级派出机构应当责令限期改正;逾期未改正的,或者其行为严重危及该银行业金融机构的稳健运行、损害存款人和其他客户合法权益的,经国务院银行业监督管理机构或者其省一级派出机构负责人批准,可以区别情形,采取下列措施:

(1)责令暂停部分业务、停止批准开办新业务;

(2)限制分配红利和其他收入;

(3)限制资产转让;

(4)责令控股股东转让股权或者限制有关股东的权利;

(5)责令调整董事、高级管理人员或者限制其权利;

(6)停止批准增设分支机构。

【口诀】先改后限制,限制业务、分红、股东和股权、董高、分支机构。

二、特殊时期对直接负责人的限制

在接管、机构重组或者撤销清算期间,经国务院银行业监督管理机构负责人批准,对直接负责的董事、高级管理人员和其他直接责任人员,可以采取下列措施:

(1)直接负责的董事、高级管理人员和其他直接责任人员出境将对国家利益造成重大损失的,通知出境管理机关依法阻止其出境;

(2)申请司法机关禁止其转移、转让财产或者对其财产设定其他权利。

【口诀】特殊时期,直接负责人,禁止出境,禁止转财产。

三、查询冻结账户

经银行业监督管理机构或者其省一级派出机构负责人批准,银行业监督管理机构有权查询涉嫌金融违法的银行业金融机构及其工作人员以及关联行为人的账户;对涉嫌转移或者隐匿违法资金的,经银行业监督管理机构负责人批准,可以申请司法机关予以冻结。

---

① 审慎经营规则,包括风险管理、内部控制、资本充足率、资产质量、损失准备金、风险集中、关联交易、资产流动性等内容。

第4章 财税法

应试指导

财税法由税收法和审计法两部分组成，内容很多，命题点分散，理解难度大，但分值不高，每年考查题量为2~3题，分值为3~5分，考生的整体得分率比较低。其中，消费税、增值税、车船税和税收征收管理法的考查频率不高，个人所得税法、企业所得税法、审计法是命题的热点。考生一定要多刷两遍历年真题。

增值税、消费税、车船税的内容，考查频率较低。其中，增值税法中免征增值税的情形和消费税法中缴纳消费税的情形是命题的重点。

《企业所得税法》不是每年都考，从历年真题分析大致是3年两题。该法的知识逻辑是，什么企业交多少税。考生需要重点记住：应税所得额＝应税收入－不征税收入－各项扣除（不得扣除支出）－公益性捐赠－允许弥补的亏损－免税收入－减税收入－加计扣除。

《个人所得税法》不是每年都考，从历年真题分析大致是3年两题。该法的知识逻辑是，什么人交多少税。考生应重点记住：应税收入＝综合所得类＋分别计算类－捐赠扣除－境外收入扣除－免征所得－减征所得。

《税收征收管理法》近5年未曾考查，因此海洋老师对本部分内容进行了精简。考生重点掌握税收保障制度即可。

《审计法》自纳入大纲后，很长一段时间没考，2015年命题人突然开始加大考查力度。《审计法》的学习逻辑是从审计法的监督属性出发，围绕审计机关的职责和审计权限及流程展开备考。考生对审计法的理解需要结合行政法的知识，特别是行政组织法的相关内容。

财税法知识逻辑

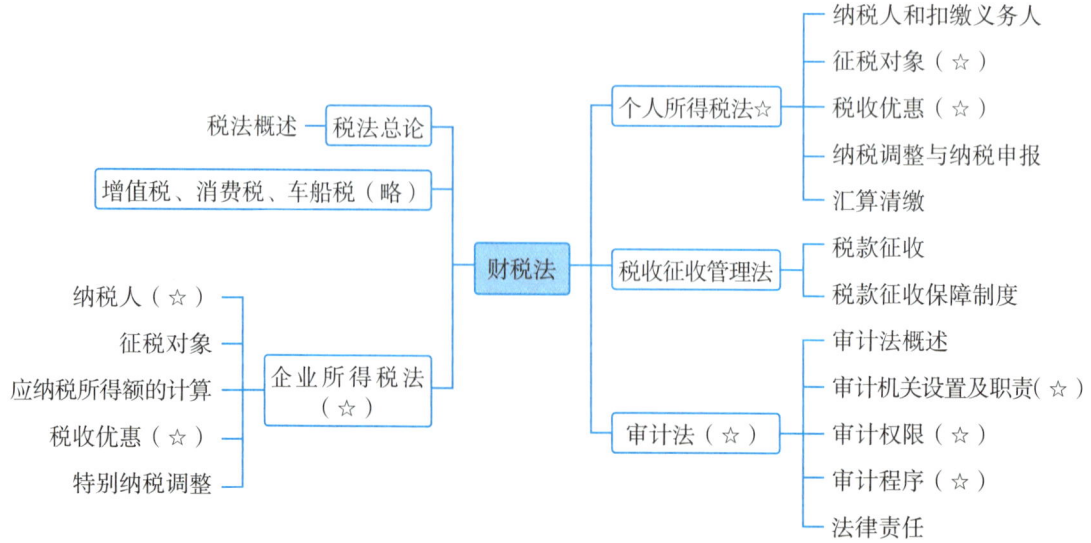

第一讲　税法总论

一般考点1　税法概述

一、税法的分类

（一）商品税法
商品税法主要包括增值税法、消费税法、关税法和烟叶税法等。

（二）所得税法
所得税法主要包括企业所得税法和个人所得税法。

（三）财产税法
财产税法主要包括资源税法、房产税法、土地增值税法、土地使用税法、耕地占用税法、契税法、车船税法等。

（四）行为税法
行为税法主要包括印花税法等。

二、税收法定原则

税收法定原则，是指由立法机关决定全部税收制度，税收机关无相应法律依据不得征税。其中，税种的设立、税率的确定和税收征收管理等税收基本制度只能制定法律。

三、税法适用原则

（一）实质课税原则
实质课税原则，是指对于一项税法规范是否适用于某一特定情况，除考虑是否符合税法规定的税收要素外，还应根据实际情况，尤其要根据是否有利经济发展来判断决定是否征税的原则。

（二）诚信原则
征纳主体双方在履行各自义务时，不得违背对方的合理期待和信任，也不得以许诺错误为由而反悔。

（三）禁止类推适用原则
禁止类推原则，是指当税法有漏洞时，依据税收法定原则，不允许以类推适用方法来弥补税法漏洞的原则。

（四）禁止溯及课税原则
禁止溯及既往原则，要求新颁布实施的税收实体法仅对其生效后发生的应税事实或税收法律行为产生效力，而不对其生效之前发生的应税事实或税收法律行为溯及课税。

第二讲 增值税、消费税、车船税

一般考点2 增值税法

一、概念

增值税是以商品和劳务在流通各环节的增加值为征税对象的一种流转税。

[例如] 张三是一个手机零售商，手机进价2000元，以2500元销售，那么就会针对这增加的500元征收增值税。

二、征税范围

在中国境内，销售货物或者提供加工、修理修配劳务（以下简称劳务），销售服务、无形资产、不动产，进口货物的单位和个人，为增值税的纳税人，应当依法缴纳增值税。

三、纳税人分类

增值税的纳税人分为一般纳税人和小规模纳税人。

四、税率

（一）一般规定

基本税率为13%，低税率为9%和6%。[1]

（二）小规模纳税人

小规模纳税人增值税征收率为3%。

（三）零税率

纳税人出口货物，税率为零；但是，国务院另有规定的除外。
境内单位和个人跨境销售国务院规定范围内的服务、无形资产，税率为零。

五、税收优惠

下列项目免征增值税：
（1）农业生产者销售的自产农产品；
（2）避孕药品和用具；
（3）古旧图书；
（4）直接用于科学研究、科学试验和教学的进口仪器、设备；
（5）外国政府、国际组织无偿援助的进口物资和设备；
（6）由残疾人的组织直接进口供残疾人专用的物品；
（7）销售的自己使用过的物品。

【口诀】农民自产农产品，残疾避孕卖二手。无偿援助古旧书，科研教学要进口。

---

[1] 此处适用的是2019年4月1日起执行的《关于深化增值税改革有关政策的公告》与2017年颁行的《增值税暂行条例》规定不同。

【判断】农民张三去农村收蘑菇后卖出,是否缴纳增值税?①

一般考点3　消费税法

一、概念

消费税,是以特定消费品的流转额为征税对象的一种税。

二、纳税人

在我国境内生产、委托加工和进口应税消费品的单位和个人,以及国务院确定的销售应税消费品的其他单位和个人,为消费税的纳税人。

原则上,对纳税人出口应税消费品,免征消费税。

三、征税对象

特殊消费品(4)	奢侈品(4)	高能耗(5)	稀缺资源(3)
烟(含电子烟)、酒、鞭炮、焰火	高档化妆品、高档手表、高尔夫球及球具、贵重首饰及珠宝玉石	游艇、小汽车、250毫升以上排量的摩托车、电池、涂料	成品油、木制一次性筷子、实木地板
【口诀】男爱汽车烟酒表,女妆游艇加珠宝。实木地板骑摩托,一次木筷放鞭炮。高尔夫球装电池,成品油里加涂料。			

一般考点4　车船税法

一、征税对象

车船税的征收对象包括乘用车、商用车(客车、货车)、挂车、其他车辆(专用作业车、轮式专用机械车)、摩托车和船舶(机动船舶、游艇)。

二、税收减免

(一)应当减免

下列车船免征车船税:

(1)捕捞、养殖渔船;
(2)军队、武装警察部队专用的车船;
(3)警用车船;
(4)悬挂应急救援专用号牌的国家综合性消防救援车辆和国家综合性消防救援专用船舶;
(5)依照法律规定应当予以免税的外国驻华使领馆、国际组织驻华代表机构及其有关

---

① 缴纳。

人员的车船。

【口诀】渔、军、警、消、外。

（二）可以减免

下列情形，可以减免车船税：

（1）对节约能源、使用新能源的车船可以减征或者免征车船税；

（2）对受严重自然灾害影响纳税困难以及有其他特殊原因确需减税、免税。

【提示】纯电动乘用车和燃料电池乘用车不属于车船税征税范围，对其不征车船税。

（三）定期减免

省、自治区、直辖市人民政府可以对公共交通车船，农村居民拥有并主要在农村地区使用的摩托车、三轮汽车和低速载货汽车定期减征或者免征车船税。

【口诀】公共交通、农用摩托、三轮、低速载货车。

（四）不征收情形

临时入境的外国车船和香港特别行政区、澳门特别行政区、台湾地区的车船，不征收车船税。

三、税费缴纳

（一）扣缴义务人

从事机动车第三者责任强制保险业务的保险机构为机动车车船税的扣缴义务人，应当在收取保险费时依法代收车船税，并出具代收税款凭证。

（二）税收缴纳

车船税纳税义务发生时间为取得车船所有权或者管理权的当月。车船税按年申报，分月计算，一次性缴纳。

【口诀】取得当月计税，按月计，按年申报，一次性缴纳。

（三）不重复计税

已缴纳车船税的车船在同一纳税年度内办理转让过户的，不另纳税，也不退税。

第三讲　企业所得税法

核心考点 5　纳税人

一、纳税企业范围

在中国境内，企业和其他取得收入的组织为企业所得税的纳税人。个人独资企业、合伙企业除外。

二、纳税企业分类

企业类型	判断方式		纳税义务	纳税地点	税率
居民企业	（1）注册地标准：依法在中国境内成立的企业		就来源于中国境内、境外的全部所得纳税	企业登记注册地	25%
	（2）实际管理机构所在地标准：依照外国（地区）法律成立但实际管理机构在中国境内的企业			实际管理机构所在地	
非居民企业	依照外国（地区）法律成立且实际管理机构不在中国境内的企业	在中国境内设立机构、场所	（1）来源于中国境内的所得 （2）发生在中国境外但与其所设机构、场所有实际联系的所得	机构、场所所在地	20%（实际按10%征收）
			（3）与其所设机构、场所没有实际联系的所得	扣缴义务人所在地（源泉扣缴）	
		在中国境内未设立机构、场所，但有来源于中国境内所得	就来源于中国境内的所得纳税		

【判断】

1. 雅荷公司为中国的非居民企业，该公司在中国北京设立分支机构，2018年度该公司取得的如下所得哪些所得来源于中国境内？[①]

（1）在中国南宁销售一批货物，获得100万元；

（2）在德国以1000万元的价格转让一处不动产，该不动产位于中国温州；

（3）从松井公司获得股息80万元，松井公司位于日本；

（4）许可中国境内的力帆公司使用其商标，获得使用费200万元；

（5）设在北京的分支机构获得了来自英国某企业的利息60万元，该英国的企业曾向雅荷公司的杭州机构借款300万元。

2. 聚源公司与橘夏公司是否属于中国的居民企业？[②]

（1）聚源公司在赞比亚注册成立，总机构设在赞比亚，该公司在广州设有营业机构，该公司的董事会大多在广州举行，在广州举行的董事会会议决定除矿井作业以外的

---

① （1）销售货物100万元属于中国境内所得，因为交易发生地在中国。
（2）转让不动产所得也属于中国境内所得，因为该不动产位于中国。
（3）股息所得80万元属于中国境外所得，因为分配股息的企业位于日本。
（4）特许权使用费所得200万元属于中国境内所得，因为该项特许权在中国使用。
（5）来自英国的某企业的利息60万元属于中国境内所得，因为杭州机构拥有对英国企业的债权，即来自英国某企业利息与杭州机构有实际联系。
② （1）聚源公司为中国的居民企业。聚源公司虽然在赞比亚成立，但聚源公司位于广州的机构承担了对聚源公司的生产经营实施实质性全面管理和控制的职责，即聚源公司的实际管理机构在中国。
（2）橘夏公司为中国的非居民企业。因为橘夏公司既不在中国境内成立，实际管理机构也不在中国。

所有经营事项，该公司在中国境内外的经营由广州的机构控制、管理与指导。

（2）橘夏公司是依照日本法律在日本注册成立的企业，该公司的实际管理机构在日本，橘夏公司为销售便利，在北京和深圳设立了办事机构。

一般考点 6　征税对象

一、应税收入

企业以货币形式和非货币形式从各种来源取得的收入，为收入总额。收入总额包括：
（1）销售货物收入与提供劳务收入；
（2）转让财产收入与特许权使用费收入；
（3）股息、红利等权益性投资收益；
（4）利息收入与租金收入；
（5）接受捐赠收入；
（6）其他收入。

二、不征税收入

企业收入总额中的下列收入为不征税收入：
（1）财政拨款；
（2）依法收取并纳入财政管理的行政事业性收费、政府性基金；
（3）国务院规定的其他不征税收入。

【口诀】不征税收入：非营业性收入。

一般考点 7　应纳税所得额的计算

一、应纳税所得额

企业每一纳税年度的收入总额，减除不征税收入、免税收入、各项扣除以及允许弥补的以前年度亏损后的余额，为应纳税所得额。

二、公益性捐赠

企业发生的公益性捐赠支出，在年度利润总额 12% 以内的部分，准予在计算应纳税所得额时扣除；超过年度利润总额 12% 的部分，准予结转以后 3 年内在计算应纳税所得额时扣除。

三、企业亏损抵扣

企业纳税年度发生的亏损，准予向以后年度结转，用以后年度的所得弥补，但结转年限最长不得超过 5 年。企业在汇总计算缴纳企业所得税时，其境外营业机构的亏损不得抵减境内营业机构的盈利。

四、不得扣除支出

在计算应纳税所得额时,下列支出不得扣除:

(1)向投资者支付的股息、红利等权益性投资收益款项;

(2)企业所得税税款;

(3)税收滞纳金;

(4)罚金、罚款和被没收财物的损失;

(5)企业发生的公益性捐赠以外的捐赠支出;

(6)赞助支出;

(7)未经核定的准备金支出;

(8)与取得收入无关的其他支出。

核心考点8 税收优惠

一、免税收入

企业的下列收入为免税收入:

(1)国债利息收入;

(2)符合条件的居民企业之间的股息、红利等权益性投资收益;

(3)在中国境内设立机构、场所的非居民企业从居民企业取得与该机构、场所有实际联系的股息、红利等权益性投资收益;

(4)符合条件的非营利组织的收入。

二、减免征税

企业的下列所得,可以免征、减征企业所得税:

(1)从事农、林、牧、渔业项目的所得;

(2)从事国家重点扶持的公共基础设施项目投资经营的所得;

(3)从事符合条件的环境保护、节能节水项目的所得;

(4)符合条件的技术转让所得;

(5)非居民企业在中国境内未设立机构、场所的,或者虽设立机构、场所但取得的所得与其所设机构、场所没有实际联系的,就其来源于中国境内的所得。

三、优惠税率

符合条件的小型微利企业,减按20%的税率征收。

国家需要重点扶持的高新技术企业,减按15%的税率征收。

四、加计扣除

企业的下列支出,可以在计算应纳税所得额时加计扣除:

(1)开发新技术、新产品、新工艺发生的研究开发费用;

(2)安置残疾人员及国家鼓励安置的其他就业人员所支付的工资。

【口诀】技术研发＋残疾人工资。

一般考点 9　特别纳税调整

一、概念

特别纳税调整，是指税务机关出于实施反避税目的而对纳税人特定纳税事项所作的税务调整，包括针对纳税人转让定价、资本弱化、避税港避税以及其他避税情况所进行的税务调整。

二、情形

企业与其关联方之间的业务往来，不符合独立交易原则或者企业实施其他不具有合理商业目的的安排而减少企业或者其关联方应纳税收入或者所得额的，税务机关有权按照合理方法在该业务发生的纳税年度起 10 年内，进行纳税调整。

第四讲　个人所得税法

一般考点 10　纳税人和扣缴义务人

一、纳税人

（一）纳税人分类

纳税人分类	界定标准（符合其一即可）		征税范围
	标准一：有无住所	标准二：居住时间	
居民纳税人	在中国境内有住所	中国境内无住所而一个纳税年度[①]内在中国境内居住累计满 183 天	中国境内和境外取得的所得
非居民纳税人	在中国境内无住所又不居住	中国境内无住所而一个纳税年度内在中国境内居住累计不满 183 天	中国境内取得的所得[②]

（二）纳税识别号

纳税人有中国公民身份号码的，以中国公民身份号码为纳税人识别号；纳税人没有中国公民身份号码的，由税务机关赋予其纳税人识别号。

二、扣缴义务人

扣缴义务人就是支付工资薪金的单位及个人。对扣缴义务人按照所扣缴的税款，付给 2% 的手续费。

---

① 纳税年度，自公历 1 月 1 日起至 12 月 31 日止。
② 中国境内取得的所得，与支付地点无关，主要看取得收入的原因是否来自中国境内。

核心考点 11　征税对象

一、综合所得类收入

种类	应税所得额	税率
（1）工资、薪金所得①	（1）居民个人（纳税年度合并计算）＝每一纳税年度的收入额－费用6万元－专项扣除②－专项附加扣除③－其他扣除。 （2）非居民个人（按月或者按次分项计算）＝每月收入额－费用5000元。	四项相加，按3%~45%，超额累进税率
（2）劳务报酬所得④	收入额－20%的费用 【口诀】劳务、特许费，八折	
（3）特许权使用费所得⑤		
（4）稿酬所得⑥	（收入额－20%的费用）×70% 【口诀】稿酬所得，五六折	

二、分别计算类收入

种类	应税所得额	税率
（1）经营所得⑦	每一纳税年度的收入总额减除成本、费用以及损失	5%~35%，超额累进税率
（2）利息、股息、红利所得⑧	每次收入额	20%，比例税率
（3）偶然所得⑨		

---

① 工资、薪金所得，是指个人因任职或者受雇取得的工资、薪金、奖金、年终加薪、劳动分红、津贴、补贴以及与任职或者受雇有关的其他所得。
② 专项扣除，包括居民个人按照国家规定的范围和标准缴纳的基本养老保险、基本医疗保险、失业保险等社会保险费和住房公积金等。
③ 专项附加扣除，包括子女教育、继续教育、大病医疗、住房贷款利息或者住房租金、赡养老人等支出。
④ 劳务报酬所得，是指从事设计、装潢、安装、制图、化验、测试、医疗、法律、会计、咨询、讲学、翻译、审稿、书画、雕刻、影视、录音、录像、演出、表演、广告、展览、技术服务、介绍服务、经纪服务、代办服务以及其他劳务取得的所得。
⑤ 特许权使用费所得，是指个人提供专利权、商标权、著作权、非专利技术以及其他特许权的使用权取得的所得；提供著作权的使用权取得的所得，不包括稿酬所得。
⑥ 稿酬所得，是指个人因其作品以图书、报刊等形式出版、发表而取得的所得。
⑦ 经营所得，具体包括如下几类：（1）个体工商户从事生产、经营活动取得的所得，个人独资企业投资人、合伙企业的个人合伙人来源于境内注册的个人独资企业、合伙企业生产、经营的所得；（2）个人依法从事办学、医疗、咨询以及其他有偿服务活动取得的所得；（3）个人对企业、事业单位承包经营、承租经营以及转包、转租取得的所得；（4）个人从事其他生产、经营活动取得的所得。
⑧ 利息、股息、红利所得，是指个人拥有债权、股权等而取得的利息、股息、红利所得。
⑨ 偶然所得，是指个人得奖、中奖、中彩以及其他偶然性质的所得。

续表

种类	应税所得额	税率
（4）财产租赁所得①	不超过 4000 元，减除费用 800 元；4000 元以上，减除 20% 费用后的余额	20%，比例税率
（5）财产转让所得②	收入额减除财产原值和合理费用后的余额	

三、应予扣除部分

（一）捐赠扣除

个人将其所得对教育、扶贫、济困等公益慈善事业进行捐赠，捐赠额未超过纳税人申报的应纳税所得额 30% 的部分，可以从其应纳税所得额中扣除。

（二）境外收入抵扣

居民个人从中国境外取得的所得，可以从其应纳税额中抵免已在境外缴纳的个人所得税税额，但抵免额不得超过该纳税人境外所得依照《个人所得税法》规定计算的应纳税额。

核心考点 12 税收优惠

一、免征所得

种类	备注
（1）省级人民政府、国务院部委和中国人民解放军军以上单位，以及外国组织、国际组织颁发的科学、教育、技术、文化、卫生、体育、环境保护等方面的奖金	级别高
（2）国债和国家发行的金融债券利息③	
（3）按照国家统一规定发给的补贴、津贴④	
（4）福利费、抚恤金、救济金⑤	人很惨
（5）保险赔款	
（6）军人的转业费、复员费、退役金	人特殊
（7）按照国家统一规定发给干部、职工的安家费、退职费、基本养老金或者退休费、离休费、离休生活补助费	
（8）依法应予免税的各国驻华使馆、领事馆的外交代表、领事官员和其他人员的所得	
（9）中国政府参加的国际公约、签订的协议中规定免税的所得	

---

① 财产租赁所得，是指个人出租不动产、机器设备、车船以及其他财产取得的所得
② 财产转让所得，个人转让有价证券、股权、合伙企业中的财产份额、不动产、机器设备、车船以及其他财产取得的所得。
③ 国债利息指财政部发行的债券而取得的利息；国家发行的金融债券利息指国务院批准发行的金融债券而取得的利息
④ 国务院规定发给的政府特殊津贴、院士津贴，或免予缴纳个人所得税的其他补贴、津贴。
⑤ 福利费，指从企业、事业单位、国家机关、社会组织提留的福利费或者工会经费中支付给个人的生活补助费；救济金，是各级人民政府民政部门支付给个人的生活困难补助费

二、减征所得

残疾、孤老人员和烈属的所得，及因自然灾害遭受重大损失的。

【提示】免征事项，由国务院报全国人民代表大会常务委员会备案；减征的幅度和期限，由省级政府规定，并报同级人民代表大会常务委员会备案。

一般考点 13　纳税调整与纳税申报

一、纳税调整

（一）情形

有下列情形之一的，税务机关有权按照合理方法进行纳税调整：

（1）个人与其关联方之间的业务往来不符合独立交易原则[①]而减少本人或者其关联方应纳税额，且无正当理由。

（2）居民个人控制的，或者居民个人和居民企业共同控制的设立在实际税负明显偏低的国家（地区）的企业，无合理经营需要，对应当归属于居民个人的利润不作分配或者减少分配。

（3）个人实施其他不具有合理商业目的的安排而获取不当税收利益。

（二）举措

因税务机关纳税调整需要补征税款的个人，应当补征税款，并依法加收利息。

【提示】不收滞纳金。

二、纳税申报

有下列情形之一的，纳税人应当依法办理纳税申报：

（1）取得综合所得需要办理汇算清缴；
（2）取得应税所得没有扣缴义务人；
（3）取得应税所得，扣缴义务人未扣缴税款；
（4）取得境外所得；
（5）因移居境外注销中国户籍；
（6）非居民个人在中国境内从两处以上取得工资、薪金所得；
（7）国务院规定的其他情形。

扣缴义务人应当按照国家规定办理全员全额扣缴申报。

一般考点 14　汇算清缴

一、办理时间

居民个人取得综合所得，应当在取得所得的次年3月1日至6月30日内办理汇算

---

① 独立交易原则，是指没有关联关系的交易各方，按照公平成交价格和营业常规进行业务往来遵循的原则。

清缴。

纳税人取得经营所得，按年计算个人所得税，由纳税人在月度或者季度终了后 15 日内向税务机关报送纳税申报表，并预缴税款；在取得所得的次年 3 月 31 日前办理汇算清缴。

二、不办理汇算清缴的情形

非居民个人取得工资、薪金所得，劳务报酬所得，稿酬所得和特许权使用费所得，有扣缴义务人的，由扣缴义务人按月或者按次代扣代缴税款，不办理汇算清缴。

第五讲　税收征收管理法

一般考点 15　税款征收

一、征纳主体

（一）征税主体

征税主体包括税务机关、税务人员以及经税务机关依法委托的单位和人员。

（二）纳税主体

纳税主体包括纳税人和扣缴义务人。

二、征纳期限

（一）纳税期限

纳税人、扣缴义务人应在法定期限，缴纳或者解缴税款。纳税人因有特殊困难，不能按期缴纳税款的，经省级税务机关批准，可以延期缴纳税款，但是最长不得超过 3 个月。

（二）征税期限

1. 补征期限

情形一：因税务机关的责任，致使纳税人、扣缴义务人未缴或者少缴税款的，税务机关在 3 年内可以要求纳税人、扣缴义务人补缴税款，但是不得加收滞纳金。

情形二：因纳税人、扣缴义务人计算错误等失误，未缴或者少缴税款的，税务机关在 3 年内可以追征税款、滞纳金；有特殊情况的，追征期可以延长到 5 年。

2. 追征期限

对偷税、抗税、骗税的，税务机关追征其未缴或者少缴的税款、滞纳金或者所骗取的税款，不受期限的限制。

【逻辑】先看谁的错（税务机关还是纳税人或扣缴义务人），再看是过失还是故意。

三、加收滞纳金征收制度

纳税人未按照规定期限缴纳税款的，扣缴义务人未按照规定期限解缴税款的，税务机关除责令限期缴纳外，从滞纳税款之日起，按日加收滞纳税款 0.05% 的滞纳金。

四、退税制度

纳税人超过应纳税额缴纳的税款，税务机关发现后应当立即退还；纳税人自结算缴纳税款之日起 3 年内发现的，可以向税务机关要求退还多缴的税款，并加算银行同期存款利息。

【口诀】自己发现 3 年内，有利息。

核心考点 16 税款征收保障制度

一、税收保全制度

（一）未办理纳税登记的纳税人

对未按照规定办理税务登记的从事生产、经营的纳税人以及临时从事经营的纳税人，由税务机关核定其应纳税额，责令缴纳；不缴纳的，税务机关可以扣押其价值相当于应纳税款的商品、货物。扣押后仍不缴纳应纳税款的，经县以上税务局（分局）局长批准，依法拍卖或者变卖所扣押的商品、货物，以拍卖或者变卖所得抵缴税款。

【口诀】先礼后兵（责令缴纳，不缴先扣后卖）。

（二）有逃避纳税义务行为的纳税人

税务机关有根据认为从事生产、经营的纳税人有逃避纳税义务行为的，可以在规定的纳税期之前，责令限期缴纳应纳税款；在限期内发现纳税人有明显的转移、隐匿其应纳税的商品、货物以及其他财产或者应纳税的收入的迹象的，税务机关可以责成纳税人提供纳税担保。如果纳税人不能提供纳税担保，经县以上税务局（分局）局长批准，税务机关可以采取下列税收保全措施：

（1）书面通知纳税人开户银行或者其他金融机构冻结纳税人的金额相当于应纳税款的存款；

（2）扣押、查封纳税人的价值相当于应纳税款的商品、货物或者其他财产。

限期期满仍未缴纳税款的，经县以上税务局（分局）局长批准，税务机关可以书面通知纳税人开户银行或者其他金融机构从其冻结的存款中扣缴税款，或者依法拍卖或者变卖所扣押、查封的商品、货物或者其他财产，以拍卖或者变卖所得抵缴税款。

【口诀】先礼后兵（前逃期转不担，县局批冻扣查，满不缴可扣卖）。

（三）税务机关的代位权与撤销权

欠缴税款的纳税人因怠于行使到期债权，或者放弃到期债权，或者无偿转让财产，或者以明显不合理的低价转让财产而受让人知道该情形，对国家税收造成损害的，税务机关可以行使代位权、撤销权。

【总结】税务机关行使代位权与撤销权的方式

（1）税务机关可以向法院请求以自己的名义代位行使债务人的债权，或者可以请求法院撤销债务人的行为。

（2）代位权的行使范围以债权人的债权为限。

（3）税务机关行使代位权、撤销权的必要费用，由欠税人负担。

二、税收强制措施

从事生产、经营的纳税人、扣缴义务人未按照规定的期限缴纳或者解缴税款,纳税担保人未按照规定的期限缴纳所担保的税款,由税务机关责令限期缴纳,逾期仍未缴纳的,经县以上税务局(分局)局长批准,税务机关可以采取下列强制执行措施:

(1)书面通知其开户银行或者其他金融机构从其存款中扣缴税款。

(2)扣押、查封、依法拍卖或者变卖其价值相当于应纳税款的商品、货物或者其他财产,以拍卖或者变卖所得抵缴税款。

税务机关采取强制执行措施时,对前款所列纳税人、扣缴义务人、纳税担保人未缴纳的滞纳金同时强制执行。拍卖或者变卖所得抵缴税款、滞纳金、罚款以及拍卖、变卖等费用后,剩余部分应当在 3 日内退还被执行人。

【口诀】纳扣担满未缴,县局批扣查卖,有滞多 3 退。

【比较】税收保全与税收强制

	税收保全	税收强制
适用前提	预期逃税	欠缴税款
适用对象	从事生产、经营的纳税人	从事生产、经营的纳税人、扣缴义务人、纳税担保人
适用时间	纳税期限届满前	纳税期限届满,且宽限期届满后
适用金额	当期应纳税款	应纳税款+滞纳金
适用步骤	限期缴纳→提供纳税担保→保全措施	限期缴纳→强制措施
具体措施	冻结、查封、扣押	扣缴、查封、扣押、拍卖、变卖
审批程序	经县级以上税务局(分局)局长批准	
豁免执行	个人及其所扶养家属维持生活必需的住房和用品、单价 5000 元以下的其他生活用品不在税收保全措施和强制执行措施的范围之内。机动车辆、金银饰品、古玩字画、豪华住宅或者一处以外的住房不属于个人及其所扶养家属维持生活必需的住房和用品。	

三、其他税收保障措施

(一)税收优先权制度

1.税收与债权

税收优先于无担保债权,法律另有规定的除外;纳税人欠缴的税款发生在纳税人以其财产设定抵押、质押或者纳税人的财产被留置之前的,税收应当优先受偿。

【逻辑】税与债,先看债有无担保,无担保,税优先;债有担保,谁先谁优先。

2.税收与罚款没收违法所得

纳税人欠缴税款,同时又被行政机关决定处以罚款、没收违法所得,税收应当优先受偿。

【口诀】税与罚没,税优先。

（二）离境清税制度

欠缴税款的纳税人或者其法定代表人需要出境的，应当在出境前向税务机关结清应纳税款、滞纳金或者提供担保。未结清税款、滞纳金，又不提供担保的，税务机关可以通知出境管理机关阻止其出境。

四、涉税争议处理

（一）纳税争议救济

纳税人、扣缴义务人、纳税担保人同税务机关在纳税上发生争议时，必须先依照税务机关的纳税决定缴纳或者解缴税款及滞纳金或者提供相应的担保，然后可以依法申请行政复议；对行政复议决定不服的，可以依法向人民法院起诉。

【口诀】纳税争议：先缴税，再维权，复议前置。

（二）涉税行政处罚争议救济

当事人对税务机关的处罚决定、强制执行措施或者税收保全措施不服的，可以依法申请行政复议，也可以依法向人民法院起诉。

【口诀】处罚争议：复议选择。

（三）涉税行政处罚强制执行

当事人对税务机关的处罚决定逾期不申请行政复议，也不向人民法院起诉，又不履行的，作出处罚决定的税务机关可以采取强制执行措施，或者申请人民法院强制执行。

【口诀】当事人不维权，税务机关和法院均有强制执行的权利。

第六讲　审计法

一般考点 17　审计法概述

一、审计的概念

审计，是指审计机关独立检查被审计单位的会计凭证、会计账簿、会计报表以及其他财政收支、财务收支有关的资料和资产，监督财政收支、财务收支真实、合法、效益的活动。

二、审计法的调整范围

国务院各部门和地方各级人民政府及其各部门的财政收支，国有的金融机构和企业事业组织的财务收支，以及其他应当接受审计的财政收支、财务收支，依法接受审计监督。

【口诀】政府的财政收支，国有金融机构和企事业单位的财务收支。

三、审计工作报告

人民政府（含国务院）向同级人大常委会提出审计工作报告。必要时，人大常务委员会可以对审计工作报告作出决议。

核心考点 18　审计机关设置及职责

一、审计机关的设置

行政级别	中央	地方
机构设置	国务院下设审计署	县级以上人民政府设审计机关
领导体制	国务院总理领导	同级行政首长＋上一级审计机关双重领导
派出机构	经本级人民政府批准，审计机关可以在其审计管辖范围内设立派出机构。	
【口诀】国省市县都设立，双重领导加派出。	

二、审计机关的职责

职责范围	审计监督本级各部门（含直属单位）和下级政府预算的执行情况和决算以及其他财政收支情况。	
具体展开	财政收支	审计署对中央预算执行情况、决算草案以及其他财政收支情况进行审计监督，向国务院总理提出审计结果报告。
		地方各级审计机关，对本级预算执行情况、决算草案以及其他财政收支情况进行审计监督，向本级人民政府和上一级审计机关提出审计结果报告。
	财务收支	审计署审计监督中央银行的财务收支。
		审计机关审计监督国家的事业组织和使用财政资金的其他事业组织的财务收支。
		审计机关审计监督国有企业、国有金融机构和国有资本占控股地位或者主导地位的企业、金融机构的资产、负债、损益以及其他财务收支情况。
		遇有涉及国家财政金融重大利益情形，为维护国家经济安全，经国务院批准，审计署可以对其他的金融机构进行专项审计调查或者审计。
		审计机关审计监督政府投资和以政府投资为主的建设项目的预算执行情况和决算，对其他关系国家利益和公共利益的重大公共工程项目的资金管理使用和建设运营情况。
		审计机关审计监督国有资源、国有资产。
		审计机关审计监督政府部门管理的和其他单位受政府委托管理的社会保险基金、全国社会保障基金、社会捐赠资金以及其他公共资金的财务收支。
		审计机关审计监督国际组织和外国政府援助、贷款项目的财务收支。
		根据经批准的审计项目计划安排，审计机关可以对被审计单位贯彻落实国家重大经济社会政策措施情况进行审计监督。

注：财政收支——不可授权下级审计；财务收支——可以授权下级审计。

三、审计机关的职责履行

（一）审计方式

审计方式包括全面审计、针对特定事项的专项审计。

（二）审计调查

审计机关有权对与国家财政收支有关的特定事项，向有关地方、部门、单位进行专项审计调查，并向本级人民政府和上一级审计机关报告审计调查结果。

（三）管辖范围

1. 确定办法

审计机关根据被审计单位的财政、财务隶属关系或者国有资源、国有资产监督管理关系，确定审计管辖范围。有争议的，由其共同的上级审计机关确定。

2. 直接审计

上级审计机关对下级审计机关审计管辖范围内的重大审计事项，可以直接进行审计，但是应当防止不必要的重复审计。

核心考点 19　审计权限

一、资料获取

审计机关有权要求被审计单位按照审计机关的规定提供财务、会计资料以及与财政收支、财务收支有关的业务、管理等资料，包括电子数据和有关文档。

二、信息共享

审计机关通过政务信息系统和数据共享平台取得的电子数据等资料能够满足需要的，不得要求被审计单位重复提供。

三、审计检查

审计机关有权检查被审计单位的财务、会计资料以及与财政收支、财务收支有关的业务、管理等资料和资产，有权检查被审计单位信息系统的安全性、可靠性、经济性。

四、调查取证

审计机关进行审计时，有权就审计事项的有关问题向有关单位和个人进行调查，并取得有关证明材料。

五、查询账户

（一）查询对象

1. 被审计单位

审计机关有权查询被审计单位在金融机构的账户。

2. 相关单位和个人

审计机关有证据证明被审计单位违反国家规定将公款转入其他单位、个人在金融机构账户的，有权查询有关单位、个人在金融机构与审计事项相关的存款。

（二）审批主体

由县级以上人民政府审计机关负责人批准。

六、保全举措

（一）封存资产和冻结存款

审计机关进行审计时，特定情况下，经县级以上人民政府审计机关负责人批准，有权封存有关资料和违反国家规定取得的资产；对其中在金融机构的有关存款需要予以冻结的，应当向人民法院提出申请。

（二）暂停拨款与暂停使用

审计机关对被审计单位正在进行的违反国家规定的财政收支、财务收支行为，有权予以制止；制止无效的，经县级以上人民政府审计机关负责人批准，通知财政部门和有关主管机关、单位暂停拨付与违反国家规定的财政收支、财务收支行为直接有关的款项，已经拨付的，暂停使用。

核心考点 20 审计程序

一、程序启动

审计机关组成审计组，并应当在实施审计 3 日前，向被审计单位送达审计通知书；遇有特殊情况，经县级以上人民政府审计机关负责人批准，可以直接持审计通知书实施审计。

【口诀】3 特批直。

二、审计调查

向有关单位和个人进行调查时，审计人员应当不少于 2 人，并出示其工作证件和审计通知书副本。

三、审计报告

审计组对审计事项实施审计后，应当向审计机关提出审计组的审计报告。审计组的审计报告报送审计机关前，应当征求被审计单位的意见。被审计单位应当自接到审计组的审计报告之日起 10 日内，将其书面意见送交审计组。审计组应当将被审计单位的书面意见一并报送审计机关。

【口诀】报告，10 日，意见，并送。

四、审计决定

审计机关对审计组的审计报告进行审议，并对被审计单位的意见一并研究后，出具审计机关的审计报告。在法定职权范围内作出审计决定或者向有关主管机关提出处理、处罚的意见。

五、审计决定的生效

审计机关应当将审计机关的审计报告和审计决定送达被审计单位和有关主管机关、单位，并报上一级审计机关。审计决定自送达之日起生效。

六、层级监督

上级审计机关认为下级审计机关作出的审计决定违反国家有关规定的,可以责成下级审计机关予以变更或者撤销,必要时也可以直接作出变更或者撤销的决定。

【口诀】 可下级可自己。

一般考点 21 法律责任

一、转移隐匿行为

被审计单位转移、隐匿、篡改、毁弃财务、会计资料以及与财政收支、财务收支有关的业务、管理等资料,或者转移、隐匿、故意毁损所持有的违反国家规定取得的资产,审计机关认为对直接负责的主管人员和其他直接责任人员依法应当给予处分的,应当向被审计单位提出处理建议,或者移送监察机关和有关主管机关、单位处理,有关主管机关、单位应当将处理结果书面告知审计机关;构成犯罪的,依法追究刑事责任。

二、违法收支行为

对本级各部门(含直属单位)和下级政府违反预算的行为或者其他违反国家规定的财政收支行为,审计机关、人民政府或者有关主管机关、单位在法定职权范围内,依照法律、行政法规的规定,区别情况采取下列处理措施:

(1)责令限期缴纳应当上缴的款项;
(2)责令限期退还被侵占的国有资产;
(3)责令限期退还违法所得;
(4)责令按照国家统一的财务、会计制度的有关规定进行处理;
(5)其他处理措施。

第5章 土地法和房地产法

应试指导

土地法和房地产法在法考中属于内容多、分值低、考查零散且不易得分的科目。每年考查2~3题，分值为2~5分。从学习的角度来看，考生需要知道，土地法所调整的法律关系包括土地民事关系和土地行政关系两个方面。其中，土地民事关系的制度主要包括土地所有权制度、土地使用权制度和土地流转制度；土地行政关系体现为国家运用政府职能为土地资源合理利用而建立的公共政策和行政管理秩序。从应试的角度来看，考生一定要重点把握其中的行政法属性。

《土地管理法》内容较多，考点分散，得分率相对较低。海洋老师认为，本法的知识逻辑由权属、利用、监管三个部分组成。其中，权属涉及所有权和使用权；利用主要涉及土地利用总体规划和耕地保护两个部分；监管主要涉及农用地转用审批、土地征收、建设用地使用管理等问题。其中利用和监管两个部分，命题人相对偏爱，需要考生朋友重点注意。

《城乡规划法》是本章考查较多、考点相对固定的科目。本法主要围绕城乡规划的类型、制定、实施和修改为逻辑主线展开。其中，城乡规划的类型和实施是考查的重点。考生可以在本法下点功夫，一定会有回报。

《城市房地产管理法》考查相对较少，各位考生仅需掌握房地产交易制度即可，至于其他的诸如房地产开发用地制度、房地产开发制度等，仅作了解。

《不动产登记暂行条例》在法考中命题并不多，考生在备考时需重点关注不动产登记程序部分。

土地法和房地产法知识逻辑

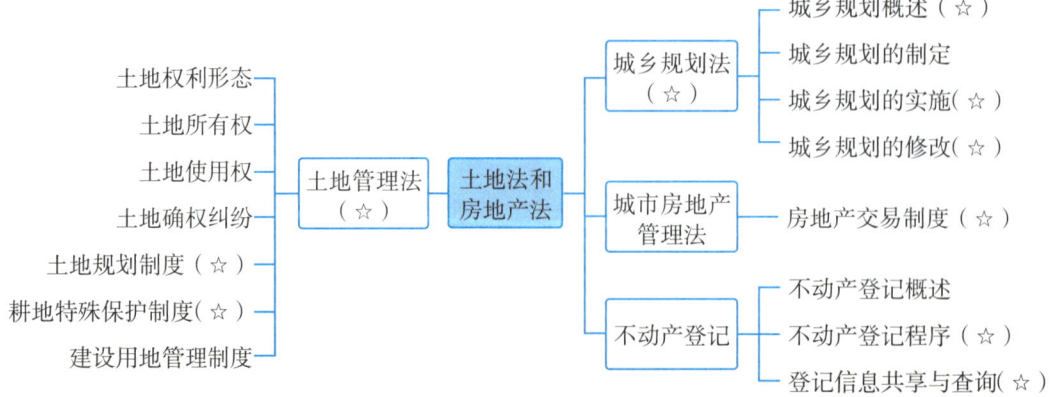

第一讲　土地管理法

一般考点 1　土地权利形态

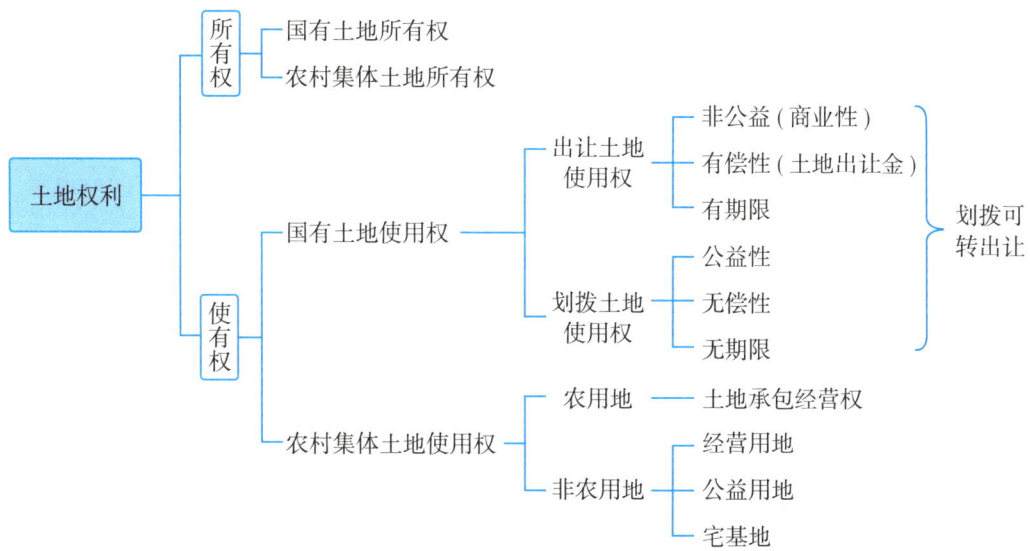

【总结】我国的土地权利形态有如下特征：
(1) 我国实行土地公有制，土地所有权主体为国家和农村集体经济组织。
(2) 土地所有权禁止交易，只能通过流转土地使用权的方式实现对土地资源的利用。
(3) 土地的所有权和使用权的登记，依照有关不动产登记的法律、行政法规执行。依法登记的土地的所有权和使用权受法律保护，任何单位和个人不得侵犯。
(4) 负责土地的管理和监督工作的行政主管部门为自然资源主管部门。

一般考点 2　土地所有权

一、土地所有权的效力范围

土地所有权的效力及于地表及其之上的，空中和之下的地下空间。其中，水流、海域和矿藏属于国家所有。

二、国家土地所有权

（一）权利行使主体
国家土地所有权由国务院代表国家行使，地方人民政府可在国务院授权范围内行使。

（二）国有土地的范围
城市市区的土地属于国家所有。还包括农村和城市郊区中依法属于国家所有的土地。

三、集体土地所有权

（一）集体土地所有权的主体及其代表

依法属于村农民集体所有的土地，由村集体经济组织或村民委员会经营、管理。

分别属于村内两个以上农村集体经济组织的农民集体所有的，由村内各该农村集体经济组织或者村民小组经营、管理。

> 【逻辑】农村土地属于农村集体，不属于农民个人，在管理时由集体经济组织或村委会村民小组负责。

（二）集体土地的范围

包括非国家所有的农村和城市郊区的土地，宅基地和自留地、自留山。

一般考点3 土地使用权

一、土地使用权分类

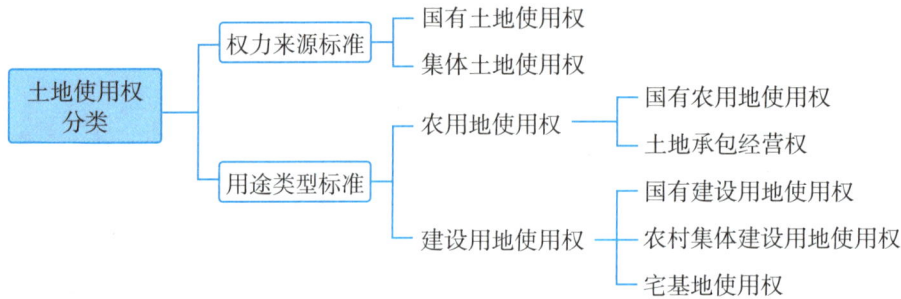

二、农用地使用权

（一）使用权的取得

1. 承包方式取得

（1）**家庭承包**。农民集体所有和国家所有依法由农民集体使用的耕地、林地、草地，以及其他依法用于农业的土地，采取农村集体经济组织内部的家庭承包方式承包。

（2）**其他方式承包**。不宜采取家庭承包方式的荒山、荒沟、荒丘、荒滩等可以采取招标、拍卖、公开协商等方式承包。

2. 土地用途

从事种植业、林业、畜牧业、渔业生产。

3. 家庭承包期限

	耕地	草地	林地
一般规定	30年	30~50年	30~70年
期满延长	延长30年	依法相应延长	

（二）未利用土地的开垦

1. 开垦条件
开垦未利用的土地，必须在土地利用总体规划划定的可开垦的区域内，经批准后进行。

2. 禁止性规定
禁止毁坏森林、草原开垦耕地，禁止围湖造田和侵占江河滩地。

三、建设用地使用权

（一）国有建设用地使用权

1. 有偿使用
建设单位在缴纳土地使用权出让金等相关其他费用后，取得国有土地使用权。新增建设用地的土地有偿使用费30%上缴中央财政，70%留给有关地方人民政府。

2. 有偿使用的例外
划拨土地使用权无需缴纳土地出让金。下列建设用地可以经县级以上人民政府依法批准，以划拨方式取得：

（1）国家机关用地和军事用地；

（2）城市基础设施用地和公益事业用地；

（3）国家重点扶持的能源、交通、水利等基础设施用地；

（4）法律、行政法规规定的其他用地。

> 【口诀】划拨土地，无偿使用；军（军事用地）机（国家机关用地）公（公益事业用地）基（城市基础设施用地）重点基（国家重点扶持的基础设施用地）。

（二）农村集体建设用地使用权

1. 流转
（1）土地范围。土地利用总体规划、城乡规划确定为工业、商业等经营性用途，并经依法登记的集体经营性建设用地。

（2）**流转方式**。土地所有权人可以通过出让、出租等方式交由单位或者个人使用。

（3）**表决同意**。村民会议2/3以上成员或者2/3以上村民代表同意。

（4）**再流转**。通过出让等方式取得的集体经营性建设用地使用权可以转让、互换、出资、赠与或者抵押，但法律法规另有规定或者合同另有约定的除外。

2. 用途管制
集体建设用地的使用者应当严格按照土地利用总体规划、城乡规划确定的用途使用土地。

（三）宅基地使用权

1. "一户一宅"
农村村民一户只能拥有一处宅基地。人均土地少、不能保障"一户一宅"的地区，县级人民政府在充分尊重农村村民意愿的基础上，可以采取措施，保障农村村民实现户有所居。

2. 用地审批
农村村民住宅用地，由乡（镇）人民政府审核批准；其中，涉及占用农用地的，应当依法办理审批手续。农村村民出卖、出租、赠与住宅后，不得再申请宅基地。

3. 自愿有偿退出机制
国家允许进城落户的农村村民依法自愿有偿退出宅基地。

4.行政主管部门

国务院农业农村主管部门负责全国农村宅基地改革和管理有关工作。

> **一般考点 4　土地确权纠纷**

一、土地确权纠纷处理程序

【提示】任何一方不得在权属争议解决前改变土地利用现状。

二、不属于土地确权纠纷类型

下列案件不作为土地权属争议案件受理：
（1）土地侵权案件；
（2）行政区域边界争议案件；
（3）土地违法案件；
（4）农村土地承包经营权争议案件；
（5）其他不作为土地权属争议的案件。

> **核心考点 5　土地规划制度**

一、土地利用总体规划

（一）制定要求

下级土地利用总体规划应当依据上一级土地利用总体规划编制。

地方各级人民政府编制的土地利用总体规划中的建设用地总量不得超过上一级土地利用总体规划确定的控制指标，耕地保有量不得低于上一级土地利用总体规划确定的控制指标。

【口诀】下按上，下总不超上，下耕不低上。

（二）规划的制定与审批

制定主体	批准主体
省级政府	国务院批准
省级人民政府所在地市、人口在100万以上城市、国务院指定城市政府	省、自治区人民政府审查同意后，报国务院批准
其他市县政府	逐级上报省级人民政府批准
乡（镇）政府	省级人民政府授权的设区的市、自治州人民政府批准
审批原则：土地利用总体规划实行分级审批	

二、国土空间规划体系

编制国土空间规划应当坚持生态优先，绿色、可持续发展，科学有序统筹安排生态、农业、城镇等功能空间。经依法批准的国土空间规划是各类开发、保护、建设活动的基本依据。已经编制国土空间规划的，不再编制土地利用总体规划和城乡规划。

三、土地利用总体规划制定的基本要求

（一）规划依据

统计机构和自然资源主管部门共同发布的土地面积统计资料是各级人民政府编制土地利用总体规划的依据。

（二）明确土地用途

县级土地利用总体规划应当划分土地利用区，明确土地用途。

（三）少占农用地

城市建设用地应充分利用现有建设用地，不占或者尽量少占农用地。

（四）土地利用总体规划的修改

经批准的土地利用总体规划的修改，须经原批准机关批准。

经国务院批准的大型能源、交通、水利等基础设施建设用地，需要改变土地利用总体规划的，根据国务院的批准文件修改土地利用总体规划。

经省、自治区、直辖市人民政府批准的能源、交通、水利等基础设施建设用地，需要改变土地利用总体规划的，属于省级人民政府土地利用总体规划批准权限内的，根据省级人民政府的批准文件修改土地利用总体规划。

核心考点 6　耕地特殊保护制度

一、耕地保护的基本政策

（一）严格控制转化

国家保护耕地，严格控制耕地转为非耕地。

（二）占用耕地补偿制度

非农业建设经批准占用耕地的，按照"占多少，垦多少"的原则，由占用耕地的单位负责开垦与所占用耕地的数量和质量相当的耕地；没有条件开垦或者开垦的耕地不符合要求的，应当缴纳耕地开垦费，专款用于开垦新的耕地。

（三）集约节约修复用地

1. 集约节约用地

非农业建设可以利用荒地的，不得占用耕地；可以利用劣地的，不得占用好地。

2. 禁止在耕地上从事破坏环境的活动

禁止占用耕地建窑、建坟或者擅自在耕地上建房、挖砂、采石、采矿、取土等。

（四）禁止闲置荒芜耕地

已经办理审批手续的非农业建设占用耕地，1年内不用而又可以耕种并收获的，应当由原耕种该幅耕地的集体或者个人恢复耕种，也可以由用地单位组织耕种；1年以上未动

工建设的，应当按照省、自治区、直辖市的规定缴纳闲置费；连续2年未使用的，经原批准机关批准，由县级以上人民政府无偿收回用地单位的土地使用权；该幅土地原为农民集体所有的，应当交由原农村集体经济组织恢复耕种。

二、永久基本农田保护制度

（一）永久基本农田范围

下列耕地应当根据土地利用总体规划划为永久基本农田，实行严格保护：

（1）经国务院农业农村主管部门或者县级以上地方人民政府批准确定的粮、棉、油、糖等重要农产品生产基地内的耕地；

（2）有良好的水利与水土保持设施的耕地，正在实施改造计划以及可以改造的中、低产田和已建成的高标准农田；

（3）蔬菜生产基地；

（4）农业科研、教学试验田；

（5）国务院规定应当划为永久基本农田的其他耕地。

各省、自治区、直辖市划定的永久基本农田一般应当占本行政区域内耕地的80%以上，具体比例由国务院根据各省、自治区、直辖市耕地实际情况规定。

【口诀】粮棉油糖基地内，好地中低可改高，蔬菜基地试验田。

（二）永久基本农田划定

永久基本农田划定以乡（镇）为单位进行，由县级人民政府自然资源主管部门会同同级农业农村主管部门组织实施。

（三）永久基本农田保护

1. 禁止擅自占有或改变用途

永久基本农田经依法划定后，任何单位和个人不得擅自占用或者改变其用途；国家能源、交通、水利、军事设施等重点建设项目选址确实难以避让永久基本农田，涉及农用地转用或者土地征收的，必须经国务院批准。

2. 禁止规避审批

禁止通过擅自调整县级土地利用总体规划、乡（镇）土地利用总体规划等方式规避永久基本农田农用地转用或者土地征收的审批。

3. 禁止用途类型

禁止占用永久基本农田发展林果业和挖塘养鱼、建住宅。

【判断】赵海洋家里要种花，可以在永久基本农田上取土。[1]

核心考点 7　建设用地管理制度

一、农用地转为建设用地审批制度

（一）永久基本农田转为建设用地

---

[1] 错误。

永久基本农田转为建设用地，由国务院批准。

（二）非永久基本农田的农用地转为建设用地

1. 特定范围内农用地转用的批准权限

在土地利用总体规划确定的城市和村庄、集镇建设用地规模范围内，为实施该规划而将永久基本农田以外的农用地转为建设用地的，按土地利用年度计划分批次按国务院规定由原批准土地利用总体规划的机关或者其授权的机关批准。在已批准的农用地转用范围内，具体建设项目用地可以由市、县人民政府批准。

2. 特定范围外农用地转用的批准权限

在土地利用总体规划确定的城市和村庄、集镇建设用地规模范围外，将永久基本农田以外的农用地转为建设用地的，由国务院或者国务院授权的省级政府批准。

> 【逻辑】确定审批机关时，首先要看是否是永久基本农田，若不是，则要注意是在土地利用总体规划范围内，还是在土地利用总体规划范围外。

二、土地征收制度

（一）审批主体

征收下列土地的，由国务院批准：

（1）永久基本农田；

（2）永久基本农田以外的耕地超过35公顷的；

（3）其他土地超过70公顷的。

征收前款规定以外的土地的，由省、自治区、直辖市人民政府批准。

（二）农用地转用审批

征收农用地的，应当先行办理农用地转用审批。其中，经国务院批准以及经省级人民政府在征地批准权限内批准农用地转用的，同时办理征地审批手续，不再另行办理征地审批。但是超过省级人民政府征地批准权限的，应当依法另行办理征地审批。

三、建设用地使用管理

（一）国有建设用地改变用途

建设单位使用国有土地的，确需改变该幅土地建设用途的，应当经有关人民政府自然资源主管部门同意，报原批准用地的人民政府批准。其中，在城市规划区内改变土地用途的，在报批前，应当先经有关城市规划行政主管部门同意。

（二）集体建设用地管理

农村集体经济组织使用土地的，应当向县级以上地方人民政府自然资源主管部门提出申请，经县级以上人民政府批准。批准权限由省、自治区、直辖市规定。涉及占用农用地的，应当办理农用地转用审批。

（三）临时用地管理

1. 审批

建设项目施工和地质勘查需要临时使用国有土地或者农民集体所有的土地的，由县级以上人民政府自然资源主管部门批准。其中，在城市规划区内的临时用地，在报批前，应当先经有关城市规划行政主管部门同意。

2.使用

临时使用土地的使用者不得修建永久性建筑物，期限一般不超过 2 年。

第二讲　城乡规划法

核心考点 8　城乡规划概述

一、城乡规划的类型

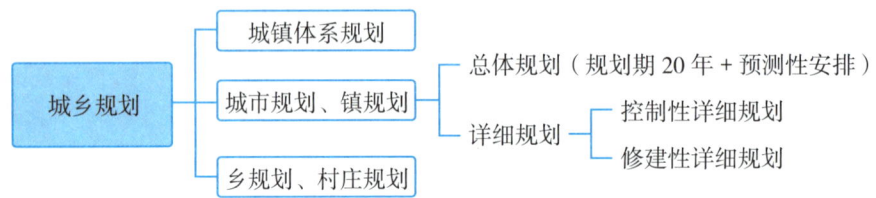

【口诀】城乡规划 1（城镇体系规划）+4（城、镇、乡、村规划），城镇还分总和详，详细又分控和修。

二、城乡规划行政主管部门

国务院城乡规划主管部门负责全国的城乡规划管理工作①。县级以上地方人民政府城乡规划主管部门负责本行政区域内的城乡规划管理工作。②

一般考点 9　城乡规划的制定

一、制定原则

城乡规划的制定体现"一级政府，一级规划，一级事权，下位规划不得违反上位规划"的原则。

二、体系规划和总体规划

（一）城镇体系规划的编制

分类	编制主体	审批主体
全国城镇体系规划	国务院城乡规划主管部门会同国务院有关部门组织编制	国务院
省域城镇体系规划	省、自治区人民政府组织编制	国务院

---

① 现为自然资源部。
② 各地的名称不一样。例如，上海的城乡规划主管部门是上海市规划和自然资源局，西安的城乡规划主管部门是西安市自然资源和规划局。

（二）总体规划的编制

分类		编制主体	审批主体
市总体规划	直辖市	直辖市政府	国务院
	省政府所在地的城市以及国务院确定的城市	市政府	省级政府审查，报国务院审批
	其他城市	市政府	省级政府审批
镇总体规划	县政府所在地镇	县政府	上一级政府审批
	其他镇	镇政府	

【提示】省、市、县级的总体规划，应当先经本级人大常委会审议，镇总体规划经镇人大审议，然后报上一级人民政府审批。

（三）城市总体规划、镇总体规划的内容

规划区范围、规划区内建设用地规模、基础设施和公共服务设施用地、水源地和水系、基本农田和绿化用地、环境保护、自然与历史文化遗产保护以及防灾减灾等内容，应当作为城市总体规划、镇总体规划的强制性内容。

三、控制性详细规划

（一）城市的控制性详细规划

城市人民政府城乡规划主管部门根据城市总体规划的要求，组织编制城市的控制性详细规划，经本级人民政府批准后，报本级人民代表大会常务委员会和上一级人民政府备案。

（二）镇的控制性详细规划

镇人民政府根据镇总体规划的要求，组织编制镇的控制性详细规划，报上一级人民政府审批。

【口诀】城市本级政府批，镇的上级政府批，城市两备案。

四、修建性详细规划

城市、县人民政府城乡规划主管部门和镇人民政府可以组织编制重要地块的修建性详细规划。修建性详细规划应当符合控制性详细规划。

核心考点 10　城乡规划的实施

一、城乡规划实施的基本要求

（一）许可范围

城乡规划主管部门不得在城乡规划确定的建设用地范围以外作出规划许可。

（二）优先安排

优先安排基础设施以及公共服务设施的建设（如供水、排水、供电、供气、道路、通信、广播电视等基础设施和学校、卫生院、文化站、幼儿园、福利院等公共服务设施）等。

（三）城市新区建设

在城市总体规划、镇总体规划确定的建设用地范围以外，不得设立各类开发区和城市新区。

二、近期建设规划

近期建设规划的期限为 5 年，该规划应当以重要基础设施、公共服务设施和中低收入居民住房建设以及生态环境保护为重点内容。

三、建设规划许可

（一）建设用地规划许可

1. 确定规划条件

在城市、镇规划区内以出让方式提供国有土地使用权的，在国有土地使用权出让前，城市、县人民政府城乡规划主管部门应当依据控制性详细规划，提出出让地块的位置、使用性质、开发强度等规划条件，作为国有土地使用权出让合同的组成部分。未确定规划条件的地块，不得出让国有土地使用权。

2. 领取建设用地规划许可证

以出让方式取得国有土地使用权的建设项目，建设单位在取得建设项目的批准、核准、备案文件和签订国有土地使用权出让合同后，向城市、县人民政府城乡规划主管部门领取建设用地规划许可证。规划条件未纳入国有土地使用权出让合同的，该国有土地使用权出让合同无效。

3. 不得擅自改变规划条件

城市、县人民政府城乡规划主管部门不得在建设用地规划许可证中擅自改变作为国有土地使用权出让合同组成部分的规划条件。

> 【逻辑】出让土地须符合控制性详细规划→建设项目先签土地出让合同，后领取规划许可证。规划条件是土地出让合同的必备条款，城乡规划部门不得擅自改变，缺少则合同无效。

（二）建设工程规划许可

1. 申请主体

申请主体是在城市、镇规划区内进行建筑物、构筑物、道路、管线和其他工程建设的单位或者个人。

2. 提交材料

建设单位应当提交使用土地的有关证明文件、建设工程设计方案等材料。对于需要建设单位编制修建性详细规划的建设项目，建设单位还应当提交修建性详细规划。

3. 发放许可证

对符合控制性详细规划和规划条件的，由城市、县人民政府城乡规划主管部门或者省、自治区、直辖市人民政府确定的镇人民政府核发建设工程规划许可证。

4. 违反建设工程规划许可规定的处理

未取得建设工程规划许可证或者未按照建设工程规划许可证的规定进行建设的，由县级以上地方人民政府城乡规划主管部门责令停止建设；尚可采取改正措施消除对规划实施的影响的，限期改正，处建设工程造价 5% 以上 10% 以下的罚款；无法采取改正措施消除影响的，限期拆除，不能拆除的，没收实物或者违法收入，可以并处建设工程造价 10% 以下的罚款。

【逻辑】建设工程规划许可必须有，不能变，没有或改变规划，先停建，然后看能不能改，能就改＋罚，不改能就拆，不能拆，就没收＋罚。

（三）乡村建设规划许可

1. 申请主体

在乡、村庄规划区内进行乡镇企业、乡村公共设施和公益事业建设的单位或者个人，向乡、镇人民政府提出申请。

2. 发证机关

乡、镇人民政府收到申请后，报城市、县人民政府城乡规划主管部门核发乡村建设规划许可证。建设单位或者个人在取得乡村建设规划许可证后，方可办理用地审批手续。

3. 用地要求

在乡、村庄规划区内进行乡镇企业、乡村公共设施和公益事业建设以及农村村民住宅建设，不得占用农用地；确需占用农用地的，应当依法办理农用地转用审批手续后，由城市、县人民政府城乡规划主管部门核发乡村建设规划许可证。

4. 违反乡村建设规划许可规定的处理

在乡、村庄规划区内未依法取得乡村建设规划许可证或者未按照乡村建设规划许可证的规定进行建设的，由乡、镇人民政府责令停止建设、限期改正；逾期不改正的，可以拆除。

【逻辑】乡村建设规划许可必须有，不能变，没有或改变规划，停＋改，不改，拆。

四、建设规划变更

建设单位应当按照规划条件进行建设；确需变更的，必须向城市、县人民政府城乡规划主管部门提出申请。变更内容不符合控制性详细规划的，城乡规划主管部门不得批准。城市、县人民政府城乡规划主管部门应当及时将依法变更后的规划条件通报同级土地主管部门并公示。

五、临时建设规划管理

在城市、镇规划区内进行临时建设的，应当经城市、县人民政府城乡规划主管部门批准。临时建设影响近期建设规划或者控制性详细规划的实施以及交通、市容、安全等的，不得批准。临时建设应当在批准的使用期限内自行拆除。

六、拆除违建主管部门

城乡规划主管部门作出责令停止建设或者限期拆除的决定后，当事人不停止建设或者逾期不拆除的，建设工程所在地县级以上地方人民政府可以责成有关部门采取查封施工现场、强制拆除等措施。

【口诀】规划部门管规划，不管拆除。

一般考点 11 城乡规划的修改

一、修改情形

有下列情形之一的，组织编制机关方可按照规定的权限和程序修改省域城镇体系规划、城市总体规划、镇总体规划：
（1）上级人民政府制定的城乡规划发生变更，提出修改规划要求的；
（2）行政区划调整确需修改规划的；
（3）因国务院批准重大建设工程确需修改规划的；
（4）经评估确需修改规划的；
（5）城乡规划的审批机关认为应当修改规划的其他情形。

二、修改程序

修改省域城镇体系规划、城市总体规划、镇总体规划前，组织编制机关应当对原规划的实施情况进行总结，并向原审批机关报告；修改涉及城市总体规划、镇总体规划强制性内容的，应当先向原审批机关提出专题报告，经同意后，方可编制修改方案。

第三讲 城市房地产管理法

核心考点 12 房地产交易制度

一、房地产交易的一般规则

（一）房地一体交易

同一房地产的房屋所有权与土地使用权只能由同一主体享有。房地产转让、抵押时，房屋所有权和该房屋占用范围内的土地使用权同时转让、抵押。

【提示】房地产抵押合同签订后，土地上新增的房屋不属于抵押财产。需要拍卖该抵押的房地产时，可以依法将土地上新增的房屋与抵押财产一同拍卖，但对拍卖新增房屋所得，抵押权人无权优先受偿。

（二）依法登记

房地产转让、抵押当事人应当依法办理权属变更或抵押登记，房屋租赁当事人应当依法办理租赁登记备案。房地产转让、抵押，未办理权属登记，转让、抵押行为无效。

二、房地产转让

（一）土地使用权以出让方式取得

1. 转让条件

以出让方式取得土地使用权的，转让房地产时，应当符合下列条件：

（1）按照出让合同约定已经支付全部土地使用权出让金，并取得土地使用权证书；

（2）转让房地产时房屋已经建成的，还应当持有房屋所有权证书；

（3）按照出让合同约定进行投资开发，属于房屋建设工程的，完成开发投资总额的25%以上；属于成片开发土地的，形成工业用地或者其他建设用地条件。

【口诀】支付全部出让金，取得土地使用权证。现房要有房屋所有权证。房屋建设工程完成总投资的25%以上，成片开发土地，符合法定条件。

2. 转让后的土地使用年限

以出让方式取得土地使用权的，转让房地产后，其土地使用权的使用年限为原土地使用权出让合同约定的使用年限减去原土地使用者已经使用年限后的剩余年限。换言之，土地使用年限，不因房地产的转让而重新计算。

【口诀】转让后的土地使用年限＝合同约定使用年限－已经使用年限。

3. 转让后改变土地用途

受让人改变原土地使用权出让合同约定的土地用途的，必须取得原出让方和市、县人民政府城市规划行政主管部门的同意，签订土地使用权出让合同变更协议或者重新签订土地使用权出让合同，相应调整土地使用权出让金。

【口诀】原出让方＋规划部门同意

（二）土地使用权以划拨方式取得

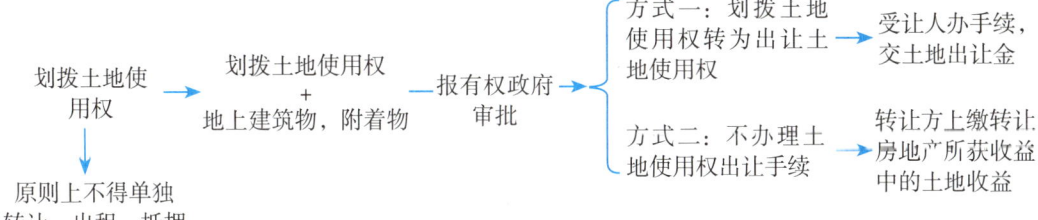

三、商品房预售

（一）商品房预售的条件

商品房预售，应当符合下列条件：

（1）已交付全部土地使用权出让金，取得土地使用权证书；

（2）持有建设工程规划许可证；

（3）按提供预售的商品房计算，投入开发建设的资金达到工程建设总投资的25%以上，并已经确定施工进度和竣工交付日期；

（4）向县级以上人民政府房产管理部门办理预售登记，取得商品房预售许可证明。

【口诀】三证（土地使用权证、建设工程规划许可证、商品房预售许可证）二金（土地出让金＋总投资的25%以上的投入资金）一计划（明确的进度和交付日期）。

（二）登记备案

商品房预售人应当按照国家有关规定将预售合同报县级以上人民政府房产管理部门和土地管理部门登记备案。所得款项，必须用于有关的工程建设。

> 【口诀】预售合同备案登记，专款专用。

第四讲　不动产登记

一般考点 13　不动产登记概述

一、不动产登记的对象

所有权类	集体土地所有权，房屋等建筑物、构筑物所有权，森林、林木所有权
用益物权类	耕地、林地、草地等土地承包经营权，建设用地使用权，宅基地使用权，海域使用权
担保物权类	地役权、抵押权

二、不动产登记簿

（一）记载内容

不动产登记簿应当记载以下事项：
（1）不动产的坐落、界址、空间界限、面积、用途等自然状况；
（2）不动产权利的主体、类型、内容、来源、期限、权利变化等权属状况；
（3）涉及不动产权利限制、提示的事项；
（4）其他相关事项。

> 【口诀】自然状况、权属状况、限制提示。

（二）保存方式

不动产登记簿应当采用电子介质，暂不具备条件的，可以采用纸质介质。不动产登记簿采用电子介质的，应当定期进行异地备份，并具有唯一、确定的纸质转化形式。不动产登记簿由不动产登记机构永久保存。

> 【口诀】电子介质，没条件纸质，异地备份，永久保存。

核心考点 14　不动产登记程序

一、申请登记

（一）双方申请

因买卖、设定抵押权等申请不动产登记的，应当由当事人双方共同申请。

（二）单方申请

属于下列情形之一的，可以由当事人单方申请：

（1）尚未登记的不动产首次申请登记的；

（2）继承、接受遗赠取得不动产权利的；

（3）人民法院、仲裁委员会生效的法律文书或者人民政府生效的决定等设立、变更、转让、消灭不动产权利的；

（4）权利人姓名、名称或者自然状况发生变化，申请变更登记的；

（5）不动产灭失或者权利人放弃不动产权利，申请注销登记的；

（6）申请更正登记或者异议登记的；

（7）法律、行政法规规定可以由当事人单方申请的其他情形。

【口诀】登记原则两人去，不会去，不能去，单方去。

（三）撤回申请

当事人或者其代理人应当到不动产登记机构办公场所申请不动产登记。不动产登记机构将申请登记事项记载于不动产登记簿前，申请人可以撤回登记申请。

【口诀】办理登记去现场，自己代理都可以，记载登记簿之前可撤回。

二、受理登记

（一）当事人申请的处理

不动产登记机构收到不动产登记申请材料，应当分别按照下列情况办理：

（1）属于登记职责范围，符合规定，应当受理并书面告知申请人；

（2）申请材料存在可以当场更正的错误的，应当告知申请人当场更正，申请人当场更正后，应当受理并书面告知申请人；

（3）申请材料不齐全或者不符合法定形式的，应当当场书面告知申请人不予受理并一次性告知需要补正的全部内容；

（4）申请登记的不动产不属于本机构登记范围的，应当当场书面告知申请人不予受理并告知申请人向有登记权的机构申请。

（二）视为受理

不动产登记机构未当场书面告知申请人不予受理的，视为受理。

【口诀】符合条件就受理，有错能改当场改；不行一次全告知。不予受理要书面，没有书面当受理。

核心考点 15　登记信息共享与查询

一、信息平台

国务院国土资源主管部门牵头建立统一的不动产登记信息管理基础平台，各级登记机构的信息要纳入统一基础平台，实现信息实时共享。

二、信息共享

（一）实时共享

各级不动产登记机构登记的信息应当确保国家、省、市、县四级登记信息的实时共享。

（二）互通共享

不动产登记有关信息与住房城乡建设、农业、林业、海洋等部门审批信息、交易信息等应当实时互通共享。

（三）不得要求重复提交

不动产登记机构能够通过实时互通共享取得的信息，不得要求不动产登记申请人重复提交。

> 【口诀】四级共享，互通有无，便民高效。

三、信息查询

（一）查询主体

权利人、利害关系人可以依法查询、复制不动产登记资料。有关国家机关可以依照法律、行政法规的规定查询、复制与调查处理事项有关的不动产登记资料。

（二）保密义务

查询不动产登记资料的单位、个人应当向不动产登记机构说明查询目的，不得将查询获得的不动产登记资料用于其他目的；未经权利人同意，不得泄露查询获得的不动产登记资料。

> 【口诀】权利人、利害关系人、有关国家机关可依法查询，未经同意，不得泄露。

04
第四编
劳动与社会保障法

本编导读

劳动与社会保障法由劳动法与社会保障法组成。劳动合同法和劳动争议调解法是考查的重点。本编每年分值为5~7分。通常是通过大案例的方式，对不同部门法进行结合考查。

劳动与社会保障法知识逻辑

第1章 劳动法

> **应试指导**
>
> 劳动法是调整劳动关系以及与劳动关系密切相关的其他社会关系的法律规范的总和。本章分值为3~4分,考查以长案例为主,多为不定选择题。其中,劳动基准制度、劳动合同制度和劳动争议解决制度为三大核心制度。

📘 **劳动法知识逻辑**

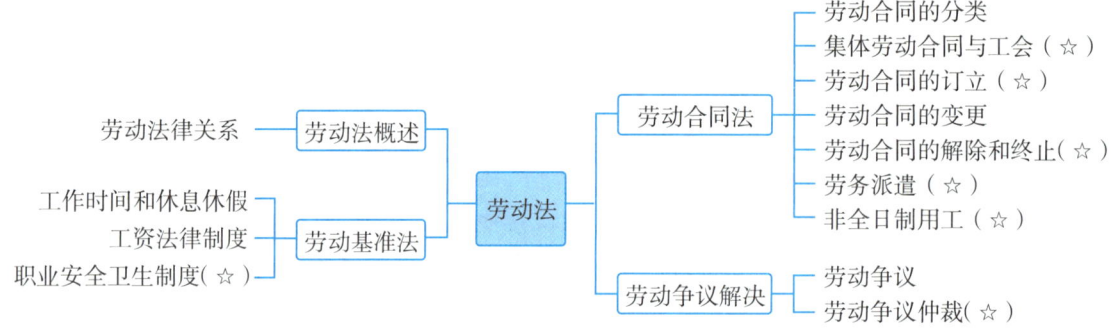

第一讲 劳动法概述

一般考点1 劳动法律关系

一、劳动法律关系的主体

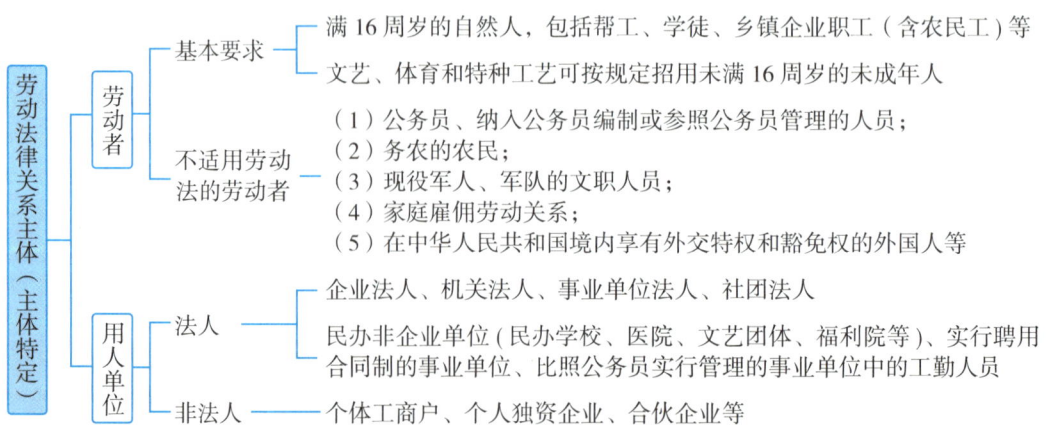

【提示1】劳动法律关系的主体一方是劳动者，另一方是用人单位。

【提示1】返聘退休人员，其与用人单位之间按照劳务关系处理。

【提示3】不具有合法经营资格的用人单位，只要其与劳动者之间签订的劳动合同不违反法律的强制性规定，即便存在非法用工，也承认其劳动关系的存在。

【判断】

1. 进城务工的农民赵铁锤与海洋工程公司之间是劳动关系。①
2. 美美发沙龙的学徒赵帅帅与发廊之间是劳动关系。②
3. 去赵海洋家当保姆的吴美凤，与赵海洋之间不是劳动关系。③
4. 海洋出资设立海洋幼儿园，聘请大洋担任管理园长。后幼儿园因未取得资质而被依法责令关闭，依旧可以认定大洋与海洋幼儿园之间存在劳动关系。④

二、劳动关系的确立

用人单位与劳动者在用工前订立劳动合同的，劳动关系自用工之日⑤起建立。

【提示】劳动关系在用工之日建立，而非劳动合同签订之日。

[例如] 刚参加工作的海洋，参加单位组织的岗前培训能否认定是建立劳动关系呢？当然能啦。岗前培训也是劳动者受用人单位指派参加的，即使没有正式参加工作，也应当视为建立了劳动关系。

【比较】劳动关系与劳务关系

	劳动关系	劳务关系
概念差异	当事人依据劳动法律规范，在实现劳动过程中形成的权利义务关系。	平等民事主体间提供方给用工方提供劳动服务，获得劳务报酬的关系，由民法调整。
法律关系主体	一方是用人单位，另一方是劳动者。	可能是公司与公司之间的关系，也可能是人和人之间的关系，还可能是公司与人之间的关系。
隶属关系	劳动者除提供劳动之外，还要接受用人单位的管理，遵守其规章制度等。	劳务关系只需劳务服务用工方支付报酬，在法律上不存在身份隶属关系。
单位义务	劳动者除获得工资报酬外，还有法定社会保险、公积金等。	劳动者一般只获得劳动报酬。

---

① 正确。
② 正确。
③ 正确。赵、吴二人之间是雇佣关系。
④ 正确。
⑤ 用工之日，通俗地讲就是劳动者在用人单位开始上班第一天。

第二讲 劳动基准法

一般考点 2　工作时间和休息休假

一、工作时间

（一）标准工作时间

每日工作 8 小时，每周工作 40 小时。[1] 在 1 周（7 日）内工作 5 天。

（二）缩短工作时间

缩短工作时间是指每日工作时间少于 8 小时，其适用对象：
（1）从事矿山井下、高山、有毒有害、特别繁重或过度紧张等作业的劳动者；
（2）从事夜班工作的劳动者；
（3）哺乳期内的女工。

二、休息日最低保障

公休假一般为每周 2 日。不能实行国家标准工作制的企事业单位，保证每周至少休息 1 日。

三、加班

（一）一般情况下的加班

因生产经营需要，经与工会和劳动者协商后，一般每日加班不得超过 1 小时；因特殊原因，在保障劳动者身体健康的条件下，每日加班不得超过 3 小时，但每月不得超过 36 小时。

（二）不受限制的加班

下列特殊情形加班时间不受《劳动法》第 41 条的限制：
（1）发生自然灾害、事故或者因其他原因，威胁劳动者生命健康和财产安全，需要紧急处理的；
（2）生产设备、交通运输线路、公共设施发生故障，影响生产和公众利益，必须及时抢修的；
（3）法律、行政法规规定的其他情形。

一般考点 3　工资法律制度

一、工资支付保障

工资应以货币形式按月支付，不得克扣或无故拖欠。工资分配按劳分配，同工同酬。

二、最低工资保障

最低工资具体标准由省级人民政府规定，报国务院备案。用人单位支付劳动者的工资

---

[1] 参见《国务院关于职工工作时间的规定》第 3 条。

不得低于当地最低工资标准。但是，最低工资不包括下列各项：
（1）加班加点工资；
（2）中班、夜班、高温、低温、井下、有毒、有害等特殊工作环境条件下的津贴；
（3）国家法律、法规和政策规定的劳动者保险、福利待遇；
（4）用人单位通过贴补伙食、住房等支付给劳动者的非货币性收入。

三、加班工资的支付

加班工资按照如下标准支付：
（1）加班工资支付不低于工资的1.5倍；
（2）休息日加班又不能安排补休的，加班工资不低于工资的2倍（补休不付费）；
（3）法定休假日加班，加班工资不低于工资的3倍（补休也付费）。

> 【提示1】劳动者未经批准的自愿加班，不能要求单位支付加班费。
> 【提示2】单位在休息日安排加班后，安排补休，劳动者是可以拒绝补休要求加班费的。因为休息权是劳动者的权益，劳动者有权选择是休息还是要加班费。

一般考点4　职业安全卫生制度

一、劳动保护的一般要求

（一）安全卫生设施"三同时"制度

劳动安全卫生设施必须符合国家规定的标准。新建、改建、扩建工程的劳动安全卫生设施必须与主体工程同时设计、同时施工、同时投入生产和使用。

> 【总结】劳动安全卫生设施与主体工程"三同时"；建设项目的防治污染设施与主体工程"三同时"。

（二）安全卫生和生产保障制度

用人单位必须为劳动者提供符合国家规定的劳动安全卫生条件和必要的劳动防护用品，对从事有职业危害作业的劳动者应当定期进行健康检查。

（三）特种工作专门培训制度

从事特种作业的劳动者必须经过专门培训并取得特种作业资格。

二、女职工的特殊劳动保护

（一）绝对禁止事项

禁止安排女职工从事矿山井下、国家规定的第四级体力劳动强度的劳动和其他禁忌从事的劳动。

（二）生理期禁止事项

不得安排女职工在经期从事高处、低温、冷水作业和国家规定的第三级体力劳动强度的劳动。

> 【口诀】绝对禁止井下四级，经期禁止冷高低三。

（三）怀孕和哺乳期禁止事项

对怀孕期间和哺乳未满1周岁婴儿期间的女职工实行特别保护：

（1）不得安排上述期间的女职工从事国家规定的第三级体力劳动强度的劳动和孕期禁忌从事的劳动；

（2）对怀孕7个月以上和哺乳未满1周岁的婴儿期间的女职工，不得安排其延长工作时间和夜班劳动。

【提示】不是只要怀孕就不能安排加班夜班，一定要怀孕7个月以上，或哺乳未满1周岁婴儿期间。

（四）产假

女职工生育享受不少于98天的产假。

【总结】女职工特定期间的特别保护

禁止三级体力劳动	经期、怀孕期间、哺乳未满1周岁的婴儿期间。
禁止加班、夜班	怀孕7个月以上、哺乳未满1周岁的婴儿期间。

三、未成年工的特殊劳动保护

（一）未成年工界定

未成年工是指年满16周岁未满18周岁的劳动者。

（二）未成年工禁止事项

不得安排未成年工从事矿山井下、有毒有害、国家规定的第四级体力劳动强度的劳动和其他禁忌从事的劳动。

（三）健康检查

用人单位应当对未成年工定期进行健康检查。

（四）岗前培训

未成年工上岗前，用人单位应对其进行有关的职业安全卫生教育、培训。

【口诀】十六到十八，健康定期查，井下有毒害，四级和其他。

【总结】女职工与未成年工特殊保护的比较

	女职工	未成年工
禁止井下作业、第四级体力劳动强度的劳动	√	√
定期健康检查	×	√
禁止从事有毒有害劳动	×	√

【真题】

王某，女，于2012年2月1日入职某公司。关于女工权益，根据《劳动法》，下列说法正确的是：（2016年·卷1·95题）①

A. 公司应定期安排王某进行健康检查

B. 公司不能安排王某在经期从事高处作业

C. 若王某怀孕6个月以上，公司不得安排夜班劳动

D. 若王某在哺乳婴儿期间，公司不得安排夜班劳动

---

① B。A选项错误，用人单位需定期组织健康检查的劳动者是未成年工和从事有职业危害作业的劳动者，女工不必需。CD选项错误，女职工不能加班、上夜班的情形：怀孕7个月以上；哺乳未满1周岁的婴儿期间。

第三讲　劳动合同法

一般考点 5　劳动合同的分类

一、固定期限劳动合同

用人单位与劳动者约定合同终止时间的劳动合同。

二、无固定期限劳动合同

（一）概念

无固定期限劳动合同，是指用人单位与劳动者约定无确定终止时间的劳动合同。

（二）订立方式

协商订立	用人单位与劳动者协商一致，可约定无确定终止时间的劳动合同
应当订立	有下列情形之一，单位应当与劳动者订立无固定期限劳动合同： （1）劳动者在该用人单位连续工作满10年的； （2）用人单位初次实行劳动合同制度或者国有企业改制重新订立劳动合同时，劳动者在该用人单位连续工作满10年且距法定退休年龄不足10年的； （3）连续订立2次固定期限劳动合同，且劳动者没有《劳动合同法》规定的过错性辞退和无过错性辞退情形，续订劳动合同的。 【提示】存在上述情形的，劳动者提出订立固定期限劳动合同，单位可以不订立无固定期限劳动合同。 【口诀】连续十年，首签双十，连续两次没有过错。
视为订立	用人单位自用工之日起满1年不与劳动者订立书面劳动合同。

【提示1】不订立无固定期限劳动合同的法律后果：用人单位自应当订立无固定期限劳动合同之日起向劳动者每月支付2倍的工资。

【提示2】"视为订立"情形下，不适用本条规定，因为本规定针对的是应当订立而未订立的情形。

三、以完成一定工作任务为期限的劳动合同

用人单位与劳动者约定以某项工作的完成为合同期限的劳动合同。

一般考点 6　集体劳动合同与工会

一、集体劳动合同

（一）概念

集体劳动合同，是指用人单位与本单位职工就劳动报酬、工作时间、休息休假、劳动安全卫生、职业培训、保险福利等事项，通过集体协商签订的书面协议。

（二）集体合同约束力

1. 基本规定
依法订立的集体合同对用人单位和劳动者具有约束力。

2. 行业性、区域性集体合同
在县级以下区域内，建筑业、采矿业、餐饮服务业等行业可以由工会与企业方面代表订立，对当地本行业、本区域的用人单位和劳动者具有约束力。

3. 集体合同纠纷的法律救济
经协商解决不成的，工会可以依法申请仲裁、提起诉讼。

【提示】只有在集体劳动合同履行过程中就全体劳动者或不特定劳动者的个体利益发生争议时，才需要工会作为与用人单位相对的劳动者方的当事人。

【比较】集体合同与一般劳动合同

	集体合同	一般劳动合同
合同主体	用人单位和工会①或职工代表	用人单位和劳动者个人
合同内容	涉及所有劳动者的劳动条件、生活待遇等内容，起统一标准的作用	仅涉及具体劳动者个人的劳动条件、生活待遇等内容，因人而异
订立程序	草案需提交职工代表大会或全体职工（劳动者）讨论通过，由双方首席代表签字，并报劳动行政部门审查备案	只需劳动者个人与用人单位协商一致签订
合同生效	劳动行政部门自收到集体合同文本之日起15日内未提出异议	当事人双方在劳动合同文本上签字或者盖章
产生时间	产生于劳动关系的运行过程中，不以单个劳动者参加劳动关系为前提	以劳动者就业为前提
二者关联	（1）**劳动条件和劳动标准**：劳动合同规定的劳动者个人劳动条件和劳动标准不得低于集体合同的规定，否则无效	
	（2）**约定不明**：劳动合同约定不明时，适用集体合同的规定	
	（3）**无书面**：未订立书面劳动合同的，有集体合同适用集体合同的规定	

二、工会

（一）工会的性质
中华全国总工会、地方总工会、产业工会具有社会团体法人资格。

（二）工会的主要职能

1. 劳动合同解除时
（1）用人单位单方解除劳动合同，应当事先将理由通知工会。工会要求用人单位纠正违法、违约行为的，用人单位应将处理结果书面通知工会。没有建立工会，应告知职工代

---

① 尚未建立工会的用人单位，由上级工会指导劳动者推举的代表与用人单位订立。

表并征求意见或向当地总工会征求意见。

（2）建立工会组织的用人单位未事先通知工会，除非起诉前用人单位已经补正有关程序，否则劳动者可请求用人单位支付赔偿金。

2. 企业经济性裁员时

用人单位提前 30 日向工会或全体职工说明情况

核心考点7　劳动合同的订立

一、劳动合同的形式

劳动合同应当采用书面形式[①]订立。已建立劳动关系但未订立书面劳动合同的，应自用工之日起 1 个月内签书面劳动合同。

非全日制用工双方当事人可以订立口头协议。

【提示】依法取得营业执照或者登记证书的分支机构，可作为用人单位与劳动者订立劳动合同。

二、不签订书面劳动合同的法律后果

（一）劳动者不与用人单位签订书面劳动合同

自用工之日起 1 个月内，经用人单位书面通知后，劳动者不签的，用人单位应书面通知劳动者终止劳动关系，无需向劳动者支付经济补偿，但应支付其实际工作时间的劳动报酬。

自用工之日起超过 1 个月不满 1 年，劳动者不签的，用人单位应书面通知劳动者终止劳动关系，并依照劳动合同法规定支付经济补偿。

【提示】劳动者不签，单位 1 个月内通知解除和超过 1 个月不满 1 年通知解除的区别在于，单位是否支付补偿金。前者不给，后者给。

（二）用人单位不与劳动者签订书面劳动合同

自用工之日起超过 1 个月不满 1 年，单位不签，应向劳动者每月支付 2 倍的工资。

【提示】对"用工之日"的理解，应为"未订立或未续订书面劳动合同而用工之日"。

［例如］海洋与海洋有限公司的劳动合同期满后，继续留任工作，但一直未签订书面劳动合同，海洋就有权主张自用工之日起超过 1 个月不满 1 年期间内的双倍工资。

三、劳动合同条款

（一）试用期条款

1. 试用期时间规定

劳动合同期限 3 个月以上不满 1 年的，试用期不得超过 1 个月；劳动合同期限 1 年以上不满 3 年的，试用期不得超过 2 个月；3 年以上固定期限和无固定期限的劳动合同，试用期不得超过 6 个月。

【总结】试用期时间规定

---

① 劳动合同的书面形式除劳动合同书外，还包括用人单位依法制定的劳动规章制度等劳动合同书的附件。

劳动合同期限	试用期	口诀
3月≤N<1年	≤1个月	3-1-1
1年≤N<3年	≤2个月	1-3-2
N≥3年，无固定	≤6个月	3-6

2. 限制试用期的约定次数

同一用人单位与同一劳动者只能约定一次试用期，禁止违法延长试用期。

【提示】劳动者调整或变更工作岗位，不得再次约定试用期。

[例如] 赵海洋与海洋公司解除劳动合同，去海水公司工作2年后，又重新回到海洋公司工作，海洋公司不得与赵海洋重新约定试用期。

3. 不得约定试用期情形

下列情形不得约定试用期：

（1）以完成一定工作任务为期限的劳动合同；

（2）劳动合同期限不满3个月的；

（3）非全日制用工。

4. 约定试用期不成立的情形

劳动合同仅约定试用期，该期限为劳动合同期限。

5. 试用期工资保障

试用期工资不得低于本单位相同岗位最低档工资或者劳动合同约定工资的80%，并不得低于用人单位所在地的最低工资标准（两个保障，80%+最低）。

6. 违法约定试用期的法律责任

违法约定的试用期已经履行的，由用人单位以劳动者试用期满月工资为标准，按已经履行的超过法定试用期的期间向劳动者支付赔偿金。

7. 禁止用人单位试用期滥用解雇权

原则上用人单位不得在试用期随意解除员工，除非有证据证明劳动者存在下列情形：

（1）劳动者不符合录用条件；

（2）劳动者有违规违纪违法行为；

（3）不能胜任工作等。

（二）保密条款

用人单位与劳动者可在劳动合同中约定保密条款，且用人单位并不必然向劳动者支付保密费。

（三）服务期条款

用人单位为劳动者提供专项培训费用，对其进行专业技术培训的，可以与该劳动者订立协议，约定服务期。

劳动者违反服务期的相关约定，应按照约定向用人单位支付违约金。违约金的数额不得超过用人单位提供的培训费用[①]；违约金不得超过服务期尚未履行部分所应分摊的培训费

[①] 用人单位提供的培训费用，包括用人单位为了对劳动者进行专业技术培训而支付的有凭证的培训费用、培训期间的差旅费用以及因培训产生的用于该劳动者的其他直接费用。（《劳动合同法实施条例》第16条）

用；约定服务期不影响按照正常的工资调整机制提高劳动者在服务期期间的劳动报酬。

劳动者因用人单位存在过错依法解除劳动合同，不属于违反服务期的约定，用人单位不得要求劳动者支付违约金。

【提示】职业培训≠专项培训。

[例如] 参加岗前培训就仅属于职业培训，而不属于专项培训。

【判断】用人单位能否对享有住房、户口、专车等特殊待遇的劳动者约定服务期？能否要求劳动者服务期内辞职支付违约金？①

（四）竞业限制条款

对负有保密义务的劳动者，用人单位可以在劳动合同或者保密协议中与劳动者约定竞业限制条款，并约定在解除或者终止劳动合同后，在竞业限制期限内按月给予劳动者经济补偿。劳动者违反竞业限制约定的，应当按照约定向用人单位支付违约金。竞业限制期限，不得超过2年。

【提示】竞业限制的人员限于用人单位的高级管理人员、高级技术人员和其他负有保密义务的人员。

【逻辑】目的在于防止负有保密义务的劳动者在离职后前往与本单位有竞争关系的单位从事相同工作，或者自己开业生产或者经营同类产品、从事同类业务，从而引起不正当竞争。

【总结】单位仅能就劳动者违反服务期条款和违反竞业限制条款与劳动者约定违约金。

（五）社会保险条款

为职工缴纳社会保险是单位的法定义务。用人单位不得与职工约定不缴纳社会保险费。

[例如] 海洋未与海洋公司签订书面劳动合同，单位是否有义务为其缴纳社会保险？当然啦，只要劳动者与用人单位之间形成劳动关系，单位就应当为其缴纳社会保险费。

四、劳动合同的生效

由用人单位与劳动者协商一致，并在劳动合同文本上签字或者盖章生效。若双方当事人约定须公证方可生效的劳动合同，其生效时间始于公证之日。

一般考点8 劳动合同的变更

一、劳动合同订立主体的变更

用人单位变更名称、法定代表人、主要负责人或者投资人等事项，不影响劳动合同的履行。

用人单位发生合并或者分立等情况，原劳动合同继续有效，劳动合同由承继其权利和义务的用人单位继续履行。

---

① 服务期可以约定，但违约金不能约定。不过，单位可以将上述福利转换成金钱，要求劳动者赔付。

二、劳动合同内容的变更

（一）协商一致

用人单位与劳动者协商一致，可以变更劳动合同约定的内容。变更劳动合同，应当采用书面形式。

【判断】用人单位能否依据合法制定的规章制度单方变更劳动合同约定的内容？①

（二）未采用书面形式的法律后果

用人单位与劳动者协商一致变更劳动合同应当采用书面形式。虽未采用书面形式，但已经实际履行了口头变更的劳动合同超过1个月，变更后的劳动合同内容不违反法律、行政法规且不违背公序良俗，当事人不得以未采用书面形式为由主张劳动合同变更无效。

核心考点9　劳动合同的解除和终止

一、劳动合同的解除

（一）劳动合同解除的概念

劳动合同的解除，是指劳动合同当事人在劳动合同期限届满之前依法提前终止劳动合同关系的法律行为。

（二）劳动合同解除的方式

1. 双方协商解除劳动合同

情　形	条　件	期　限	经济补偿金
单位提出	无条件	随　时	√
劳动者提出			×

2. 劳动者解除劳动合同

情　形	条　件	期　限	经济补偿金
预告解除	（1）试用期：无条件，可口头、可书面通知用人单位。	提前3日	×
	（2）劳动合同期间：无条件，书面通知用人单位。	提前30日	×
随时解除	（1）未按照劳动合同约定提供劳动保护或劳动条件； （2）未及时足额支付劳动报酬； （3）未依法为劳动者缴纳社会保险费； （4）用人单位的规章制度违反法律、法规的规定，损害劳动者权益； （5）因欺诈、胁迫的手段或乘人之危，使对方在违背真实意思的情况下订立或变更劳动合同，用人单位免除自己的法定责任、排除劳动者权利，违反法律、行政法规强制性规定等情形致使劳动合同无效； （6）其他。	随　时	√

---

① 不可以。

续表

情　形	条　件	期　限	经济补偿金
随时解除	【口诀】缺少条件、钱不给够、不缴社保、制度违法、合同无效。	随　时	√
立即解除	用人单位以暴力、威胁或非法限制人身自由的手段强迫劳动者劳动的，或用人单位违章指挥、强令冒险作业危及劳动者人身安全。 【口诀】危及人身安全或限制人身自由。	立　即	√

3. 用人单位单方解除劳动合同

情　形	条　件	期　限	经济补偿金
过失性辞退	（1）在试用期间被证明不符合录用条件； （2）严重违反用人单位的规章制度； （3）严重失职，营私舞弊，给用人单位造成重大损害； （4）劳动者同时与其他用人单位建立劳动关系，对完成本单位的工作任务造成严重影响，或经用人单位提出，拒不改正； （5）因欺诈、胁迫的手段或乘人之危，使对方在违背真实意思的情况下订立或变更劳动合同致使合同无效； （6）被依法追究刑事责任。 【口诀】试用不行，严重违规；失职兼职，损害不改；合同无效，追究刑责。	随　时	×
无过失性辞退	（1）劳动者患病或非因工负伤，在规定的医疗期满后不能从事原工作，也不能从事由用人单位另行安排的工作； （2）劳动者不能胜任工作，经过培训或调整工作岗位，仍不能胜任工作； （3）劳动合同订立时所依据的客观情况发生重大变化，致使劳动合同无法履行，经用人单位与劳动者协商，未能就变更劳动合同内容达成协议。 【口诀】伤病能力差，啥也不能干；发生大变化，变更没谈拢。	提前30日书面通知或支付1个月工资	√

【提示】关于单位的规章制度，在适用时应注意以下问题：

（1）**制定需经过民主程序**。用人单位在制定、修改或者决定直接涉及劳动者切身利益的规章制度或者重大事项时，应当经职工代表大会或全体职工讨论，提出方案和意见，与工会或者职工代表平等协商确定。

（2）**没有经过民主程序并不意味着无效**。单位规章制度虽未经过民主程序，但规章制度的内容合法且经过公示程序，劳动者没有异议的，也可以作为劳动仲裁和法院裁判依据。

4. 经济性裁员

前置程序	裁减人员 20 人以上或裁减不足 20 人但占企业职工总数 10% 以上时，需提前 30 日向工会或全体职工说明情况，听取意见，裁减人员方案经向劳动行政部门报告后方可裁员。
解除事由	（1）依照《企业破产法》规定进行重整的； （2）生产经营发生严重困难的； （3）企业转产、重大技术革新或经营方式调整，经变更劳动合同后，仍需裁减人员的； （4）其他因劳动合同订立时所依据的客观经济情况发生重大变化，致使劳动合同无法履行的。 【口诀】重整大困难，转革调变化。
优先留用	（1）与本单位订立较长期限的固定期限劳动合同； （2）与本单位订立无固定期限劳动合同； （3）家庭无其他就业人员，有需要扶养的老人或未成年人。
优先招用	用人单位经济性裁员后，在 6 个月内重新招用人员，应当通知并在同等条件下优先招用被裁减的人员。
经济补偿金	需要支付。

5. 用人单位不得解除劳动合同的情形

适用情形	（1）从事接触职业病危害作业的劳动者未进行离岗前职业健康检查，或者疑似职业病病人在诊断或者医学观察期间的； （2）在本单位患职业病或者因工负伤并被确认丧失或者部分丧失劳动能力的； （3）患病或者非因工负伤，在规定的医疗期内的； （4）女职工在孕期、产期、哺乳期的； （5）在本单位连续工作满 15 年，且距法定退休年龄不足 5 年的； （6）法律、行政法规规定的其他情形。 【提示】劳务派遣关系中，被派遣劳动者存在上述的情形，用工单位原则上不得将被派遣劳动者退回劳务派遣单位；派遣期限届满的，应当延续至相应情形消失时方可退回。 【口诀】职业病存疑惑，因公不能劳动；女性孕产哺，15 加 5
除外规定	用人单位可因劳动者存在过错解除劳动合同。

【提示】劳动合同解除的条件是法定的，即用人单位与劳动者不得在上述劳动合同终止情形之外约定其他的劳动合同终止条件。

［例如］劳动者在用人单位等级考核中居于末位等次，不等同于"不能胜任工作"，不符合单方解除劳动合同的法定条件，用人单位不能据此单方解除劳动合同。（参见最高法指导案例 18 号：中兴通讯（杭州）有限责任公司诉王鹏劳动合同纠纷案）

二、劳动合同终止

（一）劳动合同终止的概念

劳动合同的终止，是指劳动合同所确立的劳动关系由于一定法律事实的出现而终结，劳动者与用人单位之间原有的权利和义务消灭。

（二）劳动合同终止的情形

法定情形	条　　件	经济补偿金
劳动合同期满	用人单位不同意续订。	√
	用人单位降低劳动条件续订劳动合同，劳动者不同意续订。	√
	用人单位维持或提高劳动条件续订劳动合同，劳动者不同意续订。	×
劳动者原因	劳动者开始依法享受基本养老保险待遇；劳动者死亡（含宣告死亡），宣告失踪。	×
用人单位原因	用人单位被依法宣告破产。	√
	用人单位被吊销营业执照、责令关闭、撤销或者决定提前解散。	
	用人单位经营期限届满不再继续经营导致劳动合同不能继续履行。	

【总结】劳动合同解除与劳动合同终止的区别

	劳动合同解除	劳动合同终止
劳动合同是否到期	劳动合同未到期	劳动合同到期
提出主体不同	用人单位和劳动者均可提出。	劳动合同终止是基于某种法定事实的出现，都会导致双方劳动关系的消灭。一般不涉及用人单位与劳动者的意思表示。
法定情形不同	（1）协商解除（《劳动合同法》第36条） （2）劳动者提前解除（《劳动合同法》第37条） （3）劳动者被迫单方解除（《劳动合同法》第38条） （4）用人单位单方通知解除（劳动者有过失辞退）（《劳动合同法》第39条） （5）劳动者无过失辞退（《劳动合同法》第40条） （6）经济性裁员（《劳动合同法》第41条）	有下列情形之一的，劳动合同终止： （1）劳动合同期满的； （2）劳动者开始依法享受基本养老保险待遇的； （3）劳动者死亡，或者被人民法院宣告死亡或者宣告失踪的； （4）用人单位被依法宣告破产的； （5）用人单位被吊销营业执照、责令关闭、撤销或者用人单位决定提前解散的； （6）法律、行政法规规定的其他情形。

三、违法解除或终止劳动合同的法律后果

用人单位违法解除或者终止劳动合同，劳动者要求继续履行劳动合同的，用人单位应当继续履行；劳动者不要求继续履行劳动合同或者劳动合同已经不能继续履行的，用人单位应当依法支付赔偿金。

【提示】劳动者有权决定被违法解除或终止的劳动合同履行与否。

四、经济补偿金、补助金与赔偿金

经济补偿金[1]	支付方式	劳动合同解除或终止后，用人单位依法一次性支付。
	计算方式	经济补偿按劳动者在本单位工作的年限，每满1年支付1个月工资的标准向劳动者支付。6个月以上不满1年的，按1年计算；不满6个月的，向劳动者支付半个月工资的经济补偿。
	工作年限	劳动者非因本人原因[2]从原用人单位被安排到新用人单位工作，劳动者在原用人单位的工作年限合并计算为新用人单位的工作年限。原用人单位已经向劳动者支付经济补偿，新用人单位在依法解除、终止劳动合同计算支付经济补偿的工作年限时，不再计算劳动者在原用人单位的工作年限。
	支付限制	劳动者月工资高于用人单位所在直辖市、设区的市级人民政府公布的本地区上年度职工月平均工资3倍的，向其支付经济补偿的标准按职工月平均工资3倍的数额支付，向其支付经济补偿的年限最高不超过12年。（双封顶）
	【口诀】一般情况，工作1年付1个月工资，6个月以上算1年，不满6个月算半年。高收入者双封顶（金额+时间）。	
补助金	用人单位依法终止工伤职工的劳动合同，除依照《劳动合同法》规定支付经济补偿外，还应当依照工伤保险的规定支付一次性工伤医疗补助金和伤残就业补助金。	
赔偿金	用人单位违法解除或者终止劳动合同的，应当依照经济补偿标准的2倍向劳动者支付赔偿金。 【提示】劳动者对劳动合同继续履行和赔偿金只能二选一。	

> 核心考点 10 **劳务派遣**

📘 劳务派遣知识逻辑

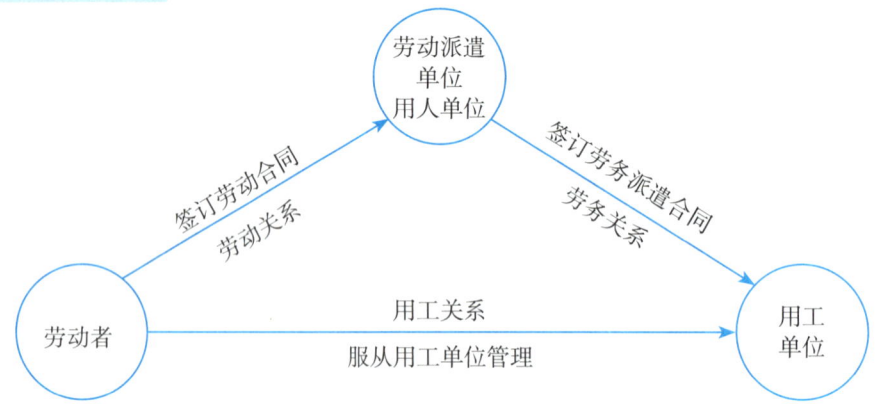

---

[1] 经济补偿金的计算基数，按照劳动者应得工资计算，包括计时工资或者计件工资以及奖金、津贴和补贴等货币性收入。不得低于当地最低工资标准。

[2] 用人单位符合下列情形之一的，应当认定属于"劳动者非因本人原因从原用人单位被安排到新用人单位工作"：①劳动者仍在原工作场所、工作岗位工作，劳动合同主体由原用人单位变更为新用人单位；②用人单位以组织委派或任命形式对劳动者进行工作调动；③因用人单位合并、分立等原因导致劳动者工作调动；④用人单位及其关联企业与劳动者轮流订立劳动合同；⑤其他合理情形。

一、劳务派遣的概念

劳务派遣，是指劳务派遣单位与劳动者订立劳动合同后，由派遣单位与实际用工单位通过签订劳务派遣协议，将劳动者派遣到用工单位工作，用工单位实际使用劳动者，用工单位向劳务派遣单位支付管理费、劳动者工资、社会保险费用等而形成的关系。

二、劳务派遣岗位

劳务派遣用工是补充形式，只能在临时性、辅助性或者替代性的工作岗位上实施。

【释义1】临时性工作岗位，是指存续时间不超过6个月的岗位。

【释义2】辅助性工作岗位，是指为主营业务岗位提供服务的非主营业务岗位。

【释义3】替代性工作岗位，是指用工单位的劳动者在因脱产学习、休假等无法工作的一定期间内，可以由其他劳动者替代工作的岗位。

三、劳务派遣单位的义务

合同期限	劳务派遣单位应当与被派遣劳动者订立2年以上的固定期限劳动合同。
劳动报酬	按月支付劳动报酬；被派遣劳动者在无工作期间，劳务派遣单位应当按照所在地人民政府规定的最低工资标准，向其按月支付报酬。
	不得克扣用工单位支付给被派遣劳动者的劳动报酬。
禁止收费	劳务派遣单位和用工单位不得向被派遣劳动者收取费用。

四、用工单位的义务

禁止分割	不得将连续用工期限分割订立数个短期劳务派遣协议。
当地标准	跨地区派遣劳动者的，劳动报酬和劳动条件按照用工单位所在地的标准执行。
禁止转派	用工单位不得将被派遣劳动者再派遣到其他用人单位。
总量控制	用工单位使用的被派遣劳动者数量不得超过其用工总量的10%。【释义】用工总量，是指用工单位订立劳动合同人数与使用的被派遣劳动者人数之和。
禁止自派	用人单位不得设立劳务派遣单位向本单位或者所属单位派遣劳动者。
连带责任	用工单位给被派遣劳动者造成损害的，劳务派遣单位与用工单位承担连带赔偿责任（用工害，才连带）

五、劳务派遣中劳动合同的解除

（一）被派遣劳动者解除

被派遣劳动者可依《劳动合同法》第36条（双方协商解除）、第38条（用人单位违法违约）的规定与劳务派遣单位解除劳动合同。

（二）劳务派遣单位解除

被派遣劳动者有《劳动合同法》第39条（劳动者过失性辞退情形）和第40条第1项、第2项（劳动者无过失性辞退情形）规定情形的，用工单位可以将劳动者退回劳务派遣单位，劳务派遣单位依照《劳动合同法》有关规定，可以与劳动者解除劳动合同。

一般考点 11 非全日制用工

一、非全日制用工的界定

以小时计酬为主，在同一用人单位一般平均每日工作时间不超过 4 小时，每周工作时间累计不超过 24 小时的用工形式。

[例如] 海洋公司录用一名非全日制的员工，能否安排其每天工作 8 小时，每周工作 3 天呢？答案是肯定的。

【提示】非全日制用工≠不定时工作制

二、非全日制用工的特殊规定

（一）多份劳动合同

劳动者可与一个或者一个以上用人单位订立劳动合同。后订立的劳动合同不得影响先订立的劳动合同的履行。

（二）随时解除

任何一方都可以随时通知对方终止用工，且用人单位无需向劳动者支付经济补偿。

（三）短期结算

非全日制用工劳动报酬结算支付周期最长不得超过 15 日。

【比较】全日制用工与非全日制用工对比

	全日制用工	非全日制用工
工作时间	一般每日不超过 8 小时，且每周累计不超过 40 小时。	平均每日不超过 4 小时，且每周累计不超过 24 小时。
合同形式要求	必须订立书面合同。	可书面，可口头。
计酬方式及工资支付周期	按月支付，且不得低于当地最低工资标准。	按小时计酬，且不得低于当地最低小时工资标准；支付周期不得超过 15 日。
能否约定试用期	能	不能
社会保险缴纳	用人单位必须依法为劳动者缴纳社会保险。	单位只需为劳动者缴纳工伤保险，其他险种由劳动者自行缴纳。
劳动合同的解除	应依法解除。劳动者无过错时，单位应支付经济补偿金。	任何一方可随时提出终止劳动合同，用人单位无需支付经济补偿金。
合同主体要求	劳动者一般只能与一个用人单位建立劳动关系。	劳动者可以与一个以上用人单位建立劳动关系。

第四讲　劳动争议解决

一般考点 12　劳动争议

一、劳动争议的概念

劳动争议又称劳动纠纷，是指劳动者与用人单位因执行劳动法律、法规或履行劳动合同、集体合同发生的纠纷。

二、劳动争议的范围

（一）属于劳动争议的纠纷

劳动者与用人单位之间发生的下列纠纷，属于劳动争议，当事人不服劳动争议仲裁机构作出的裁决，依法提起诉讼的，人民法院应予受理：

（1）劳动者与用人单位在履行劳动合同过程中发生的纠纷；

（2）劳动者与用人单位之间没有订立书面劳动合同，但已形成劳动关系后发生的纠纷；

（3）劳动者与用人单位因劳动关系是否已经解除或者终止，以及应否支付解除或者终止劳动关系经济补偿金发生的纠纷；

（4）劳动者与用人单位解除或者终止劳动关系后，请求用人单位返还其收取的劳动合同定金、保证金、抵押金、抵押物发生的纠纷，或者办理劳动者的人事档案、社会保险关系等移转手续发生的纠纷；

（5）劳动者以用人单位未为其办理社会保险手续，且社会保险经办机构不能补办导致其无法享受社会保险待遇为由，要求用人单位赔偿损失发生的纠纷；

（6）劳动者退休后，与尚未参加社会保险统筹的原用人单位因追索养老金、医疗费、工伤保险待遇和其他社会保险待遇而发生的纠纷；

（7）劳动者因为工伤、职业病，请求用人单位依法给予工伤保险待遇发生的纠纷；

（8）劳动者依据《劳动合同法》第85条规定，要求用人单位支付加付赔偿金发生的纠纷；

（9）因企业自主进行改制发生的纠纷。

【口诀】劳动合同履行类纠纷（两类：履行劳动合同纠纷、无书面合同但形成劳动关系后的纠纷）；认定劳动关系解除或终止纠纷；应否支付经济补偿金类纠纷；用人单位返还财物纠纷；人事关系移转手续纠纷；单位原因无法享受社保待遇要求单位赔偿损失纠纷（两类：单位未为其办理、原单位未参加社保统筹）；工伤待遇纠纷；加付赔偿金纠纷；自主改制引起的纠纷。

（二）不属于劳动争议的纠纷

下列纠纷不属于劳动争议：

（1）劳动者请求社会保险经办机构发放社会保险金的纠纷；

（2）劳动者与用人单位因住房制度改革产生的公有住房转让纠纷；

（3）劳动者对劳动能力鉴定委员会的伤残等级鉴定结论或者对职业病诊断鉴定委员会

的职业病诊断鉴定结论的异议纠纷；
（4）家庭或者个人与家政服务人员之间的纠纷；
（5）个体工匠与帮工、学徒之间的纠纷；
（6）农村承包经营户与受雇人之间的纠纷。

【提示】上述争议均非劳动者与用人单位的劳动纠纷。

核心考点 13 劳动争议仲裁

一、提起劳动争议仲裁的原因

发生劳动争议，当事人不愿调解、调解不成或达成调解协议后不履行的，任何一方可以直接向劳动争议仲裁委员会申请仲裁。劳动争议仲裁是劳动争议案件处理的必经程序。

【口诀】仲裁前置。

二、劳动争议仲裁的一般规定

（一）管辖

劳动合同履行地、用人单位所在地的劳动争议仲裁委员会均有管辖权，但劳动合同履行地优先管。当事人不得对劳动争议仲裁管辖进行约定。

[例如] 海洋与海洋公司就劳动合同的履行产生争议，双方当事人分别向劳动合同履行地和用人单位所在地的劳动争议仲裁委员会申请仲裁，此时应由劳动合同履行地的劳动争议仲裁委员会管辖。

（二）当事人

1. 一般劳动争议

一般劳动争议的当事人为发生劳动争议的劳动者和用人单位。

2. 劳务派遣争议

劳务派遣单位或用工单位与劳动者发生劳动争议，劳务派遣单位和用工单位为共同当事人。

劳动者因履行劳动派遣合同产生劳动争议而起诉，以派遣单位为被告；争议内容涉及接受单位的，以派遣单位和接受单位为共同被告。

（三）仲裁时效

申请仲裁的时效期间为 1 年，从当事人知道或应当知道其权利被侵害之日起计算。

劳动关系存续期间因拖欠劳动报酬发生争议的，不受仲裁时效期间限制；但劳动关系终止的，应自劳动关系终止之日起 1 年内提出。

仲裁时效可中止、中断。

【口诀】仲裁时效：1 年；拖欠工资，劳动关系终止后才起算；可中止中断。

三、劳动争议仲裁的程序规定

（一）仲裁申请

申请人应提交书面仲裁申请，书写确有困难的，可口头申请，由劳动争议仲裁委员会记入笔录，并告知对方当事人。

【口诀】仲裁申请，可口头可书面。

（二）举证责任

当事人对自己提出的主张提供证据。与争议事项有关的证据属于用人单位掌握管理的，用人单位应当提供；用人单位不提供的，应当承担不利后果。

【口诀】谁主张，谁举证，在单位，他不给，单位责。

因用人单位作出的开除、除名、辞退、解除劳动合同、减少劳动报酬、计算劳动者工作年限等决定而发生的劳动争议，用人单位负举证责任。

（三）仲裁审理时限

一般规定，收到仲裁申请45日内作出仲裁裁决。疑难复杂案件，可最多延迟15天。逾期未作出仲裁裁决的，当事人可以就该劳动争议事项起诉。

仲裁委员会不予受理或逾期未作出受理决定，仲裁庭逾期未作仲裁裁决，申请人（当事人）可起诉。

（四）仲裁委员会先予执行

仲裁庭对追索劳动报酬、工伤医疗费、经济补偿或者赔偿金的案件，根据当事人的申请，可以裁决先予执行，移送人民法院执行。劳动者申请先予执行的，可以不提供担保。

（五）一裁终局

下列劳动争议，对用人单位而言，仲裁裁决为终局裁决，裁决书自作出之日起发生法律效力：

（1）追索劳动报酬、工伤医疗费、经济补偿或者赔偿金，不超过当地月最低工资标准12个月金额的争议；

（2）因执行国家的劳动标准在工作时间、休息休假、社会保险等方面发生的争议。

【提示】劳动者对上述仲裁裁决不服的，可以自收到仲裁裁决书之日起15日内向人民法院提起诉讼。

【总结】对单位一裁终局，劳动者不服可起诉。单位可通过依法撤销仲裁裁决救济。

（六）用人单位申请撤销终局裁决

用人单位有证据证明终局裁决有下列情形之一，可以自收到仲裁裁决书之日起30日内向劳动争议仲裁委员会所在地的中级人民法院申请撤销裁决：

（1）适用法律、法规确有错误的；

（2）劳动争议仲裁委员会无管辖权的；

（3）违反法定程序的；

（4）裁决所根据的证据是伪造的；

（5）对方当事人隐瞒了足以影响公正裁决的证据的；

（6）仲裁员在仲裁该案时有索贿受贿、徇私舞弊、枉法裁决行为的。

第2章 社会保障法

> **应试指导**
>
> 本章由社会保险法和军人保险法两部分组成,分值为1~2分。从命题趋势上来看,近年来多是将社会保险法与劳动法结合考查,或者将社会保险法与军人保险法结合考查。但是万变不离其宗,考生需要重点掌握不同险种的保障对象和保险待遇等规定。

社会保障法知识逻辑

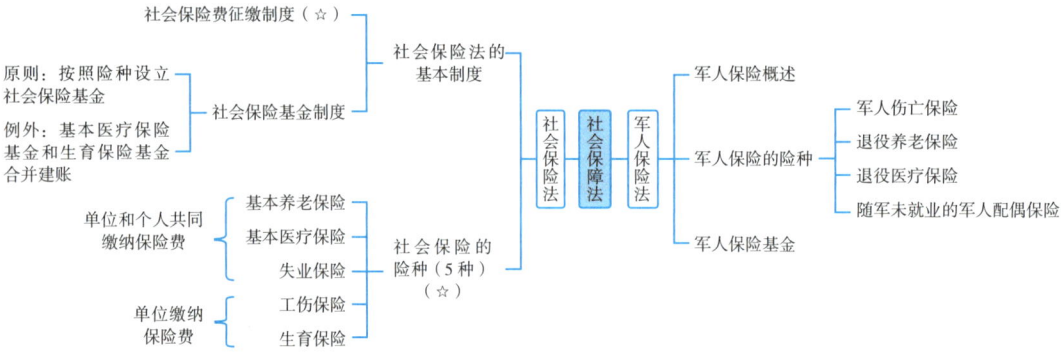

第一讲 社会保险法

一般考点1 社会保险法的基本制度

一、社会保险费征缴制度

(一)缴纳义务人

用人单位及其职工是缴纳社会保险的法定义务人。

无雇工的个体工商户、未在用人单位参加社会保险的非全日制从业人员以及其他灵活就业人员,可以自愿向社会保险经办机构申请办理社会保险登记,成为基本养老保险费和基本医疗保险费的缴纳义务人。

(二)社会保险登记

用人单位应当自用工之日起 30 日内为其职工向社会保险经办机构申请办理社会保险登记。个人社会保障号码为公民身份证号。

二、社会保险基金制度

（一）社会保险基金的种类

社会保险基金包括基本养老保险基金、基本医疗保险基金、工伤保险基金、失业保险基金和生育保险基金。除基本医疗保险基金与生育保险基金合并建账及核算外，其他各项社会保险基金按照社会保险险种分别建账，分账核算。

【口诀】基金是基金，建账是建账。

（二）社会保险基金统筹

基本养老保险基金逐步实行全国统筹，其他社会保险基金逐步实行省级统筹。

核心考点 2　基本养老保险

一、养老保险体系

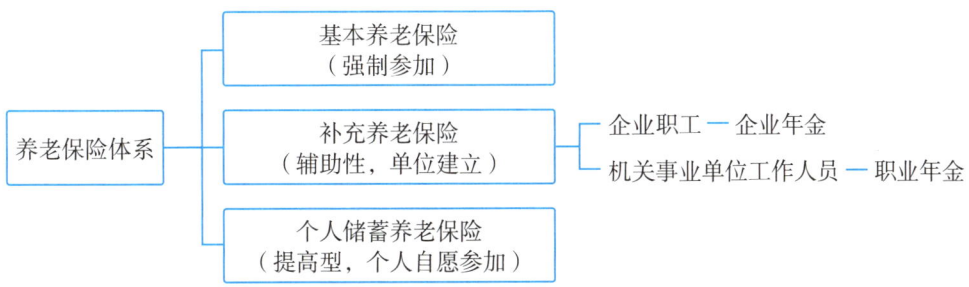

二、基本养老保险的种类

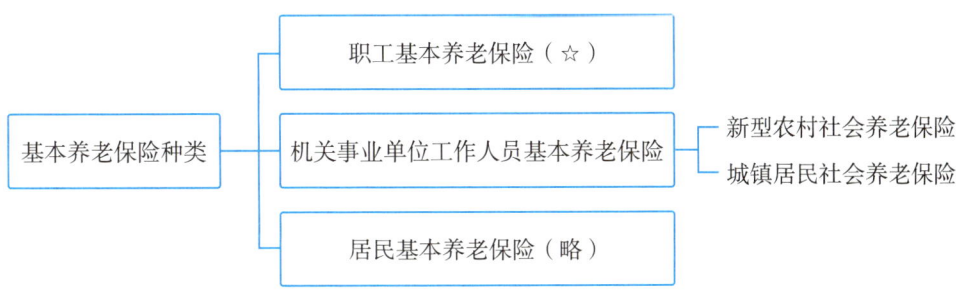

三、职工基本养老保险

（一）保费缴纳主体

职工应当参加基本养老保险，由用人单位和职工共同缴纳基本养老保险费。

（二）保险金构成

基本养老金由统筹养老金和个人账户养老金组成。用人单位缴纳的基本养老保险费，记入基本养老保险统筹基金；职工缴纳的基本养老保险费，记入个人账户。

无雇工的个体工商户、未在用人单位参加基本养老保险的非全日制从业人员以及其他灵活就业人员参加基本养老保险的，应当按照规定，分别记入基本养老保险统筹基金和个人账户。

> 【提示】无论是否有用人单位,只要参加基本养老保险,缴纳的保险费就会分别计入统筹账户和个人账户。

(三) 保险金发放条件

参保个人达到法定退休年龄,且累计缴费满 15 年或虽累计缴费不足 15 年但缴费至满 15 年,按月领取基本养老金。

> 【口诀】退休 + 缴费 15 年,按月领。

(四) 个人账户保险金的支取与继承

1. 禁止提前支取

个人账户不得提前支取,记账利率不得低于银行定期存款利率,免征利息税。

2. 领取补助津贴情形

参保个人因病或非因工死亡的,遗属可领取丧葬补助金和抚恤金;在未达到法定退休年龄时因病或非因工致残完全丧失劳动能力的,可领取病残津贴。

3. 继承人继承

参保个人死亡的,其个人账户中的余额可依法继承。

> 【判断】基本养老保险只需缴费 15 年。①

核心考点 3 基本医疗保险

一、基本医疗保险的种类

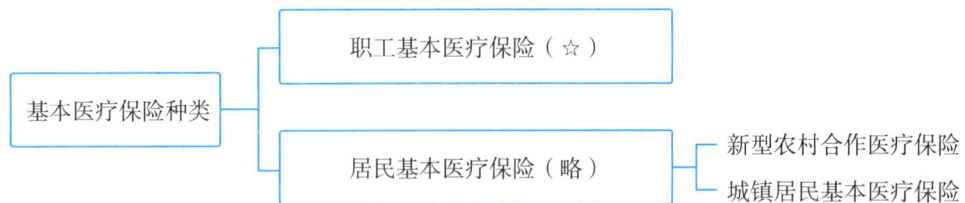

基本医疗保险可分为职工基本医疗保险、新型农村合作医疗保险和城镇居民基本医疗保险等三类。

二、职工基本医疗保险

(一) 保费缴纳

职工应当参加,用人单位和职工按照国家规定共同缴纳,退休后不再缴纳;未达到规定年限的,可以缴费至国家规定年限。

(二) 医保范围

符合基本医疗保险药品目录、诊疗项目、医疗服务设施标准以及急诊、抢救的医疗费用,按照国家规定从基本医疗保险基金中支付。

---

① 错。最低缴费年限为 15 年,并不是缴满 15 年就能不缴。

（三）非医保范围

应从工伤保险基金中支付、应由第三人负担、应由公共卫生负担、在境外就医等四类原因产生的医疗费用不纳入基本医疗保险基金支付范围。

【口诀】外（境外）、生（公共卫生）、伤（工伤）、人（第三人）。（谐音：外甥伤人）

（四）基本医疗保险基金先行支付规则

医疗费用依法应当由第三人负担，第三人不支付或无法确定第三人的，由基本医疗保险基金先行支付。基本医疗保险基金先行支付后，有权向第三人追偿。

【口诀】第三人害，先救人，再追偿。

【逻辑】第三人原因产生的医疗费，钱一定是第三人出，先找第三人，找不到才由基本医疗保险基金先行支付。

核心考点 4　失业保险

一、失业保险费缴纳

职工应当参加失业保险，由用人单位和职工共同缴纳失业保险费。

二、领取失业保险金的条件

失业人员符合下列条件的，从失业保险基金中领取失业保险金：
（1）失业前用人单位和本人已缴纳失业保险费满1年；
（2）非因本人意愿中断就业；
（3）已进行失业登记，并有求职要求。

【释义】所谓"非因本人意愿中断就业"，包括下列情形：
（1）依照《劳动合同法》第44条第1项（劳动合同期满）、第4项（用人单位被依法宣告破产）、第5项（用人单位被吊销营业执照、责令关闭、撤销或者用人单位决定提前解散）规定终止劳动合同的；
（2）由用人单位依照《劳动合同法》第39条（劳动者有过错）、第40条（劳动者无过错）、第41条（经济性裁员）规定解除劳动合同的；
（3）用人单位与劳动者协商一致解除劳动合同的；
（4）由用人单位提出解除聘用合同或者被用人单位辞退、除名、开除的；
（5）劳动者本人依照《劳动合同法》第38条（单位有过错）规定解除劳动合同的；
（6）法律、法规、规章规定的其他情形。

三、失业人员权益保障

（一）保障就医

失业人员在领取失业保险金期间，参加职工基本医疗保险，享受基本医疗保险待遇。失业人员应当缴纳的基本医疗保险费从失业保险基金中支付，个人不缴纳基本医疗保险费。

（二）丧葬补助

失业人员在领取失业保险金期间死亡的，向遗属发一次性丧葬补助金和抚恤金。所需资金从失业保险基金中支付。个人死亡同时符合领取基本养老保险丧葬补助金、工伤保险丧葬补助金和失业保险丧葬补助金条件的，其遗属只能选择领取其中的一项。

四、失业保险金的领取期限

失业保险金领取期限自办理失业登记之日起计算。失业前用人单位和本人累计缴费满1年不足5年的，领取期限最长为12个月；累计缴费满5年不足10年的，领取期限最长为18个月；累计缴费10年以上的，领取期限最长为24个月。重新就业后，再次失业的，缴费时间重新计算，领取期限与前次失业应当领取而尚未领取的期限合并计算，最长不超过24个月。

【口诀】5年一阶梯，一阶6个月，总计给2年。

五、停止享受失业保险待遇情形

失业人员在领取失业保险金期间有下列情形之一的，停止领取失业保险金，并同时停止享受其他失业保险待遇：

（1）重新就业的；
（2）应征服兵役的；
（3）移居境外的；
（4）享受基本养老保险待遇的；
（5）无正当理由，拒不接受当地人民政府指定部门或者机构介绍的适当工作或者提供的培训的。

【口诀】就业、当兵、境外、养老、拒绝就业。

真题

2012年7月，某公司聘用首次就业的王某。因王某违反单位《工作纪律规定》中关于同事之间不得谈恋爱的规定，公司于同年9月解除王某的劳动合同。关于王某离开该公司后申请领取失业保险金的问题。下列说法正确的是：（2013年·卷1·96题）①

A. 王某及该公司累计缴纳失业保险费尚未满1年，无权领取失业保险金
B. 王某被解除劳动合同的原因与其能否领取失业保险金无关
C. 若王某依法能领取失业保险金，在此期间还想参加职工基本医疗保险，则其应缴纳的基本医疗保险费从失业保险基金中支付
D. 若王某选择跨统筹地区就业，可申请退还其个人缴纳的失业保险费

---

① 选ABC。A选项正确，累计缴纳失业保险费尚未满1年，不符合领取失业保险金的条件。B选项正确，且不说该公司《工作纪律规定》的规定是否合法，单就王某因办公室恋情而被解除劳动合同而言，属于"非因本人意愿中断就业"，可以领取失业保险金。C选项正确，失业人员应当缴纳的基本医疗保险费从失业保险基金中支付。D选项错误，跨统筹地区就业，其失业保险关系随本人转移，不能申请退还缴纳的失业保险费。

核心考点 5　工伤保险

一、保险费缴纳

职工应当参保，由用人单位缴纳。缴纳的保险费由国家根据不同行业工伤风险程度确定。职工（包括非全日制从业人员）在 2 个或 2 个以上用人单位同时就业的，各单位分别缴纳。

二、享受工伤待遇条件

职工因工作原因受到事故伤害或者患职业病，且经工伤认定的，享受工伤保险待遇；其中，经劳动能力鉴定丧失劳动能力的，享受伤残待遇。

【注意】职工在从事本职工作中存在过失，不影响工伤的认定。（参见最高法指导案例 40 号：孙立兴诉天津新技术产业园区劳动人事局工伤认定案）

三、工伤的认定（了解）

职工有下列情形之一的，应当认定工伤：
（1）在工作时间和工作场所内，因工作原因受到事故伤害的；
（2）工作时间前后在工作场所内，从事与工作有关的预备性或者收尾性工作受到事故伤害的；
（3）在工作时间和工作场所内，因履行工作职责受到暴力等意外伤害的；
（4）患职业病的；
（5）因工外出期间，由于工作原因受到伤害或者发生事故下落不明的；
（6）在上下班途中，受到非本人主要责任的交通事故或者城市轨道交通、客运轮渡、火车事故伤害的；
（7）在工作时间和工作岗位，突发疾病死亡或者在 48 小时之内经抢救无效死亡的；
（8）在抢险救灾等维护国家利益、公共利益活动中受到伤害的；
（9）职工原在军队服役，因战、因公负伤致残，已取得革命伤残军人证，到用人单位后旧伤复发的；
（10）法律、行政法规规定应当认定为工伤的其他情形。

四、工伤保险待遇

（一）工伤保险待遇类型

工伤保险待遇包括工伤医疗期待遇、因工致残待遇和因工死亡待遇。

（二）工伤保险待遇支付来源

1. 工伤保险基金支付的费用范围

（1）治疗工伤的医疗费用和康复费用；
（2）住院伙食补助费；
（3）到统筹地区以外就医的交通食宿费；
（4）安装配置伤残辅助器具所需费用；
（5）生活不能自理的，经劳动能力鉴定委员会确认的生活护理费；

（6）一次性伤残补助金和 1 至 4 级伤残职工按月领取的伤残津贴；
（7）终止或者解除劳动合同时，应当享受的一次性医疗补助金；
（8）因工死亡的，其遗属领取的丧葬补助金、供养亲属抚恤金和因工死亡补助金；
（9）劳动能力鉴定费。

【口诀】工伤基金：医疗康复加餐补，外出就医食宿行。因公残疾辅助器，不能自理护理费。伤残补助一次性，伤残津贴按月领（1~4 级）。因工死亡赔三金，丧葬抚恤加补助。失去工作医疗助（一次性），劳动能力鉴定。

2. 用人单位支付的费用范围
（1）治疗工伤期间的工资福利；
（2）5 级、6 级伤残职工按月领取的伤残津贴；
（3）终止或者解除劳动合同时，应当享受的一次性伤残就业补助金。

【口诀】单位支付：工资福利加津贴（5、6 级伤残），失去工作就业补。

【总结1】伤残津贴：1~4 级基金支付，5、6 级单位支付。终止或解除劳动合同后：一次性医疗补助金基金支付，一次性伤残就业补助金单位支付。

【总结2】劳动者被终止或解除劳动合同时，工伤保险基金支付的是一次性医疗补助金，单位支付的是一次性伤残就业补助金。

3. 支付变更
工伤职工符合领取基本养老金条件的，停发伤残津贴，享受基本养老保险待遇。基本养老保险待遇低于伤残津贴的，从工伤保险基金中补足差额。

【口诀】养老替津贴，钱少工伤补。

4. 支付停止
工伤职工丧失享受待遇条件、拒不接受劳动能力鉴定或拒绝治疗的，不再享受工伤保险待遇。

五、工伤基金先行支付规则

（一）未参保职工发生工伤
用人单位未依法缴纳工伤保险费，由用人单位支付工伤保险待遇；不支付的，从工伤保险基金中先行支付。

（二）第三人原因造成工伤
第三人不支付工伤医疗费用或无法确定第三人的，由工伤保险基金先行支付。工伤保险基金先行支付后，有权向第三人追偿。

【总结】无论是单位未参保还是第三人原因造成工伤，都是先救人，再追偿。

一般考点 6　生育保险

一、保费缴纳
职工应当参加生育保险，由用人单位缴纳生育保险费，职工不缴纳生育保险费。

二、生育保险待遇

用人单位已经缴纳生育保险费的，其职工享受生育保险待遇。生育保险待遇包括生育医疗费用和生育津贴。职工未就业配偶按照国家规定享受生育医疗费用待遇。所需资金从生育保险基金中支付。

三、生育医疗费

生育医疗费用包括生育的医疗费用，计划生育的医疗费用，法律、法规规定的其他项目费用等。

四、生育津贴

女职工生育享受产假、享受计划生育手术休假等情形可按月由职工所在用人单位上年度职工月平均工资计发生育津贴。

一般考点7 违反社会保险法的法律责任

一、行政责任

（一）用人单位不办理社会保险登记

用人单位不办理社会保险登记的，由社会保险行政部门责令限期改正；逾期不改正的，对用人单位处应缴社会保险费数额1倍以上3倍以下的罚款，对其直接负责的主管人员和其他直接责任人员处500元以上3000元以下的罚款。

【口诀】先改后罚，无滞纳金。

（二）用人单位未按时足额缴纳社会保险费

用人单位未按时足额缴纳社会保险费的，由社会保险费征收机构责令限期缴纳或者补足，并自欠缴之日起，按日加收万分之五的滞纳金；逾期仍不缴纳的，由有关行政部门处欠缴数额1倍以上3倍以下的罚款。

【口诀】先补后罚，收滞纳金。

二、民事责任

（一）用人单位未履行证明义务

用人单位拒不出具终止或者解除劳动关系证明的，给劳动者造成无法享受社会保险待遇等损害的，依法承担赔偿责任。

（二）社保经办机构渎职

社保经办机构存在渎职行为，给社会保险基金、用人单位或个人造成损失的，依法承担赔偿责任。

三、刑事责任

违反《社会保险法》规定，构成犯罪的，依法追究刑事责任。

第二讲　军人保险法

一般考点 8　军人保险概述

一、保障对象

保障对象按不同险种包括现役军人、退役军人和随军未就业的军人配偶。

二、军人保险的经办机构

军队后勤（联勤）机关财务部门负责承办军人保险登记、个人权益记录、军人保险待遇支付等工作。

三、移转接续部门

军队后勤（联勤）机关财务部门和地方社会保险经办机构，按照各自职责办理军人保险与社会保险关系转移接续手续。

核心考点 9　军人伤亡保险

一、保费来源

军人伤亡保险所需资金由国家承担，个人不缴纳保险费。

二、保障范围

军人因战、因公死亡的，或因战、因公、因病致残的，按照相关标准给付军人死亡保险金或军人残疾保险金。

三、除外条款

军人因下列情形之一死亡或致残，不享受军人伤亡险待遇：
（1）故意犯罪的；
（2）醉酒或者吸毒的；
（3）自残或者自杀的；
（4）法律、行政法规和军事法规规定的其他情形。

【口诀】故意、残杀、毒酒，无待遇。

四、退役后的工伤待遇

已经评定残疾等级的因战、因公致残的军人退出现役参加工作后旧伤复发的，依法享受相应的工伤待遇。

【口诀】退役旧伤复发，按工伤。

> **真题**

退役军人赵大海在海洋公司担任司机，海洋公司派赵大海开车去机场接人，结果发生交通事故，引发作战时的旧伤，鉴定为五级伤残。赵大海属于伤残军人，持有国家的伤残军人证件，单位没有缴纳工伤保险。对此，下列哪一说法是正确的？（2019年·回忆版）[①]

A. 甲公司无需承担工伤保险责任
B. 张三可同时主张退役军人保险和工伤保险
C. 甲公司可以向军人保险主管部门申请军人保险，军人保险基金先行赔付工伤保险
D. 张三有权每月从单位领取伤残津贴

核心考点 10　退役养老保险

一、退役养老保险补助

军人退出现役参加基本养老保险的，国家给予退役养老保险补助。

二、缴费年限

军人服现役年限与入伍前和退出现役后参加职工基本养老保险的缴费年限合并计算。

【口诀】入伍，地转军；退役，军转地。缴费年限，军地合并计算。

核心考点 11　退役医疗保险

一、保费缴纳

军官、文职干部和士官，应当缴纳保费，国家按个人缴纳的同等数额给予补助；义务兵和供给制学员，不缴纳保费，国家按照规定的标准给予军人退役医疗保险补助。

二、缴费年限

军人服现役年限视同职工基本医疗保险缴费年限，与入伍前和退出现役后参加职工基本医疗保险的缴费年限合并计算。

核心考点 12　随军未就业的军人配偶保险

一、保障范围及保费缴纳

随军未就业的军人配偶参加保险，应当缴纳养老保险费和医疗保险费，国家给予相应的补助。

[①] 选D。ABC选项错误，退役复发按工伤。用人单位未依法缴纳工伤保险费，由用人单位支付工伤保险待遇；不支付的，从工伤保险基金中先行支付。先行支付的工伤保险待遇由用人单位偿还；不偿还可追偿。不能向向军人保险主管部门申请军人保险。

二、随军期间的保险待遇

军人配偶在随军未就业期间的养老保险、医疗保险缴费年限与地方参加职工基本养老保险、职工基本医疗保险的缴费年限合并计算。

三、退休后的保险待遇

达到国家规定的退休年龄时，按照规定确定退休，由军队后勤（联勤）机关财务部门将其养老保险关系和相应资金转入退休地社会保险经办机构，享受相应的基本养老保险待遇。

四、拒绝接受就业服务的法律后果

地方人民政府和有关部门应对随军未就业军人配偶提供就业指导、培训等方面的服务。无正当理由拒不接受就业安置或介绍的适当工作、提供的就业培训的，停止给予保险缴费补助。

一般考点 13　军人保险基金

一、基金种类

军人保险基金包括军人伤亡保险基金、军人退役养老保险基金、军人退役医疗保险基金和随军未就业的军人配偶保险基金。按险种分别建账，分账核算，执行军队的会计制度。

二、基金使用

专款专用，按规定的项目、范围和标准支出，任何单位和个人不得贪污、侵占、挪用，不得变更支出项目、扩大支出范围或者改变支出标准。

05
第五编
环境资源法

本编导读

环境资源法由环境法和自然资源法两部分组成。近几年的命题特点是将环境法和行政法结合，然后对森林法和矿产资源法单独命题。总体难度不大，但得分率并不高。建议考生考前浏览核心考点即可。

环境资源法知识逻辑

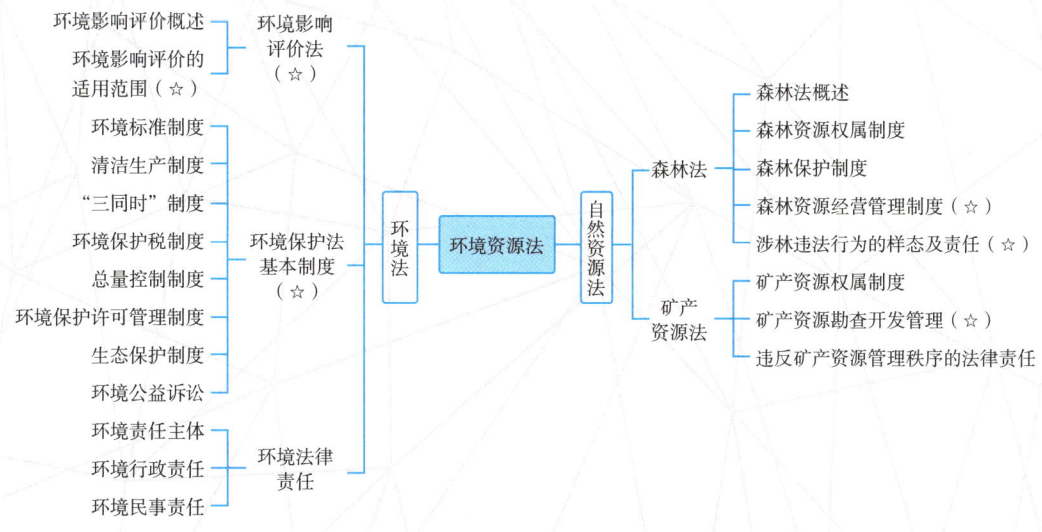

第1章 环境法

> **应试指导**
>
> 本章的相关内容每年必考，题量为 1~2 题，分值为 1~3 分。本章内容丰富，涉及环境影响评价法和环境保护法。由于本章内容被纳入大纲考查时间较长，命题人近几年已经开始对重点考点进行重复性考查。建议考生一定要认真对待历年真题。

第一讲 环境影响评价法

一般考点 1 环境影响评价概述

一、概念

环境影响评价，是指对规划和建设项目实施后可能造成的环境影响进行分析、预测和评估，提出预防或者减轻不良环境影响的对策和措施，进行跟踪监测的方法与制度。

二、基本要求

未依法进行环境影响评价的开发利用规划，不得组织实施；未依法进行环境影响评价的建设项目，不得开工建设。

核心考点 2 环境影响评价的适用范围

📘 环境影响评价的适用范围知识逻辑

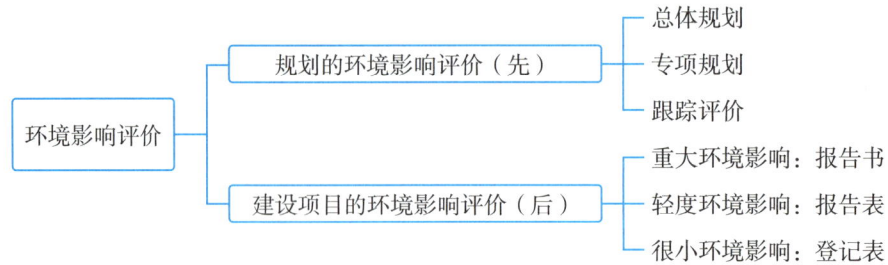

一、规划的环境影响评价

(一)总体规划

国务院有关部门、设区的市级以上地方人民政府及其有关部门,对其组织编制的土地利用的有关规划,区域、流域、海域的建设、开发利用规划,应当在规划编制过程中组织进行环境影响评价,编写该规划有关环境影响的篇章或者说明。未编写有关环境影响的篇章或者说明的规划草案,审批机关不予审批。

(二)专项规划

国务院有关部门、设区的市级以上地方人民政府及其有关部门,对其组织编制的工业、农业、畜牧业、林业、能源、水利、交通、城市建设、旅游、自然资源开发的有关专项规划,应当在该专项规划草案上报审批前,组织进行环境影响评价,并向审批该专项规划的机关提出环境影响报告书。未附送环境影响报告书的,审批机关不予审批。

(三)跟踪评价

对环境有重大影响的规划实施后,编制机关应当及时组织环境影响的跟踪评价,并将评价结果报告审批机关;发现有明显不良环境影响的,应当及时提出改进措施。

二、建设项目的环境影响评价

(一)分类管理

国家根据建设项目对环境的影响程度,对建设项目的环境影响评价实行分类管理:

(1)可能造成重大环境影响的,应当编制环境影响报告书,对产生的环境影响进行全面评价;

(2)可能造成轻度环境影响的,应当编制环境影响报告表,对产生的环境影响进行分析或者专项评价;

(3)对环境影响很小、不需要进行环境影响评价的,应当填报环境影响登记表。

(二)环评文件的编制

1. 委托编制

建设单位可以委托技术单位对其建设项目开展环境影响评价,编制建设项目环境影响报告书、环境影响报告表。接受委托的技术单位,不得与负责审批建设项目环境影响报告书、环境影响报告表的生态环境主管部门或者其他有关审批部门存在任何利益关系。任何单位和个人不得为建设单位指定编制建设项目环境影响报告书、环境影响报告表的技术单位。

【口诀】编审分离,禁止指定。

2. 自行编制

建设单位具备环境影响评价技术能力的,可以自行对其建设项目开展环境影响评价,编制建设项目环境影响报告书、环境影响报告表。

3. 责任承担

建设单位应当对建设项目环境影响报告书、环境影响报告表的内容和结论负责,接受委托编制建设项目环境影响报告书、环境影响报告表的技术单位对其编制的建设项目环境影响报告书、环境影响报告表承担相应责任。

【口诀】谁建谁负责,受托相应责。

（三）文件审批

国务院生态环境主管部门负责审批下列建设项目的环境影响评价文件：

（1）核设施、绝密工程等特殊性质的建设项目；

（2）跨省、自治区、直辖市行政区域的建设项目；

（3）由国务院审批的或者由国务院授权有关部门审批的建设项目。

前款规定以外的建设项目的环境影响评价文件的审批权限，由省、自治区、直辖市人民政府规定。

建设项目可能造成跨行政区域的不良环境影响，有关生态环境主管部门对该项目的环境影响评价结论有争议的，其环境影响评价文件由共同的上一级生态环境主管部门审批。

（四）后评价制度

在项目建设、运行过程中产生不符合经审批的环境影响评价文件的情形的，建设单位应当组织环境影响的后评价，采取改进措施，并报原环境影响评价文件审批部门和建设项目审批部门备案；原环境影响评价文件审批部门也可以责成建设单位进行环境影响的后评价，采取改进措施。

> 【逻辑】环境影响后评价的原因是，实际和预期不相符。

（五）重新审批

建设项目的环境影响评价文件经批准后，建设项目的性质、规模、地点、采用的生产工艺或者防治污染、防止生态破坏的措施发生重大变动的，建设单位应当重新报批建设项目的环境影响评价文件。

（六）重新审核

建设项目的环境影响评价文件自批准之日起超过5年，方决定该项目开工建设的，其环境影响评价文件应当报原审批部门重新审核。

三、规划环评与项目环评关系

建设项目的环境影响评价，应当避免与规划的环境影响评价相重复。

作为一项整体建设项目的规划，按照建设项目进行环境影响评价，不进行规划的环境影响评价。

已经进行了环境影响评价的规划包含具体建设项目的，规划的环境影响评价结论应当作为建设项目环境影响评价的重要依据，建设项目环境影响评价的内容应当根据规划的环境影响评价审查意见予以简化。

> 【口诀】规评建评别重复，整体建设不规评。规划里面有具建，建评依规要简化。

某采石场扩建项目的环境影响报告书获批后，采用的爆破技术发生重大变动，其所生粉尘将导致周边居民的农作物受损。关于此事，下列哪一说法是正确的？（2016年·卷1·31题）①

---

① A。A选项正确，B选项错误，采用的生产工艺发生重大变化，经重新报批来建设项目的环境影响评价文件，而不是组织环境影响的后评价。C选项错误，建设项目的环境影响评价应当避免与规划的环境影响评价重复。D选项错误，停止侵害、排除妨害等物权请求权，不受诉讼时效限制。

A. 建设单位应重新报批该采石场的环境影响报告书
B. 建设单位应组织环境影响的后评价,并报原审批部门批准
C. 该采石场的环境影响评价,应当与规划的环境影响评价完全相同
D. 居民将来主张该采石场承担停止侵害的侵权责任,受 3 年诉讼时效的限制

第二讲　环境保护法基本制度

核心考点 3　环境标准制度

一、环境标准的分类

（一）环境质量标准

环境中所允许含有有害物质或因素的最高限额,是确认环境是否被污染以及排污者是否应承担相应民事责任的主要根据。

（二）污染物排放标准

允许污染源（如工厂或设施等）排放污染物或有害环境的能量的最高限额,是认定排污行为是否合法以及排污者是否应承担相应行政法律责任的主要根据。

【口诀】质标民事,排标行政。

二、环境标准的制定

（一）制定主体

环境质量标准和污染物排放标准,均由国务院生态环境主管部门制定。

（二）地方标准

国家环境质量标准、国家污染物排放标准中未作规定的项目,省级人民政府可以制定相应的地方标准；已作规定的项目,地方可以制定更严的标准。

（三）备案主体

制定地方环境标准和地方污染物排放标准均应报国务院生态环境主管部门备案。

【口诀】有国标依国标,无国标制地标,有国标可制严地标,报国环备案。

一般考点 4　清洁生产制度

一、概念

清洁生产,是指不断采取改进设计、使用清洁能源和原料、采用先进工艺技术与设备、改善管理、综合利用等措施,从源头削减污染,减少或避免生产、服务和产品使用过程中污染物的产生和排放。

二、清洁生产的实施

（一）清洁生产审核制度

除企业对自己的生产和服务进行自我检测和审核外，地方政府应当对排污超标、高能耗和使用有毒、有害原料进行生产或者在生产中排放有毒、有害物质的企业实施强制性清洁生产审核。

【口诀】强审超、高、毒、害。

（二）清洁生产认证制度

企业根据自愿原则，委托经国务院认证认可监督管理部门认可的认证机构进行认证。

【口诀】自愿认证。

一般考点5 "三同时"制度

一、概念

三同时制度，是指建设项目中防治污染的设施，应当与主体工程同时设计、同时施工、同时投产使用。

二、"三同时"制度的实施

防治污染的设施应当符合经批准的环境影响评价文件的要求，不得擅自拆除或者闲置。

一般考点6 环境保护税制度

一、环境保护税征税对象

有下列情形之一的，是环境保护税的纳税人。
（1）直排缴税：在中国领域和中国管辖的其他海域，直接向环境排放应税污染物的企业事业单位和其他生产经营者为环境保护税的纳税人。
（2）超标排放：依法设立的城乡污水集中处理、生活垃圾集中处理场所超过国家和地方规定的排放标准向环境排放应税污染物。
（3）不符合标准：企业事业单位和其他生产经营者贮存或处置固体废物不符合国家和地方环境保护标准。

【提示】缴纳环保税后，不再缴纳排污费。

二、不缴纳环境保护税

有下列情形之一的，不缴纳相应污染物的环境保护税：
（1）企业事业单位和其他生产经营者向依法设立的污水集中处理、生活垃圾集中处理场所排放应税污染物的；

（2）企业事业单位和其他生产经营者在符合国家和地方环境保护标准的设施、场所贮存或者处置固体废物的。

三、免征环境保护税

下列情形，暂予免征环境保护税：
（1）农业生产（不包括规模化养殖）排放应税污染物的；
（2）机动车、铁路机车、非道路移动机械、船舶和航空器等流动污染源排放应税污染物的；
（3）依法设立的城乡污水集中处理、生活垃圾集中处理场所排放相应应税污染物，不超过国家和地方规定的排放标准的；
（4）纳税人综合利用的固体废物，符合国家和地方环境保护标准的；
（5）国务院批准免税的其他情形。

一般考点7 总量控制制度

一、总量控制的对象

总量控制，主要针对重点污染物排放的地区和流域。例如，酸雨控制区和二氧化硫控制区，淮河、海河、辽河流域，太湖、滇池、巢湖流域。

二、总量控制的实施

重点污染物排放总量控制指标由国务院下达，省、自治区、直辖市人民政府分解落实。企业事业单位在执行国家和地方污染物排放标准的同时，应当遵守分解落实到本单位的重点污染物排放总量控制指标。

对超过国家重点污染物排放总量控制指标或者未完成国家确定的环境质量目标的地区，省级以上人民政府环境保护主管部门应当暂停审批其新增重点污染物排放总量的建设项目环境影响评价文件。

【口诀】指标国定省分企业落实。超标或未达标，停审新增。

核心考点8 环境保护许可管理制度

一、排污许可证适用范围

排污许可证适用范围主要包括大气污染物、水污染物，并依法逐步纳入其他污染物。

二、依法排污

实行排污许可管理的企业事业单位和其他生产经营者应当按照排污许可证的要求排放污染物；未取得排污许可证的，不得排放污染物。

三、排污许可制度与环境影响评价制度的衔接

环境影响评价制度是建设项目的环境准入门槛，排污许可制度是对单位生产运营期间排污的法律依据。

一般考点 9　生态保护制度

一、生态保护红线制度

国家在重点生态功能区、生态环境敏感区和脆弱区等区域划定生态保护红线。各级人民政府对具有代表性的各种类型的自然生态系统区域，珍稀、濒危的野生动植物自然分布区域，重要的水源涵养区域，具有重大科学文化价值的地质构造、著名溶洞和化石分布区、冰川、火山、温泉等自然遗迹，以及人文遗迹、古树名木，应当采取措施予以保护，严禁破坏。

二、生物多样性保护制度

开发利用自然资源应合理开发；引进外来物种以及研究、开发和利用生物技术要防止破坏生物多样性。

三、生态保护补偿制度

国家加大对生态保护地区的财政转移支付力度。有关地方人民政府应当落实生态保护补偿资金，确保其用于生态保护补偿。

核心考点 10　环境公益诉讼

一、适用情形

环境公益诉讼适用于污染环境、破坏生态、损害社会公共利益的情形。

二、可起诉的社会组织

符合下列条件的社会组织可以向人民法院提起诉讼：
（1）依法在设区的市级以上人民政府民政部门登记；
（2）专门从事环境保护公益活动连续 5 年以上且无违法记录。

三、其他要求

（一）无地域限制

环保社会组织可跨地区提起环境公益诉讼，不受地域限制。

（二）环境公益诉讼与私益诉讼的关系

环境公益诉讼不影响同一污染行为的受害人提起私益诉讼；环境公益诉讼生效判决有利于私益诉讼原告的，该原告可以在诉讼中主张适用。

（三）禁止通过环境公益诉讼牟利

提起诉讼的社会组织不得通过环境公益诉讼牟取经济利益。

【真题】

某省天洋市滨海区一石油企业位于海边的油库爆炸，泄漏的石油严重污染了近海生态环境。下列哪一主体有权提起公益诉讼（其中所列组织均专门从事环境保护公益活动连续5年以上且无违法记录）？（2015年·卷1·30题）①

A. 受损海产养殖户推选的代表赵某
B. 依法在滨海区民政局登记的"海蓝志愿者"组织
C. 依法在邻省的省民政厅登记的环境保护基金会
D. 在国外设立但未在我国民政部门登记的"海洋之友"团体

第三讲　环境法律责任

一般考点 11　环境责任主体

一、环境质量责任主体

地方各级人民政府应当对本行政区域的环境质量负责。

二、赔偿责任主体

企业事业单位和其他生产经营者应当防止、减少环境污染和生态破坏，对所造成的损害依法承担责任。

核心考点 12　环境行政责任

一、违法排放的行政责任

企业事业单位和其他生产经营者违法排放污染物，受到罚款处罚，被责令改正，拒不改正的，依法作出处罚决定的行政机关可以自责令改正之日的次日起，按照原处罚数额按日连续处罚。地方性法规可以根据环境保护的实际需要，增加按日连续处罚的违法行为的种类。

二、超标排放的行政责任

企业事业单位和其他生产经营者超过污染物排放标准或者超过重点污染物排放总量控制指标排放污染物的，县级以上人民政府环境保护主管部门可以责令其采取限制生产、停产整治等措施；情节严重的，报经有批准权的人民政府批准，责令停业、关闭。

【提示】 注意不同措施的决定主体的差异。

---

① C。A选项错误，环境公益诉讼的主体为社会组织。B选项错误，应在设区的市级以上民政部门登记。C选项正确，提起环境公益诉讼不受行政区划的限制。D选项错误，该组织未在我国登记，不符合条件。

三、直接责任人员的行政责任

企业事业单位和其他生产经营者有下列行为之一，尚不构成犯罪的，由县级以上人民政府环境保护主管部门或者其他有关部门将案件移送公安机关，对其直接负责的主管人员和其他直接责任人员，处10日以上15日以下拘留；情节较轻的，处5日以上10日以下拘留：

（1）建设项目未依法进行环境影响评价，被责令停止建设，拒不执行的；
（2）违反法律规定，未取得排污许可证排放污染物，被责令停止排污，拒不执行的；
（3）通过暗管、渗井、渗坑、灌注或者篡改、伪造监测数据，或者不正常运行防治污染设施等逃避监管的方式违法排放污染物的；
（4）生产、使用国家明令禁止生产、使用的农药，被责令改正，拒不改正的。

【真题】

某市混凝土公司新建临时搅拌站，在试运行期间通过暗管将污水直接排放到周边，严重破坏当地环境。该公司经理还指派员工潜入当地环境监测站内，用棉纱堵塞空气采集器，造成自动监测数据多次出现异常。关于该公司的行为，下列说法正确的是：（2017年·卷1·96题）①

A. 若该公司应报批而未报批环评文件，不得在缴纳罚款后再向审批部门补报
B. 该公司将防治污染的设施与该搅拌站同时正式投产使用前，可在搅拌站试运行期间停运治污设施
C. 该公司的行为受到罚款处罚时，可由市环保部门自该处罚之日的次日起，按照处罚数额按日连续处罚
D. 针对该公司逃避监管的违法行为，市环保部门可先行拘留责任人员，再将案件移送公安机关

核心考点 13 环境民事责任

一、归责原则

只要污染者有环境污染行为，受害人受到损害，并且该行为和该损害之间有因果关系，无论污染者主观上是否有故意或过失，均应当承担民事责任。

【口诀】 污染者无过错

二、举证责任

被要求承担民事责任的污染者，应当就法律规定的不承担责任或者减轻责任的情形，及其行为与损害之间不存在因果关系承担举证责任。

【口诀】 举证责任倒置

---

① A．A选项正确，擅自开工应由县级以上生态环境主管部门责令停止建设，不得进行补报。B选项错误，同时投产使用既包含正式投产使用，又包括试运行期间的使用。C选项错误，只有企业拒不改正，才能自责令改正之日的次日起连续处罚。D选项错误，限制人身自由一般都是由公安机关执行，其他机关无此权力。

三、多因一果的处理规则

第三人的过错污染环境造成损害的,被侵权人可以向污染者请求赔偿,也可以向第三人请求赔偿。污染者赔偿后,有权向第三人追偿。

【口诀】受害者选,内部可追。

四、第三方的连带责任

在环境服务活动中弄虚作假、对环境污染和生态破坏负有责任的环境影响评价机构、环境监测机构以及从事环境监测设备和防治污染设施维护、运营的机构,应当与造成环境污染和生态破坏的其他责任者承担连带责任。

【口诀】主观故意要连带。

第 2 章 自然资源法

> **应试指导**
>
> 本章由《森林法》和《矿产资源法》两部分组成。其中,《森林法》每年考查1题,分值在1~2分。命题人对《森林法》的考查相对比较集中,主要围绕森林资源经营管理和涉林违法行为的样态及责任加以展开。从学习的角度,《森林法》的制度设计和土地管理法有很多相似之处,例如权属制度、争议解决等,可以类比学习。
>
> 《矿产资源法》的考查方式和《森林法》相似,每年1题,分值为1~2分。但《矿产资源法》涉及的考点相对较少,建议考生稍微花一些时间去学习,一定会有回报的。

第一讲　森林法

一般考点 1　森林法概述

一、森林资源

森林资源,包括森林(包括乔木林和竹林)、林木(包括树木和竹子)、林地以及依托森林、林木、林地生存的野生动物、植物和微生物。

二、森林的分类

标　准	类　别
所有权归属	国有林和集体林
功　能	公益林:国家根据生态保护的需要,将森林生态区位重要或者生态状况脆弱,以发挥生态效益为主要目的的林地和林地上的森林划定为公益林。
	商品林:未划定为公益林的林地和林地上的森林属于商品林。
用　途	防护林、特种用途林、用材林、经济林、能源林。

一般考点 2　森林资源权属制度

一、森林资源权属概述

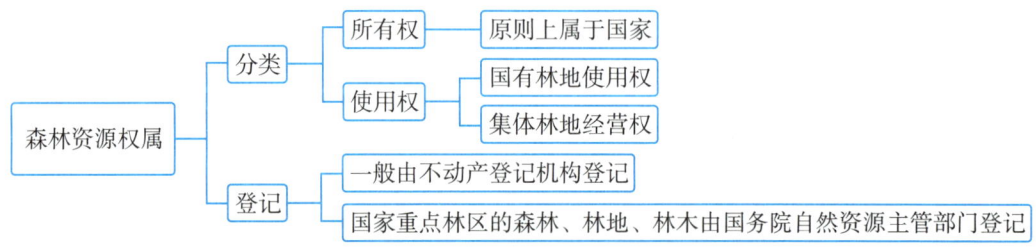

二、林木所有权

（一）个人所有的林木
农村居民在房前屋后、自留地、自留山种植的林木，城镇居民在自有房屋的庭院内种植的林木，归个人所有。

（二）承包人所有的林木
集体或个人承包国家所有和集体所有的宜林荒山荒地荒滩营造的林木，归承包人所有；合同另有约定的从其约定。

三、森林权属争议的解决

林木、林地所有权和使用权	单位之间的争议，找县级以上政府处理	当事人对政府处理决定不服，可自接到处理决定通知之日起30日内向法院起诉
	个人之间、单位与个人之间的争议，找乡镇或县级以上政府处理	

在权属争议解决前，除因森林防火、林业有害生物防治、国家重大基础设施建设等需要外，当事人任何一方不得砍伐有争议的林木或者改变林地现状。

一般考点3　森林保护制度

一、重点保护制度

（一）生态效益补偿制度
国家建立森林生态效益补偿制度，加大公益林保护支持力度。

（二）重点林区保护制度
国家在不同自然地带的典型森林生态地区、珍贵动物和植物生长繁殖的林区、天然热带雨林区和具有特殊保护价值的其他天然林区，建立以国家公园为主体的自然保护地体系。

二、林地保护制度
国家严格控制林地转为非林地，实行占用林地总量控制。

核心考点4　森林资源经营管理制度

一、发展规划制度
县级以上林业主管部门应当根据森林资源保护发展目标，编制林业发展规划。

二、森林资源分类管理

（一）公益林管理制度

1. 公益林的划定

公益林由国务院和省、自治区、直辖市人民政府划定并公布。公益林划定涉及非国有林地的，应当与权利人签订书面协议，并给予合理补偿。

2. 公益林的调整

公益林进行调整的，应当经原划定机关同意，并予以公布。

3. 公益林的保护

县级以上人民政府林业主管部门应当有计划地组织公益林经营者对公益林中生态功能低下的疏林、残次林等低质低效林，采取林分改造、森林抚育等措施，提高公益林的质量和生态保护功能。

4. 公益林的利用

在符合公益林生态区位保护要求和不影响公益林生态功能的前提下，可以适度开展林下经济、森林旅游等。

（二）商品林管理制度

商品林由林业经营者依法自主经营。在保障生态安全的前提下，国家鼓励建设速生丰产、珍贵树种和大径级用材林。

三、林地占用审批制度

（一）林业目的的占用审批

在林地上修筑下列直接为林业生产经营服务的工程设施，符合有关标准的，由县级以上人民政府林业主管部门批准，不需要办理建设用地审批手续；超出标准需要占用林地的，应当依法办理建设用地审批手续：

（1）培育、生产种子、苗木的设施；
（2）贮存种子、苗木、木材的设施；
（3）集材道、运材道、防火巡护道、森林步道；
（4）林业科研、科普教育设施；
（5）野生动植物保护、护林、林业有害生物防治、森林防火、木材检疫的设施；
（6）供水、供电、供热、供气、通讯基础设施；
（7）其他直接为林业生产服务的工程设施。

（二）非林业目的的占用审批

1. 审批

矿藏勘查、开采以及其他各类工程建设，应当不占或者少占林地；确需占用林地的，应当经县级以上人民政府林业主管部门审核同意，依法办理建设用地审批手续。

2. 缴纳植被恢复费

占用林地的单位应当缴纳森林植被恢复费。森林植被恢复费征收使用管理办法由国务院财政部门会同林业主管部门制定。

（三）临时占用审批

需要临时使用林地的，应当经县级以上人民政府林业主管部门批准；期限一般不超过2年，并不得在临时使用的林地上修建永久性建筑物。期满后1年内，用地当事人应当恢复植被和林业生产条件。

【提示】与土地管理法规定类似。

四、森林采伐管理制度

（一）采伐限额制度

省、自治区、直辖市人民政府林业主管部门，编制本行政区域的年采伐限额，经征求国务院林业主管部门意见，报本级人民政府批准后公布实施，并报国务院备案。

重点林区的年采伐限额，由国务院林业主管部门编制，报国务院批准后公布实施。

【口诀】职能部门编制，同级政府批准。

（二）分类限伐制度

采伐森林、林木应当遵守下列规定：

（1）公益林只能进行抚育、更新和低质低效林改造性质的采伐。但是，因科研或者实验、防治林业有害生物、建设护林防火设施、营造生物防火隔离带、遭受自然灾害等需要采伐的除外。

（2）商品林应当严格控制皆伐面积，伐育同步规划实施。

（3）自然保护区的林木，禁止采伐。但是，因防治林业有害生物、森林防火、维护主要保护对象生存环境、遭受自然灾害等特殊情况必须采伐的和实验区的竹林除外。

【口诀】公益林限制采伐，自然保护区禁止采伐，但特殊情况除外；实验区竹林可采伐。

（三）采伐许可证制度

1. 采伐许可证的申请

（1）**基本原则**。采伐林地上的林木应当申请采伐许可证，并按照采伐许可证的规定进行采伐；采伐自然保护区以外的竹林，农村居民采伐自留地和房前屋后个人所有的零星林木，不需要申请采伐许可证。

【逻辑】取得许可证是采伐林木的原则。保护区外的竹林和农民自留地和房前屋后的零星是例外。

（2）**采挖移植林木**。采挖移植林木按照采伐林木管理。

（3）**采伐许可证管理**。禁止伪造、变造、买卖、租借采伐许可证。

2. 发证机关

采伐许可证由县级以上人民政府林业主管部门核发。农村居民采伐自留山和个人承包集体林地上的林木，由县级人民政府林业主管部门或者其委托的乡镇人民政府核发采伐许可证。

3. 申请材料

申请采伐许可证，应当提交有关采伐的地点、林种、树种、面积、蓄积、方式、更新措施和林木权属等内容的材料。超过省级以上人民政府林业主管部门规定面积或者蓄积量的，还应当提交伐区调查设计材料。

4. 发证条件

符合林木采伐技术规程的，审核发放采伐许可证的部门应当及时核发采伐许可证。但是，审核发放采伐许可证的部门不得超过年采伐限额发放采伐许可证。

五、植被恢复

（一）恢复措施
各级人民政府应当采取以自然恢复为主、自然恢复和人工修复相结合的措施。

（二）封山育林
新造幼林地和其他应当封山育林的地方，由当地人民政府组织封山育林。

核心考点 5 涉林违法行为的样态及责任

擅改林地用途或违规临时用地	违法事由	（1）未经审核同意，擅自改变林地用途。 （2）临时使用林地上修建永久性建筑物或者期满后1年内未恢复植被或林业生产条件。
	处罚方式	限期恢复植被和林业生产条件，可以处恢复植被和林业生产条件所需费用3倍以下的罚款。
工业活动毁坏林地林木	违法事由	违法进行开垦、采石、采砂、采土或其他活动。
	处罚方式	（1）毁林木：停（停止违法行为）、补（毁坏林木株数1~3倍）、可罚（被毁林木价值5倍） （2）毁林地：停（停止违法行为）、恢（限期恢复植被和林业生产条件）、可罚（恢复生产所需费用3倍）
农业活动毁坏林木	违法事由	在幼林地砍柴、毁苗、放牧造成林木毁坏。
	处罚方式	停（停止违法行为）、补（在原地或异地补种毁坏株数1~3倍树木）
盗伐林木		补（在原地或异地补种盗伐株数1~5倍树木）、并罚（盗伐林木价值5~10倍）
滥伐林木		补（在原地或异地补种滥伐株数1~3倍树木）、可罚（滥伐林木价值3~5倍）
针对采伐许可证违法行为	违法事由	伪造、变造、买卖、租借采伐许可证。
	处罚方式	没（没收证件和违法所得）；并罚款（有违法所得，所得1倍以上3倍以下；无违法所得处2万元以下）。
帮助行为	违法事由	收购、加工、运输明知是盗伐、滥伐等非法来源的林木
	处罚方式	停（停止违法行为）、没（没收违法收购、加工、运输的林木或变卖所得）、可罚（违法收购、加工、运输林木价款3倍以下）
未完成更新造林	责令限期完成，逾期未完成，可以处未完成造林任务所需费用2倍以下的罚款；可处分直接负责的主管人员和其他直接责任人员。	
代为履行	有下列情形之一有关部门可代为履行，代为履行所需费用由违法者承担（无滞纳金）： （1）拒不恢复植被和林业生产条件，或恢复植被和林业生产条件不符合国家有关规定； （2）拒不补种树木，或补种不符合国家有关规定。	

【总结1】处罚主体和补种代为履行主体均为县级以上人民政府林业主管部门
【总结2】只有盗伐林木补种1~5倍，其他涉林违法行为涉及补种均为1~3倍。
【总结3】盗伐林木和涉及采伐许可证违法行为是并处罚金，其他都是可处罚金。

> **真题**

某大学对其主要干道采伐成熟树木20株，而采伐许可证上规定为10株，根据《森林

法》相关规定，下列选项不正确的是：(2019年·回忆版)①

A. 该大学应要求林业主管部门代为完成补种任务，所需费用应由大学支付
B. 除更新10株外，还需补种50株
C. 该大学应在采伐的次年内完成更新造林
D. 该大学在申请采伐许可证时，应提出伐区调查设计文件

第二讲　矿产资源法

核心考点6　矿产资源权属制度

一、国家所有权

中国领陆、领海、地上、地下的矿产资源均属国家所有，不因其所依附的土地的所有权或者使用权的不同而改变。由国务院行使国家对矿产资源的所有权。

【释义】矿产资源是指由地质作用形成的，具有利用价值的，呈固态、液态、气态的自然资源。

二、矿业权

（一）矿业权的取得

1. 权利范围

矿业权包括探矿权、采矿权。其中，取得勘查许可证的单位或个人称为探矿权人，取得采矿许可证的单位或个人称为采矿权人。

2. 取得程序

探矿、采矿要分别办理手续，经批准后取得探矿权、采矿权。但已取得采矿权的企业，在划定的矿区范围内为本企业生产而勘查，不需要再办理探矿手续。

3. 有偿取得

国家实行探矿权、采矿权有偿取得的制度，但可依法减缴、免缴费用。

（二）矿业权的转让

1. 转让探矿权

探矿权人有权优先取得勘查作业区内矿产资源的采矿权，在完成规定的最低勘查投入后，经批准可将探矿权转让他人。

2. 转让采矿权

因企业合并、分立，与他人合资、合作经营，或者因企业资产出售以及有其他变更企业资产产权的情形而需要变更采矿权主体的，经批准可将采矿权转让他人采矿。

---

① ABCD。A选项错误，代为履行的情形之一是责任人拒不补种或补种不符合规定，不是"应当要求"林业主管部门代为履行。B选项错误，违反林木采伐许可证规定的数量构成滥伐林木，应再补种1~3倍，无需先更新10株再补种50株树木。C选项错误，采伐成熟树木，应按照伐育同步规划实施的原则进行更新造林。D选项错误，申请采伐许可证，只有超过省级以上人民政府林业主管部门规定面积或者蓄积量，才应当提交伐区调查设计材料。本题未说明是否超过规定面积。

核心考点 7 矿产资源勘查开发管理

一、管理部门

国务院和省级政府地质矿产主管部门负责矿产资源勘查、开采的监督管理工作。

二、矿产资源信息管理

（一）区块登记管理

矿产资源勘查登记工作，由国务院地质矿产主管部门负责。特定矿种的勘察登记可由国务院授权有关主管部门负责。

（二）勘探报告

国务院矿产储量审批机构或省级矿产储量审批机构负责审查批准、批复勘探报告。勘探报告未经批准，不得作为矿山建设设计的依据。

三、矿山企业

（一）开采审批

开采下列矿产资源的，由国务院地质矿产主管部门审批，并颁发采矿许可证：
（1）国家规划矿区和对国民经济具有重要价值的矿区内的矿产资源；
（2）前项规定区域以外可供开采的矿产储量规模在大型以上的矿产资源；
（3）国家规定实行保护性开采的特定矿种；
（4）领海及中国管辖的其他海域的矿产资源；
（5）国务院规定的其他矿产资源。

开采石油、天然气、放射性矿产等特定矿种的，可以由国务院授权的有关主管部门审批，并颁发采矿许可证。

开采第一款、第二款规定以外的矿产资源，其可供开采的矿产的储量规模为中型的，由省、自治区、直辖市人民政府地质矿产主管部门审批和颁发采矿许可证。

（二）矿山企业类型

国有矿山企业	开采矿产资源的主体。
集体矿山企业	鼓励开采国家指定范围内的矿产资源。
个人开采	允许采挖：零星分散资源和只能用作普通建筑材料的砂、石、粘土以及为生活自用采挖少量矿产。
	禁止开采：矿产储量规模适宜由矿山企业开采、国家规定实行保护性开采的特定矿种、国家规定禁止个人开采的其他矿产资源。

一般考点 8 违反矿产资源管理秩序的法律责任

一、违法样态

违反矿产资源管理秩序主要包括无证采矿、超范围采矿、危害矿山秩序、非法转让矿产资源、非法收购矿产品、破坏性开采、矿管公务人员职务犯罪、妨害矿业公务等行为样态。

二、行政处罚的决定主体

无证和超范围采矿、非法转让矿产资源	县级以上人民政府负责地质矿产管理工作的部门
非法收购和销售国家统一收购的矿产品	县级以上人民政府市场监督管理部门
破坏性开采	省级人民政府地质矿产主管部门；吊销勘查许可证或采矿许可证的，须由原发证机关[①]决定

三、行政处罚的救济与执行

当事人对行政处罚决定不服，既可以申请复议，也可以直接起诉（复议选择）。当事人逾期既不复议也不起诉，又不履行处罚决定的，由作出处罚决定的机关申请法院强制执行。

---

① 此处原发证机关指的是国务院或者省级人民政府地质矿产主管部门。